↑ 2010 年 7 月 10 日，参加中国教育学会重点课题结题会
↑ 2012 年 2 月 24 日，在北京市朝阳区教育委员会、新教育研究院合作办学签约仪式上发言

↑ 2014 年 4 月 12 日，在甘肃省庆阳市参加新教育实验区工作会议期间，与学生交流
↑ 2015 年 11 月 19 日，在国际学习力高峰论坛上发言

↑ 2017 年 11 月 28 日，在新浪中国教育盛典上发言
↑ 2019 年 4 月 20 日，参加中国民办教育发展高峰论坛

↑ 2019 年 10 月 28 日，在浙江省杭州市考察银河实验小学
↑ 2021 年 4 月 26 日，在清华碧桂园乡村教育振兴校长成长计划启动仪式上发言

「珍藏版」

朱永新教育作品

九四龄童 南怀瑾

为中国而教
——新教育演讲录

朱永新·著

漓江出版社
·桂林·

图书在版编目（CIP）数据

为中国而教 : 新教育演讲录 / 朱永新著 . -- 桂林 :
漓江出版社，2024. 8. -- ISBN 978-7-5407-9873-4

Ⅰ . G52-53

中国国家版本馆 CIP 数据核字第 2024G9X602 号

WEI ZHONGGUO ER JIAO——XINJIAOYU YANJIANGLU

为中国而教——新教育演讲录

朱永新　著

出 版 人　刘迪才
总 策 划　李国富
策划统筹　文龙玉
责任编辑　章勤璐
助理编辑　覃滟迪
书籍设计　石绍康
营销编辑　俞方远
责任监印　黄菲菲

出版发行　漓江出版社有限公司
社址　广西桂林市南环路 22 号
邮编　541002
发行电话　010-85891290　0773-2582200
邮购热线　0773-2582200
网址　www.lijiangbooks.com
微信公众号　lijiangpress

印制　天津嘉恒印务有限公司
开本　710 mm × 1000 mm　1/16
印张　26.5
字数　443 千字
版次　2024 年 8 月第 1 版
印次　2024 年 8 月第 1 次印刷
书号　ISBN 978-7-5407-9873-4
定价　99.80 元

总　序

朱永新教授的作品集出版在即，他要我写一篇序，大概是因为他看到我对教育也很关注，又不时地发表点看法的缘故吧，或者因为他和我都是马叙伦、周建人、叶圣陶、雷洁琼等民进前辈的后来人——我们是中国民主促进会的成员。不管他是怎么想的，我出于对他学术成就的敬佩，也出于对比我年轻些的学者的喜爱和对教育事业的兴趣，便答应了，尽管我不是这个领域的专家。不过这样也好，以一个时时关心业内情况的外行人眼光说说对这套作品集和作者的看法，或许能更冷静些，更客观些。

我曾经说过，中国的教育人人可得而道之。因为教育问题太复杂，中国的教育问题尤甚。且不说中国以一个发展中国家不强的实力在办着世界上最大的教育，单是中国处于转型期，城乡、东西部间严重的不平衡和几个时代思想观念的相互摩擦、激荡，就可以说是当今世界绝无仅有的了。随着教育普及率的提高，对教育发表评论的人当然也越来越多，多到几乎家家户户都会时常议论。这样就给有关教育的研究提出了许多也许在别的国家并不突出的问题。我认为其中有两个问题最为要紧：一个是教育的问题牵一发而动全身，既不能就教育论教育，更不能只论教育的某一部分而不顾及其他，要区别于人们日常的谈论；另一个是教育学如何走出狭小的教育理论圈子，让更多的人理解、评论、实践，也在更大范围内检验自己的理论是否能为群众所接受，以免专家和社会难以搭界。朱永新教授的这套作品集，恰好在这两个问题上都给了我很大的欣慰。

在这套作品集中，他从国际国内、政治经济、文化社会、古往今来的广阔视野来考察、思索中国的教育问题；他的论述几乎遍及受教育者所经历的整个教育过程；大到教育的理念、原则，小到课程的改革、课外的活动，他都认真思考，系统调查，认真实验，随时提升到理论层面；与教育学密切关联的心理学，在研究中国教育的同时展开的对国外教育的认识和分析，也是他涉及的范围。

朱永新教授并不是一位"纯"学者，虽然教育理论研究永远是他进行多头工作时在脑子里盘旋的核心。他集教师、官员和研究者三种角色于一身，随着自己孩子的出生和成长，他又多了一个家长的身份。这就使他不可能只观察研究教育体系中的某一段或某一方面，而必须做全方位、多角度、分层次的研究。他是中国民主促进会中央委员会副主席，作为同事，我见过他极度疲劳时的状况，心里曾经想过，这是天将降大任于是人的考验，还是他"命"当如此，不得不然？其实，这正是给他提供了他人很难得到的绝好的研究环境和条件：时时转换角色，就需要时时转换思维的角度和方法，宏观与微观自然而然地结合，积以时日，于是造就了他独特的研究方法和风格。

我们对任何事物的研究，如果只有理性的驱动，而没有基于对事物深刻认识所生发出来的极大热情，换言之，没有最博大的挚爱，是难以创造性地把事情做得出色的。朱永新教授对教育进行研究的特点之一就是全身心地投入。身，有那三种角色和一种身份，自然占据了他所有的时间和精力；心，是不可见的，但贯穿在他所有工作、表现在他所有论著中的鲜明爱心，则是最好的证明。

他说"教育是一首诗"。他常用诗一般的语言讴歌教育，表达他的教育思想：

教育是一首诗／诗的名字叫热爱／在每个孩子的瞳孔里／有一颗母亲的心

教育是一首诗／诗的名字叫未来／在传承文明的长河里／有一条破浪的船

如果是纯理性的，没有充沛的、不可抑制的感情，怎么能迸发出诗的情思？但他不是浪漫派。他本来已经够忙的了，却又率先自费开通了教育在线网站，开通了教育博客和微博，成了四面八方奋斗在教育改革前沿的众多网民的朋友。每天，当他拖着疲乏的脚步回到家后，还要逐篇浏览网站上的帖子和来信，并且要一一回应。有人说，这是自找苦吃。但他认为，这是"诗性伴理想同行"，是"享受与幸福"。他曾经工作生活在被颂为"人间天堂"的苏州，那里早已普及了十二年义务教育，现在正朝着普及大学教育的目标前进，但这位曾经主持全市文教工作的副市长，却心系西部，为如何缩小东西部教育的差距苦苦思索，不断地呼吁……他何以能够长期如此？我想，最大的动力就是那伟大的爱。

情与理的无缝衔接，正是和把从事教育工作及理论研究单纯当作职业的最大区别，而且是他不断获得佳绩、不断前进的要素。

教育是人类社会得以延续发展的根本保障。人之所以为人，区别于其他动物，从某种意义上讲，就是因为通过不同渠道，接受了不同程度和内容的教育。就一个国家而言，教育则是保障发展壮大的基础性工程。这些，都已经成为人们的共识。但是，教育又是极其复杂庞大的体系，需要大批教育理论专家、管理专家。身在其中者固然自得其乐，但是，在局外人看来，教育理论的研究是枯燥的、艰难的，有许多的教育学著作也确实强化了人们的这种感觉；管理工作给人的印象则是繁杂的、细碎的。这种感觉和印象往往是理论工作者、管理工作者和广大的教育参与者（包括家长、学生和旁观者）之间产生隔膜的原因之一。社会需要集理论研究和管理于一身，而且能把自己对教育的挚爱传达出去的学者，与人们一起共享徜徉在教育海洋里的愉快和幸福。但是，现在这样的学者太少了。是我们对像教育理论这样的人文社会科学的所谓"学问"产生了误解，以为只有用特定的行业语言，包括成堆成堆的术语和需要读者反复琢磨才能弄清楚的句子才是学术？还是善于用最明了的语言表达复杂事物的人还不多？抑或是教育理论的确深奥难测，必须用"超越"社会习惯的语言才能说得清楚？而我是坚信真理总是十分朴实、十分简单这样一个道理的。真正的大家应该有能力把深刻的思考、复杂的规律用浅显生动的语言表述出来，历史上不乏其例。

作为一名教育理论家，朱永新教授正在朝这一目标努力着，而且开始形成了自己的风格：论述、抒情、问答并举，逻辑严密的理性语言、老百姓习惯于说和听的大白话、思维跳跃富于激情的诗句兼而有之，依思之所至、情之所在、文之所需而施之。有的文章读时需正襟危坐，有的则令人不禁击节而赏，有的还需反复品味。可贵的是，这些并非他刻意为之，而是本性如此，自然流露。这本性，就是他对教育事业的爱，归根结底是对人民的爱。

在某一种风格已经弥漫于社会，许多人已经习惯甚至渗透到潜意识里的时候，有另外一种风格出现，开始总是要被视为"异类"（我姑且不用"异端"一词）。我不知道朱永新教授是不是也有过这样的经验。我倒是极为希望他能坚持下去，即使被认为"这不是论文"也不为所动，因为学术生命的强弱最后是要由人民来判断，而不是仅仅由小小的学术圈子认定的。我还希望他在这方面不断提高锤炼，让这股教育理论界的清风持续地吹下去。

教育，和一切与人民生活紧密相连的事物一样，都要敏感地紧跟时代的步伐，紧贴人民的需求，依时而变，因地制宜。如今朱永新教授的作品集改版并增补，主要收录了他从踏入教育学领域至2023年的论著。这从一个侧面反映了我国改革开放以来教育领域理论研究与实践的过程。"战斗正未有穷期"，在过去和未来的日子里，有层出不穷的教育问题需要解决，因而需要不停顿地观察、思考、研究。我们的教育学，就在这个过程中发展成长；有中国特色的教育学，也许就将在这一时期内形成。朱永新教授富于创造——"永新"自当永远常新，他一定会抓住这百年难逢的机遇，深化、拓展自己的研究，为中国教育事业、为中国的教育理论多奉献自己的才干和智慧，再写出更多更好的篇章。

我们期待着。

兹忝为序。

许嘉璐

写于 2010 年 12 月 14 日

修改于 2023 年 4 月 29 日

于日读一卷书屋

（作者为第九届、第十届全国人大常委会副委员长，著名语言文字学家）

新教育的使命（卷首诗）

新教育实验为什么要存在？
新教育人为什么要存在？
千万次地追寻与叩问，
我们终于找到了一个"答案"，
一个倾心所愿担荷终生的"答案"，
这就是新教育人共同的"使命"——
过一种幸福完整的教育生活！

使命必须以人为尺规，
而人啊，在大地之上、天空之下
生活，其生活的意义到底是什么？
意义不等于抽象的定义，
它首先意味着：人，
以忘我的操劳和操心所牵起的一个生活世界——
教育即生活，
人总是在自己的生活世界中，
对生活的意义拥有居先的领会和理解。

人在生活世界中生活，
并对生活之意义拥有先行领会；
然而，生活世界也会在习焉不察中
遮蔽和隐匿生活之意义；
独特的教育生活具有超越性——
依寓本能而居的自然人，
会在知识、真理以及先行者的唤醒与点燃中，绽放出生而为人的高贵与自由！
这个独特的超越性的旅程，
在家庭、学校、社区共同构成的生活世界中，
是不可分割的有机整体；
在绵延不绝的历史长河中，
跌宕起伏，贯穿人生之始终！

教育生活的超越性
首先体现在对本真幸福的向往与追求；
生而为人，单纯富裕的物质生活
并不能带来真正的幸福；
在自我超越的旅途中，
内心的宁静与精神的愉悦，
理性的提升与德性的光辉，
才是属人的本真幸福的源泉！
在应试教育的泥淖中，
孩子们的生活充满无情的竞争和永无休止的失败，
眼中失去凝望世界的神采，
心灵丧失追求理想的渴望！
在新教育人心中，
教育的目的不是成功，
而是幸福；
教育的质量不是分数，
而是幸福成长；
新教育人的使命，
既是对教育终极意义的思考与追求，
也是对当下教育进行改良的愿望与行动！

本真的幸福必然是完整的——
拥有自由意志的生命是自足的，
自足意味着有机、完整与自由！
正如一粒鲜活的种子，

种皮、胚芽、胚根、胚轴、子叶和胚乳

任何一个部分的缺失或损坏，

都将导致生命的畸形或死亡！

儿童生命的完整，

既意味着身、心、灵的三位一体，

以及德、智、体、美、劳的和谐发展；

也意味着，生命的每一个当下都绝不是一个孤立的点——

当下必然蕴含过去并筹划未来，

正如绽放的花朵，

必然蕴含种子全部的基因，

并筹划着成为果实的浓烈渴望！

还意味着家庭、学校与社会的通力协作，

成为儿童健康和谐发展的良好环境与卓越园丁！

新教育希望通过幸福完整的教育生活，

能够实现人的"全面和谐的成长"，

让每个生命都能够获得

健康的身体，

丰富的情感，

优秀的智力，

深邃的智慧，

坚强的意志，

高尚的德行，

在自我超越的永恒旅途中，

不断成为更好的自己！

目 录／Contents

第一辑

新教育实验的缘起、理念与行动

呼唤"上天入地的教研"*

　　我们新教育实验，最初的命名是"理想教育"。我们的实验目的，是促进师生成长。成长，没有最好，只有更好。新教育实验的老师要挑战自我，进入新的境界，理想更要播在自己的心中，培养积极的人生态度，不断超越自我。

各位老师：

　　大家好！

　　很高兴，与大家一起讨论教育的问题。今天不是做报告，而是一种交流，交流的题目，我想叫作"呼唤'上天入地的教研'"吧，这也是我们新教育实验的追求。我觉得，我们的教育科研搞了这么多年，但还是没有把握其真正的脉搏。

　　首先是，教育科研没有"上天"。重大的教育决策理应由专家来研究，由一线教育工作者长期的实践来推进。我国的教学科研，经常是围绕领导的倡导开展的。围绕国家重要战略开展教育研究，是必须的，但微观的教育问题，还是需要自下而上的探索。教育界自己的声音没有成为"真正的声音"，也就是说，我们的教育科研没有真正"上天"。

　　我们的教育科研，也没有"入地"：教师没有成为主体，教育科研没有影响教师的教学。我曾经开玩笑说，我们的教育科研是"吃饭科研"，开题就是吃饭，课题的论证也没有不通过的，过了三四年，结题了，再一起吃顿饭，教师没有介入其中。现在学校里恐怕有95%以上都是此类科研，其实可能还不止这个比例。我们在一起探索，能不能产生一些自己的模式？一直有人在问我们：你们的新教育与"新课程改革"，与叶澜老师的新基础教育实验有什么不同？我觉得，新基础教育的优势在课堂，叶澜老师提出

　　* 2003年3月27日，在江苏苏州的吴江实验小学的演讲。

一个重要的理念：让课堂充满生命的活力。新基础教育的定位在课堂，这是非常有价值的，但是就课堂谈课堂，那不是完全的教育，我们应该有更广阔的教育。新课程的问题更大，世界上没有一个国家可以在如此短的时间内确定课程标准，一般都要经过长期的实践与推进。新课改的定位在课程，要进行课程的综合化等课程改革。目标很大，为了每个孩子的发展，为了中华民族的复兴，但任何实验都可以如此定目标。

我到杭州书林去买书，书商说：你去编新课程的书吧，那样的书好卖。现在新课改有点神化，有点虚化，新课程也变成了一个筐，什么都往里面装。教育实验与教育改革，最重要的就是要改革理念，使我们教师的观念发生变革，那绝非一日之功。新教育实验的定位，以及它的价值追求是什么？

新教育有三个追求。第一，追求成长。新教育实验成功与否，关键要看老师与学生有什么变化：老师的精神是否振奋？学生的学习与综合素质是否有进步？我认为新教育最重要的命题，就是让教师与学生一起成长，这是最基本的追求。没有师生的进步，没有师生的成长，那叫什么"实验"？那叫"骗人"。我们的老师与学生要不断地挑战自己，追求卓越。

第二，新教育的追求是贴近生活与实践的。不是脱离课堂，不是脱离老师与学生的生活，而是在不断的对自己行为的反思之中进行的。陶行知先生曾经提出：生活就是教育。我们的新教育实验，就是在生活中、实践中成长起来的。我刚才还与姚局长讨论，我们吴江的"陶研会"可以将新教育实验纳入其中，新教育实验也可以看作是新时代的生活教育的发展。因为我们的实验是在生活中进行的，在生活中实践的，是为学生的生活而做的实验探索。对学生有影响的，我们就做；对学生的生活没有用的，我们就不做。所以，我们要精选对孩子的终身发展有价值的东西。

第三，新教育实验是开放的。我们这个实验，不像其他的实验，先有一个理论假设，然后进行这样那样的论证。我们是在实践中不断地完善，把其他好东西纳入其中。

我们的新教育实验，做些什么事呢？

第一，"营造书香校园"。北厍小学的校园里用了我的一句话，拉了一条横幅："一个人的精神发育史就是一个人的阅读史。"一个人躯体的发育靠什么？吃食物，所以食物结构很重要。一个人的精神发育靠什么？吃什么样的精神食粮，就有什么样的大脑。我们现在只吃教科书、教材，非常单调，非常功利性，大脑中的知识结构就不能有很健康的发育。一个人的精神发育如此，一个民族的精神发展则是基于各个个体。不阅读，就会造成新一代中国人的精神发育不良症！这是很危险的！

世界上书读得最多的是犹太人，美国的阅读率也比较高。中国人年均读书不到 5 本，这怎么去与人家竞争？我们再从教师阅读的角度来看，这也是至关重要的。如何把握先进理念，仅仅靠一本教育学的教科书不能讲清楚。我们要与大师对话。一部人类文明史就是一部教育史，大师的经典作品是当代人无法跨越的宝库。不读经典，我们的精神世界就难以激活。高品位的对话，是基于经典的对话。你没有读过鲁迅，没有读过雨果，就很难深谈文学；没有读过苏霍姆林斯基，没有读过陶行知，也很难进行教育的深层对话。这是常识。

我的博士生李镇西，大家很佩服他。我说，其实他也没有什么了不起，他就是勤于读书、善于读书：他把陶行知的所有著作都读了，把苏霍姆林斯基的书全读了，因此在他的生活中就有精神导师。如果我们也让孩子去系统地阅读，就不用担心我们的孩子不能成才。我甚至说：学校里如果没有老师也没有关系，只要有书，只要学生好好读书，同样可以好好地成长。

其实，很多大作家并没有上过几年学，但他们读了大量的书。比如邓友梅，才上了几年学，读的书远远地超过大学生。我们要求新教育实验学校的学生读 100 本书，教师也要读 100 本书。美国有一位老师为了要孩子读书，甚至与学生打赌，说如果学生能读完 100 本书，他就从学校爬到家里。结果，他真的"梦想成真"。国外很多学校都想了许多的方法，来鼓励孩子读书。

在今年两会期间，我提出要建立"国家阅读节"，得到很多人的支持。我们出差，在飞机上经常会看到老外在读书，而我们中国人，在打牌、在聊天。我们的孩子，如果只是读教科书，那是很危险的，我们的民族也将是很危险的！

第二，"师生共写随笔"，孩子们与老师一起写日记。日记的功能和作用，我们还远远没有认识。魏书生说，日记是道德长跑。其实也不仅仅是道德长跑，日记是心灵的独白与对话。"教育在线"的网友张向阳，五六个月前没有人知道。去年年前，他写信给我，寻求教育的突破。我在网上开了一个"朱永新成功保险公司"后，他很快"投保"了，连续写了四个月的时候，已经发表了 25 篇文章。这是一位普通的老师，甚至连苏霍姆林斯基的书也没有读过，但通过写教育日记，现在每月发表五六篇文章。学生写日记，像我儿子朱墨，一年级开始写，写班级里一个个的同学，写花，写动物，写游历，写读书笔记，很有成效。

我对许多老师父母说：千万不要让孩子看作文选，看作文选不如写日记管用。日记是心灵的流淌，是生活的体验。真体验才有好文章，看作文选有什么用？教师的日记也一样，没有数量就没有质量。更重要的是，教师在写日记的过程中，学会了反思。今天的课堂很精彩，为什么精彩？今天的心情很沮丧，为什么沮丧？越是原生态的东西，越是精彩。写日记的作用是全方位的，反过来对生活有更高的要求。如果说得绝对化一点：中小学教育科研的最好形式，就是写教学日记与教学随笔。学校的许多科研课题，老师们不感兴趣，对学生也没有什么用处。师生共写随笔，就是立足生活开展反思，反思就是科研。

第三，"聆听窗外声音"。聆听窗外声音，就是要从小让孩子关心社会，有创造的激情。我们的校园太封闭，总是听老师的声音。最好让学生在 6 年之内听 100 场报告，这是对学校教育的很大补充。大学生对"就业"概念的理解不完整，其实它应该包含"创业"和"就业"，创业精神从窗外来。也许，一场报告会改变一个学生的一生。多元价值观，要通过多元的报告来传达。校外的教育资源很多，我们应该开发利用。在苏州，我们请老外夫人来给我们的孩子上英语，她们还感谢我。农村学校也不要紧，每个家长去请一个人来，为学生做一个报告，讲讲自己的故事。

第四，"培养卓越口才"，尤其是对学生进行生活化的英语教育。新教育实验学校的学生，应该会讲一口流利的普通话，也要会讲一口流利的英语。我们要注重学生的表达能力，学校里要有学生论坛，让孩子们说话。表达能力很重要，要表达才能表现，才可能抓住机遇。作为强势语种的英语，可以说是现代背景下必备的生存能力。学习语言要抓住最佳时机，学习是有关键期的。

第五，"构建数码社区"，加强计算机教学。新教育实验学校学生，要有优异的使用计算机的能力。不要过多讲知识和原理，要让孩子们去操作，做电脑玩家！建一个主页，有一个 E-mail，主页要经常更新。这是信息化时代交流的重要内容，要学会在很短时间里了解最重要的信息。比如，给学生出一个题目，要园林方面的信息，要政治家的信息，要桥梁相关的信息，他要能在短时间内完成信息搜集与处理。

这五条，是我们一开始实践的时候就提出的，可以算是"原始股"吧。最近我们又增加了两条。其中一条是"个性化教育"：张扬学生的个性，让每个孩子有拿手的东西，打破过去"只有分数才是真英雄"的格局，让学生自豪地说"我能行，我哪个方面行"。每个人来到这个世界的时候，上天都给了他成功的基因，但我们的老师往往成为"刽子手"，扼杀他的特长与个性。所以，我们要帮助学生一起找到成功，激活他们成长的渴望。我们的孩子都是好孩子。只有有个性的东西，才是好东西。再漂亮的衣服，如果大家都穿得一样，就不是好衣服了。

最后，我们要强调理想教育的问题。我们新教育实验最初的命名，是"理想教育"。我们的实验目的，是促进师生成长。成长，没有最好，只有更好。新教育实验的老师要挑战自我，进入新的境界，理想更要播在自己的心中，培养积极的人生态度，不断超越自我。

新教育实验的缘起、理念与行动 *

追求理想，超越自我，是我们整个实验最重要的目标追求。只有追求理想，超越自我，才能培养积极的认识态度，才能真正地做到让教师、学生和学校一起成长。我们认为参加我们实验的所有的学校的老师，都应该有自己的梦，都应该给自己一种挑战自我的勇气，有一种超越自我的精神。

各位老师，各位朋友：

大家好！

最近几年，我逐步地和我的一些博士生，和我的一些朋友们，一起探索一条适合我们国情的，更重要的是能够让教师和学生比较快地发展和成长的教学研究的方式，或者说我们学校发展的方式。我们的探索，一直没有很好的定位。我们起了很多名字，包括"理想教育"等，后来一个个被

---

* 2003 年 3 月 31 日，在江苏海门"五四杯"教育教学论文颁奖活动上的演讲。

否定了，暂且我们还是称其为新教育。

为什么称其为新教育？很多人对我讲：现在"新"字太多了，新基础教育、新课程改革，再加上你的新教育，这些教育之间有什么关系，我们搞不清，你最好不要用"新"。

事实上，只要学过教育史的人都知道，在任何一个时代总会有这个时代的新教育主题——新教育和旧教育总是相对应的。在近现代教育史上，一个旗帜性的人物是杜威。我们知道，杜威在 1899 年出版了著作《学校与社会》，这本书汇集了他的三次演讲，也是他的代表作。和《民主主义与教育》一样，这本书在教育史上有重要的地位。在他的演讲中，就明确提出了新教育的概念，而且相对应地提出了旧教育的概念。由于时间关系，我就不再阐述什么是杜威的新教育了。

20 年以后，杜威的学生陶行知先生在中国也明确提出过新教育。陶行知在 1919 年发表了《试验主义与新教育》，在文中就讲了这样一段话："夫教育之真理无穷，能发明之则常新，不能发明之则常旧；有发明之力者虽旧必新，无发明之力者，虽新必旧。故新教育之所以新，旧教育之所以旧，亦视其发明能力之如何耳。"我们不去分析这段话，我们只是把他的概念先抛出来。陶行知在 1919 年，已经提出了新教育和旧教育问题。和他同时代的很多人，对新教育和旧教育都有他们的认识：像蔡元培先生，就有一篇文章《新教育与旧教育之歧点》；陈鹤琴先生把活教育作为旧教育的对立面——他没有明确提出新教育，但是活教育实际上就是一种新教育；黄炎培先生也在他的很多论著中用了新教育和旧教育的概念。

到了 1949 年，毛泽东在阐述我们国家发展的教育方针以及一系列教育问题时，也明确提出："建设新教育要以老解放区新教育经验为基础，吸收旧教育某些有用的东西。"因此，一个世纪以来，关于新教育的论述很多。包括最近，也有人写书用到新教育的概念，如北京师范大学的陈建翔老师就与人合作撰写了一本书叫《新教育：为学习服务》。

这样一来，新教育这一名称，的确有好处也有坏处。好处就是新时代总是要呼唤新的教育，一个时代有一个时代的教育特征；缺点就是，它好像没有明显地与其他教育区分开来：这个"新"是新技术、新教育实验，还是新课程改革？因此，我们这个提法也不算是最后的定论，我觉得这个名称是可以变化的。只要我们有更合适的旗帜能够亮起来，我们就可以再来讨论，我们这个新教育的内涵到底是什么。我认为这个不是最重要的问题，前面讲的每个时代都有它的特征，我重点分析一下新基础教育、新课程改革和新教育实验，各自具有什么意义。

我们先讨论新基础教育实验。叶澜老师最近几年一直致力于她的新基础教育实验，华师大为此专门成立了研究所。大家都知道，叶澜老师的新基础教育实验的核心是"生命教育"，她一篇非常经典的代表作，就是《让课堂焕发出生命活力》。因此，她比较重视主动和互动，比较强调教师和学生双方的生命价值的体现，她的这个观点我是非常欣赏的。她的价值观是，强调未来性、生命性和社会性；她的学生观是，强调潜在性、主动性和差异性；她的目标不仅是在认知能力上，同时在道德面貌和精神力量上能够让学生有比较好的发展。她的主要观点有四句话，很多学校都把它写在学校的墙壁上，那就是：把课堂还给学生，让课堂充满生命活力；把班级还给学生，让班级充满成长气息；把创造还给教师，让教育充满智慧挑战；把精神发展主动权还给师生，让学校充满勃勃生机。这是代表性的四句话，要把握新基础教育实验，这几句话一定要把握住。无论如何，我们看来看去，新基础教育实验的重点还是在课堂。因为他们所做的工作，他们给新基础教育定位的重点，还是在课堂。

我们再来看看新课程改革。新课程改革的核心理念，是为了每一个学生的发展。为了每位学生的发展，为了中华民族的复兴，是新课程改革的旗帜性宣言。新课程改革的价值取向，主要有五个方面：教育民主，国际理解，回归生活，关爱自然，个性发展。新课程改革主要的观点在知识观方面，是走出课程目标的知识技能取向，重视过程、方法、情感、态度与价值观。这一次的新课程改革，包括很多教材的编写，都是用新的知识观来统筹的。在学生观方面，强调个性发展。在课程观方面，确立了课程和生活的连续性，也就是强调课程和生活紧密地联系。在这样的观点下，提出了综合实践课程等。

新课程改革的侧重点是课程，叶澜老师的注重点是课堂。我们知道，课堂和课程不能构成教育的全部的生活，不可能涵盖教育的所有的内容。因此，我一直在学习他们的一些思想，我一直在反思我们所做的东西。我觉得新基础教育也好，新课程改革也好，尽管他们的目标很伟大，都是强调民族的复兴，为了学生的发展，都是强调知识、情感、态度、价值观，重视精神世界、道德风貌，但是毕竟他们的主要定位还是在课堂和课程。同时，他们都还没有一套深入微观的、具有可操作性的行动方案。因此，我们的新教育实验就试图在这两个方面，能够做一些新的突破。

新教育的缘起是什么？1999年下半年开始，我一直在写一组关于新教育的文章。第一篇文章，就是关于"理想的教师"。1999年，在太湖之滨做了一次演讲，当时《新教育》杂志社组织了一场会议，有好几百人参加，我在会议上做了将近四个半小时的报告。那一次的报告我也没有想到效果会如此好，会上的服务人员都听得聚精会神，甚至忘了倒水。很多老师都说，那一次报告在某种意义上改变了他们的人生观。后来，很多报纸都转载了这篇文章，《中国教育报》还在头版刊发了。后来，我又写了《理想的学校》《理想的校长》《理想的学生》《理想的父母》等。在2000年的时候，我在江苏教育出版社出版了一本书，叫《我的教育理想》。昨天晚上，还有人拿着这本书来找我签名。这本书在基础教育界还是有相当影响，为什么？第一，现在已经是第七次印刷了，一本教育理论书籍在短短两年多内重印六次的，好像不太多；第二，发现了多次盗版事件，在湖南浏阳市就查到了六千本盗版书。

这本书出版后，很多人问我这样一个问题：朱老师，你讲得很好，写得很好，但是你能够做到吗？这对我是一个很大的刺激，它提醒我：作为一个理论家，你光讲光说有什么用，要去行动，要去做。之后，我还在继续思考这个问题，又写了一组新的理想系列：《理想的德育》《理想的智育》《理想的体育》《理想的美育》《理想的劳动技术教育》……开始试图构筑一个框架，一个理想的教育蓝图。所以，又在人民教育出版社出版了一本《新教育之梦》——这是新教育的正式亮相登场。

盐城有一位老师在《光明日报》上写了一篇文章评论《新教育之梦》，题目就是《飘扬的"乌托邦"》。尽管他整篇文章对这本书充满着肯定，但是这个题目让很多人以为新教育真的是一个"乌托邦"。有校长、老师说：朱老师你写得蛮好，讲得蛮好，就是做不到。还有人更加直接地跟我说：朱老师你过去是讲"理想"，现在讲"梦"，是不是更玄乎了？你的梦想究竟能不能实现？这也是我下决心要真正构建一个新教育体系的很重要的驱动力。

2002年6月6日，我与一些学生和朋友办的网站正式开通，叫"教育在线"。网站从开通到现在，已经有超过45万人来访问。我们没有做很大的宣传，全部靠老师的口耳相传，但是网友已经覆盖了全中国：从新疆、云南到广州、深圳，几乎全国每个省份，甚至美国、日本、法国都有网友来参加我们的讨论。

在这个网站上，我们专门设立了一个栏目叫《新教育实验》。通过这个网站，我们看到了新教育的曙光，看到了新教育的生命力，看到了新教育未来的前景，因为我们有一大批教师在网络上快速地成长。昨天，有好几位"教育在线"的朋友，如盐城的张向阳、吴江的沈正元等都参加了这一次的颁奖活动，获奖者中"教育在线"的网友占了相当大的比例，听说一等奖里面有40%是我们的网友。

去年9月份，我们正式挂牌了一所新教育实验学校——昆山玉峰实验学校，到今天还不到一年的时间。目前，正式加盟的学校已有将近20所。其中苏州吴江的一所农村学校——金家坝小学，校长非常恳切地要求加入这个实验，他说："朱老师，如果我们的学校能做成了，中国的学校都能做。"我想，这句话是很有道理的。如果我们选苏州最好的学校、最好的老师、最好的学生去做新教育实验，就没有典型性，也不具备普遍性。所以，我们就找了一些农村相对条件比较差的学校去做。金家坝小学有一位51岁的女教师，已经快退休了，她参加了我们的新教育实验，从零开始学电脑，然后开始上网写文章、发帖子。尽管她的文章跟我们获奖者的比起来还不够潇洒，不够卓越，但是我们的网友们都很感动，很多人给她加油，很多人把她视为"青春偶像"。

我们有一大批非常感人的故事。现在，新教育实验已经从苏州往外地发展，无锡、常州、青岛、哈尔滨等地的学校都在积极地准备申请，有的已经开始启动，用我们的理念在做探索的学校恐怕不下百所。我们到一个地方就宣传新教育的理念，但是有一条：我希望参与的学校不要叶公好龙，要做就真刀实枪地去做。因此我们要求：第一，校长要开全体教师讨论会，讨论通过要不要加入。光校长一个人想加入没有用的，没有全体老师的参与，这个实验是不可能成功的。我们的这个实验科研不是一个"吃饭科研"，现在很多的教育科研都是"吃饭科研"。什么叫"吃饭科研"？开题报告会请一批专家来论证一下，吃顿饭，然后"OK，通过了"；两三年后，课题要结题了，再请专家来吃顿饭。教科部门对开题、结题是如此重视，我有时不大理解：课题的经费本身就不多，开个题就差不多把费用全部花光了——那么多专家来，路费、住宿费、会议费等支出负担相当沉重。教育科研的费用本身就非常少，搞什么开题呢？在日本工作的时候，我曾经申请到日本科学协会的一个课题，200万日元。人家不要求有一个开题仪式，也不要求写开题报告，因为课题计划书本身就已经写得非常清楚了，根据计划去做，有问题可以请教专家，最后交出成果即可。事实上，你的课题既然被认可批准，就说明你的论证基本上是对的，在研究中不断完善就行了，何必一定要搞这样的一个仪式呢？然后，结题的时候再由学校教科室主任写一个总结报告，把这两三年做的所有的事情都像戴帽子一样戴到这个课题头上，再请专家来吃一顿饭，PASS！

世界上没有一个国家的教育科研项目数量超过中国的。大概世界上也没有一个国家教育实验的成功率超过中国，几乎没有一个课题不成功、不能够通过。其实，那个科研是学校教科室主任一个人的科研，根本没有全体教师的参与。我对新教育同仁说：我们不做这样的科研，我们的实验必须所有的老师都参加、所有的学生全员参加。我们不一定搞实验班和对照班，为什么呢？明明是正确的、有用的东西，明明是看得见的东西，为什么一定要分为实验班和对照班呢？凭什么把一些学生放在对照班，把另外一些学生放到实验班呢？

我们欢迎所有想探索的学校正式加盟我们的新教育实验，我们对任何学校都不收一分钱，这是我们的承诺。但是，你要真刀实枪地去做。挂牌了也不是万事大吉了，我们会跟你紧密地联系，如果我们发现你不在做——对不起，请你把牌子还给我们，我们要求把牌子收回；然后，在我们的有关媒体上，我们会正式宣布该学校退出了新教育实验。我们要有个相互约束的机制。

新教育实验的宣传，很多是借助我们的"教育在线"这个媒体来展开的，非常方便。人民政协报的《教育在线周刊》，专门介绍了新生代教师网上成长的故事。我们在座的老师中，也有很多人被写进了故事里。有人也说：你们既然是新教育，核心理念是什么？有没有自己的价值取向？实事求是讲，刚开始我们并没有系统地思考这些东西，但也并非绝对没有。我在《我的教育理想》和《新教育之梦》有一些初步的论述，但我们更强调行动，我们有"六大行动""十大领域"。

关于新教育的核心理念，我们提出：为了一切的人，为了人的一切。为什么我们没有提出"为了每位学生的发展"？因为我们觉得，事实上没有教师的发展，就没有学生的发展。为什么我们不提教师而提"人"？因为我们觉得实际上教育是一个大的概念，没有家长的发展能有学生的发展吗？不可能。所以，我们的核心理念是为了所有的人。

追求理想，超越自我，是新教育实验的目标。大家知道，新教育实验一开始被命名为"理想教育实验"。后来我们大家一起讨论的时候，很多人都说容易引起歧义："理想"这个词，听起来好像要对孩子进行"理想教育"，所以建议我用新教育这个概念。

但是无论如何，追求理想，超越自我，是我们整个实验最重要的目标追求。只有追求理想，超越自我，才能培养积极的人生态度，才能真正地做到让教师、学生和学校一起成长。我们认为，参加实验的所有学校的老师都应该有自己的梦，都应该赋予自己挑战自我的勇气，有一种超越自我的精神。每一个老师、每一个学生都要成功，每个学生都要找到成功的感觉；相当部分的老师和学生都能够成材，最后有大的成就。所有参与实验的人，都要感觉到自己在不断地进步，在成长着，成长并快乐着——这是我们追求的一种境界。

我们的价值取向是"行动取向"，我们提出"只要行动，就有收获"，不要坐而论道。你去做，你就行；你去做，你就能成功。不要瞻前顾后，不要犹豫彷徨，从加入实验这一天开始，你就要动起来。我们也有自己的观点，刚讨论出来的肯定还不成熟，但也差不多了。那么这些观点是不是就全面，是不是就符合我们新教育的价值取向、目标、追求呢？这个大家可以讨论一下。我们有一个观点是：无限地相信学生与老师的潜力。因为孩子和老师身上的潜力，你怎么去评估都不过分。

过几天我的一本教育随笔就要出版了，书名叫《享受教育》。在这本书的最后一部分，我提出了一组"朱永新教育定律"——这有点狂妄，所以我没敢把它放在第一组文章里，放在最后也是对自己还不够有信心的表现。我提出"九大教育定律"，第一个定律是：态度决定一切。米卢当时给中国足球队的帽子上印着，"Attitude is everything"。当然米卢收获过成功，也收获过沮丧，但不管怎么样，他让我们体验到"快乐足球"的一点味道。尽管我们最后没有快乐起来，但这句话是没有错的。

我提出的第二个定律是：说你行你就行。要无限地相信学生和老师的潜力。因为当一个老师也好，当一个校长也好，你只有相信你的教育对象、你的服务对象，相信他们具有无限发展的可能性时，才会充满激情地去对待他，去鼓励他，去激发他，去激活他。当你对学生失去信心的时候，实际上你的教育已经终结了——尽管你还在做很多"工作"，但事实上孩子已经没有发展的空间了，因为你从心理上已经宣判了孩子的"死刑"。所以说，孩子的能力，孩子的发展空间，你怎么相信都不为过。我和学生们还编了一本书叫《教育的奇迹》，选了中外一些非常典型的教育案例。这些案例中几乎所有的故事看起来都是不可能发生的事情；但是，孩子们的确有无限发展的潜力，有许多我们无法想象的事情真实地发生了。有一本书叫《五体不满足》，说的是日本的一个孩子没有膀子、没有大腿，但他的父母、老师、朋友一直在帮助他，他自己也没有放弃，最后他成了日本早稻田大学的学生，而且是非常优秀的学生。这样的故事，你能相信吗？可这就存在于我们的生活当中。

如果他的老师、家长不相信他能取得这样的成就，那么他就不可能有这样的成就。所以说，只要老师、家长对孩子还没有绝望，这个孩子就有发展的空间。

新教育的第二个核心理念是教给学生一生有用的东西。为什么新课程提出要从知识技能走向情感态度价值观呢？实际上它的潜台词就是还有比知识技能更重要的东西。怎么样把未来最重要、最有用的东西教给学生呢？教科书对孩子有没有用？当然有用，但可能不是一生有用。因此，教材编得再好，也不能解决学生所有的问题。教材对考试有没有用？当然对学生考上理想的学校有用，但是也不能解决所有的问题，甚至可能误导我们的学生。几乎所有的学校、所有的老师，都把让学生考取一个好大学，甚至是考上北大、清华作为教育的终极目标。以成败论英雄，以奥林匹克金牌论英雄，以考进北大、清华为英雄，这样的观点是错误的，那仅仅是一个人生的开始而已。很多考上北大、清华的学生，未来的发展不一定就比考上苏州大学的学生强多少，他们发展的潜力、发展的空间、发展的可能性并不一定能够超越没考上北大、清华的人。因此，我们要让孩子从小就知道谁笑到最后谁才能笑得最好，要让孩子知道不要急于求成，要让孩子真正地下决心花气力去把握那些对他们一生有用的东西。

我也是从苏州大学出来的，但是我认为自己并不一定比北大、清华的学生差，当不了北大、清华的学生没有关系，我可以到北大、清华去当老师做教授。关键是怎么样让学生有一个真正辉煌的明天，我们的教育看得太近了，太"近视眼"了，太急功近利了，我觉得这是一种悲哀。

新教育的第三个核心理念是重视精神状态，倡导成功体验。我前面讲了教育的第一定律，态度决定一切。培养一个人积极的态度，我觉得非常重要。要让学生能够不断地感受成功，不断地体验成功，从而能够不断地相信自我，不断地挑战自我。

　　新教育的第四个核心理念是，强调个性发展，注重特色教育。我提出的第八个教育定律是"特色就是卓越"，很多人并不完全同意我的观点，但是我坚持我的观点。虽然所有的特色并不一定都圆满，但是只要他有特色就是卓越的。人无我有，人有我"特"，这是任何一个事物发展的重要规律，企业如此，学校如此，凡事莫不如此。去年美国一家媒体评选了世界上九大新兴科技城市，我们苏州是唯一入选的亚洲城市。你说苏州就是亚洲最好的城市吗？未必。无论经济总量也好，文化底蕴也好，苏州都并非第一名。但苏州为什么能成为一个大家非常关注的城市？去年十月份，另一个世界上最有活力的城市的评选活动，苏州又名列其中。的确，苏州的特色是其他城市很少有的，它是把传统和现代结合得很完美的一个城市。若论传统，西安肯定在苏州之上，但是其现代性可能比苏州差；若论现代，深圳肯定不在苏州之下，但是它的传统肯定不如苏州。人家为什么选苏州？因为苏州把传统和现代结合起来了，因为苏州建立了一体两翼的城市格局，因为苏州有两千五百多年的文化底蕴，因为苏州是外商投资的聚集地——这些指标综合评估下来，苏州自然就名列前茅了。同样是 *NEWSWEEK*，十年前曾经评选过世界上办得最好的学校，很遗憾，没有一所中国学校入围。希望通过若干年的努力，我们的新教育实验学校有一两所能够名列世界上最好的学校榜单。*NEWSWEEK* 评选的这十所学校，没有一所不是特色学校。全世界那么多的学校，你如果不是在某一个领域最有影响、最有代表性、最有典型性的学校，根本没法进入他的视野。

　　学校如此，个体也是如此。我们常讲"万绿丛中一点红"，你如果是绿，或是精彩的绿，或是一种郁郁葱葱的绿，或是一种充满活力的绿——但是，你在一片绿中我也许看不见。你的绿虽然跟其他的绿有不一样，但红在一片绿的面前，一下子就显示出来自己的不同。鹤立鸡群，你这只鸡很伟大，但是在鹤的面前你还是只鸡。因此，怎么样办出特色，怎么样让孩子有个性，我觉得是非常重要的。我们的实验学校也要努力往这个方向去，我们要求所有的老师都能够告诉学生：你能行，你什么地方行，让每个孩子、每个老师、每所学校能够发现自我。

　　新教育的第五个核心理念让师生与人类崇高精神对话。在我们的教育中，往往关注的是个别的人和具体的人，对于人类的问题，对于人类的命运，对于人类文化的发展延续，对于文明的进程，还没有足够的关注。如果我们不关注后者，文明有可能在我们这一代人身上，或者说在我们这一代教育者的手里走向衰弱。我们经常说文明和文化的发展、延续，是人类发展和延续的根基。如果没有文明与文化，我们跟动物园里的猩猩和猴子就是一样的。如果让我们在座的每一位都退化到猴子和猩猩的程度，不敢相信我们人会变成何种动物。

现在，伊拉克战争硝烟四起。伊拉克战争就是一种符号、一种象征，我们和人类的崇高精神对话已经久违了。一会儿我会讲到，为什么应该让我们的孩子和老师真正地融入社会，具有强烈的社会责任感、使命感、正义感，而不是逃避现实，逃避责任。

从文艺复兴以来，尤其是 20 世纪以来，人类和自己的崇高精神对话呈不断衰弱之势。人类的精神发育的水准，和躯体的发育、人类预期寿命的延长等成反比。我们已经拥有一个强大的躯体，一个健康的体魄，但同时是一个精神很萎缩的个体。在 20 世纪，人类把自己能够污染的河流差不多污染殆尽，把能够砍伐的森林差不多砍伐殆尽，把我们赖以生存的空间臭氧层也差不多破坏殆尽。在 20 世纪，人类发动的战争死亡人数超过之前所有世纪的死亡人数的总和，现在战争还在持续着。我们的一些书上是怎么讲战争的？经常抱着一种欣赏的态度，包括我们现在的电视评论员都是如此。事实上，从人类历史的长河来说，战争当然有正义和非正义；但是从战争本身来说，都是对人的一种杀戮。《孙子兵法》说"不战而屈人之兵"，战争的最高境界是和平而不是战争。

新教育实验有六个行动，我们称之为"六大行动计划"。第一大行动叫"营造书香校园"。今年全国两会期间，我提交了一份提案：建议设立我们国家的"阅读节"。这份提案本身就是与我们"教育在线"的网友共同讨论完成的。这份提案受到了媒体的广泛的关注。《中国教育报》在 3 月 15 日左右，用大半版面报道我们这个提案，对我们提出的"书香校园"概念非常赞赏。虽然这一概念不一定是我们第一个提出来的，但是我可以说，没有一个实验像我们这样钟情于阅读。我们明确提出：参加实验的所有的孩子，在学习期间必须读满 100 本书，所有的老师必须读满 100 本书。6 年读满 100 本书，我想应该不算多——但这是我们的实验目标，真正做到才是我们理想的实验学校。

一个人的躯体发育靠什么？我觉得有两大东西：第一靠遗传——爹妈给的，人的高、矮、胖、瘦在很大程度上由遗传基因决定；第二靠后天的食物，靠营养，靠搭配。躯体是如此，那精神发育是怎么完成的？我们这个大脑，我们这个心灵，是靠什么去滋润的？第一，能不能靠遗传？有人说"龙生龙、凤生凤，老鼠的儿子会打洞"，教师的孩子就是会读书。你到苏州大学去看看，是不是所有的孩子都会读书？虽然从概率上讲，他们读书读得可能要比其他人好，但是这个到底是遗传的，还是这些孩子在后天的环境中受父母学习的影响呢？我个人认为是后者。因此，我认为人的精神发育水平除了个别的病理可以遗传，一般是不能遗传的。美国有一位校长和学生们打赌：如果他们能读完100本书，他就从学校爬回家。结果，孩子们真的做到了，他也果真兑现了诺言——老师们、孩子们、家长们都夹道欢迎他爬，为此鼓掌、欢呼。其实，这并不是欢呼校长在爬，而是欢呼孩子们读了100本书啊。

其实，读100本书并不算多。我们希望其中有二三十本书是孩子们一定要读的基础书目，其他的书可以选读；但是阅读总量最好不要低于100本书——其中有一本书要求是背诵的，那是我请张中行先生来审定的《中华经典诵读本》。我们精选中国古代的诗词、散文，名篇、名人名言，编成了一本很薄的书，希望所有的孩子能够背诵。背诵的功夫是相当重要的，对于中学生我们也要求读100本书，要背诵一本《英文名篇诵读本》——我们把《英语世界》里的一些好的谚语，好的名人名言，好的演讲，好的散文，好的诗歌也编成了一本小书。我觉得，一个孩子如果在基础教育阶段把这两本书背熟了，就会打下比较良好的学习中西方文化的基础，这对他一辈子都会有用的。

这么多年来，我们一直试图给老师和孩子们推荐一些好东西，但是一直没有真正像样的阅读书目。包括我们中小学图书馆采购的图书，也没有一个权威机构在认认真真地筛选、研究，最后就是看出版社的营销公关能力。因此，我一直想做一套完全基于民间立场、没有任何功利性的推荐书目。我们在今年将正式推出"新世纪教育文库"，其中小学生100本，中学生100本，教师100本，由我们实验学校率先开始尝试阅读。当然，我们只是推荐而已，最后读哪些书，决定权在你们学校。

我一直认为，没有阅读就没有教育。我经常开玩笑说：一个学校可以没有老师，但是不能没有书。这句话可能有点绝对，但这句话绝对是真理。这不是我说的，是谁说的？苏霍姆林斯基。上次我们在北京搞了一次"让我们亲近书籍"的教育沙龙活动，作家邓友梅先生就介绍说，他只上了三四年的学。虽然上了三四年的学就能成为一个名作家的人并不多，但是不要忘记他读的书不比任何一个大学生少。因此，受教育的时长跟读书的多少不完全是画等号的。

我们真正地希望，在新教育实验学校里，能够营造一个非常好的读书氛围，能够让我们的孩子真正地静下心来读一点书。一个人如果在学校里没有养成读书的习惯，走向社会以后再要想读书，几乎是很困难的，甚至是不可能的。大家都有这么一个感受：真正的读书的黄金时间一定是在学校期间，读书能够长久地印在大脑里、对人产生终身影响的一定是发生在学校期间。亡羊补牢当然可以，但古人说过："时过然后学，则勤苦而难成。"

有些校长跟我说：我也很想让学生读书啊，但是没有时间读，课都排满了。其实，时间是人挤出来的，且不说学校的课程可以压缩，学校也可以开读书课程，好多书都可以在学校读，有什么不可以啊？你说老师没时间读书，你去问问老师在家看电视要看几个小时？有老师在"教育在线"网站说实在太忙了根本没时间看书，我就对他说："你比我还忙吗？"后来这句话成为很多网友相互激励引用的"名言"——"你比朱老师还忙吗？"

的确是这样，你每天早晨早起半个小时读点书行不行？你每天少看半个小时电视来读书行不行？"时间总是挤得出来的，就像海绵里的水，挤挤总会有的。"这句话是对的，时间本身就是一门运筹的艺术。因此怎么样去读书，应该成为我们新教育实验一个最实在、最重要的问题。我们有一个书目研究小组，已经研究阅读节目六年了，今年准备正式提供书目名单给我们的实验学校。我到了昆山的柏庐小学，他们的"中华名篇诵读"和"营造书香校园"都做得很好，创造了很多行之有效的读书方法。吴江的金家坝、同里屯村小学等也有很大的创造性，创造出"四季赛诗会"等丰富多彩的活动，学生学习的积极性就很高。柏庐小学校长在网上发帖子，说现在孩子们的读书已经带动了家长的读书；孩子们到家里讲话变得文绉绉的，动不动一首诗词脱口而出，家长感受到很大的压力。因此家长也开始看书，每天晚上和孩子比一首、赛一首，那不就变成学习型家庭了吗？

人的学习能力是巨大的。苏州大学有个国学大师钱仲联先生，四书五经倒背如流，对近现代文献也非常熟悉，达到了过目不忘的程度。这就得益于从小的记忆训练，得益于"童子功"。中国的蒙学、启蒙教育里面有许多好东西，我们都把这些跟传统的糟粕一起当洗脚水倒掉了，很可惜。因此我觉得，读书是我们这个活动的一个重要的关键。

我们的第二大行动，就是"师生共写随笔"。在我们的学校，老师们和学生们一起写日记。写日记，是我找到的一个适用于教育的非常好的方法；日记教育，不仅仅是语文教育。我就在自己的孩子身上做过实验，我让他从一年级开始写日记，我记得那是在学拼音不久后，因为在学拼音之前，他已经会写几个字。一开始观察一粒黄豆种下去的过程，他写了21篇日记；然后观察和描写班上的同学，他给班上50个同学每人写一篇；然后写动物，写植物，写家中的摆设，写读后感。写多了就会写了。小学毕业的时候，他就在江苏教育出版社出了一本书：《老虎拉车我敢坐——一个小学生眼中的缤纷世界》。初中毕业时他又在希望出版社出了一本书，叫《我和老爸是哥们——一个初中生的情感生活写真》，这本书最近又出了台湾版。朱墨现在读高二，上海东方出版中心即将出版他的游记作品《背起行囊走天下——一个高中生的山水情怀》，中篇小说《梦之队》也即将出版。

朱墨的成长告诉我们，坚持写作对孩子的成长是有重要作用的。所以，创办"教育在线"后不久，我就开了"朱永新成功保险公司"。我对一线老师们说：如果你想成功，就到我这里"投保"。你不成功，我以一赔十。唯一的条件就是每天写一篇1000字的短文，观察日记、教学手记、读书笔记等都可以。坚持写10年，写3650篇，就有300多万字了。这样坚持，怎么可能不成功？这次会议上，盐城的张向阳老师就介绍了他的经验。他是一个普通的农村老师，上网4个月，到现在已经写了20万字，发表了25篇文章。以前一篇文章也没有发表过的他，是上了"教育在线"网站，"投保"我的"成功保险公司"以后才开始发表的，甚至有文章发表在《人民教育》等国家级的报刊。

当然，我们写日记的目的不是为了发表，或者不仅仅是为了发表。事实上，我们的老师和学生们在写日记的时候能够自己和自己对话，我觉得自己和自己对话是一个人成长的最最重要的法宝。一个人总不能在外在的压力、外在的要求下被动应付，他只有找到自我成长的途径才能可持续发展，才能有源源不断的内在的动力。每天写一点日记，记录自己的喜怒哀乐，记录自己和孩子一起的欢乐和烦恼，记录自己的教育生活——这些东西，本身就是最好的教育科学素材。

我不大主张中小学老师去研究比较高深的理论，写"高大上"的论文。大部分老师的教育科研，应该就是日记、随笔的样子。如果我们用学术期刊的标准要求陶行知、苏霍姆林斯基，他们的文章可能也都是不合格的论文。但是，他们是大教育家。我们一线老师的东西就应该是活生生的，是我们身边的，是我们生活中的。

所以，我建议不妨搞一个"日记运动"。许多新教育学校，孩子们通过写日记，不仅仅是文笔变得更加流畅，文字变得更美了更漂亮了，而且通过日记他们学会了道德的长跑，学会了意志的磨炼，学会了自我检点、自我激励。记日记，肯定是对一个人终身有用的东西。当然，历史上曾经有过因为写日记而遭受磨难的故事，但是我相信这种事在今天是不会重演了。古往今来，日记都是比较珍贵的史料。就是家庭的流水账，也很有价值。听说过有一个家庭从 30 年代开始记流水账，到 80 年代他们的账本被博物馆以很高的价钱收购了。每天花多少钱、买什么东西，中国社会的物价变迁、个人饮食的情况等都能在账本中体现，这是珍贵的社会学资料啊。如果每个老师每天记点东西，这些记录也会成为重要的教育学研究素材，以后教育家若要研究现在中国的教育，这就是最好的资料。

我的博士生李镇西多年坚持写教育日记。他是生活中的有心人，他写了那么多的书，靠的是什么？靠的是他那 20 多年写下的日记。仅靠回忆来积攒素材是很痛苦的，也是不精确的。如果我们能随时随地地把我们的所见、所闻、所思、所想、所感记录下来，相信这会成为我们一生最大的财富。我想通过写日记，让教师也能够和孩子们一起成长。阅读与写作都需要教师的引领，为什么我这两条都是强调师生共同去做？因为我觉得，如果没有教师自身作为榜样激励，很难让孩子真正热爱读书、热爱写作。

一个不热爱读书的老师，想让学生热爱读书是不可能的。读书是需要气氛的，是需要感染的。很多参加实验的学生就问老师：老师你要我们写，你自己写不写？所以，我们有一所实验学校专门开设了"日记课程"，学生在下面写日记，老师在电脑上写日记。写日记就是相互影响，相互成长的。有些人可能会说：你是否把日记的本质改变了？日记本身就有隐蔽性、有隐私性，这样真正隐蔽性的东西就不写出来了。我们当然应该尊重学生的隐私权，但是，大部分的东西还是可以公开的。

现在，我们"教育在线"网站上已经聚集了一大批年轻的写日记高手。除了我们刚才讲的张向阳，还有吴江的管建刚，他也是我们江苏省"教海探航"活动中的第一名。他在网络上写了大量的东西，十分精彩。现在，有一大批老师都坚持在网上开自己的专栏，在网上写日记。应该说，我真的听到了"花开的声音"。一大批老师和学生在写日记的过程中成长，而且是快速的成长。

有人问我：我们真的写了，有多少把握能够成功？我说，有多大的把握在于你投入多大的精力——你投入百分百的精力，你就有百分百的概率；你投入百分之二十的精力，你就有百分之二十的概率；但是你只要是做了，你就是成功。你写和不写，就是不一样。金家坝小学的校长说，通过教育写作，老师们的精神状态都不一样了——变得更加有心了，变得更加有精神了，变得更加主动了。

江阴市环南路小学在参加了新教育之后，孩子们写了半年就出了两本书，他们取名为《放飞希望》，让我撰写了序言。他们的教导主任对我说：过去孩子们都讨厌写日记，现在一点都不讨厌了。以前写东西都是像挤牙膏一样的，现在都是从心里流淌出来的。

我们的第三大行动是"聆听窗外声音"。我们的孩子们，实际上是在一个相对封闭的校园里生活。他们虽然也接触世界，但是他们所接触的世界是经过了选择的世界；他们所听到的声音，主要是我们老师和家长的声音；他们所接受的教育，就是从应试走上就业的教育，通过层层的考试考取一所大学，大学毕业以后就业。所以，我们经常开玩笑说：我们培养出来的学生，都是去"抢饭碗"的。两会期间，记者采访我关于就业问题。我说：如果我们的毕业生中能够有百分之五的学生去创业，他们不是去"抢饭碗"而是去"制造饭碗"，那么他们就能够为另外的百分之五，甚至是百分之十、百分之二十的学生提供就业机会。如此一来，就业的压力就减轻了。你看比尔·盖茨大学一年级就休学，创造了多少就业岗位？

我们从小学教育开始就去教孩子如何去考试，如何去抢就业岗位。他们从来也没有接受真正意义上的创业的教育，根本没有创造的冲动。创业的冲动、创业的激情都要靠什么呢？很大程度上都要靠"窗外的声音"去培养。因为我们大部分的老师没有创业的经历，让他们教孩子们创业是不可能的事情。

所以，我提出要让孩子们听"窗外的声音"，把社会的名流、著名企业家请到学校，给孩子们讲自己的故事。我们也提一个大致的指标：一个孩子在校期间要听 100 场报告。我就对昆山市玉峰实验学校的周校长说：昆山的外企很多，你请不到总经理，可以请生产经理、部门经理。让他们到学校谈他们是如何创业的——再大的公司也是从很小做起的，讲一讲这个公司的创业史、成长史；讲一讲他个人的成长史，如何从一个普通员工成长为总裁？经过了多少摔倒与磨炼？也可以请地方的艺术家们，讲他们的艺术人生。我相信，每一个故事都能够打动孩子。孩子们听他们的报告，比听课堂中的讲课会更感兴趣。我甚至可以说：某一场报告，也许就可以影响和改变某一个孩子或者某几个孩子的命运。

人是需要榜样的，生活在一个没有榜样的世界里的人，是很难有精神的。我们的孩子在成长中，需要一个个英雄的丰碑去影响他们，用感人的故事去征服他们。这就是"聆听窗外声音"的教育，这样的教育会给我们带来很多意想不到的东西。这也是我非常注重利用校外资源的理论体系。

我在日本乡村考察的时候发现，当地有一个农民每个星期到学校去上两堂课，教学生打篮球。我以为他到学校"捞外快"，他说自己不仅不拿一分钱，而且倒贴——学校的篮球都是他送的。为什么？他告诉我自己是地方的篮球队长，要打好篮球就要从这些娃娃抓起。

我对苏州的校长们说：苏州有那么多的世界 500 强公司，可以请他们的人到学校来给孩子们讲讲。校长一开始担心请不动，没有想到校办和厂办一联系，人家不仅很愿意来，而且表示不能空着手来，最后还送了几十台电脑。苏州有学校开设双语教学课程，英语老师比较少，我让他们找外商夫人联谊会。结果，这些夫人到学校里教书教得十分起劲；她们还自己花钱去买课本，买巧克力送给孩子。前年的圣诞节我请她们吃饭，感谢她们。她们反而感谢我——本来她们待在家里很难受，现在跟孩子们在一起好开心。外商的夫人都是受过高等教育的，她们需要了解中国，需要了解中国的孩子，也需要把自己的技能奉献给社会，所以很感激能得到这样的机会。

所以，"聆听窗外声音"其实不是那么困难。一般人不会拒绝学校和老师的邀请，为什么？孩子和教育，是一个国家和社会的明天啊。你说哪个学校让我去，我敢不去吗？再苦，再忙，再累，为孩子做些事情也是应该的。也有人说：我们是农村学校的，当地没有什么世界 500 强啊。那你们总有地方名人、企业家吧？再不行，也可以请家长朋友去讲啊。实在不行，我们还可以组织孩子们看录像。我们正在想办法建立一个音像库，好的东西大家可以分享。最重要的，是要让孩子们听到一点"窗外的声音"，看到校园外的精彩，这样才能让孩子们有创造的才能、创业的激情，才能有创业的榜样。

第四大行动是"熟练运用双语"。我们的目标，就是让学生有流利的口语表达能力。我认为，讲话能力是对一个人终身有用的东西。口才是一个人展示才华、征服别人的基本能力，是引起别人关注的一个十分重要的本领。首先要讲好母语，一个孩子连中文都讲不好，就不能够生活得非常好。

实际上，我们的语文教育很少培养孩子们的说话能力，甚至在无意中培养了一代患"失语症"的孩子。在课堂上，基本上是教师满堂灌，在家里也很少让孩子讲话。

我参加过一个台湾的校长代表团与大陆校长交流的活动，发现台湾代表团的校长说话都比较儒雅，出口成章；而我们的校长说话能力比较差，不会表达。因为我们的教育，没有针对讲话能力的训练。所以，我建议要注重培养学生的双语表达能力，创立学生论坛，让学生有说话的机会和舞台；不能让孩子说话畏首畏尾，轻声轻语得像蚊子一样。讲话嗓门大小，往往是一个人自信心大小的表现，讲话要有底气。日本有一家公司在招聘人员的时候，就是看谁会讲话、谁的嗓门大。总经理在 50 米以外听你讲，听得见就录取，听不见就不录取。这样做虽然有点奇葩，但自有他的道理。

因此，我觉得要给孩子讲话的机会。在我们的新教育实验学校，建议老师讲课的时长不要超过课堂时长的二分之一。要把课堂还给学生，怎么还？就是要让孩子讲话，让孩子辩论、讨论。现在很多跨国公司在中国招聘人才，往往要看表达与沟通能力。当然，倾听很重要。上天给了你两只耳朵和一张嘴巴，就是为了让你多聆听。学会听才能学会表达，听与说是联系在一起的。

英语的听与说，也同样重要。我们希望在实验学校中，有一个良好的英语学习环境。不要强调系统的、追求语法的教育，我们主张学习生活化的英语，让孩子能够开口的英语，能够交际的英语。其实，交际能力不完全取决于语言水平。我在日本和美国都生活过一段时间，有时候不需要说出完整的句子，我蹦出两个单词人家就懂了。小学阶段的教育还是为了打下基础，双语口才的关键是能够自由地表达自己的思想，熟练地表达自己的观点，清晰地表达自己的要求。

第五大行动是"建设数码社区"。信息化是未来教育发展的一个很重要的前提，不仅仅会改变我们教育的形式，而且在很大程度上会改变教育的格局。今年两会期间，我交了一份提案，提出"建设国家教育信息平台"，把网吧建设成学习社区。在国家的教育资源平台上，请最好的专家去开发教育信息软件，免费让所有的家庭、所有的学校、所有的网吧使用。你要了解世界著名的桥梁，只要点击"桥梁"，世界上所有的桥梁从图片、文字到数据全部都有；你要了解世界的园林，所有园林的资料都可以随时得到。没有必要每个学校都去重复买软件、重复设计课件，中国教育信息化的重复投入太大了。我到很多学校去听课，发现这些学校的课件都是自己开发的。其实没有必要，把大量的时间放在这上面是舍本而逐末。一个地区的教育部门就可以把最好的老师组织起来，大家分工研发。至少我们所有的实验学校可以联合起来，把自己的资源让所有的学校共享。重复开发、重复劳动、重复购买，我觉得是大量的浪费。这样做了以后，所有的课堂实践、课堂实录可以全部放到网上。这样的话，边缘地区也不用着急了——老师资源不够，网上一点击，需要的那一个年级需要的那一门学科的优质课程就出来了。学生在家里、在网吧，都可以学习。家长没有时间带孩子，就会对孩子说：你到网吧去学习吧。现在的网吧就是坑孩子、坑家长，很多故事都很辛酸啊。所以，我们要花大力气培养孩子们的信息意识和信息能力，让每一个孩子和老师都知道——我们生活在一个信息化的社会，生活在一个知识爆炸的时代；让孩子知道——如果我不具有很强的信息化能力，我就不能够适应未来的社会，也就不能够生存，更谈不上发展。

信息化能力，主要体现在两个方面：第一，快速获取信息的能力，知道在什么地方可以得到什么资源；第二，利用网络进行交流的能力，最好的办法是建立个人网页。

最后，也就是第六大行动——"创设特色学校"。我们希望每一所学校在坚持前面的五大行动的时候，同时要注意形成自己的品牌。比如说：我们的金家坝、同里二小，他们的品牌特色已经基本形成，即写字教育。这个学校几乎所有的老师和学生都能写一手好字。我到同里二小，对他们的老师讲：你别小看写字，一手好字是人生的一笔很大的财富啊。父母亲给了你人生的第一副面孔，这个你无法改变——你想改也改不了，除非去做美容。但是你自己又给自己创造了人生的第二副面孔，那就是你的字。一手好字甚至能够改变人的一生：有的人就是靠一手好字，受到了领导的器重，谋到了好的职业，谋到了好的岗位。退一步来说，能写一手好字，你的吃饭问题也可以解决了——你可以教别人写字啊，你可以写春联啊，你可以做很多和写字有关联的职业啊。现在很多人的字很糟糕。有一次，我到一所学校听课，课上得很好，学生也很踊跃，但是学生的字写得实在是太糟糕了。我对任课老师说：写字不仅仅是写字，汉字本身就是中华文明的符号啊；一手漂亮的字失传的话，我们的文化符号的形象就会受到影响。你别看写字好像只是一件很简单的事，但在现代化的时代里，用电脑之后写字的人越来越少了，你的字就越来越值钱了。社会的稀有产品才是最值钱的。最贵的时装是"only one"，只有一件。机械化的批量生产是卖不出好价钱的。

学校有特色的前提是我们的老师要有个性，我们的学生要有特长。我希望有那么一天，我们实验学校所有的孩子都能告诉我：我球打得好，我字写得好，我舞跳得好。百花齐放，个性纷呈。我经常说：应试教育永远只有一个赢家，但是在我们学校需要每个孩子都是赢家。上天把每个人带到世界上时，都给他成为英雄的可能，在每个人身上都安装了成功的密码，关键是你能否去找到它，发现它，开启它。只要你找到，只要你发现，只要你激活，你一定能够成功，一定能够成为一个非常有个性、有特色的人。而一个有个性、有特色的人，必然是一个受大家关注和尊重的人。

在应试教育下，只能有一个英雄，而现在每个人都能够成为英雄。所以我觉得创设一个非常有特色的学校，也是我们行动的一个方面。事实上，我一直说：历史不会记住苦劳，它只会记住功劳。历史不会记住共性，只会记住个性。特色就是卓越。所以，我们的实验学校在坚持前面的五大行动以外，如何去发现，去提炼，去创造自己的品牌，构建自己的校园文化，形成自己学校的传统呢？这是必须努力去探索的。

"六大行动"以外，我们提出了"十大领域"的探索。也就是说，在德育方面我们要做什么？体育方面怎么做？美育方面怎么做？劳动技术方面怎么去做？我们如何去形成理想的学校，理想的老师、学生和父母？这些内容我不展开了。因为在《新教育之梦》一书中有详细的论述，每一个内容和内涵都讲到了。

有很多人问：我们到底能不能成为实验学校？如何加盟新教育实验？这个问题我也跟大家简单地说一下。加盟我们的新教育实验很简单：你们认同我们的基本理念，就可以在我们的"教育在线"网站上申请备案；然后组织你们的老师去学习新教育的有关资料，大家一起研究能不能做——大家决定要做的话，就要做个行动方案；三个月后，我们会派人到你们的学校去看一次，决定是否同意加入。我们要尽快出一个关于申请和加入的《新教育实验手册》，建立新教育实验学校的联谊会，召集实验学校及时总结、研究实验过程中的好经验，碰到的问题和困难。

我们这个实验和其他的实验不一样：第一，它是开放的，是不断地完善的，没有一个既成的东西来规范着大家；第二，它是成长的，实验本身在成长，学校在成长，教师和学生也通过实验在成长；第三，它是行动的，让我们的社会、学校、家长、学生、老师卷入这个实验，是实实在在开始行动——只要行动，就有收获。

事实上，新教育才刚刚露出曙光，刚刚开启我们的工作。我们的路还很长，所以我有决心，用我余生的精力和志同道合者们一起来探索，为中国教育做一些实实在在的事情。

当中国教育变革的"马前卒"*

新教育实验在苏州昆山市玉峰实验学校正式启航，"教育在线"网站在苏州正式创办，虽然有许多偶然的巧合，但多少也寄托着范仲淹先生的教育梦想。我们期待，苏州能再次为中国的教育变革担当起一些"马前卒"的作用。

各位同仁，各位朋友：

大家好！

首先，我代表新教育同仁，对新教育实验研讨会在昆山市玉峰实验学校的顺利召开表示热烈祝贺，对远道而来的全国各地的老师们，以及《人民日报》《人民政协报》《中国青年报》等20多家新闻媒体的朋友表示热烈的欢迎！

苏州是一座有着2500年历史的文化名城。这座城市一直由于她的精细秀丽，她的崇文重教，她的园林风景，她的太湖风光而闻名于世。在当代，她又由于把传统和现代如"双面绣"一般完美地结合，而引起世界瞩目。

苏州的奥秘何在？我们知道，苏州曾经是一个"尚武"的城市。春秋时吴地的尚武风气很盛，秦伯来苏州时，用草汁染黑牙齿，在脸上刺花卉、涂丹青，用鲇鱼皮做帽子。甚至到了南宋，范成大还形容当时的苏州人是"好用剑轻死"。苏州由于强悍的"吴风"，被人称为"吴蛮之地"。秦末的项羽及其叔叔项梁，也是起兵于吴地，"八千江东子弟"基本上是苏州人。

吴地因何从尚武变为崇文？我们必须感谢1000年前我的"前任"——

---

* 2003年7月21日，在江苏昆山举办的首届新教育实验研讨会上的演讲。

范仲淹先生。1035 年，范仲淹回家乡出任苏州郡守，他向朝廷奏请创办府学，宋仁宗批给他 5 顷地作为办学场地。风水先生相中了一块宝地，指出此处若兴建住宅，必能出公卿。范仲淹说，我不如让出来建学校，如此家乡岂不是能出更多的公卿将相之才。

于是，范仲淹请来当时中国最好的老师安定先生（胡瑗）为首席教师，邀请名流讲学，首开东南兴学之风，一时有"苏学天下第一"之誉。8 年之后，范仲淹入朝任参知政事（相当于副总理），1044 年，宋仁宗接受范仲淹的建议，诏令天下州县设立学校。

苏州府学在南宋时扩大到 213 间。宋至清末，全国一共有文状元 596 名，苏州 45 名，占 7.55%；武状元 115 名，苏州 5 名，占 4.35%。状元是苏州的"土产"。

范仲淹不仅创办了府学，而且在苏州兴办了民间的"义学"，"范氏义庄"就是他为家族贫寒子弟办学的场所。

我一直把范仲淹先生作为自己的人生楷模，虽不能至，心向往之。近千年以后，新教育实验在苏州昆山市玉峰实验学校正式启航，"教育在线"网站在苏州正式创办。虽然有许多偶然的巧合，但多少也寄托着范仲淹先生的教育梦想。我们期待，苏州能再次为中国的教育变革担当起一些"马前卒"的作用。

这次首届新教育实验研讨会，得到了苏州市教育局、昆山市政府、昆山市教育局、昆山市玉峰实验学校等单位的大力支持。我作为这个网站的创办人之一和新教育实验发起人，非常感谢各位领导的支持，非常感谢各位老师的参与，更要感谢以张雪桥局长为执行主席的会务组全体工作人员，在此我真诚地向大家鞠躬致谢！

最后，祝研讨会圆满成功！

信息化社会与"数码社区"建设 *

由于网络自身的平等性和开放性，打破了传统教育资源垄断的局面。因

---

* 2005 年 4 月 9 日，在姜堰"建设数码社区"研讨会开幕式上的讲话。

此。在这个时候，谁拥有了网络、谁能够拥有信息，谁就成为教育的主人。

尊敬的杨市长、钱市长，姜堰市的各位领导、各位专家、各位老师：

下午好！

首先，我想代表总课题组感谢为筹办这次会议付出辛勤劳动的姜堰市委市政府、姜堰市教育局，特别是姜堰市 19 所参加新教育实验的学校，以及为我们准备现场的里华中心小学；同时，也感谢"建设数码社区"的子课题负责人张欣同志和柳栋同志，也感谢我们的秘书长储昌楼同志，他们为筹备这次会议付出了非常艰辛的劳动。储老师先后到这里来过四五次，从这次会议现场的安排到会议的准备，大家都花了很多心血和劳动。

为什么选择这个地方？昨天晚上我在跟大家交流的时候也谈到，有很多人对我说：在姜堰选一所普通的农村学校作为现场，它的"数码社区"建设得到底怎么样？一开始我心里面也不是很有底，今天上午看了以后，认为我们还是选对了。我昨天就讲，整个新教育实验不是一个"贵族实验"，而是一个"平民实验"。中国教育的发展到最终，还是需要大部分最普通的学校真正发展好了，整体的教育水平才能提升。因此，在里华这么一所比较普通的学校能做的事，应该说在其他的学校也能做。参会的很多学校，论资源、论基础，可能比里华要强得多，要好得多；但是，我们很多工作开展得恐怕还远远不如里华。所以，我们选择这样的一所学校，一方面让它具有更大的普涉性、推广性；同时，也能够让我们看到一所农村的学校，只要认真去做，只要去行动，就能够做出成效来。在信息化的今天，在信息、资源越来越具有开放性、平等性的情况下，学校之间的差距会变得越来越小，各学校的起点会变得越来越平等。所以我想首先感谢大家为这次会议付出的艰辛的劳动，同时感谢与会的各个学校的老师。

应该说，"建设数码社区"，是我们"六大行动"里面目前参加实验的学校不是非常多的项目，为什么呢？我想，可能大家有两个重要思想障碍。一个思想障碍是，大家都以为"建设数码社区"可能是一个要花很多钱才能做的事情，所以很多学校尤其是普通的学校，都没有选择把"建设数码社区"作为我们新教育实验很重要的内涵来抓。这次我很高兴看到很多农村学校都来了，譬如说徐州的一所村小阿湖小学，这说明他们也开始考虑如何去"建设数码社区"的问题。随着"营造书香校园""师生共写随笔"等其他行动的深入，恐怕你就会越来越意识到"建设数码社区"的重要性。

里华的实践表明,"建设数码社区",思想意识的问题可能要比经费的问题还要重要,行动的能力恐怕比经费的供给还要重要。其次,我们还有个很大的问题——最近我们还要在镇江开一个"营造书香校园"的研讨会,很多学校考虑到这两个会议密度比较大,所以在选择的时候做了一些分工。这也为"数码社区"的研讨会的正常召开,造成了一个很重要的障碍。但是我个人认为,能够有一百多位老师参加,基本上跟我们预想的规模和方案是吻合的。所以我也要特别感谢参加会议的这些学校对这次行动的高度重视。等会儿还有专家的讲座,今天晚上还有两位课题负责人的很重要的培训。我主要就为什么要"建设数码社区",我所理解的"数码社区"或者说比较理想的"数码社区"建设应该是怎么样的,以及下一步工作怎样推进,简单讲几点意见。

为什么要"建设数码社区"?

在整个新教育实验推动的时候,在我们还没有提出新教育实验理论体系的时候,我们已经把"建设数码社区"作为当时的五个行动之一。也就是说,"建设数码社区"是我们一开始就十分看重的一大行动。为什么?因为这是整个现代社会发展的需要。现代社会已经进入了所谓的后工业社会——信息社会,信息社会有一个很重要的特点,决定影响这个社会进程的最重要的因素是"信息"。《第三次浪潮》的作者,后来写过一本非常有影响的书 Power Shift,翻译成中文是《权力的转移》,在这本书里就很明确提出:在已经进入信息化的社会,最拥有权力的人,最能够影响社会进程的人,最富有的人,就是拥有信息的人。在信息化社会,信息已经成为财富的象征,信息已经成为最重要的一个要素。你去看世界 500 强,越来越多的信息产业的创业者正在进入排行榜,而且名列前茅,首富就是比尔·盖茨。所以说,整个社会的进程告诉我们:谁拥有了信息,谁就拥有一切,谁就能够支配和影响这个社会。在教育领域,毫无疑问也是如此。当我们现在还习惯于用传统的方式和理念组织教学的时候,我们已经看到教育正在发生一场悄悄的革命。

今天上午,我们在里华听了六堂课,由于时间的关系,可能每个人只能听一场。我听了"黄山奇松"这堂课,听完课我就与老师交流。应该说这位老师花了很大的心血,课也上得很不错,课堂的组织非常有特点;课前准备时,老师也通过网络获得很多的关于黄山的信息。但是,我对这位老师讲:这个课如果事先能让孩子上网,去看黄山的资料,效果会更好。老师不是没有设置网络任务，在布置作业的时候他提出：课后让大家去上黄山的网站，然后用写黄山奇松的写法，去写黄山的云海，写黄山的石头。这样的安排，我觉得在课堂设计上，就没有充分发挥到网络的作用。当然，语文课不是网络课，语文课首先要解决其自身的问题——字词句的问题，让孩子们享受语文的问题。

最近，我们在翻译一本关于美国的小学社会科学教学的书，校对的时候我很有感触。这本书讲的是美国的小学生怎样学社会科学，包括历史、地理、公民以及经济学等与社会有关的课程，我看了一下，这里面涉及的网站有数千个——把这个课程学完的话，恐怕至少要看数千个网站。比如，美国小学生学习"公民"相关的内容，就有一个专门为小学生建立的公民投票网站，让小学生知道投票的价值，社会参与政治的意义，了解每个人都要重视你的神圣的一票。怎么去投票，怎么样投票是有效的，怎样投票是无效的，在这个模拟的投票网站上都能学习、体验。美国为小学生建立了各种各样的网站，你能想象到的几乎都有。比如说组织小学生到世界的"七大奇迹"去进行网络虚拟旅游。上午为什么我选择听与黄山有关的课呢？因为昨天晚上在看这本书的时候，我就在想：黄山到底能不能在虚拟的网络世界里看到？可惜我在课堂里还没有看到，我只看到些照片，没有看到一个虚拟的旅游过程。这就说明，实际上我们的整个教学从资源整合的角度来说，从课堂的组织形式来说，跟国外还有相当大的差距。美国每一个学会，都有自己很强大的专业网站。比如说小学历史教学、中学历史教学，都有公开的大型网站，这些网站的建立使整个课堂模式都发生了变革。这其实在提醒我们：离开了信息数字化，离开了网络的平台，今后的课堂教学会面临很大的挑战。

我觉得"建设数码社区"本身，也是我们新教育实验开展的需要。我们一直在设想，这个实验不同于其他很多的实验。第一，我们做新教育实验之前，就有一个"教育在线"的网站。这个网站已经成为我们在座老师们共同的精神家园。全国有11万老师和学生注册，是访问量最大的教育网站之一。《发生在"教育在线"的故事》就是讲述我们这个网站上发生的故事，很多朋友看了都很感动。但是，仅有这个网站是不够的。这个网站建立了一个课题管理平台，尽管这个平台目前利用得还不是非常好，但是毕竟有了。利用这个平台，我们还可以做更多的事情。我们的"六大行动"，怎么样更好地利用"数码社区"，这本身也是非常值得探讨的。

当然，如果再讲一个意义，我觉得它是"新教育共同体"成长的一个需要。昨天晚上我们课题组在讨论的时候，柳栋专门提醒我说：你一定要对大家讲清一个观点——在当今社会，谁掌握了网络，谁建设了数码社区，谁就拥有了先机。在这个问题上，大家在同一起跑线上，也就是说，基础再差的学校，再困难、再边远的学校，只要进入了"信息高速公路"，其所拥有的资源与大家是平等的。网络的一个最大的特点，是"平等"。由于网络自身的平等性和开放性，打破了传统教育资源垄断的局面。因此在这个时候，谁拥有了网络、谁能够拥有信息，谁就成为教育的主人。

大家可以看到，现在网络技术运用得好的，并不一定在我们最发达的城市。我们"教育在线"，有一个大家很熟悉的滇南布衣的故事。"滇南布衣"是云南思茅区的山沟里面，一个很普通的小学老师。他通过一根电话线、一台电脑，就把自己和整个最现代的社会紧密地联系在一起。你说他土吧，他是那么的纯朴。你说他现代吧，他也很现代，他的思想和我们城里的老师没有任何区别，水平不在我们城里老师之下。你看他写的文章，他思考问题的方式，一点不亚于我们城市的老师。所以说，网络一下子缩小了人与人之间的差距，缩小了学校与学校之间的差距，缩小了区域与区域之间的差距。所以，我们认为中国教育的推进，网络社会的建设是一个非常重要的工具和平台。

我们"新教育共同体"的成长，应该更多地利用网络。这是我想讲的第一个问题，就是我们为什么要"建设数码社区"。无论是从现代社会的发展，从教育自身的发展，从新教育实验的发展，以及从"新教育共同体"的发展，我们都需要加快"建设数码社区"的步伐。

那么，"建设数码社区"的内容是什么？或者说，什么是"数码社区"的建设？

昨天晚上，我要求每人对其给出一个定义。大家知道，新教育实验的"六大行动"都是一个操作性的定义，没有一个理论性的定义。比如说什么叫"书香校园"？我考考在座的各位，可能 10 个人有 10 种说法，我们也没有标准答案。对于"数码社区"的定义，恐怕也是这个样子，昨天大家讲只能给个"行动定义"。但是，我们有一些基本共识，这就是：以新教育实验的理念为指导，以"教育在线"为平台，以校园网为基础，整合各种网络教育资源——实验学校与非实验学校的资源，教育界甚至非教育界的资源，只要跟我们有关的网络资源，我们都要去整合，提升学校的教学和管理方式的信息化水平，培养具有强烈的信息意识和信息处理能力的新型教师队伍和学生群体，为师生和学校的数字化生存与发展奠定基础。

这个定义，有如下几个方面的考虑。第一个考虑是，"建设数码社区"有三个层面：精神层面、行为层面和物质层面。这是昨天晚上柳栋提出的一个观点。所谓精神层面，它是指新教育最基本的一些思想和理念，包括和人类崇高精神对话，培养具有个性的学生，等等。我们最基本的目标是为学生的终身发展服务，我们相信教师和学生的潜力，这些都是"建设数码社区"的最重要的一些精神和理论的支撑。其次是行为层面，也就是说，"数码社区"建设以后，应该出现一些以新技术为条件的平台上，学生的学习方式发生变化，老师的教学方式发生变化，学校的管理方式、成长方式、评价方式发生变化。第三是物质层面，我们的整个的学校的网络硬件、软件的配置，网络的建设和管理也发生了变化。

首先，通过"数码社区"的建设，我们要让教师和学生具有更加强烈而自觉的信息意识。这个很重要，因为信息意识一直是数字化生存和发展重要的基础。你能不能具有很强的信息意识？你能不能觉察到这个信息是否有用？能不能有强烈的重视信息的敏锐感？我觉得这非常重要。其次，通过"数码社区"的建设，我们要让教师和学生具有全面而快速获取信息和查找信息的能力。这是整个"数码社区"建设，培养师生信息能力的一个非常重要的基本功。像我们的博士生做论文，过去写一篇论文，为论文做准备，查找资料往往要占三分之二的时间，而真正用于写作的时间最多占三分之一。在过去非网络社会背景下，我们完全靠手工去查——那时候信息能力也很重要，也需要价值的判断：哪些信息是有价值的，哪些信息是没有价值的？现在网络社会，信息检索、判断的能力则更加重要。因为，在网络时代我们的信息更多了，重复的、虚假的信息也更多了。这个时候，快速获取信息的能力显得非常重要。再次，往往是大家特别容易忽视的，在今天这个会议上我要强调的，就是更加主动而和谐的信息交际能力。为什么要专门提出这一点？这是"数码社区"的一个重要特征。我们知道，在美国的基础教育中，是把语言表达能力和信息沟通能力作为第一教育目标提出来的。人际沟通能力往往我们讲的是在现实社会背景下，在具体的真实的场景中的交往能力。比如说我们在一个学校，在一个教研室，在一个社区，谁的交往能力强，谁就可能成为大家喜欢的人，这个是非常重要的。在信息社会，在一个虚拟的社区中，这种能力同样重要，甚至更加重要。在"教育在线"上，数风流人物，往往是一些非常受大家喜欢的人物。我昨天晚上举了一个例子，吉林的小曼老师是"教育在线"上的"大众情人"，大家都非常喜欢她。为什么？因为她就具备在虚拟网络中非常需要的交往能力，小曼走遍全中国，她可以吃遍全中国。到处都有她的朋友，很多人她都没见过面，但是一见她都不会感到陌生，都愿意跟她交往。在网络上有很多这样的人。有很多老师非常有才华，但是，他一个人开个主题帖，每天辛勤地耕耘，也没有人去访问他的内容。为什么？因为他不善于交往，也不去访问别人的帖子。网络社会的网络交往能力的确很重要——既然是一个社区，那么它就具有一种人群与人群之间交往的特征。

最后我讲一下，我们该如何加强"数码社区"的建设。

这一次会议开得非常好，我们通过对一个学校"解剖麻雀"，将里华中心小学的"建设数码社区"作为案例研究，越来越明确我们课题组今后的方向。

第一，我们要加强对"建设数码社区"重要性的认识。这次会议的纪要，请储昌楼老师、张荣伟老师想办法发到各个学校，包括这次没有来的学校，要提醒每个学校来认真关注我们这次会议取得的成果，取得的共识。"数码社区"的建设，是整个新教育实验发展的需要，是我们其他行动建设的重要的平台，也是整个"新教育共同体"成长的一个非常重要的抓手。我们要进一步统一思想认识，更加重视"数码社区"的建设。

第二，我们要进一步加大"数码社区"建设的力度。我们要求新加盟的实验学校，在协议书上明确提出"建设数码社区"的目标。具体而言，我觉得有几件事情需要抓紧。一是抓紧建设学校的主题网站，这件工作我们要提到议事日程上来。今天晚上柳栋老师要专门做一个培训，介绍怎么样建设主题网站。我们看到的里华中心小学的网络建设，无论内网、外网还是形式、内容，都做得很好。我看的时候就悄悄地和柳栋老师讲：全国有多少万所学校，每个学校的网络管理员都在做同样的事情，浪费不浪费？如果我们有一个机构，专门做一套现成的东西提供给你们，一下子把每个学校管理员的任务全部完成，几万份重复性的劳动就能够全部解决了！

所以，我们要抓紧做资源整合的工作。接下来，我们有两项很重要的任务。第一项任务就是每个学校都要尽可能地向一个主题去发展——内网、外网还要做，因为学校的班级管理、教师管理、个人主页等都非常重要。但是，我希望通过我们总课题组的协调和努力，帮助每一个学校建成一个有特色、有个性的资源网，这点非常重要——具有地域特色、具有学校特点、具有学校教师个性特征的网站建设。同时，我们要去筛选全国最好的教育资源网：比如说柳栋老师的"惟存工作室"，他的网站是以信息技术为特征；比如说盐城中学的"三槐居"，是以中学语文为特征的——我们能不能建立一个教育资源网站联盟？由我们"教育在线"发起，把全国最好的资源整合为一个联合体。现在这些网站分散在全国数百个甚至数千个服务器里，访问非常不便，我们想办法把它们全部集中到这里来，免费向社会开放。这是我们今后努力的一个很重要的方向，但这个工作可能要有很长的历程——人家凭什么到你这里来，你有什么吸引力？

第二件事情，也和我们今天晚上的培训有关，就是新教育的师生电子档案——现在整个构思已经成形，网络也基本开发完毕。张欣老师他们为此做了大量的工作。这有一个很大的好处，像我们今天在里华看到的老师的个人主页和学生的个人主页，已经全部实现了。但是仅仅有主页还是不够的，我们要把这个主页和老师的档案、评价结合起来。主页建完了之后，我们就没有必要再有一个实体的"成长口袋"了。老师写的所有的东西、学生发表的所有的作品、所有的讨论、所有的评价，都可以通过这个来实行、记录。因此，它是一个成长的记录，每个孩子都可以在他离开学校的时候，把这个网络资料下载带走，甚至于伴随他一辈子。

你想想，一个孩子从小学开始，一进入学校就有了他自己的网页，今后他可以过渡到个人网站，对他个人的成长是非常真实的原始的记录。今后，我们所有的实验学校都要推广这个"师生电子档案袋"，包括师生所取得的各种成绩、参与的各种社会活动等，都可以通过网络去查询、去了解，这个对学生的发展是非常重要的。"师生电子档案袋"的建立，应该成为我们下一步工作的目标。

怎么样鼓励我们实验学校更好地用好"教育在线"的网络？现在各个学校使用"教育在线"网络的程度也不平衡。我们了解到，有些学校人人注册、人人上网、人人发帖、人人有自己的专栏，但也有些学校甚至连学校的信息都没有。现在我们参与新教育实验的200多所学校，真正保持有反馈信息的只有170所学校，有30多所学校从来不跟我们联系，我们可能暂时先让它们退出新教育实验。

当然，我们也要把两个平台做好：一个是课题管理系统，这个课题组会进一步努力；其次是"教育在线"网站的新教育随笔世界专栏，现在我们挂在三个服务器上，在三个不同的地方，需要尽快地并到一个地方去，整个服务功能要加强——现在大家可以看到，我们一连接马上就到了 BBS 了，就没有直接进入我们的主页，今后的一段时间我们会逐步把它规范起来，内容更新上、速度上都会给大家提供更加便捷的服务，我们也考虑在今年下半年专门举行一次"建设数码社区"的培训班。现在并不是所有的学校管理员都非常了解，都熟悉管理的程序、管理的方法，所以这一个工作要进一步加强。特别是我们这个数码社区频道，要形成经常在这个平台探讨问题交流问题的习惯。

目前，我们"数码社区"建设的理论研究相对滞后，因为我们主要人员的主要精力都在开发软件，张欣老师从课题管理软件的开发，到接下来的新教育博客软件的开发，以及"电子档案袋"软件的开发等，他们主要的精力在这儿，没有一支团队在研究理论。因此，接下来我们要有专人来关注整个"数码社区"理论的建设的问题。我们希望"教育在线"的《数码社区》专栏，能够成为讨论"数码社区"建设问题的重要阵地。现在有个非常好的现象，大家可以看到，黄利锋版主已经在进行网络备课了。这是个非常好的形式，利用我们的网络平台把老师组织起来，利用网络一起来备课，集思广益，能够解决很多问题，节省很多的时间，这也是我们新教育实验所倡导的共同学习共同研究的模式。所以说，"数码社区"的这个平台怎么更好地利用，进一步提高效率，还是值得我们进一步研究和探索的。

最后一个问题，就是进一步加强网络安全、网络道德建设的问题。"数码社区"的建设过程中，怎么样让我们的教师和学生能够懂得网络安全和网络道德，加强这方面的意识，应该成为我们整个"数码社区"建设的一个重要的任务。大家是否都知道网络礼节？怎么样做一个好的"网络人"？很多人都不会啊！当我们遇到不良信息的时候，怎么去处理，怎么去举报，怎么样沟通？这些问题都应该成为我们下一步"数码社区"建设过程中，要认真思考的重要的问题。总而言之，我觉得"数码社区"的建设是我们整个新教育实验基础中的基础，是一个很重要的工作平台，同时也是今后整个教育发展一个重要的方向。怎么样去整合各种资源平台？怎么样去创造更好的教育资源？这是我们"数码社区"建设要认真去探讨去研究的问题。希望通过这次会议，课题组要明晰"建设数码社区"的一些概念，明晰"数码社区"承担的课题，以及共同参与探索的学校的权利和义务。要了解每个学校的"数码社区"怎么去建设，特别是我希望以里华中心小学作为个案，能够帮助它们进一步地完善。中午我和张欣老师也提出，我们在苏州新城花园小学也开展"数码社区"的探索。这样，我们在苏州一个点，在里华一个点，以我们现在的校园网为基础，重新解剖和构建。今后网络资源使用的问题，是有偿使用还是无偿使用？是共享方式还是双赢方式？这些问题都会及早进入我们的议事日程上来。

特别感谢姜堰给我们提供了一个这么好的平台，这么好的一个现场，也非常感谢课题组的同志付出的艰苦的努力。这次会议也是我们"六大行动"在全国的第一个研讨会；下一个专题研讨会是"书香校园"，在镇江召开。我们要求在今年，"六大行动"都要开一次全国性的研讨会。这次会议本身，也为我们"六大行动"提供了一个交流的基础和榜样。

再次感谢大家。

新教育实验的理论与实践*

当一些理念渐被遗忘，复又提起的时候，它就是新的；当一些理念古被人说，今被人做的时候，它就是新的；当一些理念由模糊走向清晰，由贫乏走向丰富的时候，它就是新的；当一些理念被从旧时的背景转到现在的背景下去继承、去发扬、去创新的时候，它就是新的。

尊敬的陶继新先生，各位校长、各位老师：

大家好！

这次到山东，是被陶继新老师感动来的。看过陶先生的许多文字，一直为他的人文情怀所感动。他也长期关注新教育实验。关于新教育实验，《人民日报》和《中国教育报》先后刊登了他撰写的《新教育实验：塑造理想的人》等文章。所以，他请我，我不能不来。

2004年4月，《南风窗》杂志刊登了封面文章，题为《新希望工程》。

---

* 2005年4月17日，在山东潍坊"山东省中小学学校文化建设研讨会"上的讲演。

文章认为，"希望工程"是在物质层面解决中国教育的匮乏问题，而新教育实验则是在精神层面解决中国教育的匮乏问题。最近，《北京青年报》《解放日报》等媒体也开始高度关注新教育实验的进展。有人说，新教育实验不仅成为一种教育现象，同时也成为新闻现象。陶老师让我讲一下新教育实验的理论与实践的问题，我就做了这个命题作文。

一、梦想与反思：新教育实验的缘起

今天我讲的第一个话题是关于新教育实验的起源。记得在 1999 年，我读过一本书《管理大师德鲁克》。彼得·德鲁克以其在管理学方面的卓越贡献及深远影响被誉为"现代管理学之父"。被尊为"大师中的大师"。彼得·德鲁克于 1909 年出生在维也纳，后来移居美国。1950 年元旦，德鲁克和他的父亲去探望熊彼特，当时熊彼特已处于弥留之际。熊彼特对德鲁克父子说："我已经到了这样的年龄，知道仅仅凭借自己的书和理论流芳百世是不够的。除非能改变人们的生活，否则就没有任何重大的意义。"这句话成了德鲁克后来衡量自己人生成败的基本标准。同样是这句话，给了我发自心灵的震撼。我清醒地意识到，做一个纸上谈兵而不能走进真正的教育生活，不能影响普通教师、学生的学者，不是我的目标。我决心边学习，边实践，边研究，从一个知识学者过渡到行动者。

当然，这不是一件容易的事，难的不是理念上的转变，而是思维习惯与情感方面的转变。

也是在这一年的暑假，我在美丽的太湖之滨做了一个关于理想教师的讲演，我自己也被感染了。后来，常州武进湖塘桥中心小学邀请我到校指导，我将自己对学校的理解、认识及思考与教师们进行了沟通，如我理想中的学校、校长、教师是什么样的，这些观点得到了较大的认同。2000 年，我将自己的一些观点整理成《我的教育理想》一书出版，受到教育界的广泛好评。很多教师跟我讲，朱老师这本书点燃了我们心中沉睡已久的教育理想和教育激情。记得山东的一位校长买不到这本书，就复印了 100 本，回去发给他们学校的教师看。另外，湖南的一个县买了 6000 本并邀请我去做讲演，我去后才发现他们居然买了盗版书。但是我也听到了批评的声音，有人说我的观点过于理想化，这些要求与想法在"应试教育"的背景下很难实现。我想，既然大家认为我这些理念是对的，是值得我们追求的，为什么又那么困惑，为什么又无法去做呢？也许任何制度、任何现实都有改善的空间，教育的最大智慧就在于寻找这个空间。其实，只要我们努力，只要我们用心，就可以探索出一些办法，只不过我们没有找到真正的空间在什么地方，不知道如何有效行动，所以我继续思考这些好的理想和理念到底应怎样变成行动。

2002 年，终于有了两个很好的契机。

第一个契机是 2002 年 6 月 18 日"教育在线"网站正式开通。这个网站的诞生非常有意思。我曾是一个反对上网的人，觉得网络比较虚拟，可能会浪费大家的时间。我的博士生李镇西喜欢"混迹"在各大论坛，我批评过他，觉得他应该花时间好好读点儿书，不要花那么多时间去上网。但他对我说，在信息化的现代社会，一个好的学者如果不懂得利用网络学习与传播较新的理念，就不是一个现代型的教师。后来，李镇西与苏州的一批青年学者打动了我，于是我决定自己办一个能凝聚优秀教师的网站。

2002 年 6 月 18 日，网站开通。它的发展远远出乎我们的意料，我们见证它的点击数突破十万、百万，见证它的注册会员过千、过万。这个网站很快成为中国教师的精神家园，一大批优秀教师在网络上成长起来。一些平凡的甚至平庸的教师被点燃起教育理想，并快速地成长。记得我在网上写了一篇《"朱永新成功保险公司"开业启事》，呼唤教师们阅读、反思、写作，一大批教师开始"投保"，在短短一年的时间内我们看到了不少可喜的成果。如苏北盐城的一位村小的数学教师，在一年的时间里，几乎每天都在网上记录自己的生活，反思自己的教学行为。这位从前几乎没有发表过文章的数学教师，仅一年就有数十篇随笔、论文见诸各类报刊。再如山东的于春祥老师，他很快在网上开辟了自己的专栏《春祥夜话》，每天晚上写下自己的工作体会及思考。现在他的著作《用脚做梦》已正式出版。他本来在教研室工作，为了更好地做新教育实验，主动要求到基层担任校长，用新教育来推动学校的发展。还有一个比较典型的例子。一位中学教师何一萍（网名是"寒烟"）考取了教育硕士，她的孩子在海宁读六年级。她自己想要读书成长，也想让孩子共同成长，于是她就把孩子也带到网上来，要求孩子每天在网上写日记。孩子的主题帖叫《听 601 唱歌》。"601"是指六年级（1）班，是孩子所在的班级。母女二人把自己身边每天发生的故事、自己读的书写下来，最近她们的一本书将正式出版。

　　在网络上成长起来的也有一些十分忙碌的高三教师。如深圳市育才中学的"红袖"，真名叫陈晓华，他是"教育在线"的资深版主，也是高三年级的班主任兼语文教师。一开始，他以个人的名义参加新教育实验。他的主题帖叫《守望高三的日子》。从 2003 年 8 月底写到 2004 年 6 月，这一年在班级发生的故事、他和学生的交往、他的困惑与欣喜，他都原封不动地写下来，学生也通过这个主题帖与他交流。一年下来，班级取得了非常丰硕的成果，许多孩子考上了理想的大学。陈晓华把这一年的帖子整理出来，出版了《守望高三的日子》一书。

　　"教育在线"上还有很多感人的故事，这个虚拟的网络成就了很多的英才。于春祥老师说"教育在线"已经成为中国最大的教育学院，没有哪个教育学院有这么多的学生，也没有哪个教育学院能在这么短的时间内培养出这么多优秀的教师。

　　沉甸甸的收获，让我看到这样一个事实：促进教师快速成长的管道是存在的。

　　"教育在线"让我找到了接近教师、影响教师、与教师交流的平台，找到了改变教师行走方式的路径。每天早上当我进入"教育在线"时，很多短消息就会跳出来；当我打开信箱时，会看到很多教师发来的信。我结交了不少教师网友，与网友们见面成为我外出讲学的重要安排之一。我敢说我知道教师们在想什么，我了解他们的感受、他们的生活境遇、他们的喜怒哀乐。我常说我不是中国教育界最有学问的人，但我是与教师们走得最近的人之一，近到可以听到他们的呼吸声。

　　第二个契机是昆山市玉峰实验学校的加盟。2002 年 6 月，我又出了一本书——《新教育之梦》。这本书出版后，有人提出疑问和批评。他们说朱永新过去讲理想，现在他说梦话了，说明他对自己没信心了。这对我是一个很大的刺激。我决定走进学校，证明自己。我开始认真思考，我的教育理念中到底哪些可以变成行动。一开始我与我的团队提出了五个行动，并计划找一所学校来进行实验。这时，昆山市玉峰实验学校主动请缨。我知道，要实验不能找太好的学校，也不能找太差的学校，前者如果有成绩，人家会说它本来就好，不需要实验，后者往往又缺乏有思想、有激情的校长配合。所以新学校是最佳的选择。昆山市玉峰实验学校是 2001 年新创办的一所公办民助学校，它当时算不上最好的学校，没有太多的办学基础，但学校的设施及师资都不错。于是，新教育实验走进了昆山市玉峰实验学校，我多次在昆山市玉峰实验学校跟教师们、父母们一起座谈，在全校的大会上进行动员。昆山市教研室副主任储昌楼老师将不少资料同时发到网上，后来一些校长看到后，希望一起做。他们说："你这几件事情特简单，不就是读读书吗？不就是在网上写自己的故事吗？不就是聆听窗外声音吗？这些事我们都可以做。"我说："好啊，那就大家一起做吧。"于是，几十所学校加入新教育团队，只是一开始管理还是比较松散的。

2003 年 7 月，我们在昆山市玉峰实验学校召开了全国新教育实验的第一次研讨会。这次会议原计划 300 人的规模，结果来了近 500 人。当时有报道说这是一次中国教育的"丐帮大会"。之所以说是"丐帮大会"，是因为自费参加的人较多，会议的组织是民间的，没有行政参与。一批有激情、有理想的学校来了，其中有不少来自农村的困难学校。这次的会议开得很成功，振奋了我们的精神。2004 年 4 月，我们在张家港召开新教育实验的第二次研讨会，此时我们的课题已被批准为教育部全国教育科学"十五"规划重点课题。这次会议成了课题开题会，包括陶西平先生在内的一批知名的专家学者都来了。陶先生说："新教育实验会像一条鲇鱼一样把中国教育这缸水搅起来！"

2004 年暑期，由翔宇教育集团承办，我们在江苏省宝应县召开了新教育实验第三届研讨会。2005 年 7 月，四川省成都市盐道街外语学校承办了新教育实验第四届研讨会。我们在 2005 年 12 月于吉林第一实验学校召开了新教育实验第五届研讨会，专题讨论新教育实验的最关键的问题——教师的专业发展。

新教育实验从目标上来说有四个方面。

其一，改变中国学生的生存状态——成为学生享受成长快乐的理想乐园。孔老夫子的《论语》开宗明义，起首就是："学而时习之，不亦说乎？有朋自远方来，不亦乐乎？"然而，中国学生的生存状态是非常糟糕的，现在大部分学生感受不到学习的快乐，享受不到成长的快乐。天津有位教师告诉我，有个学生学习很差，常挨教师的批评、父母的打骂。教师找他谈话，他反过来对着教师把桌子一拍："这学习是谁发明的，老子不干了！"学习也好，教育也好，能不能让我们的学生真正享受到成长的快乐，我觉得这是我们要追求的一个很重要的目标。

其二，改变中国教师的行走方式——成为教师实现专业发展的理想舞台。教师的发展问题，应该说是整个新教育实验最重要的基点。我记得我在一所大学做报告时，曾有一位教师问我："朱先生，新教育实验的逻辑起点是什么？"当时我脱口而出："是教师！"叶澜教授的新基础教育的逻辑起点是课堂，她提出让课堂焕发出生命的活力。我说新教育实验的逻辑起点是教师，因为只有教师的发展才能带动学生的发展，只有教师的成长才能带动学生的成长，没有教师的快乐就永远不可能有孩子的快乐。实际上，孩子不快乐的一个很重要的原因就是教师不快乐。在传统的教育观里，教师是工具，是帮助学生成长的工具，他的使命就是燃烧自己去照亮别人，最后成为灰，所谓"蜡炬成灰泪始干"。教师自己没有价值，或者说，教师的价值没有一种直接的呈现方式，只有通过学生的成绩来反映。教师不能通过自身的价值来展现成功，不能在教育过程中享受职业生涯带给自己的快乐和幸福，这样怎么能享受到教育的幸福？所以我说，应该让教师与学生一起成长，享受教育的幸福，这是教育中最重要的目的。

不知道大家有没有看 2004 年第 7 期《人民教育》，它封面上的三个人物都是我们新教育实验的教师：一个是江苏盐城的那位村小教师张向阳，一个是沙洲小学的校长陈惠芳，还有一个是昆山市玉峰实验学校的普通教师吴樱花。新教育实验的最大功能是改变了中国教师的行走方式，让教师在成长的过程中享受到了教育的幸福。这也正是我们要追求的境界。

其三，重塑中国教育的人文精神——成为学校提升教育品质的理想平台。前几年我曾写过一篇文章《中国的教育缺什么》，其中谈到的一个"缺"就是"缺人文关怀"。"人文关怀"是个很大的话题。"人文"，实际上就是"人"和"文"的合成。第一，从人的角度来说，整个教育是不是关注人、关心人、关怀人的成长。第二，从文的层面来说，是否关注文化的传承，是否关注文明的延续，是否关心和关注文化与文明的发展。这两方面做好了，就是具备了人文情怀，但是我们的教育太缺少人文精神、人文情怀。

2005 年两会期间，我写了一个提案，要求取消高中阶段的文理分科和高考的文理分科。在这之前我写过一篇文章，说文理分科是中国教育的"毒瘤"。

为什么我反对文理分科？一个重要的原因是，文理分科讲起来是减轻学生负担，免得既要学文又要学理，实际上是加大了理科的难度，是对所谓科学的重视，对人文的轻视。文理分科制造的第一批失败者是选文科的学生，他们往往是数理化学不下去才选了文科。我的孩子非常喜欢文科，可他不愿意学文科，他说："老爸，学文科会被人瞧不起，人家学习成绩好的都学理科，我为什么要学文科？"所以他要考理科。我一直就呼吁取消高中和高考的文理分科，降低理科难度。实际上中国学生所学的理科太深了。有人说："不这样怎么能保证我们的理科水平？"我说："奇怪了，美国中学的理科难度并不大，可美国为什么会出那么多的诺贝尔奖获得者？"可以说，不注重教育实际，为了少部分人的成功而设计的教育制度，是80%的人在陪20%的人读书的教育制度，是怂恿全国的学生进北大、进清华的教育制度，这个制度实际上是荒唐的。我主张大幅度降低理科考试难度，那种天才学生、学有余力的学生可以利用假期选修大学课程，这是国外通行的做法。我主张奥赛完全和中学脱钩，交给大学去做，大学可以在全国范围内培养奥赛的学生，这部分人在中学里就可以选修大学的学分，甚至到大学两年就能拿到大学的文凭。否则，文理分科造成了文科学生自己瞧不起自己，把他们的积极性从根本上给毁灭了。

我们不能不承认，孩子们走向社会后更有用的是人文知识。你看，在社会上最有用的是什么方面的知识？是历史、地理、管理、法律等，这都是非常有用的知识。我不是说理科知识没有用，理科知识也同样很有用。但在日常生活中，对大部分的普通人来说，人文的东西更重要。我们的整个教育制度是有些问题的，这造成了我们整个学校制度里缺少了人文内涵。

所以，我们的新教育实验特别重视让师生与崇高的人文精神对话，重视师生人文精神的塑造。我认为，一所学校如果没有人文精神，是没有品位的，即使你有再好的成绩。这就像一个暴发户，很有钱，但钱再多，要是没文化，也是没品位的。你的级别再高，你没有品位，也是被人瞧不起的，难登大雅之堂的，而且你最终是没有生命力的，这是毫无疑问的。

其四，打造中国的"新教育共同体"——成为教师的精神家园和成长的理想村落。所谓"新教育共同体"，就是说，我们开展新教育实验，不是让一个个教师、一个个学校孤立地去做，而是要让更多的学校一起来探究。张荣伟博士正在写一篇《论"新教育共同体"》的论文，他关注所有实验学校的成长历程，关注参与者是怎么研究、怎么行动的。新教育实验不是我朱永新创造的，我充其量只是个牵头人，我只是一开始提出框架、理念，包括几个行动，我告诉大家，所有的学校一起来探索、来实践，我总结大家所做的东西。我想，"新教育共同体"应该是相互支持、相互提携、相互帮助的一个共同体。

我曾对清华大学附属小学的赵校长说："你们学校的资源那么丰富，一校独享太奢侈了。清华那么多的名教师，那么多的院士，你可以每个星期请一个院士或者一名教师到学校给孩子们讲他的故事，你把这些故事全部录下来整理好，这样，我们所有的实验学校就可以一起分享了。这个财富就不仅仅属于你们学校了。当然，其他学校的财富你也可以一起分享。"我们想象一下，如果在小学的 6 年里能听 100 场清华院士的报告，了解他们人生成长的历程，可能比在课堂上的收获还要大。

我们前不久在江苏省姜堰市召开了"建设数码社区"的全国研讨会。在会上，我们提出"新教育共同体"的资源建设问题。下一步，专家会指导所有的学校建设自己的主题资源网站，如某个学校就专门建小学三年级或小学一年级的某一个主题，其他学校可以把有关的资料，如备课资料、教案等全部发给这所学校，由该校来整合、整理。这样，就在"教育在线"的平台上建设了一个大的资源平台。比如说，关于鲁迅的资料可以集中到你们诸城中学，那么诸城中学就可以建立全国最丰富的鲁迅资料网站。不少中学语文教师都听说过著名的网站"三槐居"，可以说它是目前中学语文方面最好的网站，它是江苏省盐城中学的几个教师创办的。上海的"惟存工作室"重点是整合优质资源，创办者也是我们课题组的重要成员。

网络是可以聚集人才、挖掘人才的。云南有个教师，网名叫"滇南布衣"，生活在中国的贫困地区，他现在是"教育在线"小学教育论坛的版主。这个教师以前甘于平庸，爱好抽抽烟、喝点儿酒、上网玩游戏，还结交些三教九流的朋友。一个偶然的机会他走进了"教育在线"，他自己说当时一下子被震撼了，于是开始在网上"安家"，后来申请做版主。我们曾担心，他作为贫困地区的一个农村小学教师，能否有时间、有经济条件来打理好论坛。没想到，他后来做得非常出色。2002 年 10 月 1 日，"教育在线"召开首次版主大会，他应邀来苏州。临行时，他母亲怎么也不同意他来。他母亲说："你千万不能上当，网上还能有什么好人？"他对母亲说："中国有那么一群对教育有那样的热情、对教育的理解那么深刻的人，即使他们是骗子，我也情愿上他们的当，受他们的骗。"结果，他就扛着一大包当地出产的普洱茶来参加会议。他到苏州开了一天的会，却没有留下来参加第二天的参观活动。他要赶回去，学生们在等着他，因为他要乘 16 个小时的汽车和 36 个小时的火车才能回到他自己的学校。当时他的学校只有 12 个孩子，从此这 12 个孩子得到了网站全体网友的关心，后来镇教委把他调到中心校，负责全镇 8 所学校的网络建设。

二、人本与行动：新教育实验的理念

（一）新教育的理论渊源

新教育三个字可以追溯到欧洲工业革命时期。英国教育家雷迪不满当时脱离于生活的教育，提出了要为新兴的资产阶级、新兴的工业化生产培养人才（当时工业化革命刚刚开始），培养适应新形势的人才，有个性的、有一定技能的人才。他提出了新教育的概念，并创办了一所实验学校。这所学校办起来后很快就引起了教育界的关注。像巴德利、怀特海、沛西·能、利茨、德摩林、德可乐利及爱伦·凯等，他们是当时国际上很有影响的教育家，也都在自己的国家创办新教育学校。这些新学校在很大程度上改变了传统的欧洲教育理念，《欧洲新学校》一书对此有专门的介绍。

欧洲的教育革新思潮很快就传播到美洲，特别是和美国的进步主义教育运动汇合在一起，对杜威的思想产生了很大的影响。杜威的思想对我国的现代教育产生了深远的影响，因为陶行知先生就是杜威的学生。以上这些教育家都曾把当时探索的教育方式命名为新教育。陶行知提出的生活教育观实际上就是新教育观，陈鹤琴提出的"活教育"实际上就是他的新教育。总之，在变革的时代出现的教育多少都会烙上新教育的印记。

当代出现的两个重要的教育改革——新课程改革与新基础教育，和新教育实验都有着非常密切的关系。新课程是中国教育的"大哥大"，是通过行政力量自上而下推行的教育改革运动，尽管目前还面临着一些困难、困境，甚至一些挑战（这次两会期间也有著名学者对新课程改革提出疑问，特别是数学家姜伯驹，他非常不客气地说今天的改革从数学理念上来说就是错误的）。但是，在另一个层面上看，新课程改革的价值取向——教育民主、国际理解、回归生活、关爱自然、个性发展等是正确的，它的核心理念——为了每个学生的发展也是很重要的。新基础教育，我称之为"大姐大"，因为叶澜老师是位女性学者。这个教育实验以生命教育为主题，以课堂作为整个教育的基础，重视主动与互动，强调师生双方生命价值的实现。但无论是新课程改革还是新基础教育，都不能解决中国教育的所有问题，除了课程、课堂的层面，教师的层面似乎更值得关注。新教育实验正是从关注教师成长的层面提出的。

（二）新教育的创新特征

有人曾问我，新教育的"新"在哪里？也有人写文章质疑，说新教育实验并没有什么新东西。说真的，新教育实验的确没有什么新东西，因为我们只是整合了前人提过的理念，倡导着前人实践过的行动。在我们这个时代要提出前人完全没有提出过的东西非常困难，中国几千年的教育文明，老祖宗都说得差不多了，该做的老祖宗也都或多或少地做过。你说加德纳的多元智能是新的吗？是新的，但也不是新的，孔老夫子的思想里就有多元智能的成分。我很赞成这样一种观点：最好的教育就是返璞归真的教育，最好的教育就是以不变应万变的教育。

教育的对象总是人，人有着最基本的人性特征和最基本的活动规律，所以教育也不能变来变去。教育，总有一些永恒的主题。在教育史上就有永恒主义学派，它关注教育中那些永恒的主题，那些亘古不变的东西。那些往往是最重要的，也是的确存在的。比如说提倡读书，这是教育逃避不了的话题。教育离开了读书就不叫教育。人类几千年来所创造出来的伟大智慧都在书上，最重要的教育思想、教育规律都在教育家们的论述中体现出来，要是把它丢在一边另起炉灶，那是舍本求末，是所谓"赶时髦"，是真正的违背教育规律。所以，新教育实验的创新特征可以总结为：

——当一些理念渐被遗忘，复又提起的时候，它就是新的；

——当一些理念古被人说，今被人做的时候，它就是新的；

——当一些理念由模糊走向清晰，由贫乏走向丰富的时候，它就是新的；

——当一些理念被从旧时的背景转到现在的背景下去继承、去发扬、去创新的时候，它就是新的……

实际上，我们只不过是用我们这个时代的语言去阐释我们对过去的伟大智慧的理解，我们只不过是用我们这个时代的故事去实践那些大师的伟大智慧。所以，真正做教育的人应该沉下心来，应该去重温那些伟大的教育智慧。

新教育实验在一定意义上就是把那些最伟大的智慧和最伟大的实践进行整合的过程。所以，无论是新教育的理论框架，还是我们的价值取向、我们的行动策略，都是简单得不能再简单，普通得不能再普通的一些提法。

（三）新教育的理论框架

1. 核心理念：为了一切的人，为了人的一切

我在《我的教育理想》这本书的序言里反复地强调，"真正的教育是为了一切人的教育"。过去传统的教育，不太重视学校以外的其他群体，它只是把上一辈人对下一代的教育看成是单向帮助的过程，这样的过程我觉得是不够的。实际上，从成长的过程来说，教育完全不是单向的，教师、父母以及其他所有的教育者在教育的过程中都是值得我们关注的，他们同时也都是受教育的对象，不仅仅是孩子在受教育，父母、教师也都在受教育。

在新教育实验中，我们除了提出"六大行动"，还在建设新父母学校。为什么没有叫"家长学校"，而叫作"新父母学校"？因为，至少我个人对"家长"这个概念是不太满意的。尽管社会上约定俗成，大家都在用，但我反对叫"家长"。"家长"是个不太民主的概念，家长就是一家之长。在国外，是用"监护人"这个概念，孩子在没有成年之前，父母只是他的监护人，而不是家长，父母与孩子在人格上是平等的。父母的素质对孩子的影响是巨大的，实际上，我们在每个孩子的身上都可以看到他父母的影子，但是我们全社会的教育却把责任推给了教师。我曾写过一篇文章《我为教师说两句话》，并在这篇文章中提出：中国的教育存在着很大的问题，全社会的教育素养比较低，所有的父母亲都在为他们的孩子做着清华梦、北大梦，而不考虑孩子的情感需求，不考虑社会的实际需要。看西方发达国家的课程结构，孩子们在中学阶段和大学阶段可以学习很多关于家庭教育、家政等方面的知识，这可以帮助未成年人理解怎样做父母，让他们去体验怎样做父母。所以说，新教育实验的理念——为了一切的人，就是让所有的教育主体和客体，包括教师、父母、孩子等，在教育的过程中共同成长。这是新教育实验最重要的主题之一。

教育也是为了人的一切。为什么是人的一切？我们平时常说，每个人都是一个独立的个体，每一个孩子也是一个独特的个体。最好的教育应该是为每一个人量身定做的，最好的教育应该能让每个人的潜能、个性得到最大限度的张扬和发挥。那么，我们就不能用统一的标准要求所有孩子，我们也不能简单地提德、智、体、美、劳全面发展。事实上，在我们的教

育过程中，有许多人是打着全面发展的旗帜，干着全面不发展的勾当。因为，无论是从我们教育的时间、空间、能力，还是从孩子的个性等方面来看，全面发展都不太可能。所以，最好的教育应该是最有个性的教育。新课程提出的情感、态度、价值观，似乎还不能反映我们教育的终极目标，所以，我们提出"为了人的一切"。

2. 目标追求：追寻理想，超越自我

新教育实验有两面重要的旗帜：一面旗帜是理想，一面旗帜是行动；一面旗帜是目标追求，一面旗帜是价值取向。

所谓追寻理想，就是要让我们进行新教育实验的学校、教师、学生都能够明确自己追求的目标，都能够为明天、为未来的美好生活去追求。这一点看起来似乎是空的东西，但事实上，当一个人没有理想的时候，虽不能说他是行尸走肉，但可以讲他是没有灵魂的人。只有理想才能激发人去为明天而奋斗，只有理想才能让我们的生活充满激情。

我们开课题组会议的时候，"书香校园"课题组负责人卜延中在大会上称"朱永新是个疯子，我们则是傻子，新教育实验就是一群傻子跟着疯子在行动"。我很欣赏"疯子"这个提法，因为做教育的人，如果没有一点儿"疯子"精神，如果没有一点儿义无反顾的情怀，是做不好的。做任何事情，没有激情你走不远，而教育需要有激情地、诗意地生活。教师不是一个简单的哲学家，假如你把什么问题都看得很清楚，完全理性的话，你就不能去感染你的教育对象。教育是一个开发情感的过程，教师只有富于激情，才能感染他的教育对象，从而让他的理念、他的知识更好地为学生所理解、所接受。所以说，你看那些最好的教育家、优秀的教师，如李镇西、窦桂梅、于春祥、苏静等，哪一个是没有激情的？理想就是激情产生的最重要的源泉。所以，我们宣称，我们应该追寻理想，我们应该为未来的美好而生活，应该不断超越自己。基础差点儿没关系，只要你不断地追求，不断地去超越，你就会走向辉煌。

3. 价值取向：只要行动，就有收获

现在我们有很多的学校，包括一些所谓的好学校，眼高手低，坐而论道，没有一种行动的理念和哲学。我一直说，任何事，只要去做，你就会有收获。做和不做，有质的区别。你不做，再有本事也始终是零；你做，再困难也总会有50%的成功概率，尽管会有50%的失败概率；你认真去做，努力去做，又多了50%的可能性。所以，毫无疑问，行动者最后总是成功者，我们崇尚行动的哲学，看准的事情就认真做，努力做。

当然，评价成功的新教育实验的参与者，不是看你发表了多少文章，出版了多少书，这不是最后的衡量标准，我们衡量的是你有没有在行动，教师、孩子有没有在变化，有没有在提升。

4. 新教育实验的五个基本观点

观点一：无限相信学生与教师的潜力。

人的潜力是巨大的。上天让每个人来到这个世界的时候，都赋予他一个成功的机遇和可能，每个人都应该而且可能做得最优秀，做得最卓越。我们看《千手观音》，假如不知道她们的背景的话，就很难相信这些舞蹈演员都是听障者。她们听不到音乐，只能用心去感受，这让我们普通的正常的人去做恐怕也不是件容易的事情。很多事例告诉我们，任何一个人，任何一件事情，只要努力去做都有可能成功。

两个星期前，我到苏州一所爱心学校去，那里的学生差不多都是脑瘫儿，其中也有一些是智障者，智商较低。我们的教育目前还没有好的办法让他们成为正常的儿童。但是，最近一两年，我注意到，有的父母就不信这个邪，一直在努力，在逐步地让自己的孩子变成一个正常人。前不久，广西一位母亲通过努力把自己的脑瘫儿变成了正常的孩子，现在这个孩子就在普通学校读书。这位母亲为了帮助更多的智障者，就办了一所培智学校。尽管办得很艰难，濒临破产，而且几乎把自己所有的家产都搭进去了，但她还是坚持着。更早些时候，我在《南方周末》看到了北京的一位母亲陈女士，我后来专门为她写了一篇文章——《教育是一场持续的战争》。她的孩子已经 19 岁了，19 年来，母亲每年都写一大本的观察日记。孩子进学校后，她每年都有一个与教师交流的记录本。慢慢地，她让孩子学会了弹钢琴，学会了与人交往，医学上宣布不可能的事情在这个孩子的身上都变成了可能。

所以我说，你要相信学生的潜力。如果我们不听苏静老师的课，你很难相信一个刚刚教了两年书的教师，她班上所有的孩子都能写诗。事实上每一个孩子都能够写诗，只不过你不是苏静，只不过是你没有苏静那样的信念——每个孩子本质上都是诗人。我最近正在编一本书——《教育的奇迹》，收集了一些这样的故事。千万不要对自己说"不可能"，凡事皆有可能；也千万不要对孩子说"不"，人人都可能成功。不仅对孩子，对教师也是如此。很多校长见到我总说："我们的教师基础太差，素质太差。"我说："你千万不要有这样的想法。事实上，教师基础再差，都是可以成长的。"

我们新教育实验中就有许多关于教师成长的故事。例如，有个快要退休的普通农村女教师，她的学校参加了新教育实验。校长要求教师们读书、写日记。考虑到种种因素，学校对 45 岁以上的教师不提这个要求。但这位女教师看到年轻教师都在读书、写日记，她不甘心，于是也开始读书，开始写心得，还开始学电脑。学电脑学得很痛苦，但就是这位快要退休了的教师在坚持了一段时间后也开始发表文章了。她 53 岁时写了一篇《51 岁的我》。她在文章中说，参加新教育实验以后才感受到、才知道什么是教育。她说，"我教了一辈子的书都不知道什么是教育，现在我才大约知道了什么是教育"，"我教了一辈子的书都没有找到青春的感觉，现在似乎才有了青春的活力"。2003 年，她被评为"教育在线"网站的"青春偶像"。任何一位教师或学生，都有无限发展的空间。关键是给他舞台，你给他一个舞台，他就会给你一个精彩。

观点二：教给学生一生有用的东西。

我们做教育的人都在讲，为生命奠基，教给孩子一生有用的东西。但是我们有多少人思考过孩子一生最需要的是什么？你有没有给他？我们在设计新教育实验，特别是设计"六大行动"的时候，就反复问自己：新教育实验到底要给孩子什么？这些东西是不是孩子需要的，是不是孩子一辈子最需要的？

我们做教育的必须认真思考这些问题。假如这些问题都没有想清楚，就好像走路不知道要到哪里去一样；这些问题搞不清楚，你就是在漫无目标地徘徊、游荡。现在，我们的很多学校，甚至我们整个的教育，恐怕就没有把这些问题想清楚，否则我们的课程结构就不应该是这样安排的，我们的教育目标就不应该这样设定。更重要的是，我们整个的教育生活就不应该如此，而应该是生活的东西，应该是对人生最关键、最有用的东西，这些东西同时也是非常有意义的东西。我常说，我们的教育往往就是为了某年某月的某一天——考试这一天，考试这一天所用的东西就是我们教育的全部，就是试金石，这一天成功了，教育也就成功了。我们的教育、我们的眼睛只盯着这一天是很可怕的事情，因为这一天需要的东西，再过两天可能就会忘记，"上课记笔记，考试背笔记，考后全忘记"。因此，怎样教给孩子一生有用的东西是我们要认真思考的。

观点三：重视精神状态，倡导成功体验。

人的心理状态是非常重要的。我经常说，人和人的差别实际上是很小的。研究心理学的人都知道正态分布曲线，5%甚至更少的人是天才，5%的人智力低，而中间90%多是芸芸众生，从智商的分布来说没有什么差别，可能你120、我130、他140，但都是在正常范围之内。谁能够精彩，谁能够成功，靠什么？靠的就是精神状态。死人跟活人就差一口气，活人跟活人就差在一个状态。一个有状态的人，只要打起精神来做事就能活得精彩。而没有状态的人就萎靡不振，就不愿意去努力，最后自然没法成功。所以，你注意看看周围的人，看看你大学里的同学就知道，哪些人现在活得精彩，那些真正精彩的不一定是当时成绩最好的。可见，精神状态对个体的影响是巨大的。我要求我的心理学专业的博士生尽快研究出一套新教育的心理体操，我想用不了几年的时间就能做出来。在我们新教育实验的学校，教师都要做这样的心理训练，像体育中的拓展训练一样。今后我们也要把它引进教育，让实验学校的校长、教师、学生都进行这样的训练，让大家知道，每个人都应该有良好的精神状态。实际上，很多人完全是靠状态去生活的。我的很多朋友经常对我说："朱老师，你怎么身体那么好？昨天在那里，今天又到这里了，到了讲台就神采飞扬。"我说我不是身体好，我早上还在吃药呢，所有知识分子有的病我都有，什么颈椎病、腰椎病、高血压等乱七八糟的病很多，但只要有精神，就能干活，只要有精神，就会去努力。我每天早晨五六点就起来工作，我也知道睡觉很舒服，但是因为有精神，我眼睛一睁开就要起来工作。虽然少睡了觉，但只要体能可以，就没有问题。所以我说一个人的精神状态是非常重要的，在良好的精神状态下就容易体验成功。

前不久，我在《中国教育报》上发表文章介绍常州一个农村小学的校长，题为《普通的校长，不普通的学校》。这个校长叫奚亚英，我是看着这个校长成长的，虽写的是"普通的校长"，但这个校长很不普通。我为什么说她普通呢？因为她没什么高学历，是个普通的中师毕业生，大学本科都没有；她在一个普通的农村学校，没写什么鸿篇巨制，是一个普通得不能再普通的小学校长。但我觉得她有自己的状态。什么状态呢？我只讲几个小故事。大约是在1998年的暑假，江苏省教育学会教育管理研究会在苏州召开了一个研讨会，会议请我去做一个报告。在报告完了之后，这个奚校长盯住我不放，从此我再也"摆脱"不了她。她来找我说："朱老师，你讲得很精彩，我回去马上就根据你说的去做。"其他的校长也有不少这样对我说过的，但没有真正行动起来，所以我不太相信，我以为奚校长也只是说说而已。过了大概三四个月，奚校长给我打电话说："朱老师，你能不能来看看？你说的我们都做了。"我当时还以为她只是客套一下，没有多想。再过一个月她又打电话问："朱老师，你现在有没有时间？"我说等我排一排，还是没有去。再过一个月她还是打电话，问我有没有时间。我说："好，我尽快来。"后来我去了。我到奚校长所在的常州市武进区湖塘桥中心小学，发现该校果然按照我的设想在做，并且做得很好。我被这样的校长感动了。她说："朱老师，你能不能帮我请一些人来？"于是袁振国等一大批著名学者都过来给教师们做报告。那么多的名家、教授到一所普通的农村学校给教师们做报告，和教师们零距离接触、交流，这在历史上是从没有过的。就是这样的一所学校，感动了镇上的领导、市里的领导。现在，市里投资了 1000 万元，为该校建造了一所新学校。教师的变化也是非常大的。为什么一所普通的学校会有这么大的变化？我觉得最重要的是状态，因为奚校长始终不甘心学校的落后状况，所以就去努力追求卓越。同样听讲座的上百名校长中，为什么只有她能够做到？关键就是其他校长没有这样的状态。所以状态是非常重要的。

观点四：强调个性发展，注重特色教育。

最好的教育应该是富有个性的教育，是帮助每个人成为他自己、帮助每个学校成就它自己的教育。美国《新闻周刊》曾经评选过世界上办得最好的学校。我在有关的书里也做了介绍，这些被评上的学校都是最有特色的学校。你用什么来评价一所学校的特色呢？就是看它和其他学校不可比较的地方，它做了人家没做的，或者人家做了的它做得更加卓越，如此而已。你要是通过考试来比，那全中国只有一所好学校，一个地区只有一所好学校，但你要是用个性来衡量，就应该是百花齐放的，就有很多的好学校。新教育实验最终的目标，就是要求所有的实验学校都能形成自己的品牌，当然，校园文化建设也是形成品牌的重要条件。个性的张扬是非常重要的，每一所学校都应该针对自身的基础，针对自身的区域特点，逐步形成自己的校园文化，这是非常值得我们探索的领域。今天苏州有些学校就在镇江的会议上交流，吴江同里小学就是把"书香校园"建设与"墨香校园"建设结合在了一起。该校要求每个人（师生）都能写一手漂亮的字，学校几千人，每个人写的字拿出来都很漂亮，这是很不容易做到的。我到该校跟那里的教师和孩子讲，写字很重要，汉字是中国文化的灵魂。如果汉字没有了，中国文化就不能称为中国文化了。民进中央主席、语言学家许嘉璩在一次会议上讲，汉字不能随便改，他说第三次还是第四次文字改革方案就想把"园艺"的"园"改成"元旦"的"元"，"鸡蛋"的"蛋"改成"元旦"的"旦"，后来没有通过，因为这不能随便改，改了以后，这个"元旦"是"一月一日"还是圆形的"鸡蛋"，就谁也搞不清了。

日本有个研究书法艺术的团体每年都组织学生到中国访问，每次来都邀请中国的学生和他们一起写字，在某种程度上其实是对我们的挑战。他们完全是"正规军"啊，统一的家伙，写字的垫布、笔筒、笔架等，又是全日本挑选的书法精英，经过了训练；而我们每次都写得很困难，写得好的不多，要从各校挑选学生，结果字大大小小的，跟他们还是有差距。我们都知道，字是人的第二副面孔，第一副面孔是爹妈给的，你改变不了，但第二副面孔你可以把它打扮得更美，说不定一手好字就可以改变你的人生。现在是信息时代，电脑的普及使会写字的人越来越少，写一手好字就更加重要了。我们的学校为什么不可以也将书法创成特色呢？特色对于薄弱学校来说更为重要，它是薄弱学校发展转变的一个关键。

观点五：让师生与人类的崇高精神对话。

新教育实验有一个非常重要的理念，就是让整个社会不断地走向崇高，让整个人类不断地走向崇高，并将之看成教育最崇高的使命。教育在传播知识、传授技能的同时，还有一个更加崇高的使命，就是使人类不断地走向崇高。它通过传播人类崇高的精神、崇高的价值观念，让人不断地接受崇高的熏陶和洗礼，从而走向崇高。如果忘记了这个使命，教育就很危险。

在古代实际上也是非常强调生命教育的。在儒家的传统里，每一根头发都是爹妈给的，不能随便剪掉，所以在中国古代，可以用剪头发代替刑罚。可是现在，经常听说中学生、小学生、大学生动不动就拿起刀捅人，究其原因都与教育有极大的关系。学校教育没有给我们足够的理念支撑，没有给我们足够的精神支撑，也没有给我们足够的道德支撑。学校教育不讨论人类和环境的关系，不讨论怎样建设一个民主的社会，不讨论生命的尊严。我们学校的教育是苍白的。

昨天上午，在镇江索普小学开了一个教育现场会，非常精彩。一个语文教师，他每学期只用一半的时间就把课程全部讲完了，然后就以生命教育作为主题，推荐一大堆书让学生去读。我们看到他在学生阅读以后请了一个当地的"张海迪"——一个坐在轮椅上的人与孩子们面对面地交流。他的课上得非常精彩，很多人都掉了眼泪，我觉得这种课很有意义。教育应该"回家"，让师生与人类的崇高精神对话。

三、探索与前进：新教育实验在行动

（一）第一大行动：营造书香校园

什么叫作"营造书香校园"？可以这样表述：在新教育实验的理念指导下，通过创设浓郁的读书环境与氛围，推荐优秀的阅读书目，开展形式多样的阅读活动，培养师生强烈的阅读兴趣和阅读习惯，使阅读成为伴随人终身的生活方式，从而为建设书香社会奠定基础。

怎样去建设"书香校园"？我觉得以下 6 个载体很重要。

1. 环境载体

环境载体就是通过环境的建设营造读书的氛围。很多实验学校，一进大门就有我们的宣言——"阅读，让全民族精神起来""一个人的精神发育史就是他的阅读史""今天你读书了吗""一个民族的精神境界，在很大程度上取决于全民族的阅读水平"，等等。总之，要有一个提倡读书、方便读书的环境。

2. 物质载体

建设"书香校园"需要物质载体，这物质载体可以先从班级做起。很多学校都是从班级开始建立班级的图书角，可以由学校提供图书，也可以让学生自带。如小学四年级，学校就根据实际推荐最适合小学四年级学生读的书，建起图书角；也可由学生带给同学一本自己最喜欢的书或是最让自己感动的书，建成班级图书室。还有，在班级以外，学校可以建起开放的阅读区，也可以叫年级图书广场，它是针对一个年级来设置的，学生任何时间都可以去看书。此外是学校的图书馆，学校图书馆的图书品种与建设也很重要。最后就是要求学生逐步建立个人藏书架。苏霍姆林斯基曾要求他的每一个学生都必须拥有个人藏书架，拥有自己最喜欢的、终身都可能去读的图书。我把这些称为物质载体。

3. 活动载体

对于孩子而言，只读书而没有活动是很难真正进行的，我们需要设计大量丰富多彩、行之有效的活动。例如，让学生为名著配插图，发挥孩子的想象力，在学校里搞插图大赛，把美术教育和读书活动结合起来；为名著配音，每个学生选三段他最欣赏的名言名句，每个人录几分钟，在班上播放，孩子们听到自己的声音，听到同学的声音，都会感到特别亲切；举办最喜欢的图书人物卡通大赛，学生扮演最喜欢的人物在学校内展示；和作家面对面，把作者请到学校里和学生面对面交流。总之，要举办各种各样的丰富多彩的活动。

还可以举行图书交流活动，如宁波万里国际学校的"感动"系列活动，让每个教师、每个学生各推荐一本曾经感动过自己的书，陈列在学校的图书架上，并且把这个图书架放在广场上，借书的人不用办任何借阅手续。每个人要在自己推荐的书的扉页上写上这本书感动自己的理由，写出为什么把它推荐给大家，让感动过自己的书再去感动更多的人。我到该校参观时，专门为该校题了一句"心中有理想，校园满书香"。我去的时候，书架上的书并不多。校长不好意思地看着我说："朱老师，你看书不多了，都被学生借走了。"我说："假如书都在架上，那才不是好事。要么是学生不喜爱读，要么是图书选得不吸引学生。人需要感动，当书不和人的眼睛、人的心灵接触的时候，书不是书，而是废纸。书只有和人的眼睛、人的心灵接触的时候，它才变成了书。"所以，书只有被阅读的时候，它才有价值。书架上的书全被借光了才好呢！校长还说他担心这些书回不来，因为学生不需要办任何手续就可以拿走，要是他们拿回家不拿回来怎么办？我笑着说："爱书无罪，要相信孩子的内心是纯净的。如果真的少了几本，也不用担心。一本书能够影响一个人，是书的幸福，也是学校的幸福。今天你的学生把一本他非常喜爱的书拿回家了（我们不说是偷回家了），以后他事业有成时，说不定就会捐你一个图书馆。当然要引导，还可以鼓励学生捐更多的书。"

也有实验学校的校长和教师说："学校购置了书，但孩子们不爱读或没有时间读，怎么办？"我想，我们可以通过各式各样切合实际的活动去推动学生读书。没有人是天生爱读书的，读书的兴趣需要培养，要从孩子们最喜欢的书开始，用丰富多彩的活动去感染他们，打动他们，让他们慢慢养成读书的习惯。孩子们一旦养成了读书的习惯，你的教育就成功了。养成了阅读习惯的孩子会有终身的阅读需求，一旦他爱上了读书，你不让他读书都不行。

4. 组织载体

对读书只进行一般的号召不行，组织也是一个很重要的载体。很多实验学校建立了读书指导委员会，校长亲自挂帅。学校内设立教师读书沙龙、教师读书俱乐部、小书迷俱乐部、小书迷协会等。我们有个实验学校，成立了青年教师读书俱乐部，效果非常好。每周有一个晚上，大家一起交流读书心得，已成为制度。你想，每周一个晚上要交流读书心得，意味着什么？意味着这次交流后的一周内都要读书，不读书你来交流什么？不读书就没东西交流啊。有一本美国著名心理学家写的《儿童发展》，这是目前最好的一本研究儿童发展的书，价格近百元。有的教师一看到书这么厚，就不读了。读书俱乐部就让每个人读一章，再利用几个晚上交流。一交流，这本书不就读完了？你要是觉得哪一部分特别精彩，你很需要，就可以再去读那一部分，用这样的方式来读书。较难理解的书，读书俱乐部就请专家、请作者来讲，像《学会学习》等书，读书俱乐部就请翻译者到学校来跟教师交流，这样就把大家学习的兴趣提起来了。

5. 课堂载体

现在的很大问题就是没有时间读书，所以，很多实验学校就开设了专门的阅读课。阅读课又分阅读指导课、阅读欣赏课、阅读交流课、读物推荐课等各种各样的课程。比如，我们编了一本《中华经典诵读本》，最近准备重新请专家按年级编排，小学一、二年级一本，三、四年级一本，五、六年级一本，中学一本。因为小学生、中学生没有一定的诵读量是不行的。中学生还有《英文名篇诵读本》，里面是英语世界中非常有影响的谚语、名人名言、讲演、诗歌、散文，中学生要背诵。这两本书要是读好了、背下了，就可以打下较好的人文基础，积累较丰富的人文底蕴。

6. 评价载体

很多学校都有关于"书香校园"的评价制度，有的评选"书香班级"（如宁波国际万里学校），有许多学校做了"书香校园"的流动牌、流动锦旗，看哪个班级书读得多、读得精彩，读书活动开展得形式多样。也有许多学校为了推动孩子读书，搞"书香家庭"的评选活动，这也是很重要的。有人做了调查，我们中国大约50%以上的家庭是没有图书的，而韩国在1996年的调查结果是96.8%的识字家庭拥有500本以上的图书，藏书量非常大。韩国的文化是从我们中国传过去的，但现在，韩国的这种传统值得我们学习。还有的学校评选"读书小硕士""读书小博士""读书新星""小书迷"等。在镇江，有的教师自己做了美丽的书签，上面写上鼓励的话送给"小书迷""读书小博士"等，甚至买书送给他们。通过各种各样的评选、激励措施，鼓励、帮助孩子们多读书。

通过环境、物质、活动、组织、课堂、评价这样 6 个载体的建设，"书香校园"也就建设起来了。

新教育实验为什么如此强调读书？首先，读书对人的成长是非常重要的。平时，我们看一个校长、一个教师，只要和他一谈话，你就能感觉到这个人的文化底蕴、品位、品质。这往往跟他的阅读是有关系的，不能说是一对一的正相关，但是有很大的关系，所以说，读书对个体的成长是非常重要的。其次，读书对民族的发展是非常重要的。在第二次世界大战的时候，有位英国的记者问丘吉尔："莎士比亚和印度哪个更重要？"丘吉尔毫不犹豫地说："我宁可失去五十个印度，也不愿意失去一个莎士比亚！"的确，你认真地研一下全世界的民族和国家，生命力强的民族都是阅读量非常大的民族。现代社会中民族和国家发展的速度也与阅读有着非常重要的关系，韩国就是如此。世界上读书最多的民族是哪一个？是犹太人。犹太人平均每年每人读书 65 本，而中国人不到 5 本，包括教科书、教辅书在内。试想，一个读 5 本书的民族跟一个读 65 本书的民族怎么去竞争？英文版的《耶路撒冷邮报》，只有 500 万人口的以色列人就订阅了 100 万份。人类那些伟大的思想都在每个时代的经典之中，并且是通过阅读传承下来的。因此，阅读这些书就意味着跨越了这个时代的精神的高度。

2004 年 10 月，在江苏召开苏霍姆林斯基教育思想国际学术研讨会，朱小蔓教授邀请我做讲演。我的观点是：教育首先就是读书，没有读书活动就谈不上教育。在交流时，苏霍姆林斯基的女儿苏霍姆林斯卡娅第一个站起来提问题。她说："朱先生，你把读书看得这么重要，你是否认为读书就是教育最重要的事情？"我说："当然是，读书就是教育最重要的事情。这话不是我说的，是你父亲说的。你父亲说：'无限相信书籍的力量，是我的教育信仰的真谛之一。'你父亲还说：'一个学校什么都没有，只要有了书那就是学校了；相反，可能一个学校什么都有，但假如没有为师生的精神发展准备的图书，那它不能称为学校。'"后来就餐时，苏霍姆林斯卡娅对我说："你对我父亲的研究比我还厉害。"

没有读书就没有新教育，没有读书也谈不上真正意义上的教育。所以，我们要求新教育实验学校必须建设"书香校园"。我们要求实验学校要搞两个读书节。上半年一次，4 月 23 日——世界读书日，因为这一天是莎士比亚诞辰日，同时也是西班牙著名作家塞万提斯的逝世日。读书日最初是西班牙人提出来，后来由联合国颁布为"世界读书日"的。下半年一次，9 月

28 日——孔子诞辰日，我们把这一天定为"校园阅读节"。我曾连续 3 年在全国政协会议上提出提案，提议设立中国人的"阅读节"，一直没有被批准。不过我们已经先做起来了，在实验学校把这两天作为"阅读节"，开展形式多样的活动。我们还组织上百名专家，在近万份问卷的基础上，历时 7 年确定了"新教育文库"的书目，为小学生、中学生、大学生、教师推荐阅读书目各 100 种。小学 6 年，100 种图书；中学 6 年，100 种图书；大学，100 种图书；教师伴随着孩子的成长也读 100 本书。文库的书目，每年都会根据当年出现的好的著作、好的版本及时做出调整和更新。这 400 种图书书目，"教育在线"有公布。我经常讲，教师读书不仅是寻求教育思想的营养，寻找教育智慧的源头，也是情感与意志的冲击和交流。从过去教育家的著作中，教师可以学习的东西很多。有心的教师会认真阅读教育相关的重要文献，深刻领悟不同时代教育家的人生理想与人格力量。读书会让我们的教师更加善于思考，更加有教育的智慧，让我们的教育更加美丽。

（二）第二大行动：师生共写随笔

我们要求新教育实验学校的教师与学生坚持教育反思，写教育日记（故事、随笔），进行教育的叙事研究。这个行动目前的效果非常好，它和"书香校园"的建设一起，成为整个新教育实验最亮丽的风景线，一大批教师和学生就是通过这一行动成长起来的。

有一个富有传奇色彩的故事。2004 年 7 月的一天，《杭州日报》的头版头条报道说，一个绿色的网络改变了一个小学生的命运。这是杭州市和睦小学的学生胡量的故事。和睦小学校长网名叫"管得宽"，真名叫张敏，他在"教育在线"网站的管理论坛上每天坚持贴一篇自己的心得，并且每天的读书情况乃至从第几页读到第几页他都在网上公布，让大家监督。当时他担任小学五年级的班主任、语文教师。上课时，他把"教育在线"的网址写在黑板上，要求学生到上面去写日记。他班上有个学生胡量（我到杭州时曾专门去看望已经上了中学的胡量），当时是全校全年级有名的"差生"，尤其是语文最差。当张敏校长把网址写在黑板上以后，胡量当天晚上回家就在网上发表了一篇文章，没想到这篇文章赢得了教师和学生的喝彩。过去都是命题作文，他没什么可写的，而现在是随便写，因为他有很丰富的生活经历，就很容易地写出来了。教师鼓励他，其他网友也鼓励，他来了劲头。第二天再来一篇，贴上去了又得到了鼓励；第三天再来……就这样，连续写了 5 个月。5 个月后，胡量的一本书出版了。很难相信，一个典型的"差生"，5 个月的时间竟然出版了一本书——《成长的足迹——胡量日记选》。

坚持写日记，对自己的成长是十分重要的。我从中学时代就开始写，一天不落坚持到今天，我觉得非常有用。我的教育文集最近出版，后面有我的活动年表，很多人奇怪，问："朱老师，你每天做的事情怎么都记得？"我说很简单，把日记翻开抄上去就行了。我经常说，即使不出版，一篇也不发表，这也是人生一笔很大的财富啊！

上海有一对老夫妇，从 1949 年起，每天把到菜市场买菜什么的全部记下来，什么菜买了几斤，价格是多少，一直记录着。这个日记本最近被上海博物馆高价收购，因为这个买菜的记录反映的是中国物价的变迁、生活的变迁、人的食物结构和营养结构的变迁。

我要求昆山市玉峰实验学校的每个学生必须要有自己的日记本，每个教师每学期要有一本教育随笔。像我前面提到的吴樱花老师，一个小学教师，写了一本书——《孩子，我看着你长大》，我看了很感动，帮她写了篇序言。她过去就是个不错的教师，参与新教育实验后，更加自觉了，开始写主题日记，不是每天简单地记录自己的生活，而是某一段时间集中观察一件事，做一件事。她注意到一个来自离异家庭的孩子，为了加强对他的教育，就写观察日记，然后用日记跟孩子及其父母进行交流，3 个月后她就写了一本书。所以，对教师个人来说，坚持写日记有极大的促进作用，因为过去从来没有在某一段时间这么用心地去做一件事情。有的教师说："朱老师，你把我们害惨了，天天要写这个东西交差。"我说："刚开始肯定有些老师会骂我，但写下去以后，要是不让你写你会难受，因为在写的过程中你得到了快乐。"为什么？为了写得精彩，你必须做得精彩，这样也才能活得精彩。如果你活不精彩，做不精彩，就不可能写得精彩。所以写不是目的，写是为了让你活得精彩。你只有做得精彩、活得精彩，你才有可能写得精彩。很多教师从过去的应付变成了现在努力地工作，大胆地实践，让自己写得精彩，这要有一个过程。他们在实验的过程中，在写的过程中，找到了自己的人生价值。

江阴市环南路小学是一所普通的农村小学，过去孩子们都讨厌写日记，写东西像挤牙膏一样。现在，他们爱上了写，日记现在都是从心里流淌出来的。孩子们写了半年，就出了两本书，我给他们的书取名叫《放飞希望》。

他们校长到现在还不敢让我们到他们学校开现场会，说他们学校太破了，我说没关系，中国的大部分学校条件都不好，要是新教育实验在农村能做了，在城市就更容易做了。

（三）第三大行动：聆听窗外声音

我们要求新教育实验学校的教师和学生都要学会聆听窗外声音，学会关心窗外的事情。通过学校报告会等各种形式的活动，充分利用校外的教育资源，引导学生关心社会，激发学生形成多元的价值观，培养他们创造的激情。我们也提了个数量指标，6年争取听100场报告。这个报告会，可以请校外的社会名流、企业家，也可以是普通的工人、农民，还可以是校内的教师、孩子。让每一个孩子在校期间听100场报告，这是我们的期望。

为什么会提出这个观点？我反省自己的成长历程，反省自己在大学里从事的教育管理工作，有一个很深的体会：在一个人的成长历程中，不能缺少优秀人物的影响。中国有句话："听君一席话，胜读十年书。""书香校园"的建设是一点一滴的，是一本本书积累的过程，但一次好的报告、一次好的谈话，可以说是厚积薄发，更具有震撼效应。一个优秀人士的讲演，往往是他多年体会的浓缩。

比如说，我今天跟大家交流的东西，可以说是我几十年做教育工作浓缩提炼出来的。我常说，一场报告就是一个人生，无论你请谁来做报告，他肯定要把他一生中最精彩的东西讲出来，所以听报告这种教育方式是非常重要的。在苏州，我们每个月都要请一位大家给我们的校长做报告，上个月我们就请了李希贵，请他讲讲他的观点、理念。我在苏州曾经开了一个名师班，请了许多名师来上课。在师生成长的过程中，需要一个个英雄的丰碑去影响他们，需要一个个感人的故事去征服他们。你和什么样的人打交道，你就会受到什么样的感染，这就是教育，这样的教育会给我们带来很多意想不到的东西。

（四）第四大行动：双语口才训练

新教育实验学校的学生与教师必须重视口才和交际能力的培养，学会说话，学会交际。我们要求每个月给学生5分钟当众讲话的机会。学会说话，这是人一生有用的东西之一。英国一位教育专家发出警告：人类语言能力正在退化。人的说话能力、表达能力，也就是口才，是一个人的核心能力。美国学校把语言能力、人际沟通能力训练作为基础教育中知识和技能的第一目标，这不是没有道理的。仔细想一想，会说话的人他就会拥有更多的机会，你不会说话就没人知道你。你说得精彩就更有机会，这是毫无疑问的。在民主社会，口才、表达能力就愈加显得重要。做生意、说服别人，当然需要好的口才；做教师，尤其是要想成为优秀的教师，没有好的口才是很难成功的。现在最有影响、最有活力的名师，都是最会讲话的。为什么名师里语文教师最多，像窦桂梅、李镇西、韩军、于漪、于永正等，因为语文教师比其他教师会讲、会写。在全国有影响的教师中，10 个中有5 个是语文教师。其他学科的教师为什么很少，因为其他学科的教师不那么会讲善写，展示自己的机会少，他们感染人的方式不一样。

这里说的"口才训练"就是开展中英文听说活动，培养学生讲一口流利的汉语和英语，培养学生具备终身受益的口头表达能力。最近，昆山市玉峰实验学校专门搞了一个"课前 3 分钟大舞台"，利用课前 3 分钟让学生轮流进行讲演，每天一个学生。这样学生课前就要看书，然后到课堂上来"贩卖"。昨天思考的问题今天来发表，这带动了整个研究性学习，所以，我说要是我做校长都不用专门搞研究性学习的课程，通过这个就可以带动。学生要想在课前 3 分钟说得精彩，就必须去研究；要想打动人，就要有大量的阅读与调研。所以口才的训练非常重要。现在很多地区、很多学校都在推进双语教学，英语也好，其他语种也好，关键是口语的训练。中国学生学英语语法学得很好，但不善于开口与人交流。实际上，交流和表达远远不是你想象的那么困难。我们的孩子一旦送到国外，不到半年，甚至几个月就可以与人交流，因为在那样的环境里只需大胆地表达很快就能与人沟通。所以，要鼓励孩子们开口讲话。中国人不太善于讲话，在国际交流中常常是人家问什么就答什么，很少有人主动地去讲。假如你让他讲，他只会一本正经地介绍自己学校的办学思想、指导方针，人家对这些不感兴趣，他们需要发自内心的交流。

前不久，南通举办了一个国际性的市长论坛。会后有人发表评论，问为什么中国的市长都不会讲话。很简单，中国的教育没有培养会说话的人。与我国的基础教育强调数理解题训练相对应的是，美国的基础教育强调的是语言表达能力和人际沟通能力的训练，重视用语言来表达思维，以思维来提高语言，其中既包括清晰地表达自己的想法，让别人能了解自己，也包括认真倾听别人的观点，使自己能理解别人。

在学校，孩子发言要举手，但很多孩子是从来不举手的。在许多公开课上，我从没看到教师去点不举手的孩子发言，而不举手的几乎是大多数，反正我不举手你就不会点到我。我就希望教师上课能点那些不举手的孩子发言。让学生会说话，大胆地说话，自信地表达，这对一个人的终身发展是很重要的，它能够改变一个学生的人生。目前，我们实验学校刚刚启动口语表达能力训练计划。试想，一个学生一个月讲一次，六年下来就是五六十次，学生有五六十次公开场合下讲话的机会，这对他的锻炼是很重要的。"国旗下的讲话"也是，前几天我在论坛上看到有人发帖，征集"国旗下的讲话"。我估计是有的校长没东西讲，只能看人家校长是怎么说的。这是校长自找苦恼，为什么你非要自己讲？你可以让学生讲啊！每次"国旗下的讲话"，你都把它变成学生讲演的平台，用一个个生动的故事来代替空洞的说辞。学生要面对几千个人讲话，一定会精心准备很长的时间，这对他们的能力也是一种培养。让学生成为国旗下讲话的主角，这会成为学校的一道风景线。如果学生参与面宽了，甚至每天都可以有升旗仪式，不一定非得在星期一。只要维护好国旗的庄严，激发学生对国旗的那份情感，让每个学生都有机会在全校师生面前讲话，那么升旗仪式对每个学生来说肯定会成为一种期待。此外，你还可以鼓励学生自己出海报，让学生自己组织讲演，那将会是多么精彩！

（五）第五大行动：建设数码社区

我们刚刚在江苏省姜堰市召开了全国"建设数码社区"研讨会，开得非常成功。"建设数码社区"，就是在新教育实验理念的指导下，以"教育在线"网站为平台，以校园网为基础，整合各种教育资源，培养教师和学生强烈的信息意识、快速获取信息的能力和娴熟的信息交往能力，进而建设学习型的网络社区。

"数码社区"的建设非常重要。我用"社区"这个概念，而不用"校园"，因为社区要超越校园。我们的目标是，每个实验学校首先要建立自己的校园网，校园网要尽可能为每个教师、每个学生建立个人主页。新课程中有个"学生成长记录袋"，这个记录袋很难弄，弄得不好就成了垃圾袋，什么都往里面放，最后不好处理。改成电子档案就好办多了——学生的成果、学生的风采、学生的自我展示等，都可以通过它来存档。学校还要建设主题网站，鼓励师生通过网络学会交流。不懂得利用网络的人就不是现代人了。现在获取信息最快的途径毫无疑问是网络，学术研究如果离开了网络，效率也会大打折扣。传统的博士生做论文，一般要用两年时间甚至是两年半的时间查阅文献资料，要到图书馆一本一本地收集，然后通过主题性的、研究性的资料去寻找相关的文章。现在你只要有网络就可以收集到最重要的资料。能够快速获取信息已经成为一种非常重要的能力。

要求教师和学生学会运用网络进行交往，也是抵制网络不良诱惑的一个重要手段。很多学生上网不能控制自己，不妨尝试通过建设数码社区来避免这样的问题，让他们养成与同伴交流、分享心得的习惯，让他们感受不打游戏也能获得的快乐。网络交往很重要，网上最活跃的教师，比如我们山东的许多网友，他们都很活跃，也都是有才华的教师。可是，不懂得交往就没有人知道你。在"教育在线"网站上开主题帖的，大概有三千到四千人，他们每天坚持写作，但很多人是没有人知道的。这类人只是自己每天坚持写，但很少去看别人的帖，也很少跟帖。很多人跟我说："我也上了网，也发了帖，但没人知道我，你们的网站是不是嫌贫爱富？有名的人就跟帖，没名的人就不跟帖。像陶继新老师的跟帖就很多很多。"我说并不是这样，我举一个很普通的例子：网友"水易"是某县教育局教研室的一位教师，一个很普通的教师，但他的跟帖率就很高。为什么？因为他常常读别人的帖并且用心回帖。你尊重别人，人家就尊重你。

再如，有一个教师很善于交往，别人很多不错的文章没有在报刊上发表，而他的却发表了。为什么？因为他经常主动在网上把自己的文章发给编辑。有的教师在网上发了文章，就给我发短信说："朱老师，你能看看我写的文章吗？"平心而论，不可能所有的文章我都去看，但他今天给我发了一个我没有去看，明天又来一个，我还没去看，后天，他又发来信息"朱老师，你应该鼓励我一下吧"，于是我只好去读读了，有时的确发现不少好东西。开新教育实验的研讨会时，很多没有见过面的人，一见面都亲如兄弟。据说网友"秉正"号称"走遍全国都有人管饭"。教育网友之间的感情就是这样，在虚拟的网络中培养起真实的感情。

不少编辑也说，很多作者没见过编辑一面，也没有用笔给编辑写过一封信，就是通过网络的联系发表了几十篇文章。现在，《中国教育报》《中国教师报》《现代教育报》的编辑记者们常常通过网络进行交流、约稿，网络就一点点变得方便而真实起来。

丰富的网络资源也是我鼓励教师上网的重要原因，因为你备课所需要的大量好的东西就在网络上。你要是按照传统的方式去备课，你很难收集到那么多资源。网络的资源太丰富了，甚至于有的教师就在网络上发个"SOS"，说"下个星期要上公开课了，没有思路，请大家帮帮忙"，马上就会有很多人给他出主意，告诉他如何去备课，还可以到什么网站找什么资料。网络是一个非常好的平台，我建议教育部建立国家教育资源平台，每年拿出相当的资金专门收购最好的教育软件，或请最好的专家去开发教育信息软件，免费供学校、家庭使用。现在往往是学校各自买，花了大量费用。我希望所有的实验学校联合起来，把自己的资源拿出来让所有的学校共享，如教案学案、备课资料，甚至在线课堂等。重复开发、重复劳动、重复购买是教育资源的巨大浪费。

（六）第六大行动：构筑理想课堂

这第六大行动，最初叫"打造特色学校"，后来改为"构筑理想课堂"。我在《理想的课堂》一文中提出了课堂的参与度、亲和度、自由度、整合度、练习度、延展度六个方面，但这只能作为参考，今后要逐步去完善它。理想课堂到底有怎样的标准？不同的学科、不同的年级会有不同的模式，这是要探讨和研究的问题。

除了"理想课堂"，新教育实验还提出了十大领域：理想的德育、理想的智育、理想的体育、理想的美育、理想的劳动技术教育、理想的学校、理想的教师、理想的校长、理想的学生、理想的父母。今年开始了"理想的德育"实验，7月份要召开的研讨会的主题就是"新德育、新课堂"，要提出新德育的一些原则、模式。关于"新父母"，我们已经在全国建立了7所实验学校。新《公民》教材本月也正式由北京大学出版社出版。

我们在行动中感悟，我们在感悟的阳光下携手向前，我们有理由期待新教育实验走向辉煌。参加新教育实验的清华大学附属小学的窦桂梅老师说："参加新教育实验，澎湃的是激情，涌动的是理想，激起的是热情，付出的是真心，发展的是智慧，收获的是每一刻的生命。"我想把这句话送给大家，让我们共勉，让我们努力朝这个方向去做。

新教育实验与素质教育[*]

素质教育最好的抓手、载体，就是"书香校园"的建设。离开了这个根，离开了这个魂，素质教育就成了无本之木、无源之水。

亲爱的新教育同仁，各位老师：

大家好！今天我要重点讲的一个话题，是新教育实验和素质教育的关系。

这里有个背景——教育部原部长何东昌给国家领导人写了一封长信。在这封信中，何东昌讲道：这么多年来尽管一直在谈素质教育，但是应试教育却愈演愈烈，大家似乎对教育怨声载道；教育问题不能单靠教育部门来解决，而是需要全社会的共同参与。读了这封信，党和国家领导人做了具体的批示。不知各位是否注意到，最近各大主要媒体开始全面讨论素质教育问题。中央电视台对我和朱小蔓进行了专访，主题就是"新教育实验和素质教育的关系"，这是中央电视台就素质教育正式推出的第一期讨论节目。前天，新华社的记者也专门到昆山市玉峰实验学校去，他们也在关注这个素质教育的典型。本月 27 日，《人民日报》邀请何东昌和柳斌等人开座谈会，也是讨论素质教育问题。

因此，我一直在想，我们不能说新教育实验解决了中国的素质教育问题，但我们所做的一切，新教育实验一直进行的探索，可能是素质教育的一条道路、一个典型。事实上，很多媒体也已经把我们新教育实验作为探索素质教育的典型，这是对我们的一种鼓励，更是一种鞭策，我们新教育人应该更好地思考这个问题。

从 20 世纪 80 年代柳斌提出素质教育的概念到今天，已经 20 多年了，素质教育在中国并没有真正普遍地做下去。原因是什么？最重要的外部原

---

[*]　2005 年 10 月 22 日，在常州市实验小学举办的"构筑理想课堂研究共同体"第三次研讨会上的演讲。

因是体制上的，即考试制度和评价制度。从体制上来说，考试制度把整个教育导入考试的平台上去了，从高考到中考，到小升初的考试，可谓一脉相承。因此我曾经讲过，高考制度是最关键的问题。那么，在高考制度不变的情况下，我们能否有所作为？这里有个很大的问题——过去也有高考，其他国家也有高考，为什么我们的高考让大家那么紧张？如果没有教育行政部门"推波助澜"的话，高考不会让大家那么紧张。各级地方政府在排名，高考成绩一下来，南京马上就有所谓"南京的高考之痛"；在河南某县，高考成绩一下来，县委书记向全县人民检讨，然后把教育局局长撤了，把有关校长撤了。实际上，教育上的唯分数论，就是经济上唯 GDP 论的遗毒，若非以高考分数来论英雄，大家对高考就不会这么重视。我们在座的校长，是自己想拼命地去抓分数吗？我想 10 个校长有 9 个是不情愿的，甚至是厌恶的。

我一直说，中国是一个教育知识和教育理念普及程度比较差的国家，全社会的教育素养比较薄弱。一方面，独生子女政策推进以后，父母都望子成龙——过去大家有好几个孩子，反正广种薄收，总有个把能成才；现在每个家庭就一个孩子，每个家长都恨不得孩子成为"哈佛女孩刘亦婷"，这是一种心理。另一方面，父母不知道自己的孩子有没有成为"哈佛女孩"的可能、怎样才能成为"哈佛女孩"，父母的教育素养亟待提高。所有的父母都希望把孩子送到最好的学校，但这是不可能的，也是没有必要的。所以我们新教育实验会有第七个行动，要做新父母学校，我们努力从父母层面去推进教育素养的提高。

前不久我到北欧去，了解到芬兰在欧洲的教育竞争力连续 3 年排行第一。我问他们，到底怎么去抓教育，学校之间的竞争厉害不厉害？他们说，学校之间的竞争肯定是有的，但孩子从小学就开始受教育，初中很多人就逐步地定向，有些人往升学的方向走，有些人往职业的方向走，两条路就像立交桥一样始终是畅通的。进了职业中学照样可以考名牌大学，机会永远是有的，但有没有考的呢？有，但只是万分之几，很少的几个人。绝大部分人是很安心的，为什么呢？从小学开始，教师跟父母就不断地对话，分析你家的孩子适合干什么。

北欧国家各个阶层的收入差距非常小，一个年轻教授和干了 10 年的搬运工人报酬差不多。过去我们一直批评脑体倒挂，其实社会差距小了以后也有它的好处，孰是孰非，我们大家共同来分析、思考。为什么现在的学生要拼命进名牌大学？因为当教授和当农民的收入差距、社会地位差距太大了。在芬兰，反正差距不大，他们就从自己的兴趣、爱好出发，选择自己喜欢的领域发展，做理论研究的往普通中学发展，动手能力特别强的往职业学校发展，喜欢音乐的就往艺术方向发展，喜欢运动的就往体育特长方向发展。所有的人各得其位，各得其所。

在小学三四年级，教师和父母就开始分析孩子适合干什么，并引导他往这个方向走；到了中学，就有很多专业的选修课了。芬兰的选修课比我们的新课程要多得多，但它们很细化，像数学就有很多很多分支。教育部副部长王湛正好也在那儿考察芬兰的课程改革，我这里不多讲了，我会在"教育在线"网站上详细介绍北欧的教育。

素质教育能真正普遍做下去，跟全社会的教育素养有关。还有没有别的原因，我希望大家都思考思考，希望在我们的"教育在线"网站上开展大讨论，配合国家开展关于素质教育的讨论。

那么，素质教育到底应该怎么做？讲到素质教育，人们通常会说：第一，素质教育是面向全体学生的；第二，素质教育是让学生全面发展的；第三，素质教育是张扬个性的，要让学生的个性得到最大的发展；第四，素质教育是让学生可持续发展的，相当于我们新教育提出的教给学生一生中都有用的东西。这是过去讲素质教育的几个最主要的观点。到底什么叫素质？素质包含哪些方面？我后来想，好的教育就是素质教育，还教育本来面目的教育就是素质教育。素质教育怎样推进？我想我们的"六大行动"的确是推进素质教育的最好载体。

我们营造"书香校园"，让学生与人类的崇高精神对话，教给学生一生中都有用的东西，尊重学生的个性，等等，这就是素质教育的理念。我们新教育实验的五大基本观点就是素质教育最基本的理论，素质教育在我们新教育五大观点中基本上都有所阐述。素质教育的理念，实际上是从我们的核心理念开始的，"为了一切的人，为了人的一切"，跟素质教育的两个"全面"是对应的。为了一切的人，是面向所有的人，不仅是学生，还包括父母和教师，这就在一定程度上更高、更全面了一些。为了人的一切，就是考虑到学生的发展，要教给学生一生中都有用的东西，让他们更好地去发展。同时我们还强调过去素质教育不太强调的一些理念，如让师生和人类的崇高精神对话，可能在接下来的新一轮素质教育中会放到一个很重要的高度。素质教育首先是一个做人的教育，是培养人的教育，如果用现代的科学发展观来指导，素质教育是以人为本的教育，不是以分为本的教育。素质教育是科学地发展，是人的和谐发展，包括我们追寻理想、超越自我，都是在丰富和完善素质教育的观点。我希望在座的教师，能就我们的这些理念和素质教育理念之间的关系，多做一些思考。

最近，中央教育科学研究所所长朱小蔓教授对我们新教育实验的运作方式、对我们的"六大行动"给予了高度的评价。她认为，我们的推进方式给整个中国教育的研究提供了一个非常好的范例。过去讲素质教育，往往偏离到了简单的特色教育上，吹拉弹唱、艺术、体育，没有涉及素质教育的根本。而这个根本，我觉得是读书，是"书香校园"。

我一直认为，素质教育最好的抓手、载体就是"书香校园"的建设。离开了这个根，离开了这个魂，素质教育就成了无本之木、无源之水。我在很多场合都讲过，一个人的精神发育史就是一个人的阅读史。人的素质的最根本的东西从哪里来？就是从阅读中来。和那些伟大的作者对话，和那些伟大的思想碰撞，会让人类走向崇高。我们希望，在全国大讨论以后，能形成一个共识：素质教育，从"营造书香校园"开始。新教育人要通过不同的方式、不同的途径向全社会亮出我们的声音。这样的话，新教育实验对下一轮素质教育的作用就不言而喻了。

应该说，通过3年多的探索，通过我们实实在在的行动，新教育实验已经证明了这一条真理。很多学校就是在这个过程中成长并发展起来的，像常州实验小学、湖塘桥中心小学和在座的薄校长的学校，尤其是第一所实验学校昆山市玉峰实验学校，他们最近出了一本书——《行动与收获——昆山玉峰实验学校"新教育实验"纪实》。我觉得应该把该书推荐给大家。我建议大家去读一读，看他们这3年走过的历程。学校的历程，就是新教育实验的历程。他们用"营造书香校园"的行动证明了自己。

新教育实验在一定意义上走的是一条素质教育的道路，我不是说它是唯一的或者绝对正确的道路，但我觉得至少这3年的实践，证明了它是正确的。

新教育的"六大行动"是一个有机的整体，包括"构筑理想课堂"。"构筑理想课堂"与"营造书香校园"到底是怎样的关系？理想课堂的建设，如果离开了"书香校园"，我想是不可能的。如果没有学生对文本的阅读，任何学科的学生都很难达到这个学科所要求的学习高度。新教育的"六大行动"之间有内在的联系。师生共写随笔，表面上看起来是一个写日记写随笔的过程，开始时参加的学校还有些埋怨，说负担太重、压力太大，但事实证明，它对一个人的成长来说是非常好的助推器。今天上午我跟太仓市城乡一小的一个学生的母亲交谈，她就非常感谢"教育在线"，感谢我们的新教育实验。她的女儿从一个不喜欢写作、害怕与人交往的孩子，变成了一个热爱写作、乐于交往的阳光女孩。我们讲过，你要写得精彩，就必须做得精彩，活得精彩。事实上，参加"教育在线"的一批教师，绝大多数并不是为写而写的，而是为生活而写，有感而发。当写作已经成为生活的一个组成部分，像阅读一样成为他们的生活方式之一的时候，写作对他们来说就不是负担了。一个学生在写作中有了收获，他就能够成功，能够成长，这不正是素质教育的一种途径吗？因此，师生共写随笔是一个人自我教育、自我反思的非常有效的载体。

新教育实验的"六大行动"与素质教育究竟是怎样的关系？它做了什么？能够证明什么？希望各课题组好好思考，你研究的这一行动与素质教育究竟有怎样的关系？把它放在这样的背景之下，这倒不是我们去赶时髦——现在全国大讨论，我们也来凑凑热闹，不是的，不然就会像20世纪80年代那样，热一阵，说一阵，讨论一阵，最后不了了之。如果在讨论中我们能够积极地参与，积极地思考，提供我们的实践经验，提供我们学校的案例——教师、学生成长的案例，那就说明素质教育可能应该往这条路走，朝这个方向去做，这样才比较符合教育的本来面目和本来意义。

过去说了很多素质教育，20世纪80年代教育部也曾经发出关于全面贯彻素质教育的意见，但最后仍然是应试教育占了上风。希望这次讨论之后，一切能从行动开始，而不是停留在说的层面上。我们新教育人的探索，价值和意义可能就在于此。

让我们一起努力，为中国的素质教育探路！

谢谢大家！

新教育实验和教师的专业化发展*

如果我们的学校通过专业引领、行动反思和同伴互助，来促进教师的

---

* 2006年7月，在北京市六一中学举办的新教育实验第六届研讨会上的演讲。

专业成长，继续真正地用心去做新教育，我们的学校还会更上一层楼，还会有更大的发展空间和平台，会涌现出一批真正属于六一中学的名师，这一点我有信心。

尊敬的王校长，各位老师：

晚上好！

首先，非常感谢北京市六一中学为举办新教育实验全国第六届年会，所做出的巨大贡献。王涵校长曾多次邀请我与老师们交流，因为新教育实验能否深入与可持续发展，取决于教师对实验本身的理解，取决于教师能否真正地把理念转化成行动。因此，今天我想与大家交流的主题，就是新教育实验和教师的专业化发展。

对于新教育实验的内涵，在座的老师肯定不陌生。因为学校参加实验已有两年时间了，加之本届年会又在这里召开，我想大家对于新教育实验的基本理念、"六大行动"都比较清楚。因此，我打算主要从推进教师专业发展的角度来看新教育实验。

新教育实验是以教师的专业化发展为起点，以"六大行动"为途径，以帮助"新教育共同体"成员"过一种幸福完整的教育生活"为目的的实验。教师的发展始终是我们关注的最重要的一个方面，它被看成是新教育实验的起点，因为没有教师的发展，就永远不会有孩子的发展；没有教师的成长，就永远不会有学生的成长。同样，如果教师不能够享受教育过程的幸福和快乐，孩子们也不会去享受教育带给他们的快乐和幸福，所以教师是新教育实验关注的一个基点。

新教育实验的所有行动，和其他一些教育实验不同的是，我们主张师生共做、师生共读、师生共写，所有的活动都是教师和学生共同参与。我们反对过去仅仅把教师看成是工具的观点，即教师是促进学生发展的工具，教师的价值只有通过学生的成绩、学生的分数才能够衡量出来。我们主张教师在教育的生涯中、在教育的活动中，能够和学生共同成长。"共同成长"是新教育实验努力追求的一个目标，让教师和学生共同享受教育过程带给他们的幸福和快乐，是新教育实验努力要做到的。

新教育实验成就了一大批教师。在其中我们看到，一大批优秀教师、年轻教师成长起来——如今，新教育实验已经成为有一定规模的中国教师"继续教育学院"。在我们的团队中，有一批过去名不见经传的老师，而今已开始走上舞台，成为名师，成为专家。就在前两天，我还收到一位老师的来信，信中有这样的两段文字："一直想告诉您，从走进新教育的那一天起，我的生命便开始了改变，这种改变是一种质的改变。我想有一种感激不必说出口，但是一样可以酿成一坛醇香的美酒，封存的是感恩，散发的是清香，生命也因此更多了一种美丽！于是，我惊叹，读起来、写起来、做起来，教育原来可以如此精彩！在教育的花园里，我快乐地采摘着一枚枚以前想也不敢想的甜美的果实，并且豁然开朗。改变，原来真的是从行动开始的。""因此我知道，要改变学生，改变教育现状，首先必须从改变自己开始，我应该用脚踏实地地去践行新教育的方式来表达对您的敬意和谢意。最让人欣喜的是，某一天我忽然发现，原来有了这一个梦想的支撑，我的教育之旅便不再只有哀怨和感叹，不再只有疲惫和沉重。被唤醒的梦想像富有魔力的魔镜，在它的照耀下，苦变成了乐，泪也开出了花。于是，从未体验过的教育的幸福总会在不经意间悄然降临，五彩斑斓的美丽心情总会在前行中不期而遇。"

山西的一位校长曾告诉我："在参加新教育实验后，学校的教育教学质量年年提高，全校师生的整体素质大幅度地提升，精神面貌焕然一新，社会反响强烈。是新教育实验改变了学校，改变了一大批教师，改变了一大批学生。"

新教育实验之所以能取得这样的成就，是因为它的理念和行动，契合了目前世界上最流行的教师专业成长的三种模式。关于教师专业成长，目前国际上有三种最主要的模式：第一种模式是学术模式，就是教师发展要有学术基础，要有学术背景，我们国内把它称为专家引领或专业引领模式，认为教师的成长主要依靠专业背景；第二种模式是反思模式，或者叫实践模式，就是把"在行动中反思"作为一个最重要的取向；第三种模式有人把它翻译成"生态模式"，就是强调一种氛围、环境，教师组成一个"学习共同体"，我们国内把它称为"同伴互助模式"。专业引领、行动反思和同伴互助，是目前国内外最流行的、最有影响的三种教师专业发展模式，或者说是教师成长的基本模式。新教育实验的"六大行动"，也努力与这三种模式相契合。

第一个模式：专业引领

"专业引领"的最重要的成长方式是阅读，是"书香校园"的建设。阅读是整个新教育实验的灵魂，不提倡阅读的学校不是真正意义上的学校。

最近我在深圳召开的"全国读书论坛"的演讲中，讲了这样四句话：一个人的精神发育史就是他的阅读史；一个民族的精神境界取决于这个民族的阅读水平；一个没有阅读的学校永远不可能有真正的教育；一个书香充盈的城市必定是一个美丽的城市。显然，一个书香充盈的学校必定是一个美丽的学校。

为什么说一个人的精神发育史就是他的阅读史？我认为，一个没有阅读习惯的人永远不可能有真正意义上的精神支持。如果一个孩子只读课本，只读教辅书，这个孩子就是精神发育不良的孩子。从大处说，一个国家的长远竞争力，一个民族的精神境界，在很大程度上取决于国人的阅读力量和整个国家的阅读人口数量。一个国家，一个民族，不阅读是很危险的。苏霍姆林斯基说过："一个学校可以什么都没有，只要有为教师和学生精神成长而准备的书，那就是学校。"无限地相信书籍的力量，是他的教育信仰的真谛之一。所以，一个没有书香的学校，就是一个没有灵魂的学校，从这样的学校走出去的学生也是苍白的，他们的人格是无力的。

我们要真正地去培养有底蕴的中国人，要真正地培养具有世界竞争力的中国人，就需要真正的阅读。所以，新教育实验把"书香校园"作为我们的重中之重，就是这个道理。基础教育阶段什么最重要？培养人的精神饥饿感最重要。如果在我们的学校里，不能把老师们和孩子们的精神饥饿感培养起来，这个孩子以后就不会读书；只有当读书成为需要，成为他们日常生活方式的时候，阅读才会成为他们的习惯。只有学校教育，才会把人的精神饥饿感培养起来，才会把人终身阅读的习惯培养起来。

"时过然后学，则勤苦而难成"，这是《礼记·学记》早就告诉我们的道理——也就是说，阅读是有关键期的。所以，我们应该真正地重新树立新的读书理念，素质教育也应从"书香校园"建设开始，从真正的阅读开始：只有让人的精神成长的阅读，才是最好的素质教育的入门和起点；只有在阅读中促进个人的精神发育，我们才能走得更远。

阅读应当是一种习惯，它伴随我们终身。对于教师而言，专业提升、素质提升最重要的引领就是阅读。阅读是站在巨人的肩膀上、站在大师的肩膀上成长的一种方式，阅读的量与质在我们的成长中起着关键作用。

第二个模式：行动反思

主张"行动反思"的学派也叫"实践学派"，或者叫"反思学派"。他们认为，仅仅靠阅读是不够的，因为教师是一个实践性很强的团体。教师在课堂上通过师生互动，以活动为主体进行教育，这种教育不是从书本到书本的过程，而应该是对实践进行反思的过程。

新教育实验提出，在阅读的基础上"师生共写随笔"。强调"共同"，师生在阅读中寻找出共同生活的密码，寻找出共同的语言，教师也在这个过程中成长起来。"师生共写随笔"，是一种非常重要的方式。孔子讲："学而不思则罔，思而不学则殆。"学，当然首先是要阅读；思，靠什么去思呢？如果仅简单地停留在一般性的思考上，停留在没有伴随文字写作的思考上，那更多的可能是玄思、冥思、重复的思，因为你不记得今天是这么想的，明天可能还会站在同一个起点上去思考问题，你不会超越。伴随着文字的这种反思，才是真正意义上的反思，才是真正意义上的思考。也可以说，真正的思考是从写作开始的。

在新教育实验的初期，我开过一个"朱永新成功保险公司"。我的"保约"只有一条：每天坚持记录自己的教育生活，坚持写1000字。我对老师们承诺：欢迎投保，保证成功；不成功，以百赔一。大家都知道这个故事，对不对？的确是这样，真正坚持下来的老师无一不是成功的。像刚才我提到的给我写信的张老师，坚持写了两年多的时间，第一本书出来了，叫《心灵的舞蹈》；《中国教师报》有很多他的文章，他在当地也成为一位受人尊敬的老师。我的博士生李镇西老师做班主任的时候，每天都写班主任日志，前年他写了一年的班主任日志，后来出了两本书，上下两册，叫《心灵写诗》。当然，老师们也可能碰到这种情况，在写教育随笔的时候会碰到写着写着写不下去了的"高原现象"。怎么办？我一直认为写随笔不是为写而写，我们要写和教育生活紧密相关的、和课堂紧密相连的随笔。这样的日志、这样的思考、这样的学习，就会源源不断地涌入笔端。阅读可以改进你的随笔，专题研究也可以改进你的教学随笔。

一段时间由一个问题导入，来写教育随笔，写起来也会非常有意思，会带来很多新的思考，比如写家访报告，比如做一个专题性的研究案例。很多老师都遇到过班级中学生东西被盗的事件，如果所有处理过同类问题的老师，每人都把他处理的经历过程写出来，然后我们对这些处理方式进行分类，把发生在教育情景中的所有类似这样的东西全部做成专题性的研究，就可以出一套中国典型教育案例库。今后任何一个新老师遇到的情况，都不会超出这些内容，因为上述做法是从几千个相关的案例中筛选出来的最典型的案例。比如一个老师碰到学生考试作弊，另外一个老师可能也会碰到这类事情，大家的处理方式不一样，每一种处理方式后面都有他的价值观，都有他的教育依据。我们对此进行细致的分析、研究和记录，实际上已经从写教育随笔走上了真正意义的教学研究之路。我们鼓励教师做这样的深层次的教育研究，而不是简单地去抄、去写那些大而空的论文。教师若去写那最鲜活的、发生在教育场景中的随笔，一定会提升教育生活的品质。

教师和学生一起写作则是互动的，写的过程，还意味着师生在共同编绘一个有意义的人生。以师生交往为主体的教育教学方式是一种教育反思，或者说行动反思。在实践中反思，这是我们不断前行的最好的方式。

第三个模式：同伴互助

一些国外学者，把"同伴互助"说成是一种"生态学的取向"。所谓"生态"，即"环境"——教师成长不是孤立的，不是各自个体的成长。古人云："三人行，必有我师。"《学记》讲："独学而无友，则孤陋而寡闻。"这里的"生态学"即"学习共同体"。

2002 年，新教育实验启动，开办了"教育在线"网站，温州几个年轻教师在网站上自发组成了一个研究共同体。有人发一个帖子，后面就跟帖。这群人聚集起来，在两三年的时间里，每个月自己聚会一次，轮流做东，讨论问题，自主成长——这个团队，撬动了整个温州苍南的新教育实验。这些人都是在新教育实验的理念指导下成长起来的，都是在"教育在线"网站上成长起来的。他们的努力，感动了教育行政部门的领导，温州市苍南县教育局拨出专款，成立新教育实验区，在全县全面推进新教育实验。

再比如，现在网上很活跃的一群"毛虫团队"，就是去研究帮助教师、学生、父母，告诉他们怎样在共同阅读中拥有共同的生活理念、生活密码，能够共同成长起来。他们专门开通了一个"毛虫与蝴蝶"的专业博客，以问题博客群来带动研究，成为教师成长的很有特色的一个共同体的研究方式、研究范例。

从心理学角度讲，"共做效应"就是"共同来做的效应"。一个人做事情容易疲倦，大家一起做事情，就有了"共做效应"，效率就会大幅度提高。比如说阅读《儿童发展》这本书，这是全世界研究儿童的书籍中最完整、最细致的一本。全书有一千来页，每个老师读一章，每个老师介绍他自己读的这一章，然后其他人帮他读其他的十几章。这个过程，就诱发了老师的阅读兴趣。这样互助的方式、共同体的方式，是今后教师专业化发展的非常好的一个路径。

教师要善于跨出校门，跟大师交流，跟其他优秀教师进行交流，这种沟通和交流非常重要。苏州有位数学特级教师徐斌，他的网名叫"冰山来客"，开了一个主题帖叫"为学生学习数学服务"。沙洲小学的一位数学教师，就不断地在他后面跟帖，与他讨论问题，向他请教问题。在这个意义上，他跟她组成了一个研究共同体。所以《中国教育报》要写介绍徐斌老师的数学教学艺术文章的时候，常常也会采访报道跟帖的这位教师。最近，她出版了一本书，叫《触摸教育的风景》。

我认为，如果我们的学校通过专业引领、行动反思和同伴互助，来促进教师的专业成长，继续真正地用心去做新教育，我们的学校还会更上一层楼，还会有更大的发展空间和平台，会涌现出一批真正属于六一中学的名师，这一点我有信心。所以我希望我们学校的老师，尤其是骨干，能够不断地关注新教育实验的最新进展，加盟和融入我们的研究团队。

期待着六一中学为新教育实验的发展，做出新的更大的贡献。

新教育实验区的 10 个关键词[*]

在一定意义上说，新教育的成败就看实验区。实验区做好了，新教育基本就成功了；实验区做不好，新教育就不成功，因为主体部分不成功。

张局长，各位同仁：

大家好！

首先我想感谢张局长为我们提供了这样一个场所，这样一个机会。秀洲实验区是申报我们明年第七次新教育大会的一个单位。因为我们知道，

---

[*]　2006 年 11 月 11 日，在浙江秀洲"全国新教育实验区工作会议"上的讲话。

从秀洲加盟以后，在张局长的亲自引领和直接参与下，工作很有起色。在"教育在线"每天都可以看到张局长的影子，他不但自己参与，对实验区的教师也非常关注，凝聚了一大批优秀教师。

我没有通知秀洲的老师们，没有敢让更多老师知道，知道了可能就不得安宁了。这次会议比较仓促，本来我想等等，但昌楼说不能再等，项目必须启动，"十一五"课题申报工作也迫在眉睫。为了这个会，我把教育部一个非常重要的会都推掉了。

新教育实验区对新教育来说，是一种非常关键、非常重要的组织形式，一种最重要的推动模式，也是实验一个最重要的主体。目前我们一共有 503 所学校，实验区占了 359 所，另外有 100 多所学校在全国其他省市分布，如同星火。而实验区里面，江浙的学校又占了相当大的部分。在一定意义上说，新教育的成败就看实验区，实验区做好了，新教育基本就成功了；实验区做不好，新教育就不成功，因为主体部分不成功。

随着学校的增多，实验管理也要发生变革，包括以后的审批、管理深化，都可能要放到实验区去。今后，实验区还要创立一些新的模式和机制。比如说苏州市区实验区，五县有四个县成立——吴江还没有成立，没有正式发文，但实际上参与的学校比较多。昨天晚上我们在讨论的时候，希望以后把苏州市区实验区上升为苏州市实验区，苏州市就要对它们进行统一的指导。又比如，今后秀洲和平湖是不是联手？一种是以民间的方式联手推动，一种是鼓动嘉兴教育局来推动。山西那边我打算委托聂明智，成立山西省实验区，把那所学校作为山西省新教育实验推动基地、研究基地，以多种模式、多元体制推进。贵州是灵山拿出五百万支持西部教育的一部分，是民间在支持，我们鼓励它建立贵州实验区——这些实验区做得成功，当然最后可能被政府"招安"。总之，是一个完全多元化的模式。实验区的推动，一个思路，就是减轻总部的压力，我们要把充分的管理的权限下放。以后优秀实验学校名单，就是你们来评选、把关。今后总课题组的力量是指导协调为主，而不是日常管理事务。日常管理事务压力太大，大家普遍反映我们指导不够，今后这一方面要加强。

实验区本身是创新的过程，许新海做了一个"区域新教育共同体"的模型，他不仅把新教育理念做进去，而且把教育行政部门纵向管理与实验学校之间横向联合结合起来，这不仅仅是做新教育，同时也是推进区域教育均衡发展。其实新教育很重要的梦想，就是"为了一切人，为了人的一切"。我们希望通过这种方式，与薄弱学校共享资源。不同的实验区之间，要建立区域共同体。例如，今后苏州实验区有可能与贵州实验区形成支持帮助管道，毕竟我们是民间的机构，我们只能"佛渡有缘人"。我们有缘才走到新教育团队中，我们在团队中可以携手共进。我们的视野、胸怀，可能很宽，但是在行动的时候，确实要从新教育大团队的角度来考虑。

新教育实验"十一五"的发展，工作重点要放在实验区的建设、维护和指导上。单个的学校，除非特别优秀和想做的，主动地、不断地联系我们，有很强的信念的，我们吸纳，原则上是以实验区发展为主。如果临淄做得好，完全可以做山东省实验区。如果你们有能力、有精力、有信心的话，可以这样来发展，通过这种方式来带动。这样也比较便于考察。以后每一个实验区要重点打造示范学校和品牌学校。我们下一步的发展战略，从实验区的角度来说，要填补空白，哪个省没有，我们就留下一些种子。比如今年我们在新疆，就留下了火种。这个火种，不可能一下子成为实验区，这是需要课题组来维护的。下午我们讨论实验区管理细则和培训制度的时候，希望大家能够提出建设性的意见。今天不一定要确定，今后我们可以通过会议再进行确定，形成共同体成员自我约束的东西。要把总课题组的权利义务进行规定，这样就是双向的，不是简单对实验区的要求。

总而言之，我认为要充分地认识新教育实验区在整个实验当中的作用，它不是一个简单的行政推动的模式。不能说以前是草根的，现在是政府主导，而是从实验区形式上，要做多种变革，至少目标有三种模式。一种是政府推动，一种是示范学校引领——比如运城新教育实验学校，影响到了三门峡，一个学校居然引领了整个山西省，最近在那里开了现场会，倡议成立山西省实验区。聂明智校长到处在宣传新教育，我们没有发任何工资给他，他说他要一辈子做新教育。我前一段时间收到一封信，山西的张红娟校长，她是聂校长的"徒弟"，她说"你无法想象新教育带给我们的幸运"。他们现在所进行的教育创新，社会声誉影响巨大，最近香港一个企业家很受感动，捐了25万给他们搞新教育。这样，以后山西省的境内申报可以到聂校长那里去。如果灌南以后做得好，我可以考虑把连云港也交给你。绛县陈局长让我很感动，他把四套班子领导都发动起来。新教育需要这些人，我们如何发挥他们的作用，给他们一个非常好的平台？我在考虑这样一个新教育实验的发展，能够真正地把"共同体"的概念做好。

今天张荣伟没有来，今天会议的精神应该让张荣伟了解一下，他在写

"新教育共同体"的内容。无锡灵山也是一种模式，北京会议无锡灵山董事长吴国平捐了款，资助我们开展新教育实验。七月二十日《经济观察报》发表了一篇文章叫《新教育实验进京赶考》，一个上海年轻的企业家又捐了款，帮助我们成立新教育基金会，他希望新教育要不断地做下去，要可持续发展。他不许报道，没有任何目的，也不求回报。总之，整个新教育的发展前途非常好，面临着最好的发展时机。这是我想说的第一个问题，新教育实验区的建设在整个新教育实验中起着非常重要的作用。

第二个问题，我们新教育人，尤其是我们实验区的领导应该有危机意识。新教育过去的五年应该说发展非常快，也得到了社会的广泛认可，但是我们内部要非常清楚，我们面临的问题很多。昨天晚上我和昌楼讲，新教育最大的危机是我们自己，最大的敌人是我们自己。我在读一本书，《从优秀到卓越》，我觉得这本书非常好。作者认为从优秀到卓越的最大的障碍是什么？是"优秀"。这是作者长达 30 年的一项研究的成果，这本书中研究了 1345 家世界五百强企业，发现有 1000 多家都被慢慢淘汰掉了。

这本书的第一章就叫《优秀是卓越的大敌》。书中说，很少有人能够过上美满的生活，基本原因是过上好生活很容易，但不再提升了。我觉得非常有意思，我还没有完全读完，读完以后我想再写一篇文章给新教育人，讲述我们应该"如何从优秀走向卓越"。上一次我写的《我们也可以改变世界》，我希望实验区的人都认真读一读。我一直在思考，我们如何打造一个新教育的百年老店。这项事业，不能够因为任何个人的原因而发生很大的变化和震荡。而且，新教育在发展中一定要不断地吐故纳新。书中讲了一个"先人后事"的原则：一般人会认为，实现跨越公司的领导人会从建立新的策略入手，但相反，他们首先会请入最合适的人选，请出不合适的人选——更重要的是看中真正的工作能力，而不是学历。

我们所有人对新教育要有危机感，要认识到最大的敌人是我们自己。的确，在中国的优秀教育实验中，新教育是可圈可点的。这是毫无疑问的，如果我们要去讲新教育人，新教育学校，在新教育实验中成长起来的榜样是很多的。我们已经看到了许多学校的变化，有许多感人肺腑的故事。但我们不能因这些可喜的成绩而陶醉，一定要有清醒的认识，认识到我们到底要走到哪里去。我说，我这一生都是为新教育准备的。前半生，或者说前大半辈子，我所有的经历，无论是做搬运工还是做秘书，无论是读书还是做政府管理，无论是研究心理学还是教育学，都在新教育实验中派上了用场。新教育的许多理念并不是"拍脑袋"拍出来的——尽管我们也有"拍脑袋"的成分，但是没有认真的思考是做不出来的。

我一直说，我们的"六大行动"应该成为品牌。因为教育中那些最伟大的思考、最成功的实践，都包含在"六大行动"中。真正做好了，教育的主要问题就都解决了。最重要的是"书香校园"建设，即使其他所有的事都不做，只要把"书香校园"做好了，就是对中国教育最大的贡献。

这一次我在深圳做了讲演，北大校长等都在。我的演讲稿被安排在报纸的第一位，他们把我讲的《阅读让深圳更美丽》作为专栏题目。我越来越认识到"书香校园"建设的价值与意义，真正把这个问题做好了，学生的品质、素质，包括应试能力，就都不用担心。这次到运城，我发现学生牛到什么程度？你随便提出问题，孩子自己辩论，他们的成熟老到，让我们很佩服。读书最多的孩子，已经读了三百多本书，新教育提出的这些理念，坚守这种信念的人还不是很多，真正认可的也还不是很多。如果我们再多一些类似运城这样的学校，我们通过一百所、一千所学校的实践反复证明，我相信它很可能改变我们整个教育。我相信，我们把"书香校园"坚守十年、二十年、五十年，我们可以影响和改变我们整个民族，这绝不是吹牛。

至少我们在座的各位，应该对"建设书香校园"有一个共同的理念，不能因为各种各样的变化来影响我们的事业。从目前的情况来看，人对事的影响太大了。一所好学校，往往有一位好校长；一个好的实验区，往往有一个好局长。当然，如果像桥西区这样有区长带动，就更好了。人对事的影响，在中国太大了。这是好事，也是坏事——绝大部分联系不上的实验学校，都是换了校长。我们的校长容易标新立异，前任校长做的，他往往不愿意做。专业团队的建设也非常重要，在座的都是兼职，如果工作调整，很难坚持下去。接下来，我要在一些大学成立研究机构，在一些区域也要成立研究中心。比如临淄就可以成立新教育研究中心——为什么不可以呢？还要引进专业的人才，这样品牌就慢慢出来了。

我们准备在苏州大学成立新教育研究中心，也有可能会在其他大学开设相关机构，以后甚至可以像长江学者一样，招聘"新教育教授"——尽管这些事情非常艰难。现在，整个新教育实验学校有 500 多所，"两张皮"的学校还比较多：出于各种各样的原因，有些学校虽然也做了，但没有融入他们的血液。"六大行动"完全是整合的，要进入课程中去，到了这个境界，就是新教育真正做好了。

所以，我们应该有忧患意识，应该有危机感。这些年来，我一直如履薄冰，一刻都没有停止过焦虑。对外我虽然表现得很乐观，讲新教育的光明前景，讲新教育的典型人物与故事，可谓如数家珍。昨天还收到张桂芝老师的信，她在信中说："一直想告诉你，从真正走进'教育在线'的那一刻起，我的生命便发生了改变。"新教育事业既然把大家发动起来了，我们就有责任把它做好。有一个台湾的企业家要把她在公司的股份的50%捐给新教育，我觉得要对得起这样一些义工。我觉得大家都要珍惜新教育的声誉——你具备危机感，才会真正地珍惜。

前面我们讲了要充分认识实验区的地位作用，同时也讲了实验区的领导要有忧患意识和紧迫感。事实上，我们的团队一直没有松懈，也一直不敢松懈。无论是使命还是面临的竞争，都让我们不能松懈。

第三点，我讲实验区怎么去做。

新教育是一锅"石头汤"，实验区也是一锅"石头汤"。今天上午的会议，每个实验区的介绍都有亮点，每个区域都有自己独特的东西。在这个过程中，大家都创造了一些比较好的经验。我想用十个关键词，来和大家谈谈实验区的工作。

第一个关键词叫领导。领导很关键，没有领导重视，开展是不可能的。像桥西区的杨建，像绛县的陈东强——绛县如果没有陈局长的大力支持，是不可想象的。他还在网上写了新教育实验的十个关键词，他自己做了一个绛县的文化管理手册，基本上把整个新教育的东西渗透进去了。我们要加强领导的工作，一些重要会议可以邀请实验区里的局领导来参加，用一些故事打动他们，包括送一些书让他们了解新教育。整个实验区一定要有领导的充分重视，领导重视了，推动就很容易。

二是组织构架。实验区必须有一个完整的组织构架。这一次我们做实验区调查，到现在才来了七八个实验区的材料。有好几个实验区的材料还没有到，这有我们的原因，也有实验区的原因。为什么有的实验区做得好，有的就做得不好？有的地方是有领导，但下面"没腿"——除了有负责人名单，还要有干活的人的名单。这次来的人，就有负责人和干活的，这很重要。所有的实验区，要有真正有时间、有经验、有精力的负责人；要有一个能够承担助手工作的人——这两个人所有的联系方式，包括家庭电话都应该有。很多电话我们都找不到人，要真正地随时能够找到他。组织构建有领导小组，下面要有办公室，每个区都应该有这样的构架。

三是骨干。骨干很重要。苍南实验区，包括秀洲实验区，比较好的地方就是有一批非常热心的骨干，像苍南的赖联群、林日正等，他们组建了一个苍南的新教育团队，《中国教师报》一整版报道了他们的工作。实验学校要发现一批苗子，这些人实际上成为我们正式组织的一个补充，同时也是一个外围的很重要的团队。每一个实验区要有这种骨干力量，他们是新教育实验中成长起来的优秀教师，受益于这个过程，本身有热情。我们有一批这样的人，他们对新教育的感情、热情，确实是不一样的。玉峰的吴樱花昨天给我打了很长的电话，虽然调到另外一个地方，但对新教育感情不一样——这些人往往是新教育的"对外窗口"。我们希望每个地方都有这样的榜样，作为分管局长或者办公室主任，你头脑里对区域内新教育人的情况了如指掌。一个地方如果有七八个像常丽华这样的老师，就很了不起了，他们以后可以成为项目的重要骨干。比如上午来的无悔老师，张局长一个电话他就过来招呼大家了。这就是骨干，我们要有一批热心分子和骨干力量。光靠一两个是不行的，暑期里我们魏智渊老师带了十几个教师，他们是怎么产生的？就是看谁坚持写随笔。苍南现在的许多活动，实际上是林日正、赖联群、基石等老师发动的。他们不仅有自己的沙龙，还及时给苍南实验区提出合理化建议。骨干的力量不可小看，最后他就是你们这些局长和主任的臂膀。这些骨干是展示新教育区域成果的最好的窗口。

四是方案。我今天看了许多实验区的工作方案，我觉得方案很重要。我们的方案要有时间表，有责任人，不能是一个空的方案。我现在对专业团队的要求是，所有事情都要列成工作任务表。比如前两天我就跟干国祥讲，十月份你有哪两个工作没有完成。十一月份我也会去问他。我们要尽可能地细化方案。昆山是"八个一"，张局长也讲了八个方案，实际上材料里有十五六个方面，也就是工作计划。因此方案很重要，是约束我们管理的非常重要的指南。一年的方案要详细，细化到按月做什么活动。

五是活动。在实验区内部一定要有活动，没有活动，实验区的工作没办法开展。活动的整体推进，从启动仪式开始——这可能是第一个重大活动，启动是比较重要的仪式。现场会可能也是一个重要的活动，好多实验区一个学期都有两次以上的现场会。你总得有比较重要的活动，现场会、交流会等，生命在于运动，组织在于活动。

六是经费。和活动相联系的是经费，你做任何事情没有经费是很困难的。一般新建实验区必须有专门的拨款，很多实验区都有 20 万左右的专项经费预算，开会、做活动就比较主动。局长直接管就好一些，不是局长直接在管，可能就很难处理费用的问题。特别是现在各个教育行政部门在制订明年的预算，因此现在就可以向局长申请经费。经济发达地区好一些，不发达地区有时候开个会都很困难。

七是交流。"山外青山楼外楼"，离我越近的人得到的批评越多。我说：你不要感觉好，你看运城，人家基础比我们差得多，但是热情高涨。我到新教育实验学校去，那些年轻人争着发言，不甘落后，这种文化不容易形成，他们恰恰做成了。你在网上看"巍巍中条"（高丽霞老师）的帖子，看那些年轻人的帖子，就是一种交流。"巍巍中条"两年以前的文章和现在的文章完全不是一回事，无论是对教育的理解，还是境界，都发生了根本的变化。其实，我在外面也经常说昆山做得很好，介绍玉峰实验学校的许多做法。交流确实很重要，新教育实验没有一种现成的东西，大部分东西是实验过程中创造出来的，需要彼此交流分享，互相借鉴。

八是宣传。媒体的力量是巨大的。你光做了，我们不了解，你的好经验就不能够被分享和借鉴。不能只顾耕耘，不问收获。你想想，章敬平在《经济观察报》的一篇文章，帮我们拉了一笔那么大的资助；山西平陆也是通过媒体宣传，得到了 25 万元的资助。尤其在现代社会，要得到关注就必须注重宣传。为什么政府下决心给湖塘桥中心小学盖新楼？就是宣传的作用，现在到学校参观的人越来越多。宣传更重要的是"自加压力"——很多学校最后是自己骑虎难下了，不好好做，交代不过去。媒体不断地宣传，不断地把我们的声音放大。希望每个实验区能够确定一个通讯员。我建议每个学校都有通讯员，要把责任分散，让不同的人去做事情。可以明确一些教师兼职，这样可以培养许多骨干力量。

从这个月开始，我们总课题组与总管理处要正式印刷简报，我们要有一份固定的每月一期的简报。要考虑印刷多少份，所有实验学校都应该寄一份——或者电子的，或者纸质的。另外，我们正在谈正式出版新教育杂志的问题。明年一定启动。现在，我们和许多报刊有固定的合作。《中国少年报》《河南教育》等都有专栏刊登新教育的文章与案例评析。希望通过与媒体的合作，让新教育传播得更广。

九是展示。这主要是指网络的问题。我们实验区的新教育成果到底怎么展示？现在在网上的展示很难做，很快会沉没。我的想法是建立展示厅，以实验区为单位。比如展示海门实验区，点击以后可以进入学校网站，也可以链接到专题帖上。我觉得以后展示厅是了解各个学校和实验区的重要窗口，可能要有专人来维护。最早有一个课题管理系统，运行了一段时间以后，因为技术问题和操作不方便的问题，现在正在改。

论坛现在有些乱，BBS 主要是讨论问题，博客是完全展示的。今后博客群是否可以起展示的作用呢？那天我们与王胜和魏智渊讨论，是不是可以建立博客群，比如绛县博客群。有一个博客可以反映你的重大活动，可以用博客分类来解决这个问题。学校也可以成立博客群，这个在技术上是可以做到的。实验区到底怎么展示，现在有一个初步的构想，我让他们找一个实验区做好样板，再找一个学校做好样板。这个事情，昌楼和王胜他们抓紧时间去做。有一些学校，像运城，包括新城花园小学，学校里专门建立了新教育实验网站，这样就很方便。我们设计一个好的软件，一点击就进入学校的新教育实验网站，然后每一个学校再加以个性化。我们要求在学校的主页出现，比如几个必备项目，学校根据这个丰富完善。当然，这也取决于这个学校的网络技术能力——最近有技术团队表示，愿意义务地支持我们的网络技术平台，希望这个问题能够慢慢地解决。

十是评价。评价的问题非常重要。从目前的角度来说，五百多所学校，哪个学校做得好，哪个实验区做得好，我们现在并没有太大的把握。今年的北京会议上，为什么没有表彰更多的学校？因为吃不准，许多学校我们没有去过。接下来我的想法，相对好的学校，实验区的交给实验区领导小组。另外我觉得，这一次看了两个材料：一是临淄，他们用十分制来评价新教育实验学校；昆山是采用二十分制，还有学校尝试用百分考核、年度综合等。当然，这是一种机制，对学校来说，有评价与没有评价是不一样的。总课题组对实验区的评价，到明年运城会议也要有一个规定。今后，原则上所有实验区每年走一遍，既是评价，又是培训。这个昌楼和干国祥商量一下，列一个计划。有了评价，就有奖励处罚甚至淘汰。如果成立了实验区，但从来没有正常的活动的话，适当的时候，我们要取消其资格——成立以后，什么活动都没有，联系也联系不上，我们当然要取消。接下来我们要有一个实验区的考核指标，比如实验区要有活动啊，我们抽时间要与各种标准对照一下。同时，这也是在座的各位与分管领导要经费的一个依据。

这是我大致想到的十个关键词。具体到学校，昌楼他们讲的"八个一"还是不错的。

新教育精神[*]

　　新教育人是一群为了理想而活着的纯粹的人，是为了帮助人类不断地走向崇高，从而也让自己不断走向崇高的人。他们知道这个世界，需要一群"擦星星的人"，他们愿意把自己的青春，把自己的智慧奉献给这个世界。所以，他们执着，他们坚韧，无论碰到什么样的困难、什么样的挫折、什么样的打击，他们仍然会坚定地往前走，从不在乎个体的力量是多渺小。

各位新教育同仁：

　　大家好！

　　很多时候，很多人，包括我自己都在问：是什么鼓舞着新教育实验这样一个民间组织，为了他们所提倡、所信奉、所追求的"幸福的教育生活"，不顾一切地"擦星星"？是什么支撑着一个个新教育人，仰望星空，向着山的那边，踽踽而行？

　　我只能用平日挂在嘴边的语言，回答说，是一种精神在引领着我们。

　　于是，别人会问：是一种什么精神？

　　我皱皱眉，说：是一种血一样流淌于"新教育共同体"的理想主义。

　　别人没有再问。我知道：理想、精神，这些同义反复的语言，其实并没有消解提问者心头的谜团。

　　我陡然发现，语言是无力的。语言只是一种方便，我没有办法借助这种方便，一语道破新教育的真实。然而，我不能无语，我不能舍弃这种方便，因为真实的答案必须以语言才能开显，新教育也必须借助语言的可闻、可感、可触，而抵达别人的内心。

　　于是，我开始硬着头皮，在修辞的泥沼中，任由逻辑纠缠，盘点属于我所理解的"新教育精神"。

---

　　* 2007年5月4日，在江苏海门"江苏省教育学会新教育研究专业委员会成立会议"上的致辞。

执着坚守的理想主义

新教育实验是一个理想的教育实验。

新教育人是一群为了理想而活着的纯粹的人，是为了帮助人类不断地走向崇高，从而也让自己不断走向崇高的人。他们知道这个世界，需要一群"擦星星的人"，他们愿意把自己的青春，把自己的智慧奉献给这个世界。所以，他们执着，他们坚韧，无论碰到什么样的困难、什么样的挫折、什么样的打击，他们仍然会坚定地往前走，从不在乎个体的力量是多渺小。他们相信，再渺小的一份付出，都会悄悄影响世界，增益理想的善。

我曾编写过一本小书，里面选了章太炎先生的一篇文章《"我"有多大》。章太炎先生特立独行，有人称他为"疯子"，他不但不生气，而且很开心。他认为，大凡有创造性的人，往往有点"神经病"；否则，遇到艰难困苦，断不能百折不回。为了这个缘故，他自己承认自己有"神经病"，也愿意各位同志个个也有一两分"神经病"。

醉心于新教育，也有人称我为"疯子"，说我们新教育实验是一群"傻子"跟着一个"疯子"。我像章太炎先生一样乐于承认自己有"神经病"，我也希望新教育人乐于承认自己是个"傻子"。我觉得，只有执着的人、坚守的人、理想主义的人，才能成为这样的"神经病"、这样的"疯子"、这样的"傻子"。

没有执着坚守的理想主义，是不能将新教育坚持到底的。所以，新教育最后必然是大浪淘沙，几百所学校也许最后留下的只有几十所学校乃至几所学校。没有关系，我说：只要有一个人在坚守着新教育，我们的事业就能成功。因为执着是一颗神奇的种子，坚守是一株顽强的野百合，理想主义是一片丰饶的土壤——当执着坚守的理想主义拼合在一起，我们就可以看到妙不可言的教育的春天。

深入现场的田野意识

有一天，我收到一个朋友的电子邮件。他说，当下中国有三种人：官人、学人、农人。他说，新教育如果只有官人和学人，永远不能成功；新教育需要农人，需要把两条腿深深扎到泥巴里的人，需要每天深入课堂与孩子们进行心与心的交流的人。

我非常认同这个观点。我有一个非常好的朋友，是个有名的特级教师。前一段时间，我跟他说：希望自己能少出去讲学，甚至少写一点文章，沉下心来。他问为什么，我说：只有真正走进课堂，认识课堂，认识孩子，才能认识自己。一个真正有所成就的大教育家，必定是深深地、认真地、努力地、时刻地认识课堂，认识学生的教育工作者。

你看，历史的星空中，那些熠熠生辉的伟大的教育家，几乎都是行动家。最近，我读了梁漱溟先生的一篇传记，叫《孤寂与落寞》。我有感而发地写了一篇读后感，我说：我根本不是学问家，我是行动家——真正教育史上最后写下来的，大部分都是行动家，或者说，他们都是学问家加行动家。

所以，我一直欣慰于新教育人与生俱来的田野意识。我们的团队喜欢深入现场，热爱田野作业的工作方式。我们要小心翼翼地珍藏，大张旗鼓地发扬深入现场的田野意识。关起门来做研究，高谈阔论着做研究，最后做不出多大名堂的。

最近看到一篇文章说，很多印度的知名教授，他们不是满足于出来坐着飞机满天讲学，而是实实在在地走进"田野"。这篇文章提到了甘地：当年的甘地，或许就是一副苦力的样子，为了心中的理想，布衣赤脚地奔波于"田间山野"。

这是我们新教育人需要学习的。新教育一定要走进课堂，我们今后评论文也好，搞活动也好，一定要强调真正来自"田野"的东西。我们提倡"师生共写随笔"，其初衷不是去培养作家，而是培养认真生活、热爱生活的人。只有做得精彩，才能写得精彩。

我期待，每个新教育的参与者都要沉下心来，在现场、在课堂，在孩子的悲欢中，倾听自己的内心，思考每天的教育生活，培养自己的田野意识。

共同生活的合作态度

今天，"共同体"的概念，已经是新教育实验非常显著的标志。如果说执着代表我们的理想，田野代表着我们的行动，合作就代表着新教育的一种新型的人际交往的态度。

"新教育共同体"中，所有的人都是平等的，"老师"成为新教育人在任何场合下共同的称呼。只有平等了，我们才不会盛凌人，我们才不会俯视这个群体中的他人，才能平等地交流、真诚地"吵架"。 我们是一个只问真理的团队，不屈从于任何一种庸俗的关系。

新教育实验是求真的事业，"平等"是求真的前提。我经常说，现在的这个世界，不是一个人做事业的时代，任何一个人，你再能干，也是走不远的。我们要将共同体的概念，融化为团队意识，牢记心头。须知，我们这个团队是基于共同的愿景走到一起的。虽然我们生活在天南海北，甚至素昧平生；然而，仰赖于共同的理想和追求，我们在另一重意义上，又是"共同生活"在一起的。

这就是我们的团队，有组织结构，但没有行政压力；有激烈辩论，但没有党同伐异；有坚持己见，但没有挖墙拆台。只有在这样的平等、求真、合作的团队里，我们才能够成长。

我始终希望，新教育的历史上，留下的是新教育群体的足迹。如果未来的历史，仅仅记住了朱永新一个人，那我就是一个堂吉诃德，一个孤独的舞者，一个刹那间从天际飘逝的流星，虽然不乏诗意的美，就我们的事业而言，则是失败的。

悲天悯人的公益情怀

我们也可以改变世界。

这句话，我过去经常讲。未来，我还会继续讲。

不要小觑我们之于世界的意义。很多情况下，改变世界的，都是我们这样极其普通的人。我曾给大家推荐过一本书《如何改变世界》，主人公不是普通的教师，就是美国普通的律师或医生——这群普通的男人和女人，有的人发展了一种以家庭为基础的艾滋病护理模式，改变了政府的卫生医疗政策；有的人帮助发展中国家数以万计的边远农村的居民用上了电，保护了无数大草原。

他们都是普通工作者，他们最关注的就是那些最普通的人。他们的精神叫作公益精神，他们的情怀叫作公益情怀。

新教育从一开始，就具有悲天悯人的公益情怀。这是我们非常宝贵的财富，我们不仅要"保值"，还要"增值"。

大家注意到，我写过一篇文章叫《大爱让世界亮起来》，盛赞台湾"慈济"的公益情怀。这是一个非常了不起的组织，他们的宣言是这么说的：

"我们的理想是以慈悲喜舍之心，起救苦救难之行，予乐拔苦，缔造清新洁净的慈济世界；我们的方法是以理事圆融之智慧，力邀天下善士，同耕一方福田，同造爱智社会。"这是一个宗教组织，与我们不同，但我觉得这种公益精神值得我们学习。我们需要走向边远的乡村，那是最需要帮助的地方——只有那里发生了好的变化，才能说中国的教育在向好的方向变化。

总之，我期待所有现在、未来的新教育人，能以执着的理想、合作的态度，扎根于田野，做一番公益的事业，成就我们的人生，成就我们的教育，成就我们的民族。这是我们的使命，也是新教育精神的本质内涵。

用新教育理念与行动建构日常教育教学生活*

新教育是一个草根行动，是一项民间的教育实验，相对于官方教育改革而言，新教育的自我定位是"补充"而非"替代"。所以，我们从不要求行政力量的介入；但是，我们也从不排斥行政力量的参与。我们期待的是，在某些领域能够形成民间力量与行政力量的良好互动。

各位新教育同仁，朋友们：

大家好！

在实验区会议和绛县现场会即将结束之际，我还是想表达感谢，感谢所有为新教育这锅"石头汤"的熬制辛勤工作的人，尤其是要感谢为这次现场会辛勤劳动的绛县新教育人。

把绛县作为现场会召开的地方，应该说是我们由来已久的想法。

2005年绛县开始加入新教育，开始启动新教育实验。我们从相识到相知，一路走来，绛县新教育人的执着、坚定、聪慧一直让我们非常感动。在中国农村，在绛县这片古老的黄土地上，新教育的种子已经开始生根、发芽、开花、结果。

第一，绛县实验区与我们其他新教育实验区相比，有它特别的意义。

---

* 2009年11月29日，在山西绛县"全国新教育实验区工作会议暨绛县现场会"上的讲话。

中国是一个农业大国，农业人口占 70%。中国要崛起，就要从一个人力资源大国变成一个人力资源强国，而如果没有农村教育的发展，这几乎是不可能的。农村教育到底怎么做？这几年来我们一直在思索。很多城市新教育做得如火如荼，扎扎实实，但是新教育能不能在农村发展？

我们在绛县看到了希望。昨天的 8 所学校，每一所学校都让人感动。最让我感动的倒不是县城里的学校，而是村小，像东吴小学、雎村小学、陈村小学。如果中国所有的村小都能达到这样的教学品质，依据木桶原理——木桶最短的板是木桶能装多少水的决定性因素，我相信中国的教育会有另外一份精彩。新教育在村小的探索，对中国农村教育的未来发展之路是有贡献的。我们也可以把它叫作"绛县模式"。

我们这次活动没有邀请媒体，是一个新教育实验区内部的交流。绛县陈局长一再要求 10 年之内，不宣传、不报道，默默耕耘。但是我有点儿急不可待，我急于让大家嗅到鲜花吐露的芬芳，沿着它的足迹去开拓新的农村教育发展模式。绛县的现场给我们很大的惊喜，我提议为绛县的精神，为绛县的新教育人为我们新教育这锅"石头汤"所做出的独特贡献而鼓掌！

第二，我要感谢山西省和运城市有关方面的领导，也要感谢《小学生拼音报》的总编自始至终参加我们的会议。昨天晚上，她在实验区管理层会议上的讲话也让我很感动，她说愿意为新教育做一个啦啦队员、一个志愿者，为我们无偿地服务。一份和我们新教育似乎没有太大关系的报纸，也在默默关注着我们，为我们提供这样的服务，我们很感动。

第三，我还要感谢实验区专程赶来的领导们，特别是焦作实验区张丙辰局长一行，他们昨天上午刚刚开完一个会，又驱车 9 个小时赶过来。他们的这样一份执着，他们对新教育的支持，的确让我们很感动。新教育是一个草根行动，是一项民间的教育实验，相对于官方教育改革而言，新教育的自我定位是"补充"而非"替代"。所以，我们从不要求行政力量的介入，但是，我们也从不排斥行政力量的参与。我们期待的是，在某些领域能够形成民间力量与行政力量的良好互动，绛县是对我们这一愿望的最好注解。

仍以绛县为例，我们发现，行政力量对新教育实验的发展功莫大焉。刚才志文院长也讲了，教育局局长有教育局局长的智慧，副局长有副局长的智慧，作为地方政府教育主管部门的行政领导，他们在与新教育的互动中，一不留神变成了有智慧的新教育管理者。

我注意到，绛县的陈东强局长很有智慧。他推动在县人大常委会内部成立教育促进委员会，每年县四套班子一起开"感动绛县的十大教育人物"专题会议。他的智慧为绛县教育营造了一个好的教育生态环境。

这件事要引起我们的思考。在座的有很多副局长，你怎么去调动局长支持你，这是你的智慧和能力的体现。我一直认为人是需要有一点儿精神的，当你的精神能感动别人的时候，你就一定能得到别人的支持。

焦作的张硕果老师就是这样，一个普普通通的教研员身边聚集着几个普普通通的教师，他们的行为感动了张局长。张局长在听了很多父母的报告、领导的报告后很感动，从新教育的实践中体会到了它的魅力，所以这次不远千里专程赶来参加会议。实验区工作会议之前开过两次，一次在萧山，一次在秀洲。但这次应该说是到会人数最多的，也是最成功的一次。我们的教育局在做这项工作的时候一定要争取领导的支持，当然最好是领导自己要做，自己要"下水"。绛县的 8 所学校的现场，真是百闻不如一见，成绩斐然。

第四，我要特别感谢新教育研究院研究中心的同志们。将近一个月，他们奔波于重庆、贵州、石门坎，帮助这些区域做田野培训。同时，他们还要面对每天的网络课程工作和各种课堂的示范工作，工作量是非常大的。

志文前天和我说，他管理的翔宇教育集团给了他一个生存的空间，新教育给了他一个活着的理由。新海昨天和我说，他这一生只把新教育作为他的信念。我们三个人约定，无论碰到什么样的困难、挫折，永远不抛弃、不放弃、不分离。志文作为新教育研究院的院长，他把许多资源都无偿地给了新教育，为什么？就是为了帮帮我吗？其实更重要的是他对新教育的理解、对新教育的情感，他把新教育作为活着的理由。因为我比较忙，以后整个新教育的重担可能要压到志文、新海的身上，我想今后在他们的领导之下，整个新教育会发展得更好，因为他们对新教育的这份执着和情感足以让我放心。

我多次说过，实验区是我们新教育实验的主力军，是实验推广的重要载体。新教育在不断地摸索和探索，现在我们基本探索出了实验区管理的模式雏形，实际上就是借助行政的力量来推广新教育实验。700 多所实验学校，实验区就占了 600 多所，实验区就是新教育的主战场，服务好实验区、开展好实验区的管理工作，是我们新教育管理的重中之重。

这次新海的团队，对我们过去的新教育实验管理的规程做了些调整，我觉得非常好，很细致。有人说民间的东西还是模糊管理为好，不需要这么精致。我想是需要的，真正能走得远的团队，必须有比较严密的组织，才能有战斗力。实际上绛县也好，焦作也好，很多地方对实验学校都有很好的管理办法。我想今后还是以实验区为主来推广新教育，这是我们管理的很重要的模式。

绛县新教育推进的最重要的经验是什么？就是用新教育的理念、思想和行动来改造和建构实验区的日常教育教学生活。新教育实验怎么才能成为一棵常青树？怎样才能真正地不因为人事的变更而中断，永远地做下去？在很大程度上，取决于新教育的理念与行动有没有成为你日常教育教学生活的组成部分，有没有成为课程体系的有机组成部分。新教育一旦进入了你的教育生活，它就成为你生命的一部分、区域生命的一部分、学校生命的一部分，成为教师生命的一部分。

绛县坚持再做几年新教育，假如教育系统发生人事变动也没关系，绛县人也一定会把新教育做下去的，因为新教育已经成为绛县教育不可分割的血肉部分。也就是陈局长讲的，它已经扎根在心中，物化在生活中，落实在课程中，体现在行动中。我觉得他的四点体会坚定了我们的信心，我们必须这么做，首要的就是把教科研和新教育的研发推广一体化，这点非常重要。

新教育的六大行动、新教育的课程都是以理念先行的，包括晨诵。我们目前还没有提供每一天的内容，一开始还没有这样丰富的东西；还有培养卓越口才，就是个理念。但是绛县教研室分别成立若干个开发组，编制了各项行动的操作手册，凝结成了几百万的文字。理想课堂的框架都是教研室提供的，教研室成员和骨干教师共同备课。我想绛县做得如此深入人心、深入课堂，最重要的原因，就是有一个专门的机构在研究、推进新教育。

新教育实验如果在日常的教育教学生活之上叠床架屋，是没有前途的；如果把新教育和教研室分离，和教科研分离就不行了。昨天焦作的张丙辰局长介绍了一种新的管理思路，就是教科研要为新教育服务，否则教科研给新教育设置门槛，还是没法做。事实上，也有很多实验区是局长挂帅，但是管理没有具体抓手，没有具体人在做，最终效果不理想。这是绛县实验区给我们的最大启示。

绛县实验区的另一个重要经验就是把新教育行动思想和理念课程化。这个也是很重要的，新教育不进入课程是没有生命力的。现在晨诵已经成为绛县的一个课程，每天保证 20 分钟的"与黎明共舞"，每天中午 40 分钟午读也是进入课程的，下午还有一节阅读课，逐步就固化了。从长远发展来说，新教育人肯定要开发自己的课程，比如说读写绘。绘本怎么真正进入课程？若干年以后，我们可能有自己的小学语文课本，这个语文课本不是拼凑成的，而是独立开发的一个学科，成熟了一个学科我们会开发一个学科。当然这可能需要 5 年、10 年、20 年甚至更长的时间，但是我们会沿着这条路走下去。新教育应该走向课程，在对现在的课程进行改造的基础上前进。从长远来看，我们新教育应该有自己的课程体系，用新教育的理念和行动去建构实验区日常的教育教学生态系统，这是非常重要的。

第五，对下一步推进实验区的建设提几个具体的想法，和大家交流。

一是遵守实验规程。这一次修订的管理规程出台了，当然这不仅仅是规范实验区，也是规范我们自己。这个规程还不能作为一个定论，大家回去再讨论、再研究。大家要是觉得这条根本没法做、做不到，操作性比较差，或者文字表述不准确，请反馈给课题管理中心，大家一起认真研读、讨论、思考，一起来完善规程。规程是我们大家共同的约定，用制度来规范是最重要的。

二是规范新教育用语。新教育有些重要的提法是新教育价值和新教育文化的有机组成部分。比如"过一种幸福完整的教育生活"，有些地方就讲"过一种幸福的生活"，完整是对幸福的补充，像这样一些新教育最核心的东西不要去变。比如"构筑理想课堂"，我们提出"有效教学框架"，有些地方提出"有效课堂"，有些地方还提出"高效课堂"。我们为什么提出"理想课堂"？实际上学术界内部对"高效"是有看法的，因为"高效"并不是我们追求的唯一的目标，并没有体现我们新教育"理想课堂"的"三重境界"——知识、生活和生命的共鸣。既然我们做新教育实验，就统一用新教育的"有效教学框架"。理想课堂是一个伟大的目标。什么叫理想课堂？我们有我们自己的言说。在构筑理想课堂方面，我们提的是"六个度"。这六个度是有我们的想法的，不能提"七个度"，不要随便地增改，增改以后就乱了。大家觉得有些提法不妥的，我们统一修改、权威发布，这样我们可以统一新教育的用语，发出一致的声音。对新教育用语先吸收消化，再创造，在有正式的定论之前，我们可以去讨论。我想这也是规范新教育实验用语的重要方面。

三是积累实验资料。积累资料非常重要，为什么？最近在美国的肖善香博士写了一篇研究新教育的博士论文，引起美国教育学会的注意，要她做一次讲演。她跟我要资料，我就觉得很困难，新教育实验这么多年来有资料、有数据，但是不系统。你说我们新教育实验有多么多么大的变化，但是你不能光说变了，需要拿出数据和材料。数据没有，要把材料拿出来；材料没有，要把口碑拿出来，学生、父母、校长怎么说的。这几年我们呈现的更多的是结果，变化没有呈现。我希望看到对比的材料，例如：过去教师是什么样子，现在教师是什么样子；过去的学生学习是什么状况，现在的学生学习是什么状况。新教育是行动，但是做研究的人需要资料。无论是从叙事研究来说，还是从教育科学研究来说，资料的积累都是非常重要的，而且这种资料一定是固化的。昨天山东临淄的于春祥主任给了我一本书《区域推进新教育实验的理论与实践探索》，它可能不一定很完备很成熟，但却是一种资料的积累，里面记录了临淄很多的经验。每个实验区都要善于积累资料，过几年把这些资料用书籍凝固一下。一些实验区的经验可能不成熟，但是没关系，我们这样不断地积累，会渐渐地成熟起来，学校也是如此。出书时统一用新教育的标志，实验区、实验校、实验教师都可以用，但是用的时候要经过新教育研究院的认可，出版的图书也要及时地寄给我们，我们也可以送给一些做新教育研究的人。以新教育为题做博士论文、硕士论文的人现在越来越多，我们要给人家提供一些研究资料，所以我们的资料积累、交流、分享是十分重要的。我们实验区之间的交流本身也非常重要，我们的实验资料做出来了，就要相互交流，比如焦作的简报出来了，给其他实验区寄几份。另外要形成实验区内部交流的机制，像实验区联盟这样的组织，每个实验区轮流坐庄任主席，便于内部交流。现在我们实验区内部交流已经开始了，这个实验区到那个实验区去参观学习。尺有所短，寸有所长，每个实验区都有自己的办法，我们要及时交流，分享彼此的经验。

四是关注新教育实验的动态。新教育实验是在不断变化之中的，研究中心工作人员的足迹，新开发的课程，包括网友每天发布的一些东西，至少每个实验区、实验校都应该关注，但是现在我们每天发布的很多东西大家关注度不高。我们还要及时关注办公室、研究中心发出的通知。另外，各种媒体对新教育的报道，要及时地发给新教育研究院办公室，让我们掌握。有很多媒体的报道很感人。河南的《教育时报》报道焦作团队至少四五次了，《被一个团队改变的焦作教育》就写得非常好，对鼓励我们从事实验、对实验区之间彼此学习借鉴是非常有好处的。

五是遵循"底线 + 榜样"模式。没有底线，就没有基本品质的保证。只要做新教育，就意味着你已经认同我们的底线。这个底线，不是填一个申请表的问题，加盟新教育以后我们就要给你提出底线，新教育研究院可以提出我们认为的底线，这个底线是针对全国新教育实验提出的。各实验区还会制订不同的新教育管理底线，尤其优秀的实验区更应该这样。

"底线 + 榜样"这个探索，是实验区自发产生出来的一个非常好的管理模式，这次绛县现场会提供的成果更给这个模式做了完美的诠释。我们每个实验区的管理者，包括教育局的领导和学校的校长，要制订底线、关注底线、检查底线、评估底线。今后新教育实验区管理规程完善的时候，可以把底线写上去。

在抓好底线的同时，实验区和实验校要及时发现榜样。榜样的力量是巨大的，尤其是教师身边的榜样。昨天我们看的睢村小学，这么多年来为绛县教育输送了很多新教育人才，为什么？是榜样的力量在起作用。榜样在不断地产生，榜样在不断地言说，促使教师扪心自问："他能做到，我为什么不能做到？"很多人说："不要用研究中心的标准来衡量我，他们是魔鬼团队。"但是你用身边的故事来说服他效果就很好。绛县十佳教师里面有位年近 50 岁的老教师，她都能够做到，我们为什么不行？所以我觉得发现榜样是很重要的，每个实验区都应该有自己的榜样，寻找这样的榜样、发现这样的榜样、培植这样的榜样，让榜样去影响、带动身边的教师。

新教育现在有一本自己的杂志，与江苏教育出版社合作的《教育研究与评论》，这本杂志会刊发关于新教育实验的最新研究成果和研究动态，我们有信心把它打造成融思想性、学术性、可读性为一体的有品质的刊物。

总之一句话，我们新教育研究院、新教育研究团队就是为大家服务的，为大家把区域的实验做得更扎实提供智力的支持、精神的支持和资源的支持，所以大家需要帮助的时候来找我们，我们一定会全力以赴为大家做好服务工作。同样，实验区、实验校越主动，得到的帮助就越多。我经常被实验教师、实验学校、实验区执着于新教育实验的精神感动。让我们在共同的感动中发展我们的新教育事业，开拓我们的疆域，为使新教育成为素质教育的一面旗帜而努力，为打造未来中国教育的新教育学派而做出自己的贡献。

谢谢大家！

用心做人，用脚思考[*]

> 新教育不是缥缈的空中楼阁，它的发展和成功有赖于新教育人的共同努力。"用心做人，用脚思考"，是新教育人的行为方式："用心做人"，就是寻找人生的意义；"用脚思考"，就是提升人生的价值。

各位朋友，各位同学：

新教育团队内部的每一个人，我都在关注着；每个人的博客、每个人的帖子、每个人的交流，都在我的视线之中。

不在新教育团队的其他同学，我也在通过各种各样的路径搜索着、关注着大家前行的脚步。我为每一个同学的进步而感到幸福、开心。有的时候，看到同学们取得了进步，我觉得比我自己取得一点进步、取得一点成绩还要高兴。青出于蓝而胜于蓝，学生能够超过老师，这才是一个老师最高明的地方，也是一个老师最开心的时刻。实际上，我们已经有很多同学通过他们的努力，超过、超越了老师。

每年的这个论坛，我心中涌动最多的一个词，就是"感恩"！的确是这样，我觉得无论是我个人的成长，还是新教育的事业，得到了太多太多人的帮助。新教育从 1999 年开始萌动，2002 年开始启动，说老实话，我自己都没有想到它能发展到今天这个程度。它在明天会成为什么，它在明天会实现什么——新教育的蓝图，在我的心中也渐渐地清晰起来。因为我们在新教育的理论研究上，已经有了相当的进展；同时更重要的是，我们有一个非常好的团队。我经常说：这个团队是上天派来帮我们新教育的"天使"，从全国各地聚集到这样一个平台之上。我们的卢志文院长，管着十多个学校，做一个校长已经够不容易了，他全国各地忙着飞来飞去，还用那么多的心思在张罗着整个新教育实验的管理工作。许新海局长是江苏新教育研究会的会长，同时管理着整个新教育实验的课题，还要做博士论文，还要

* 2009 年 1 月 1 日，在苏州大学举办的"新教育元旦论坛"上的演讲。

负责海门教育局整个基础教育的事务。他们两位在繁重的工作之余，拿出那么多的时间、精力、心血来为新教育做事，我非常感激他们！

同时，我也要感谢新教育研究中心的同志们。我们的研究生，从研究的精神、研究的内容、研究的方法各个方面，都应该向他们学习。我很坦率地说，即使是在座的大学教授，恐怕目前对教育实际问题的理解，也不一定能达到他们的水平。他们这几年的成长，事实上也教给我们一个做学问的办法、做学问的精神。新教育的"六大行动""五大理念"，渐渐地开始有了自己可以操作的、可以引领无数中小学老师去行动的课程和项目，他们几位做了大量的工作。特别是干国祥老师，参加新教育团队并承担起研究中心的工作以后，无论是项目的开发还是培训，以及对一线教师的引领，都勇于担当，积极地走在前面。说实话，我一直在暗暗地观察他们——这些人到底怎么样？这些人到底能把新教育理论研究带到哪里去？

有时候，这些人对领导是不太"尊重"的，包括对我和卢院长，有的时候他们会拍桌子，有的时候会跟我们提条件，有的时候会"威胁"我们。但是，他们对一线老师，哪怕是最普通的农村教师的那种呵护、那种关爱、那种关注、那种引领，让我们发自内心地感动！我看到这一点，我就知道这些人是做事的人。

所以，无论是"晨诵、午读、暮省"的儿童生活方式，还是"毛虫与蝴蝶"的儿童阅读；无论是有效课堂框架的建构，还是专业阅读、专业写作和专业共同体这"三专"的教师专业发展模式，在他们精心打造之下，都渐渐地清晰起来了。一开始我也打了很多问号，我也有过担心，但是随着他们工作的开展和深入，我觉得他们走得非常好，超出我意料的好。所以，我对新教育越来越有信心！

这个团队为整个新教育专业化的发展道路，做了非常有益的探索。如果我们再有十支这样专业化的队伍，新教育的影响力将是不言而喻的。因为新教育要真正成为一个学校的文化，要成为一个成熟的、全面体系化的学校课程，我们还要做很多，比如"新教育每月一事"，比如"底线 + 榜样"等。还有很多东西，比如校园文化、校园环境的建设——我们的校园应该进去一看就知道，这所学校是搞新教育的，就像麦当劳、肯德基一样风格鲜明，这是外在的东西；还有内在的东西，从每个早晨的晨诵开始，新教育要建立一整套体系化的东西，这个也有赖于我们专业化团队的建设。

同时，也要特别感谢我们新教育几个重要的后援力量。像今天来的王海波，这位上海年轻的企业家，就是看了一张报纸走到了我们的团队中来的。最近几年新教育的每一步发展，他都在用心，在与我们患难与共：我们没钱了，我们生存遇到困难了，他都义不容辞地出来担当。像台湾的企业家营伟华，她差不多每周都要拿出相当的时间来为新教育做义工，为新教育的问题奔走，为新教育去化缘，做了大量的工作。再比如说章敬平，他是《南方周末》的首席记者，他是从报道新教育开始走进我们这个团队的，现在主动承担起我们新教育网站的建设工作……这些人跟我没有任何私人的关系，甚至跟教育事业也不沾边——王海波是做海运和股票的，营伟华是做房地产的，章敬平是做新闻媒体的，他们都是出于对社会的责任、对教育问题的关注，也出于对我的信任，走进了我们这个团队，而且成为核心的决策成员。每到这个时候，我都会想起他们、感恩他们！

还应该感谢很多曾经为新教育做过贡献的人，比如储昌楼，比如在座的卜延中、袁卫星、焦晓骏，他们在新教育草创期间都曾经做过大量的工作。如果没有大家的共同努力，新教育也不会走到今天。所有为新教育做过贡献的人，无论今后我们有多么强大，都不应该忘记他们！

当然，也要感谢我们的同学们。尽管同学们参与新教育的并不是很多，即使有一些以新教育作为研究论文主题的，实际上也不一定就完全真正地走进了新教育。因为每个人都有自己的专业、领域和工作，如果说我的学生就一定要来做新教育，我想这是不现实的。但是我相信我们所有的人都在关心着、关注着新教育，也在以不同的方式为新教育做出自己非常特别的贡献。

最后，我还应该感谢我们所有的新教育人。这是一个很难统计的数字，20个实验区，600所实验学校，100多万名学生和教师，还有很多"教育在线"网站的老师和同学们。我经常收到这样的来信——"我们虽然没有参加新教育，但是我们都在做新教育，我们不需要一个牌子、一个标签，但是我们认同新教育的理念，我们在打造我们的'书香校园'，我们在积极地推进教师的专业发展。"

我内心一直在想，只要有一所学校能够用心在做新教育，只要有一位老师能够真正地在新教育理念引领下成长起来，我们的工作就没有白费，我们的努力就是值得的。一个老师就可以带动一个班级的孩子，像芷眉老师，她每天都在坚持跟孩子们、跟孩子的父母们一起阅读。现在她的孩子们已经五年级了，五年读了500多本著作。一个孩子能够在小学期间读这么多本书，这样的孩子的心灵得到了多大的滋润！从 2008 年开始，她用了一整年的时间做了一个名为"在农历的天空下"的诗词课程，每个季节的变换，每朵校园里面盛开的鲜花，她都用心去编织，用诗词、用绘画、用音乐，把文学、科学、艺术有机地整合成一门非常有意思的农历诗词课程。在这样的熏陶下，孩子们的心灵成长根本是无法想象的！如果我们中国所有的教育从业者都能够做到这样，那我们的确就是在改变。

当然，也要特别感谢为我们今天这个活动做了很多努力的、以陶新华为首的同学们。每一年的论坛他们都花了很多的心思，形式上也在不断地创新。今年陶新华自费为大家印了一本册子，要我题字。我后来想了两句话，这两句话也将作为我今天发言的题目："用心做人，用脚思考。"

这两句话既是写给陶新华的，也是写给我自己的，写给我们大家的，写给我们所有新教育人的。所谓"用心做人"，就是寻找人生的意义；所谓"用脚思考"，就是提升人生的价值。人生的意义，我觉得并不是我们所有人都搞清楚了。人怎么样才能够变得坚定？当你寻找到人生意义的时候，才能称得上真正地开始坚定起来，义无反顾，把自己的生命、心血，投入事业中去！

我在海门会议上曾经讲了新教育的四个精神，我觉得大部分都可以涵盖在人生的意义里面。做人是做事的前提，当你寻找到人生意义的时候，你的人生真正的方向感才会形成，你才会知道你是为什么而活着。我有很多腰缠万贯的朋友，他们活得并不快乐，甚至很痛苦。他们说：我不能天天吃鱼翅啊，我不能天天去喝花酒，我不能天天去享受，这样反而把自己身体搞坏了。很多企业家最初从贫困走向富裕的时候，非常羡慕那种有钱人的生活——开着宝马、奔驰，住着洋房；而当他拥有了这一切的时候，他会想，这又有什么呢？他觉得人生的方向感还没有形成。像我们走行政这一条路的，很多人当了局长、当了厅长，甚至当了部长，但是反过来想一想，也不一定就有非常清晰的人生的方向感。所以，我觉得我们所有的人，的确是应该思考，究竟为什么而活着。

当你发现你已成为别人不可或缺的一种力量的时候，你就会感觉到自己活着的理由。所以，当我看到山西绛县农村的孩子们、教师们，因为新教育得到了那样的幸福感、那样的活力，我就认定新教育是值得去做的，是值得我们用一生的生命去做的。

我之所以讲做人，更重要的是因为在新教育的发展历程中，虽然不断有人走进来，也有人退出去，但是每一个现在的或曾经的新教育人，都是新教育的口碑和品牌。我有时候非常警惕，因为新教育的事业越来越大，参与这项事业的人越来越多，如果其中某一个人出一点事情，就会影响到新教育的声誉，包括我的学生，也包括我自己。我经常开玩笑说，我已经不是为我自己活着了，实际上我是在为新教育活着！如果我犯了错误，肯定会给新教育一个毁灭性的打击——人家会说，你看朱永新口头上讲新教育，实际上他干的什么勾当！所以我想，我们每一个人都要把握好自己人生的方向感，要走好自己人生的每一步。

我们每个人在每天的生活中，都会碰到各种各样的诱惑。我们应该经常提醒自己：要坐定，要给自己心里面装一根定海神针，去抵制这些诱惑。所以我经常跟我们核心团队的同志讲，我们都要"好自为之"，包括我所有的学生都应该这样，我们是一个荣辱与共的共同体：我努力地做好了，你也会熠熠生辉；你做得很优秀，我也会脸上有光。我们每个人实际上都不是只为自己而活着，同时也在为你的事业，为你的朋友、你的亲人，为值得你爱的人和值得你帮助的人而活着。

除了要把握好自己，还要保重好自己的身体。我们新教育团队经常被人叫作"魔鬼团队"，晚上动不动就加班到一两点钟甚至三四点钟——这个作风我们还要纠正，因为这么拼命是不可能持久的。我今年有一个进步，就是体重减了 7 公斤，这是我 2008 年最大的成就之一。体重减了以后，人就轻松了很多，血压正常了，身体也就好起来了。如果身体好了，新教育多做五年就是五年，多做十年就是十年。这样你才能履行自己的人生义务，实现自己的人生价值。

我的学生也好，我的朋友也好，我想送给大家的第一句话就是：用心做人。做人是最基础，也是最首要的东西。新教育也是这样，这是一项技术性、操作性非常强的教育事业，同时它也是"人格的事业"。因为我们是做教育的，因为我们是教师，所以我们每一个人更加要把握好自己的方向。说起来容易做起来难，每个人心里都有魔鬼，关键是怎样才能不让它跑出来，怎样才能让它永远地藏在心里，不要从嘴里蹦出来，不要从手里滑出来，不要从身上逃出来！每个人必须要学会和自己斗争，只有不断地和自我斗争，才会成为一个真正的强者。

每个人最后都是自己打倒了自己，别人是永远打不倒你的。胜人者力，自胜者强。今天在场的奥运冠军陈艳青，之所以能够有这样的成就，是因为她战胜了自己。我们苏州女子举重队还有一个人，平时训练成绩不比艳青差，但是她只要一参加比赛就举不起来，每次都是如此——因为她战胜不了自己，想得太多了。所以，我曾经给陈艳青提建议说：你的研究论文，就可以写举重运动员的心理素质的问题。我们为什么主张写日记呢？师生共写随笔，是从教师专业发展的角度来提倡的，实际上它还有另外一个功能——一个人不断地和自我对话，不断地提醒自己，不断地激励自己，必然有助于他的成功。新教育也是这样，特别是那些过去做得不错的学校，如果自满了，不能持之以恒地和自身的惰性做斗争，就会迅速变差，甚至影响到整个新教育的事业。

第二句话叫"用脚思考"，它的含义就是提升人生的价值，讲的是如何做事。我前面讲，每一个人都要思考自己来到这个世界上是为了什么，要思考自己活着的价值和理由，要让更多的人因为你的存在而幸福。但是怎样实现这一点呢？最重要的就是要不断地提升自己人生的价值。每一个人来到这个世界都是有理由的，但是很多人都没有找到自己来到这个世界的理由，很多人也没有实现他来到这个世界的使命。

大家知道，前不久媒体、网络在炒作一个命题，叫"朱永新炮轰中国教育"，为了澄清事实，我还专门写了一篇《我没有"炮轰"中国教育》。实际上，这是关于我今年在深圳作的一次讲演的报道，讲演的主题是有关中国的人才问题。中国教育为什么一直在培养人才，却出不了人才？我当时分析了四个原因，第一个原因就是讲文理分科。我说文理分科导致了我们的科学精神和人文情怀的分离，所以我不赞成这种方式。中央电视台曾经对此问题进行了讨论，还搞了一场网上直播——一千万人参与，结果我发现 60% 的人是支持文理分科的，因为他们觉得现在孩子们的负担已经够重了，如果不分科，高考的负担会更重。但为什么我们的课程要学那么难呢？考试难度降低下来，不同样可以减轻孩子们的负担吗？美国是大学三年级才开始选择专业的，大三以前没有分科。过早实行文理分科，人的很多潜能和优势就很难被发现，尤其是那些可能大器晚成的人，岂不是要被永远埋没？

人到底应该成为什么，人到底能做什么，人到底应该在什么领域有所成就，是需要自己不断去尝试的，需要一个个舞台去展示的。实际上每个人的人生，都是在这样不断寻找。我也经历过一个寻找新教育的过程，找到它以后，我就再没有徘徊过，再没有埋怨过，我就是为新教育而活着！我必须把我最重要的时间和最主要的精力拿出来，投入我最热爱的事业，必须如此。

为了让新教育有更好的平台，我首先必须把我自己的本职工作做好。所以无论是在苏州市做副市长，还是现在到民进中央，我都给自己订立了一个原则：星期一到星期五，工作的时间必须百分之百用于本职工作，把新教育和本职工作的事务做一个清晰的界定。我绝对不用政府和机关的资源做新教育，但是新教育可以为政府和民进中央增光添彩。

我把人生从事的工作，分为职业、事业和志业。自己要给自己一个界限：什么是我的志业，是我一生投入生命、心血去做的志业；什么是我的事业，是我实现人生价值，发挥专业优势的领域；什么是我的职业，是我养家糊口谋生的饭碗。把这三者的关系处理好，是非常重要的。

回到文理分科。就目前来看，过早地文理分科以后，文科学生不再学习自然科学，其逻辑思维能力、精细思考的能力就会受到很大限制。理科学生不再学历史、人文、地理，而人文知识恰恰是和一个人的生活关系最密切的，所以理科生往往就容易缺少人文关照和人文情怀。这就是我建议要取消文理分科的原因。

我在深圳讲演提出的第二点是，教育的行政化让知识分子无心做学问。在座有很多高校老师，大家都知道大学的行政化越来越严重。问题在哪里？我觉得不能怪老师，关键问题在于制度。我们的教育制度是一个行政化的制度，是一个严格地按照行政级别来进行利益分配的制度：所有的课题、所有的奖项、所有的资源分配，都是由官员决定的，这就导致知识分子都必须参与到瓜分资源的队伍中来，他必须要做系主任，他必须要做院长，这个时候他才能决定别人的命运，从而决定自己的命运。我们没有建立那种真正自由的、由知识分子来管理学术的合理机制。在目前的体制下，对知识分子最大的肯定就是给他官当，结果就是让他离开真正能够贡献其特长的岗位。我们还没有建立起一种，能够激励知识分子去做好自己的学问的有效机制。

我提出的第三个观点是，阅读能力的下降导致了国民素质的降低。这个观点我不多说，因为新教育的重要使命之一就是推广阅读。

我提出的第四个问题，就是"满堂灌"的教学方法，这一点媒体没有报道。"满堂灌"的教学方法导致了学生探究力的下降，而拥有创造力的前提，就是拥有好奇心和探究力。一个人一个民族没有好奇心，没有不断去追逐知识的探究力，这个人、这个民族就没有创造力。如何培养内在的好奇心、探究力？最佳的培养场所就是我们的课堂。所以，新教育之所以强调要把理想课堂做好，就是因为一个理想的课堂，必须要真正把孩子们对知识的不可遏制的好奇心和探究心激发起来。我想这是我们"理想课堂"最值得做的一件事情，也是对民族的创造力最有贡献的一件事情。

而现在我们的教学体系，基本上是一个上课记笔记、考试背笔记、考后全忘记的现状。所以我们的大学教授，是全世界大学教授中最轻松的，因为只要灌输就可以了，不用去精心备课，不用去研究教学的方法，可以"以不变应万变"。同时，我们的教授们也是最紧张的，因为我们有发表论文的要求，要不断地去"制造"那些大多没有什么用处的论文和著作。

另外一个方面，是我们的中小学生是全世界最辛苦的，要学习远远超过他们这个年龄的承受力的高难度知识。而我们国家的大学生又是最轻松的，高考一成，万事大吉，美国的大学生却要辛苦得多。许多在海外留学的学生告诉我，他们每天晚上不看书到一两点钟是不可能的，要用大量的时间去阅读。国外所有老师上课的前提，就是给你一个书单——你先读十本书，读完了以后再来上课，读不完没法上课。为什么？因为没有共同话语，因为人家的课堂是一种对话：我读过的东西你没有读过，我们之间没有桥梁，你说的是你的，我说的是我的，不可能产生共鸣。所以我觉得，中国整个教育体系从小学开始一直到大学，这种"满堂灌"的方式一定要打破。

我当时讲了四个原因，后来媒体就抓住我前面讲的三条，后面一条根本提都没提，然后给我"戴了帽子"——"全国人大常委会委员、民进中央副主席朱永新炮轰中国教育"，一下子全国几百个网站都在转载。所谓"三人成虎"，断章取义，越传越邪，弄得我也很尴尬。"炮轰"两个字，更是令人哑然。

后来我还讲了对策，我说要"回到原点"：我们要思考教育到底是做什么的，什么是好的教育。然后我提出教育的解放，我觉得最关键的是政府管得太多了。实际上，战争年代我们出了一批好学校，比如苏州中学、春晖中学、西南联大。大家可以想一想，为什么？首先是一大批最优秀的人才，集中到这些学校去了。全国人大外事委的主任郑斯林，也是我们江苏的老省长，他曾经告诉我说：有一所学校在新中国成立以后，出了 30 位部长级的领导，出了好多优秀的人才——因为抗战的时候，一大批海外的留学生找不到工作，都回来教书了，而且很多是在小学任教。"海归"中最优秀的人才在教小孩子，那是什么状况？最终当然是人才辈出了。还有一条经验是没人管学校，学校和校长的自主权大了，创造性就被激发出来了。所以，我提出要"解放教育"。回首三十年的改革开放，我认为最重要的经验就是"解放"：因为解放了农民，我们的餐桌开始丰富起来；因为解放了工人，我们的日用品开始丰富了；因为解放了资本，我们方方面面的发展速度快了起来。教育是目前相对来说管得最多、管得最死、管得最严的地方，所以我们的教育体制就远远落后了经济体制的后面，满眼积弊沉疴，远远不符合人民群众的需要。多解放一点，少管一点，给校长更多的自由，可能我们的教育会更好。

回到"提升人生的价值"的问题。我前面讲到，我们每个人来到这个世界上，都是肩负使命的，但很可能很多人连使命之门都没进，因为他不知道他能做什么，也可能他所做的和他本来应该能够做的相去甚远。人的潜能实在是太大，大得令人难以相信。我们每个人都可以做得很辉煌，都可以做得很优秀。我和学生团队一起编了一本《教育的奇迹》很快将由上海教育出版社出版，其中还收录了在座的苏静老师的故事。不管怎么样，她能够让自己班上的孩子两分钟作一首诗，我觉得这也是一个奇迹。

我始终认为，只要把每一个人放在最适合他的位置上，把他的潜能真正地激发出来，他就能够做出连他自己都无法想象的事情。我相信干国祥也好，铁皮鼓也好，在十年以前他们可能都想不到能像今天这样走得这么远，可能也不一定有像现在这样的雄心，对不对？一个人只有有了底气之后，才能坚定而从容。因此，如果真正想提升自己的人生价值，那就要"用脚去思考"。"用脚去思考"，首先意味着你要扎扎实实地去行走，不要浮而不定，不要一天到晚去胡思乱想。坐而论道，不如起而行之。

很多人都把我看成一个批评者，这个角色恕我不能接受。我认为自己是一个建设者，一个行动者，而绝对不是一个简单的批评者。当然，作为知识分子来说，作为社会的良心，天生担负着一种使命，就是批评。但是，我们更应该想国家之所想，急国家之所急，应该帮忙而不添乱，应该这样去思考问题，这样去施行建设。国家的进步、教育的进步，更多的是靠我们每个人扎扎实实的行动。

新教育团队的人也应该思考，我们应该朝着什么方向行走，怎样才能做得更好，怎样才能做得更卓越。当前的新教育还只是刚刚开始，我们真正的事业、真正的好戏还在后头，我们还有很大的潜力要挖掘，还有很大的空间去建设。我们的构架已经很清楚，蓝图也很清晰，我们需要用心去思考我们未来的走向。

当然，这个走向取决于我们每一个人，尤其是新教育内部团队的人，我觉得要给自己很清晰的定位，要给自己的人生一个很清晰的谋划，要给自己的研究方向一个长远的规划。所以，我们更需要的是这样一种"用脚去行走、去思考"的能力，需要的是一种行动的哲学。新教育本身就是一个行动的哲学，它不是一个纯学术的理论，更多的是一种行动、一种扎根于乡土的情怀。

我希望我们的团队，包括我们的研究生，特别是目前正在写论文，或者准备写论文的同学，能够沉下去，再沉下去。这么多年来，我自己多少也有一点浮躁，心一直也没有真正地静下来，经常想到新教育怎么发展啊，如何才能让这项事业轰轰烈烈有影响力啊。而当沉静下来时，我觉得自己也做得不够。所以，越是在事业辉煌的时候，我们越是要有危机感；越是在有成就的时候，越是要沉下心来，把自己的事业做得更加扎实。

我经常讲，走近才会尊敬。你只有真正地去走近那些可爱的新教育人，走近那些可爱的老师们，才会尊敬他们。我们新教育为什么对一线的老师那样呵护、那样关注？因为我们发现了这些老师的一种能量，发现了他们的一种成长的可能，发现了他们的一种希望。新教育人经常说：要相信种子，相信岁月。"相信"，是非常重要的。我们怎样去提升自己的人生价值？很重要的一个方面，就是去提升自己的能力，让自己能够走得更远，做得更多。人生就是不断冲击、不断挑战自己的过程。

前面我说到，从做人的角度来说，每个人心里可能都有魔鬼；而从做事的角度来说，每个人本质上又都是一个懒汉。我们学管理学都知道，这是属于泰勒的"经济人"的理论。"经济人"理论认为，人只要离开金钱或者利益的诱惑，就会像躲避瘟疫一样去躲避劳动。泰勒之所以能够成为科学管理之父，就在于这一点。后来的"社会人"理论、"成就人"理论，包括"复杂人"理论，都是建立在"经济人"理论基础之上的。我们应该像驱散我们心中的恶魔一样，来对待我们心中的懒惰。办法有很多，我觉得最关键的，就是应该经常想一想：我们是否能走得更远，我们离最初上天给我的使命到底还有多大的距离。

比如说陈艳青，我今天中午就跟她讲：你已经是两次奥运冠军，20多次破世界纪录，又是苏州市的体育局局长、党的十七大代表，你说你还能走多远？你应该以邓亚萍为榜样，邓亚萍通过到国外深造，拿到了剑桥大学的博士学位，现在是国际奥委会的委员，在国际体育舞台上担当日益重要的角色。你从西山的一个小姑娘走到今天，的确已经成为亿万人羡慕的对象，但是我觉得你的路还长得很，还可以走得更远。

真正把新教育作为事业来做的人，他一定能够从新教育中得到最大的回报。实际上，我本人就已经得到了很大的回报，我觉得是新教育成就了我。我今天在教育界之所以有一定的影响，如果没有新教育是不可能的。我们在苏州开始的这么一个小小的事业，能够走到今天，是大家胼手胝足的结果。同样，在这个过程中，我们每个人也都沾了新教育的光。

现在已经不是靠个人的力量能够打拼的时代，做任何事情，没有团队精神是走不远的。我希望新教育是一个平台，这个平台不是我个人搭建的，是我们共同搭建的。新教育这个事业我只是发起人之一，实际上是我们在座的很多人一起在打造的——在新教育历史上，每一个曾经为之付出、参与其中的人，都应该有他自己的地位。

我想，只要能够有那么一些人，无怨无悔地把自己的心血，把自己的生命融入这个事业之中，这个事业就能走远。你不要指望从这个事业中得到什么，你越不指望从这个事业中得到什么，就越是能得到更多的东西，人生的哲理就这么简单。往往最好的回报都不是索取到的，都是自然而然得到的——凡是索取到的荣耀都是不牢靠的，都是暂时的，很快就会烟消云散。历史真正能够记住你的，是你的改变，是你的行动，是你真正去改变了教育，是你真正去引导了这个时代的教育潮流，是你真正去实践了一种人生的理想和价值。

我自己也在不断地反省自己，拿着解剖刀解剖自己。我相信人同此心，心同此理，我们很多人的想法都是一样的。所以人心中不可能没有魔鬼，但是我们不要让魔鬼跑出来；人心中不可能没有懒惰，但是我们不要被懒惰所左右。我们要不断地去挑战自己，不断地去冲击更高的高度。

我们新教育团队有一首大家共同喜欢的歌——《飞得更高》，我希望新教育也能够飞得更高。今天来的无非是我的学生、我的朋友两种类型，我觉得无论是同学之间、师生之间、朋友之间，都需要彼此取暖。因为人生是需要彼此取暖的，彼此取暖才能积蓄人生的力量，彼此激励才能提升自己的人生价值。人家可以做到这样，我为什么不可以做得更好一些呢？他今年做了那么多的事情，我明年能不能做得更多一些呢？人是没有极限的。

一切要立足于实事求是，一切要立足于有利于新教育事业的发展，一切要立足于有利于我们每个人的成长——这三个"一切",是我们思考和行动的根底。新教育作为中国本土的草根教育实验,作为教育改革的一种探索,这么多年一路走来,有它的偶然性,也有它的必然性。从它的必然性来说,因为教育需要变革,这个时候没有这个新教育也会有另外一个新教育,或者其他的"新新教育"。在这样一个教育变革时代来临的时候,我们这个团队应该肩负起我们的责任,我们应该为此来思考、来实践、来创造。我相信 2009 年对于新教育来说,是不同寻常的一年。

新教育事业才刚刚开始,我们每个人都任重道远。借这个机会,我也祝愿大家全家幸福,身体健康,万事如意。

谢谢大家!

我们是生命叙事的主人*

让我们的故事说话,让我们的行动说话,让榜样来说话。这也是新教育一贯的叙事方式,我们要让我们的学校通过生命叙事"活"出来,展示出来。

小梅区长,各位新教育同仁:

大家好!昨天夜里,我与新教育研究院的各位同仁开会开到 1 点钟,就新教育学校的文化建设这一命题进行思想碰撞,并讨论了桥西实验区举办年会的诸多细节。

在我的印象中,对任何其他实验区,我们从来没有像对桥西这样反复频繁地指导过;研究中心成员投入很多精力,深入年会展示的每一所学校,就新教育学校文化的阐释以及呈现,具体而微地指导和帮助桥西学校成长。

我们为什么对这片土地、对桥西实验区如此热爱?

这要归因于桥西对新教育实验的热情。邓小梅副区长亲自推动着每一个细节,她 2004 年带队到苏州的情形我还历历在目。这些年来,桥西区新教育人的热情和精进一直在感动着我们。桥西新教育工作室的各位同仁,

---

* 2010 年 3 月 24 日,在河北省石家庄市桥西区举办的"第十届新教育年会筹备会"上的演讲。

也做了很多繁杂且扎实的工作，每一本《桥西新教育》杂志上，都真实地记录了他们走过的实验路程。他们通过一个个生动的故事和细节，再现了教师真实的生命拔节的历程，让新教育实验在日常的教育活动中变得生动活泼，具体可感。

这是做新教育的关键。

昨天，我们和李英辉局长、张继科副局长、杨建主任进行了交流。他们说，新教育激活了很多桥西教师的教育生命，很多教师在做新教育的过程中重新找到了生命的意义和价值。他们还说，新教育润物无声地为桥西教育的均衡发展，为桥西教育的品质发展奠定了基础。真正在推进桥西内涵的发展上起到作用，是新教育重要的收获，也是新教育带给桥西最有意义的东西。确实，现在桥西的新教育已经在津冀地区产生了影响，四方友邻纷纷来参观、考察，还请他们去传递经验。新教育已经成为桥西教育均衡发展的一个非常重要的例证、要素。

我想，新教育促进了桥西教育的内涵，不仅是桥西的收获，也是新教育的收获。新教育激发了桥西的激情，桥西也给了我们信心。桥西在学校文化建设层面的探索，丰富了我们实验的内容。

我们秉烛夜谈，达旦开会，还因为我们对这次年会主题的慎重和内心的期许。

去年，我们的年会主题是"教师的成长，书写教师生命的传奇"。

前年，我们的年会主题是"课堂，让知识和生活生命融合"。

再往前，我们的年会主题是"儿童课程，共读、共写、共同生活"。

过去，我们年会的主题，都是在研究中心充分研究的基础上、在比较成熟的故事基础上打造出来的。但是今年不一样，今年的年会主题，是我们与桥西共同来打造的。新教育的三大课程、每月一事在时间中沉淀，走到了今天，我们需要从一个新的高度和新的视角，来整合我们的实验项目。

这种整合，也是时间流动的必然。

怎样整合呢？

我们想到学校文化的整合。刚才大家的发言更多关注的是学校文化的概念，以及学校的特色——我们的学校如何与众不同。这些当然很重要，但不是最重要的。

我觉得最重要的是，从"生命叙事"的角度看校长：一个学校的灵魂人物，是怎样带领他的团队和孩子们，共同书写学校生命的过程。学校文化有特定的内涵，学校的精神、环境、制度、活动、教师、课程的文化，都和"生命叙事"连接在一起才有意义。

我们要展示的，就是这个叙事过程。这个过程中，有我们的故事，我们走过的路，我们真实的生命。我们不是展示某一个静态化、物质化的东西，如校园中某个名字的解释呀，用兰花命名的寓意呀，这些都不重要。最重要的是，把我们的故事、走过的历程、我们的生命真实地展示出来。

我们要有一个清晰的思路，就是用新教育的理念统领学校文化建设。我们所主张的学校文化，是在"过一种幸福完整的教育生活"理念的统领下，伴随着"五大理念""六大行动"在我们的课程中起舞的，绝不是游离于新教育内涵的学校文化。

这样一来，我们校长的心就可以放下了。因为我们的校长就是这样一路走过来的，一路做过来的，让我们的故事说话，让我们的行动说话，让榜样来说话。这也是新教育一贯的叙事方式：我们要让我们的学校，通过生命叙事"活"出来，展示出来。

我刚才说，今年的年会主题是我们与桥西共同来打造的。也就是我们都在教育"生命叙事"方面，体现出了"叙事主人"的主动性和创造性；也只有这样，才能诠释新教育实验的完整性。

当然，学校文化建设的"生命叙事"的展示过程，最终体现在细节上。你们刚才讲的都是学校文化建设的细节，细节必须是和谐的、统整的、整合的，必须是日常的。我赞同你们的观点。我们既要充分展示我们最亮丽的色彩、最精彩的方面，同时也要注意呈现出来的文化表述应该是日常的。如果我们展示的东西是故意做出来的，在日常生活中是做不到的，那意义就不大了。

我们要有形式，但不能搞形式主义。所以，年会中，桥西板块不是过多地展示概念，而是要展现教师、学生真实生命成长的叙事。用故事来证明新教育实验的魅力，是我们一以贯之的态度。

精彩的叙事，一定会成就精彩的年会。我相信这次桥西能够带来新的精彩，而且是对去年海门年会的超越。海门年会很多人都说很难超越，但是我期待着桥西能够超越。

剩下100多天，我们的年会就要开幕了。每年年会都是新教育人的庆典，我们新教育人像"犟龟"一样一路走来，就为了不断的庆典。

在此，我再次感谢各位领导和校长，特别是在座的各位校长。因为新教育的学校文化需要各位校长来打造，精彩的桥西故事要靠你们来书写。

请校长们相信，真正的新教育成长还在后面，因为我们开展几大课程也就是这两年的事情。再给我们几年时间，还会有一大批的"毛虫"爬出来，一大批的老师成长起来，一大批的优秀实验学校涌现出来。他们的榜样效应，他们的后发优势会慢慢展示出来。

相信岁月，相信种子。让我们一起携手见证。

把新教育的根扎得更深一些*

新教育实验永远在路上，因为我们的理想、我们的追随永远没有止境。结题是一种形式，就像每年的年会，它是一种庆典，同时它也是一个新的起点。

尊敬的郭会长、郝主任、庆明、国安：

非常感谢中国教育学会组织课题的鉴定，特别感谢郭会长在百忙之中参加新教育第十届年会，同时为课题结题。新教育在成长历程中，始终得到了中国教育学会、中央教科所和全国专家的关注、支持和鼓励，这次《新教育实验的研究》课题顺利结题，感谢大家对它的评价。

就像我在桥西区展示活动中所说的那样，新教育实验永远在路上，因为我们的理想、我们的追随永远没有止境。结题是一种形式，就像每年的年会，它是一种庆典，同时它也是一个新的起点。今天，专家给我们很好的评价，很好的鼓励，它促使我们再起航、再出发、加油、鼓气，我们将把专家对我们的鼓舞、期待化作我们前行中的新的力量。我们相信新教育不会辜负专家的期待，我们会更加用心做好新教育，我们会真正地把新教育的传统、新教育的理念变成教师的行为，变成学生的成长。

其实，今天新海的报告中最重要的成果没有报告——最重要的成果不

* 2010 年 7 月 10 日，在中国教育学会"十一五"重点课题《新教育实验的研究》结题会上的讲话。

是写书，不是写文章，而是在成长中的教师和孩子。我记得"十五"规划中，当时我们的理论成果还少一点，我对中央教科所的专家们说：我给你十个在新教育中成长起来的教师，不是比这本书的意义更大吗？这几年下来，何止是十名教师？我们不敢说上千名、上万名教师，但是的确涌现出一大批像常丽华老师这样的榜样，他们的确是在教育的田野中长大的，在新教育的滋润下成长的。他们是中国教育真正的英雄，他们也是新教育最重要的成果——教师和孩子是我们新教育最自豪、最骄傲的成果，我们应该把这项成果纳入中国教育学会的课题实验成果中。

新教育永远在路上。在下一段征程中，我们依然要努力追寻在一开始就期待的四个改变："改变教师、改变学生、改变学校、改变科研。"我们追寻的是扬起两面旗帜：扬起中国素质教育的旗帜，扬起新教育在中国本土的旗帜，为中国教育在世界上有自己的地位，争一口气。两个愿景、四个改变，始终是我们最期待的东西。其他的东西，就像我们新教育的教师一样，他们期待的不是发表成果，也不是评特级教师，这些都是额外的奖赏。我们新教育人应该自觉地把根扎得更深一些，扎在教育的土壤上，应该把眼睛死死地盯住教师和孩子们，这才是新教育明确的方向，这才是新教育研究应该坚持的目标，这也是我们在"十二五"规划中最大的期待。

做真新教育，真做新教育 *

新教育应该始终抱有一个开放的心态，去接纳、拥抱有着同样教育情怀的人。我们要特别的珍惜那些已经在新教育旗帜下成长起来的优秀的人。我们不仅要发现他们、言说他们，还要让更多的人去了解他们，让更多的人去尊敬他们，为他们提供更多的机会、更好的平台。

各位新教育人：

大家好！

---

* 2010 年 11 月 26 日，在焦作"新教育实验区工作会"上的讲话。

感谢大家不远千里来到焦作。每年，新教育都有两个大的会议：一个是年会，一个是走进现场的实验区工作会。实验区工作会虽然不像年会那样热烈，但意义并不逊色。

正如大家已经看到的，实验区是我们推进新教育殊为有效的平台。不知不觉中，在实验区，我们已经形成了民间和官方共同推进新教育的模式。

这不是我们事先设计的，而是在实践中自发生长的。当然，具体到每个实验区，绛县有绛县的模式，海门有海门的模式，焦作有焦作的模式。

不论什么样的模式，我们都应该研究它：有什么优点？有什么缺点？怎样才能在当地开花结果？

比如说在绛县，我就发现他们的研发模式非常清晰，他们将官方的教研室和民间的新教育研究室，由本来似乎毫不相干的两支队伍，变成了一支队伍。他们在日复一日的上班中，过着他们自己的新教育生活。

我希望今天在座的，每个从全国各地来参加实验区工作会的人，都能发现属于自己的模式。适逢年末，大家都很忙，可是，你们来了，我很感动。我经常说，重要的事情总是有时间的，你来不来参加新教育实验区会议，关键在于，你把新教育放在什么位置。是重要的位置，还是次要的位置，还是可做可不做的位置？来不来？派什么样的人来？本身也反映了对新教育的一个态度。

所以，我要代表"新教育共同体"，向你们表示感谢！

我还要感谢焦作的新教育人，感谢你们让这两天的实验区工作会如此精彩。我每天都去"教育在线"网站看专题帖——《走进太极故里，品味教育幸福》，有时候一天看好几次，看它的进展、看它的故事，我在我的博客里也转载它的故事。

这几年，很多很多感人的故事不时让我的内心变得柔软，充满力量。我们看到的马村工小的赵素香老师，只是其中的一个代表。我知道，这里有一群人、有一个团队，从张局长开始，我们重要的会议，他都亲自参加——仰赖于他的推动，新教育实验被写进焦作市的政府工作报告，成立了专门的机构。

我们可以看到，无论是现场，还是故事，都让我们的感动情不自禁，油然而生。这次会议，工作人员只有三四个人，要忙那么多的事情，一个现场会，从内容到形式，辛勤劳作的都是他们。

大家可能没有注意到，李志强校长所做的难以计量的幕后工作。你们看到了他的现场，却没看到他的司机怎样在一天的时间内跑了五趟郑州，一个来回需要三个小时。

所以，让我们向这位司机、向李校长，表示特别的感谢。还有乔市长、张局长、马局长、白局长，以及站在他们身后的所有的焦作的新教育人。我提议，我们一起鼓掌，为焦作新教育，为焦作新教育人，感谢他们勤劳的充满理想主义色彩的付出！

最后，我也要感谢研究院的同仁们，特别是干老师，他在病中，而且前几天摔了一跤，还没有痊愈就专程赶过来，为大家做讲座，全程参加了这次会议。研究中心是"魔鬼团队"，大家都知道的，他们为新教育做出了多大的努力和牺牲，可能很多人并不知道。在内蒙古东胜，尽管经济发展非常迅速，但是教育基础还不像东部沿海这么发达，同时也发展得不平衡。在本来可以、应该选择条件优越的学校的前提下，他们选择了一所村小——学校经常会停电，会断水，网络师范学院的工作时常受阻。但是，他们在克服困难，为了明年的年会，为了那片土地能够生长起新教育的大树。

刚才卢志文院长介绍了，新教育成立了自己的基金会。基金会的使命，就是帮助致力于新教育的人们，能在粮草充足的情境下，继续支持新教育一线教师——尤其是农村的教师，帮助他们建立新教育移动图书馆，实现"新教育种子计划"。

另外，我们还在北京成立了新阅读研究所，很重要的使命之一，就是解决"读什么"的问题，因为阅读是新教育最大的一个亮点。如果新教育什么都不做，只做阅读推广，真正提升国人的阅读量，使阅读成为孩子的一个生活方式，就已经很了不起了。

我们新教育研究中心，曾经开发过一个"儿童书包"。最近，我们组织了北京最优秀的一批科学家，在做一个新教育的"科学书包"，再做一个"人文书包"，就构成了文学、人文和科学的综合体系。

今年年底，我们会拿出初步的书目，到我们的实验学校征求意见。明年三月，我们会正式推出"小学生基础阅读书目"。今后，我们会一步步地推出针对学前儿童、初中生、高中生、教师、父母的一系列的适合中国国情的基础"阅读书目"。

这些都在谋划之中。

我觉得新教育最好的姿态，就是"在路上"。新教育应该感谢已经"上路"的各位！

下一步，我们的实验区到底往什么样的方向走？刚才新海提出的一些设想我觉得都非常好。目前，首先需要解决的一个问题是：做"真新教育"、真做新教育。我个人理解，有两层意思。

第一，做"真的新教育"。不管怎么说，新教育是"世界语境"中的新教育在当今中国教育的一个回响。从一百多年前的新教育运动到今天，尽管新教育有些共同的东西，但是我们的新教育是有自己特定的含义的。无论是我们的理念、我们的行动，还是我们的课程，这些东西都有一定程度的中国特色。但是，中国特色不能脱离基本价值观。

不能说所做的所有教育方面的探索，都是新教育。有人跟我说："我们在做理想课堂，生态课堂。"我觉得，"理想课堂"有不同的表现方式，"生态课堂""高效课堂""有效课堂"都可以；但是，"理想课堂"的三个境界，"理想课堂"的话语应该在里面有所体现。你的"生态课堂"里面有没有"知识、生活和生命的深刻共鸣"？有，就是新教育的"理想课堂"；没有，就是"你的理想课堂"而已。

再比如说，我们在做经典诵读。新教育是在推广阅读，但是新教育讲"晨诵、午读、暮省"的儿童生活方式。我们的晨诵有特定的内涵，有特定的形式。不是说你不可以探索，但是你应该先在探索的基础上，将新教育近些年来推广的一些课程做好。因为我们这些成果，是新教育人这么多年来研究探索的成果，我们对它有足够的自信，不然我们不会将其作为课程来呈现。

至于正在探索中的项目，比如新诗教、儿童写作，我们目前不会将其作为课程来推广。因为现在这些项目还不成熟，只有成熟之后我们才会向实验区推广。而我们的"晨诵、午读、暮省"的儿童课程以及教师专业发展等，有明显新教育标记的项目，我觉得应该做好。

从昨天各个实验区的介绍来看，我很欣慰，大家都做了不同程度的探索。这很好。但是，从新教育的视角看，有的还不是真的、完全意义上的新教育。

所以，我觉得做新教育，就不能离开基本的特征和话语体系。我们不能说全国所有做"书香校园"的学校，都是在参与新教育，不能"贪天工为己有"。但是我们不能否认，新教育在推进全国"书香校园"建设中发挥的作用。很多非实验校在做"书香校园"，也在按照新教育的理念在行动，这个我觉得完全没有问题。但是作为一个实验校、实验区，我们所做的东西是具有标杆性的、样板性的，应该做得更纯真一些。

第二，"真做新教育"。所谓"真做新教育"，就是用心去做新教育。我一直在考虑一个问题，同样在做新教育，同样是实验区，同样领导重视，但是，为什么有一些实验区一直没有让我们真正感动的故事、人物、学校出现呢？

实际上，焦作全面推进新教育，也就这么几年的时间，赵素香等一大批老师，就从点到线，而后以燎原星火之势，从焦作市到河南省，乃至对周边省份都产生很大的影响。

为什么？

我觉得，答案在于一群非常用心投入的人。任何事情，不用心是肯定做不好的，生不了根，也开不了花。

新教育一直讲"相信种子、相信岁月"，但是你能不能成为真正意义上的种子，取决于你是不是真的在做新教育，是不是真的全身心的投入。本质上，新教育赋予大家的，并不完全都是技术性的、形而下的东西，更是形而上的东西——离开了"形而上"，"形而下"就走不远。一旦真正拥有了"形而上"，我们才拥有了永远的力量。

我说，新教育是一群追寻理想的人，把他们的一生交付给这个伟大的事业。你会发现：真正投入了，改变就会开始。

焦作是典型的中国城市，经济不是非常好，教育经费也不是非常充裕，走进教室我们可以看出来，他们的教育资源不是中国最好的。

当然，对比绛县，焦作还算好的。绛县是国家级贫困县，但是在那样的土地上，新教育照样可以开出绚丽的花朵。

这又是为什么？我看，是因为这里有一群真正用心做新教育的人。

我并不希望马上把新教育做得多大、多快，我觉得没有必要，因为那样我们不能保证品质。我希望下面的路，我们能够走得更扎实一点，更稳妥一点，发展一个实验区就是一个实验区，发展一个实验学校就是一个实验学校。我们需要的不是数量，而是全身心的投入。

过去的实验区（校），如果不再做了，也没关系，走就走吧。刚才许新海先生讲：要进一步形成文字的材料给实验区（校），彼此之间形成契约，从而让更纯粹的人，来做更纯粹的事业。

我不希望捆绑大家，每一个实验都是人类探索理想教育的途径，而非真理。你理解它，接受它，追随它，很好；反之，也没什么不好。事实上，那些彪炳历史的伟大的教育家，他们的改革规模并不是很大，对比之下，我们新教育的规模已经够大了——放到别的国家，800多所实验学校、100多万师生参与，这是很惊人的规模。但是，新教育是没有围墙的，永远敞开的，如果关了，可能会失去很多有缘分的人。

我们一直在寻找有缘人，寻找"尺码相同"的人。新教育应该始终抱有一个开放的心态，去接纳、拥抱有着同样教育情怀的人。我们要特别珍惜那些已经在新教育旗帜下成长起来的优秀的人，比如常丽华，比如焦作的这些榜样教师。

我们不仅要发现他们、言说他们，还要让更多的人去了解他们，让更多的人去尊敬他们，为他们提供更多的机会、更好的平台。

日后，实验区的工作之一，就是发现榜样，去呈现、言说。新教育到最后能不能成功，不完全取决于我们的管理是否成功，而取决于我们有多少让我们自豪的榜样，有多少能够让我们自豪的"卓越课程"。

如果新教育能够通过课程走进学校，它就永远不会被赶走。你们将会看到，换了教育局局长的实验区，哪怕新任局长不支持，新教育仍然能在那里扎根。

请相信，真的新教育是能扎根的。新教育必须逐步地打造自己的"卓越课程"——若干年后，新教育应该有自己完整的课程结构，这也是研究中心在东胜含辛茹苦、辛勤耕作的缘起。

我再重复一遍：真正的教育应该有它自己的课程体系，有自己的榜样教师。到最后，新教育靠什么来言说？靠什么来流传？只有故事，唯有榜样。

所以，我们在课程上、树立榜样上，要下更大的功夫，其他的所有的一切宣传，包括杂志、网络和报纸等，都是为打造"卓越课程"、培养榜样教师服务的。

借这个机会，多说了几句，讲的不对的地方请大家批评指正，谢谢大家！

携手共圆新教育之梦*

我们希望我们培养的孩子，能够过上"幸福完整的教育生活"，希望他们不仅拥有知识、技能，还拥有干净的灵魂、向上的精神。

尊敬的李志勇书记、上觉下醒大和尚、熊丙奇教授，各位嘉宾：

大家晚上好！

作为新教育实验的发起人，我谨以我个人的名义，对江苏昌明教育基金会的成立，表示衷心的祝贺。我对基金会发起人将新教育实验的推广作为他们的宗旨，用新教育基金会作为他们法定名称之外的又一个名字，表示衷心的感谢！

十年前，我在苏州做副市长，分管教育工作。作为一个研究教育、管理教育的教育工作者，我带着几个研究生，发起了新教育实验。如今，它已从一粒种子，开成了一朵花，花香四溢，飘过了祖国的 20 几个省份，在几十个实验区百万名师生中产生了或大或小的影响。

作为一个民间意义上的教育实验，它仅仅是官方教育的一种补充，是百花齐放格局下的一种探索。我们开发了"毛虫与蝴蝶"等项目，探索出"晨诵、午读、暮省"的儿童生活方式，这些专业领域的实验，通俗地说，就是"心灵的教育"。我们希望我们培养的孩子，能够过上"幸福完整的教育生活"，希望他们不仅拥有知识、技能，还拥有干净的灵魂、向上的精神。

我曾经多次说过，新教育实验不是我的，也不是我一个人做的。今天，我作为"新教育实验共同体"中的一员，我想冒昧地代表所有未能出席会议的新教育同仁，向新教育基金会的发起人、理事们，向觉醒大和尚和各位来宾，致以深深的谢意。我们给中国教育只奉献了一杯水，而你们却给了我们一片海洋！

谢谢大家！

---

* 2010 年 12 月 16 日，在新教育基金会成立仪式上的致辞。

第二辑

最好的姿态是在路上

把有限的生命，托付给新教育这项伟大的事业*

人的生命是有限的。我们把自己有限的生命，托付给新教育这项伟大的事业，就会让我们的生命因此而无限。每一个真正的新教育人，都是上天给予我们的礼物。我们只有团结一心，只有竭尽全力，才能够不负这样一份美丽的馈赠，才能不虚度我们的人生。

新教育从一粒小小的种子，已经开出一朵花来。尽管这朵花还不像我们许多人期待的那么绚丽、那么精彩，但是在这片土地上，应该说已经是奇迹了。

新教育之所以能够开出花来，首先要感谢各位，感谢曾经参与过新教育事业的所有朋友。每一个人，都是新教育的贵人。但是，我也清醒地看到，我们的事业仍然暗藏着一些危机。新教育正处在一个三岔路口，也正处在一个发展的"高原期"；制约新教育的问题已经浮出水面，解决也已经刻不容缓。

第一个问题：关于团结

坦率地说，在当今中国的教育研究团队中，新教育聚集的人才是最多的，这也是新教育能够快速发展的重要原因。参与新教育的许多能人，自己去开辟一个山头，也许能够生活得很潇洒，他们本身并不需要新教育为其增光添彩。

但是，正因为我们拥有一个共同的梦想，也因为各种因缘际会，我们走到了一起。这是缘分，也是责任。

在新教育的发展历程中，人员的进进出出是正常的。就像一个伟大的

---

* 2011年1月2日，在中国人民大学国际学院（苏州研究院）举办的"新教育元旦论坛"上的演讲。

组织，总是尊重每一个曾经做过贡献的人物。我希望每一个离开新教育的人，都会因为这样一份经历而骄傲一生。

许多有才华的人聚集在一起，必然有一个磨合与彼此适应的问题，有一个服从团队规则的问题，有一个增强团队凝聚力的问题。是彼此尊重、互相理解，还是彼此猜疑、互相攻击，最终会决定这个团队的战斗力。

作为新教育的发起人，最近几年我忙于经营团队的外部拓展，忙于自己的本职工作，而没有用心在团队凝聚力方面下功夫。整个团队，缺少一个坐下来认真讨论问题的机制，每次会议，也都是匆匆忙忙。我本来以为，一个专心于事业的团队，并不需要刻意地维护人际关系，其实这样的想法错了。

走进才会尊敬。正因为团队中的每一个人，缺少彼此的"走进"，也就缺少了彼此的理解与认同。这是我必须承担的责任。

要学会宽容，学会换位思考。其实，许多问题，如果换一个角度，换一个位置，就会理解对方。人总是会犯错误的，我也犯过许多错误。新教育也走过许多弯路，犯过许多错误。但是，这些错误没有妨碍新教育的成长与进步。因为，我们一直在努力向前，我们一直在从错误中学习。许多事情，没有做好：如我们的永鼎，我们的杂志，我们的网站……但是，每一件没有做好的事情，都是有原因的，我们已经为此付出了学费。我们一直知道自己没有做好，一直在努力补救，比如杂志，比如出版板块。毕竟，除了研究中心，我们还没有形成专业化的团队。现在，基金会开始专业化了，阅读研究所开始专业化了，一切向着明亮的那方。

为什么要强调团结？不仅是为了让核心团队更好地凝聚力量，也是为了更好地团结一线的老师。新教育有着广泛的教师基础，他们是需要被激励，被鼓舞的。如果我们内部不和谐的声音让他们听到，如果我们内部不团结的故事让他们知晓，会在很大程度上影响他们的信心。

第二个问题：关于人才

如前所述，新教育能够迅速发展，得到一线学校和教师的认可，在很大程度上是因为我们有一群优秀的人才。在新教育早期，储昌楼老师等一批骨干，利用业余时间做志愿者，四处布道宣讲；后来皮鼓、干干、马玲加盟，开发"新教育儿童课程"、"教师专业发展课程"和"理想课堂"，让新教育如虎添翼；后来志文、新海进入，为新教育团队的基本工作条件和实验的组织构架，做出了不可或缺的贡献；而敬平、营姐、海波、国平、一平等人的结缘，让新教育有了更为高远的理想和更为广阔的发展空间。现在，寅年和王胜，以及卢莱等人的"回归"，则表明新教育是一个开放的，有魅力的平台。

细细想来，的确是"人对了，什么都对了"。新教育每一件成功的事情，都是因为选对了人；而每一件遗憾的事情，也是因为没有选对人。人才队伍的专业化，就显得特别重要。研究中心之所以能够不断出成果，成为一个颇具影响力的"魔鬼团队"，首先因为他们是一支专业化的团队。一方面，是他们成就了新教育；另外一方面，也是新教育成就了他们。而"教育在线"网站的问题，之所以一直没有起色，主要的原因，就是没有人真正对它负责。每天，看到它有大量的广告而无人打理，看到它冷冷清清而没有深刻思想的好帖，我经常回想起早期网站的轰轰烈烈，心里很难受。

所以，我认为应该制定出一个真正的新教育发展框架图，并且围绕这个框架图，制定我们自己的人才战略。几年前，我们制定了一个有着非常好的基础的框架图，鼓舞人心。但是，坦率地说，这张图与政府的许多规划图一样，是一个只被言说而未曾付诸行动的框架图。如我们的专家顾问团，一直没有真正地组建起来，没有开展过一次活动。我们的培训部，一直没有真正地成立起来。我们的理事会，也不是一个真正意义上的具有法人治理结构的正式组织，理事会开得也非常匆忙，决策程序也不规范。

这一切，我必须负责任。但是，现在不是追究责任的时候，因为在一个没有专业化的团队，是无法追究责任的。所以，我建议研究院必须尽快重新思考我们的框架图和发展规划，对于一些重大的项目，必须寻找最合适的专业人员全力来做。

首先要寻找一个合适的行政副院长或者秘书长，他必须是全脱产的，可以在北京或者上海工作，也可以在志文身边工作。志文工作千头万绪，就是有三头六臂，也是不可能完成新教育研究院如此巨大的任务的。而许多事情，如与东胜、朝阳等教育局的接触，没有足够的时间，是不可能进行充分沟通的。

王胜担任新教育基金会秘书长以后，应该对新教育的公益事务进行系统的整理，尤其是对于真正体现新教育特征的项目，要给予长期的跟踪支持，如新教育移动图书馆、新教育种子计划，以及北川、石门坎的项目等，同时与灵山、慈济、陈一心家族等机构保持密切的联系。尤其是觉醒大和尚加盟新教育基金会，这是千载难逢的机遇。我们必须用良好的信誉、优异的成绩，来赢得大家的信任。从基金会的第一天开始，公开、透明，必须成为最高的原则：对每一个捐款人负责，把每一笔钱用好；同时，用这个平台发现和招聘更加优秀的人才加盟新教育，或者成为新教育的朋友。

其次，应该尽快物色几个网络人才，把新教育的网络平台"教育在线"经营好。"教育在线"一直是我的心病，作为中国教师的精神家园和网络师范学院，也作为新教育实验的工作平台，它的作用是无可替代的，也是新教育事业的"中枢神经"。近几年来，由于没有专门的人用心经营，"教育在线"的品位已经不断下滑，质量明显下降。许多优秀的人才，开始远离"教育在线"，早期的如火如荼，已经成为往事。重新振兴"教育在线"，迫切需要专门的人才。另外，新教育的培训机构、出版机构，也需要优秀人才的加盟。

但是，人才需要平台。筑巢引凤，我们的巢在哪里？我们今后的大本营在哪里？现在，宝应和东胜是我们主要的人才聚集地，上海和北京是两个正在搭建的平台。我认为，宝应和东胜不是优秀人才的长久居住地，包括干干、皮鼓全家以及马玲，我还是希望适当的时候回到北京或者上海。所以，志文可以尽快与东胜谈判，为干干团队的长远发展打好根基，解除他们的后顾之忧。

现在北京的新阅读研究所，就是想逐步建立一个新教育人才的蓄水池；而上海的基金会，可以慢慢经营成为另外一个根据地。

第三个问题：关于新教育的品牌

对于新教育的品牌，也需要大家统一思想。

品牌是需要经营的。营姐一直希望好好宣传、经营新教育的品牌，为此还专门捐了一笔钱。

研究中心一直谨慎地对待宣传，担心言过其实；也一直在发现甚至批评新教育存在的各种问题，帮助我们自我完善。这是有其合理性的，我理解他们的清醒。但是，新教育必须有自己的品牌意识和品牌经营战略。

世界上任何卓越的组织，总是重视自己的品牌经营的。新教育发展到今天，没有花钱为自己做过一次广告，没有出资做过一次宣传。但是，媒体对于新教育的关注，从未间断过。这一方面是我们自己做出来的成绩征服了媒体，另一方面也与我们对于媒体的开放和配合有密切的关系。新教育虽然不可能依靠媒体"吹捧"而走红，但是，媒体对于新教育、对于相关人物与故事的报道，无疑是有利于鼓舞士气的，对于新教育的长远发展是有好处的。

新教育的品牌经营，不是简单地配合媒体做一些宣传，而是自觉地言说。首先，还是要明确新教育的长期战略目标和基本理论架构，把有限的人力、物力、财力投到这方面去，用心地经营明天。

新教育的代表人物，志文、新海、干干、皮鼓、马玲以及常丽华、张硕果等，都要有自己的角色定位和形象设计。这不是为了宣传个人，而是打造新教育整体形象的需要。新教育需要自己的英雄叙事，只有故事才是能够永远流传的。当然，我们应该把相当的精力，用来发现那些扎根教室的榜样教师，发现那些在普普通通的教室里创造教育奇迹的老师。

鉴于新教育目前没有专业的公共关系部门，建议宣传的工作暂时由基金会负责。北京的新阅读研究所，负责联系北京的媒体。要有一批像敬平、谢湘这样对新教育有感情，又非常了解我们的媒体朋友。

"教育在线"网站，应该成为新教育品牌建设的基地。应该通过这个网站不断发出新教育的声音，举办各种活动，扩大新教育的社会影响力。

人的生命是有限的。我们把自己有限的生命，托付给新教育这项伟大的事业，就会让我们的生命因此而无限。今天敬平与灵山的国平董事长专门去拜访了上海的觉醒大和尚，新教育感动了大和尚，他欣然同意参与新教育基金会的工作。当我感谢国平兄时，他回答说："我们理应随喜功德，共襄义举！"

我们这些本来卑微的人，因为这样一个事业，而可能不再卑微。我们这些本来素不相识的人，有机会在一起做事，是天作之合。我曾经对敬平、海波和干干等说过："你们是上天给新教育送的礼物！"是的，每一个真正的新教育人，都是上天给予新教育的礼物。我们只有团结一心，只有竭尽全力，才能够不负这样一份美丽的馈赠，才能不虚度我们的人生。

拉拉杂杂，讲了许多。我每天在网上看着新教育的故事，看着新教育人的帖子，想着新教育的事业，经常对此浮想联翩。我说过：为了新教育，我可以放弃我的一切。因为这个事业，已经不属于我，而是属于这个团队，属于这个民族。我相信，它终究会属于这个世界。

让我们一起携手梦圆新教育！

扎根田野，坚守教室*

没有教室的变革，没有课堂的变革，没有一线教师的成长，一切变革都是空中楼阁。新教育之所以能够十年来不断前行，就是因为她守着"田野精神"，就是因为她把自己的根深深扎在泥土之中。

尊敬的王伟成市长、居丽琴副市长、周斌书记、臧建中书记、丁伟明局长，尊敬的常州市、武进区的各位领导，尊敬的佐藤学教授、严文蕃教授、王智新教授，尊敬的来自美国、日本的各位教授、校长，尊敬的来自全国各地的新教育同仁，尊敬的奚亚英校长和湖塘桥的各位老师们：

大家上午好！

非常高兴，我们有这样的机缘，在美丽的常州，在美丽的湖塘桥相聚，一起研究新教育实验的理论和实践，一起聆听佐藤学先生和美国、日本专家的思考和探索。

这次会议，对于新教育来说，也是一次"额外的奖赏"。本来，我们的第十一届新教育大会，应该在 6 月 10—12 日在内蒙古鄂尔多斯东胜区举行，包括我个人在内的大部分朋友都已经买好了前往的机票，东胜也做好了全力以赴的会议准备工作，甚至花费 30 多万搭建了晚会的舞台。由于不可抗拒的原因，会议推迟到今年稍晚的时候。但是，原定参加东胜会议的佐藤学先生和美国专家无法变更他们的行程，我们也不想就此放弃向佐藤学先生和美、日专家请教的机会，所以，决定增加一次理论研究的会议，邀请美国和日本的专家参与我们的新教育研讨会，这就是这次会议的由来。对于我们来说，除了即将召开的新教育大会，还有了这次难得的学习机会，所以是一次额外的奖励。

---

* 2011 年 7 月 9 日，在常州"新教育国际高峰论坛"开幕式上的讲话。

本来，我们只想举行一个 200 人左右的小型理论研讨会。未曾料到，报名参加会议的人数不断被刷新，很快就突破了 600 人，这是会场最大的极限。就这样，加上本地教师，会议已经到了 800 人左右的规模，还有不少老师只能通过视频参加会议。当前，国内的许多会议都是担心有没有人来。而新教育的会议，从来都是担心人来多了怎么办。这也从一个侧面反映了新教育的魅力，反映了佐藤学先生的影响力。

这次会议，对于湖塘桥来说，则是一场额外的庆典。新教育人说：只要上路，就会遇到庆典。今天对于湖塘桥来说，就是这样的一场庆典。十年前，我第一次走进湖塘桥中心小学。记得那时，学校还只有两排低矮的平房、一群普通但充满成长渴望的年轻教师，和一个富有激情与理想的校长。我在这里扎下了根，在这里讲教育的理想和理想的教育，在这里收徒带生——而新教育理念的种子，也在这里悄然播下。虽然昆山玉峰实验学校在 2002 年成为第一所以新教育实验命名的学校，但是，此前已经按照新教育理念行动的湖塘桥中心小学，应该是真正意义上的第一所新教育实验学校。如果说玉峰是"新教育的延安"，那么湖塘桥可以当之无愧地称为"新教育的井冈山"。这是以行动实践新教育理念者，应得的奖励。今天，佐藤学先生、美日的教育专家和全国新教育的同仁齐聚湖塘桥，对于湖塘桥来说，无疑是又一次意义深远的庆典。

十年来，湖塘桥始终与新教育携手前行。在贵州凤冈，有湖塘桥老师的身影；新疆奎屯，由湖塘桥牵手进入新教育团队；湖塘桥孩子们义卖的一万元经费，成为流淌进新教育基金会的血液；武进实验区的工作，也在湖塘桥的推进下渐行渐远。无论是"晨诵、午读、暮省"的儿童课程，还是教师专业发展的"吉祥三宝"；无论是新教育的"每月一事"，还是学校文化建设，湖塘桥都用心在做。

十年来，湖塘桥与新教育一起成长。奚亚英，这位体育教师出身的农村学校的普通校长，成为远近闻名的优秀校长；《一所好学校是这样炼成的》这本书，记录了奚校长和她的团队成长的足迹。庄惠芬，这位当年 20 多岁的黄毛丫头、我带的第一位徒弟，已是江苏省颇具影响力的数学特级教师和学科带头人。当年的那群年轻教师，许多已经挑起分校的大梁。一个优秀的教学和管理团队已经初步形成，政府也把更多学校交给了湖塘桥，一个教育集团因此诞生——就这样，湖塘桥学校从一角小小农田，变成了一片开阔原野。

　　而这次会议的主题，正是"守望我们的田野"。因为我们知道真正的教育，总是实实在在地发生在这片希望的田野上。没有教室的变革，没有课堂的变革，没有一线教师的成长，一切变革都是空中楼阁。新教育之所以能够十年来不断前行，就是因为它守着"田野精神"，就是因为它把自己的根深深扎在泥土之中。

　　这也是近 10 年前，佐藤学先生说的"静悄悄的革命"。佐藤学先生 10 多年前就反对那种"一年做一次法国大菜"的公开课，要求教师"每日三餐过问柴米油盐并能做出美味菜肴"。他坚持近 20 多年扎根田野，每星期去各地学校访问，从幼儿园、小学到初中，1000 多所高中，养护学校，看过数不清的教室，见过数不清的教师。他曾敏锐提出："没有哪个教室和其他教室飘逸着完全相同的气息，或有着完全相同的问题。"他也坚定地相信，真正意义上的革命是从一个个教室里萌生出来的。最好的教育，"应该是植根于下层的民主主义的，以学校和社区为基地而进行的革命，是支持每个学生的多元化个性的革命，是促进教师的自主性和创造性的革命"。这与新教育的"田野精神"，完全一致。

　　在佐藤学先生的新著《学校的挑战——创建学校共同体》一书中，我们也高兴地看到，在他的推动下，与我们一衣带水的日本，也有数千所学校正在进行着一场"学习共同体"的草根性教育实验。行动，也是佐藤学先生教育哲学的关键词汇。他曾说过，他不是学校改革的乐天派，也不是教育的梦想家，而只是"最虔诚的现实主义"罢了。他非常欣赏另外一个在非洲创造奇迹的日本人北川民次的话："绝望的演说者，其实是并不绝望的人。"这与新教育的"行动哲学"，也高度契合。

　　前不久，新教育榜样教师常丽华写过一篇文章《守住自己的教室》，其中讲过这样一段话："如果没有新教育，我会成为一个什么样的老师呢？我会像今天这样守住自己的教室吗？当然没有答案。但是我知道，因为新教育，'教室'对我来说，才会成为一个充满魔力的词语。教室是什么？教室是我们的愿景，是我们想要达到的地方，是决定每一个生命故事平庸还是精彩的舞台，是我们共同穿越的所有课程的总和，它包含了我们论及教育时所能想到的一切。因为新教育，我有一个朴素的理想：让每一个生命都在教室里开花，让每一个孩子能在清晨醒来时，对即将开始的一天充满期待和向往；让每一个孩子结束一天的学习回家时，能对教室充满留恋和不舍。"这也让我想起了佐藤学先生一篇文章的题目：《教室的风景——小事情的大意义》。这与新教育的话语体系，更是似曾相识。

是啊，对学生和教师来说，教室就是他们生命中的舞台，他们大部分时间在教室里度过。他们的日常教学生活，是否宁静而充实，是否充满着智慧的挑战，是否如佐藤学先生所说的那样具有创造、合作与反思，决定着他们的生命是否充盈、生活是否幸福。

而这次会议邀请的佐藤学先生以及美国、日本的专家，都是长期扎根田野的教育家。我们希望从他们身上，呼吸到异域田野的芬芳；也希望他们，能借此机会走进中国的新教育，帮助我们一起思考和完善新教育的理论与实践。

新教育所主张的"过一种幸福完整的教育生活"，既指向未来，更指向当下——此时此刻，我们远隔重洋、千里迢迢汇聚在这里，正是期待通过此次会议，耕耘我们每个人心灵的田野，缔造我们每个人梦想的教室，用更有力的行动，更好地书写我们生命的传奇！

最后，再次感谢佐藤学先生，感谢远道而来的美国和日本的专家，感谢来自全国各地的新教育同仁，感谢全力支持本次会议的常州市武进区领导和为本次会议付出辛勤劳动的湖塘桥中心小学教育集团的奚校长和她的团队！

预祝本次新教育理论研讨会取得圆满成功！

直面转型，全力以赴 *

我一直认为，"在路上"，是新教育人最精彩的姿态，是新教育最美丽的风景。其实，有没有庆典并不重要，只要"在路上"，说明我们的心就没有死，我们的灵魂就没有老。

尊敬的佐藤学先生、牧野笃先生，尊敬的各位新教育同仁，尊敬的奚亚英校长和湖塘桥的各位老师：

大家上午好！

---

* 2011 年 7 月 11 日，在常州"新教育国际高峰论坛"闭幕式上的讲话。

　　如果说新教育是一场永不停歇的马拉松，那么，这三天的活动就是奔跑途中的一席短暂盛筵。怀着依依不舍的心情，我们的会议就要拉上帷幕。

　　三天来，我与大家一样，在喜悦、兴奋中度过。在《生命的绽放》的主题展示中，我们看到了一所学校的卓越的新教育故事，见证了一所学校十年不平凡的新教育历程。无论是奚亚英校长简短的报告，还是王晓波老师用童诗绘本为灾区孩子疗伤的故事；无论是丁雄鹰老师的生日诗，还是梦想合唱团的"新教育之歌"，我和大家都深深地感觉到，湖塘桥的教师和孩子们不仅仅是在表演节目，更是用生命在舞蹈和吟唱。

　　十年来，湖塘桥与新教育一起成长，且歌且行。虽然我们不能够也不应该把学校发展的功劳，全部记在新教育的账上；但是，在新教育的引领下，湖塘桥中心小学教师行走方式在改变，学生生存状态在改变，学校发展模式在改变，这是不争的事实。从一所普通的农村学校，到拥有七所学校的教育集团；从只有几十位普通的乡村教师，到拥有100名省市骨干教师，湖塘桥的故事告诉我们：行动，就有收获；坚持，才有奇迹！

　　大家知道，这是一次临时增加的会议。从决定到召开，只有两三个月的时间。会议规模一再扩大，与会人员不断变化，唯一不变的是湖塘桥人的激情和勇气。我们从精心印制的中英文对照的会议手册，记载湖塘桥新教育发展历史的《追梦》，从开幕式精彩绝伦的新教育展示，都已经感受到湖塘桥的不同凡响。由一所学校承担起如此大规模的会议，其中的艰辛可想而知。所以，我提议，我们用最热烈的掌声，为奚亚英校长和她的团队喝彩，感谢他们为新教育，为这次会议所做的无私奉献，所付出的辛勤劳动！特别要感谢清英外国语学校的钱爱芙校长，和那些在后台默默劳作的所有服务人员！

　　三天来，我与大家一样，在感动、敬佩中度过。无论是张硕果讲述的从第一粒种子到满园花开的故事，还是敖双英讲述的寻找"新教育的桃花源"的故事；无论是牛心红团队精心研制仪式课程的故事，还是新阅读研究所开发"中国小学生基础书目"的历程；无论是海门新教育人缔造的"完美教室"，还是李庆明带领央校一群追梦人在南山创建新教育基地学校，这些故事无不令人动容。在聆听这些故事的时候，我们许多人泪流满面。因为我清楚地晓得，在荣光、成就、进步、辉煌的背后，更多的是苦难、委屈、坚守和沧桑。我非常清楚，新教育每向前迈出一步，都要付出艰辛的努力和巨大的代价，我们是用小马拉大车的方式，牵动着新教育不断向前。但，正如今年五一节给新教育同仁的信中，我提出的观点那样："正确的琐碎创造伟大的历史。"我想，只要我们方向不错，只要我们已经真正上路，庆典，就在前方！

在今天的会场上，还有许多人让我感动，无论是已经行走在新教育路上，去年在桥西年会上让大家感慨万分的秦汉老师，新教育的种子教师雪依然、水月儿，重庆新教育的第一粒种子冉泽明，霍邱新教育的领军人李方安等，还是即将上路的成都草堂小学校长蓝继红、金堂县的领导和校长，等等，我无法罗列所有这些我熟悉和不熟悉的名字，但是我知道：新教育这项我们共同的事业，就是由一个人加一个人，一所学校加一所学校，一个实验区加一个实验区，这样慢慢成长起来的。

我们既为常丽华这样优秀的榜样教师而骄傲，也为更多默默无闻的普通追梦人而喝彩，他们都是新教育最可爱的人！我们既为焦作、绛县、桥西这样有思有行、自强不息的实验区而自豪，也为霍邱、舞钢、日照、乐清、随县等初上征途、执着坚守的实验区而感动，还为那些即将上路的金堂、莱芜、宝鸡等实验区而加油。所以，新教育追求高度，但永远不会高高在上；新教育既培养卓越的教师，更关注普通的教师；新教育不是一个精英俱乐部，而是一个宽容开放的团队；这十年我们一路走来，我们更将携手走向未来，新教育始终敞开着胸怀，永远等待拥抱理想主义者！所以，我提议，也让我们用最热烈的掌声，感谢所有的新教育人，感谢那些曾经与我们同行的朋友，感谢那些正在新教育路上的同道，感谢那些即将上路的新教育追梦人，也让我们为自己喝彩加油！

三天来，我与大家一样在思考、比较中度过。昨天的报告，让我们看到了一个美国教育的万花筒：无论是奥巴马曾经去讲演的波士顿技术高中，还是受第一夫人邀请去白宫的波士顿文艺复兴宪章公立学校；无论是伦纳德关于用企业家精神改造学校的管理案例，还是严文蕃教授关于美国教育面临的问题与困境的分析，都让我们对教育的复杂性有了更加深刻的认识。而今天上午，佐藤学先生和牧野笃教授的报告，让我们把目光从西方又转向东方：佐藤学先生关于以创建学校共同体为特征的学校改革，让我们感同身受——只有民间的自觉，才能够让改革深入持久。而在中国教育界，最早提出"共同体"概念，最持久的田野研究，也是来自新教育人。我认为佐藤学先生的气质，与新教育是息息相通的。牧野教授关于《社会知识分配模式的转变和新教育的可能性：几点感想》的讲演，对新教育在点燃教师激情，推进学生成长方面的作用，给予了充分反映；同时，从学习型社会与终身教育的角度，对新教育提出积极建议，给我们很大的启发。从佐藤学和牧野笃先生的讲演中，我们发现，无论是东方还是西方，无论是理论研究者还是实践工作者，他们都开始把更加多的目光投向教室，把更加多的精力投入课堂。

昨天佐藤学先生对我说：其实，世界的教育问题在本质上是相同的，教师和学生面临的主要困难也是基本相同的。这也是这次邀请美国和日本专家，参加新教育会议的原因所在。有人提到了新教育"走出去"和"国际化"的问题，我觉得更加准确地说，应该是新教育的国际交流问题。我们需要倾听各种声音，需要借鉴各种经验，面对面的交流始终是阅读无法替代的。

在这里，我要再次感谢佐藤学先生和牧野笃先生。牧野先生是我 20 年的老朋友，他也是"中国通"，对于陶行知先生有非常深入的研究，出版过许多研究陶行知和中国教育的著作。感谢他帮助我邀请了佐藤学教授。我知道佐藤学先生非常忙碌，经常在世界各地穿梭，但每周两次到学校听课是雷打不动的。昨天他告诉我：有时候学校为了请他听课评课或者讲演，经常根据他时间的方便，把课程调整到周六周日。所以，我提议，我们再次用热烈的掌声，向佐藤学先生扎根田野深入课堂的精神，向佐藤学教授和牧野笃教授在百忙之中为我们新教育人送来精彩的报告，表示崇高的敬意和衷心的感谢！

我还要特别提一下这个特别的群体——我的博士生团队。这一次会议，背后的一个重要人物是许新海博士。他是"新教育研究会"的理事长，他领导的海门新教育实验区，不仅承担了 2009 年第九届"新教育大会"，而且每年接待上千人参观考察新教育；他的团队，还负责与新教育实验区和实验学校进行日常的联系。这次会议的总协调，就是许新海博士。在短短的时间，会议能够完满召开，他付出了辛勤劳动。而召集博士生参加论坛，并且主持昨天晚上的工作坊，也是他的创意。

我们的博士生来自全国各地，无论是四川的李镇西、福建的张荣伟、江西的何小忠、深圳的李庆明、上海的于国庆、山东的时海燕、浙江的张悦、安徽的杨再勇、陕西的杨川林，还是在江苏的唐斌、王伟群、陶新华、邵爱国、赵振杰、丁林兴、张顺生、夏春、卢峰，他们自己的工作都非常忙碌，也都心系新教育。比如李镇西，这次会议虽然没有安排他的讲演，但是仍然全程参加。他的校园里，除了纪念陶行知先生的陶园和纪念苏霍姆林斯基的苏园，还有一个"新园"——他告诉我，就是为了能够让新教育花开满园。他为新教育在成都的发展，做了许多工作。这次成都市分管教育的市长傅勇林先生带了几位副区长来参加会议，也是为了在成都推广新教育实验。昨天晚上的工作坊，也是由我们的博士生团队主持的。虽然他们大部分人还没有深度介入新教育，有些人甚至还不十分熟悉新教育的话语体系，但是他们表示，今后要更多地参与新教育，为新教育的理论和实践，做出更加大的贡献。在这里，我也提议，感谢傅勇林市长和他的团队，感谢我们的博士生团队！

最后，我们也应该感谢卢志文院长和新教育研究院办公室的陈连林主任和杜涛同志，研究院这些年来为新教育事业的发展做了大量艰苦卓绝的工作，为本次会议也付出了辛勤劳动，让我们也用同样热烈的掌声感谢志文院长和他的团队！

有新教育的朋友问道：这一年的许多重要场合，包括本次会议，为什么看不到新教育研究中心的身影？我想告诉大家，在走进罕台以后，研究中心面临着难以想象的困难。除了那些可以想象的生活上的艰难，更超乎寻常想象的是教学的困难——许多学生家长都是大字不识的农民，许多学生智力发展水平不仅远低于他们的实际年龄，而且学前基础几乎是负数，正常心智受到严重压抑，有的甚至生活都无法自理。研究中心的老师们，不得不把全部精力放到教室、放到那些需要个别辅导的孩子身上。他们在为新教育卓越学校的建设，不停地努力着。

我们热切期盼着，当罕台新教育小学日常工作步入正轨后，研究中心的老师们抽出时间，能重新在新教育培训、推广等方面再立新功。但在此之前，新教育的事业也不能因为研究中心在培训、推广等方面的缺席，就停滞不前，我们必须要迅速补位，为各地的新教育提供具体的帮助和指导。

所以，8号晚上，我们召开了理事会，研究部署了下一步新教育实验发展的问题。我们准备尽快组织实验区和榜样教师的力量，把新教育相对成熟的项目继续维护好，巩固好，发展好，同时建立相应的培训机构。一是要继续做好新教育的开放周，我们希望新教育研究院课题管理中心，能够尽可能提前安排和各个实验区、培训基地的开放周计划，早一些公开，以便各个学校和实验区组织人员学习考察。二是要组建新教育的讲师团，研究院准备尽快组织由优秀的专家、榜样教师等构成的"新教育讲师团"，根据实验区和新教育发展的需要开展定期或不定期的培训——同时，还要注重对培训者加以培训，不断提高讲师的水平。三是要组建"新教育区域研究中心"，初步准备在海门、焦作、绛县和桥西组建四个区域研究中心，其任务是：一方面，要继续深度开发新教育已经比较成熟的课程，如"晨诵、午读、暮省"的儿童课程，"教师专业发展课程"等；一方面，要为讲师团培养优秀人才，并就新教育的重点推广项目做深度应用研究。四是要建设一批"新教育培训基地"，我们准备在一批优秀的新教育实验学校，如深圳南山央校、湖塘桥中心小学集团、萧山银河小学等建设新教育的培训基地；这些基地同时是新教育的示范学校，全国各地的实验区和实验学校，可以前往学习参观。五是要加强新教育实验区培训，新教育研究院要制定实验区培训的工作方案，对于新参加的实验区，一定要按照先培训后挂牌的程序，进行相应的通识培训和专题培训。六是要建立新教育的学术委员会，原来的学术委员会成员转为新教育学术顾问团，重新建立以年轻学者为主体的新教育理论研究团队。我们希望，通过这些措施，为新教育事业的发展打下更加坚实的基础。

在新教育的十年征程中，我们未曾停过脚步，我们一直在苦苦追寻。应该承认，我们是人，是人就不可能不犯错误。但是，我们既然有不断求索的毅力，也应该有正确对待错误的勇气。正如"一千个读者心中就有一千个哈姆雷特"一样，其实，每个人都有每个人的新教育。新教育内部有不同的声音，对于新教育的理解也有差别，这是非常正常的。但我们对于这份事业的挚爱，是共同的。

有人希望能够把新教育做得更加纯粹，品质更高，有人希望能够把新教育的教师都培养成为心无旁骛的卓越教师，这当然无可厚非。但从我个人的观点看，新教育最大的成就，是点燃了许多普普通通老师的理想与激情，让他们知道教育原来可以如此美丽，教师原来可以如此生活。有许多教师基础差一些、对教育的理解浅显一些、在新教育的路上走得笨拙一些……这些都没有关系。对与我们一起前行的人，我们永远不会放弃。不积跬步，无以至千里，我们不会轻视任何微弱的个体，不会嘲笑任何微小的努力，不会无视任何微不足道的进步。

我一直认为，"在路上"，是新教育人最精彩的姿态，是新教育最美丽的风景。其实，有没有庆典并不重要，只要在路上，说明我们的心就没有死，我们的灵魂就没有老。还是用新教育的孩子和老师们最经常说的那句话来结束我的讲话——向着明亮的那方！

谢谢！

走进才会尊敬[*]

衡量一个实验区最好的标准，是最终它对新教育有所贡献，不仅贡献一大批优秀的教师、优秀的学校、优秀的课程，新教育还要形成完整的课程体系，要彻底改造学校的课程。这个任务是个漫长的历程，需要每一个学科、每一所学校去做出贡献。

刘静局长，各位同仁：

大家好！

莱芜作为最新的实验区，它给我们留下了很深的印象，因为它充满着活力，充满着热情，充满着憧憬。但是，请大家不用着急。我总感觉莱芜参加新教育实验的领导和老师都很急，希望做了之后马上就要有成果，很快就要看到成绩。新教育一直认为：要相信种子，相信岁月。没有岁月的历练，种子是开不出花的。所以我们认为，不用急——你的孩子根本不用急，总有那么一天，你会突然发现：啊？他们怎么长得那么好，长得那么快，这朵花开得那么美丽！真的是这样，小曼和所有的老师他们都经历了这个过程，不是第一天就立竿见影，明天新教育就开花了。我们的功夫还没到，时候还没到，时候一到，它自然就会开花。

首先要做的，是莱芜教育局这个坚强的领导班子要相信新教育。不是我让你们相信，而是因为这些榜样的故事，是我们一路走来的足迹。新教育这十年走过来，它不断地在壮大，不断地在发展，一批批年轻的教师不

---

[*] 2011 年 8 月 17 日，在山东莱芜举办的"2011 年夏季新教育首批讲师团研讨会暨莱芜市新教育培训会"上的演讲。

断地成长起来。所以我说，只要上路，一定会遇到庆典，关键是"真的上路"还是"假的上路"。有一些实验区是"假上路"，他们说开始实验了，贴上个标签，但是又不好好做。所以，我们对这些实验区还要"请出去"，不能贴个标签不好好做。新教育实验已经走过了十年的历程，是经过了那么多优秀老师的课堂检验的。

其次，我觉得要有一个核心的团队。核心团队很重要，现在莱芜做得很好，以教研室为核心团队来推进。事实证明，以教研室为核心来推动新教育实验是一个有效的办法，因为教研室和学校、课程是紧密联系在一起的。事实上，我觉得我们教研室的同志，你们也不要觉得多了一个活，多了一个负担，多了一个压力。如果把它作为莱芜教育发展的一个新的契机，我想可能不是一个负担。如果我们莱芜的课堂都能像常老师的课堂那样，如果我们的课程都能像常老师的课程那样，那么整个教育就变了；如果我们的师生关系、亲子关系、家长和老师的关系都能像小风那样，像常老师那样，整个中国的教育就变了。

所以，希望教研室的同志深度地卷入进来。绛县牛心红所在的教研室就做得很好，很成功。他们的课程开发是教研室组织骨干老师开发好了再提供给学校，提供给一线老师，这样做很快，也很顺利。我们已经有了很多很好的东西了，像张硕果的资料包——把它拿来，就可以先动起来。所以，我觉得要有一个规划，一个基于新教育的课程开发的规划，然后积极去做。当然从长远来说，我觉得我们不仅仅是学习，我们还要积极创新。新教育需要共同创造，像常老师、小风老师以及很多其他老师，他们在这个过程中创造出好的东西，又成为新教育新的财富。我希望莱芜实验区能够积极创新，做出贡献。

衡量一个实验区最大的标准，是最终它对新教育有所贡献，不仅贡献一大批优秀的教师、优秀的学校、优秀的课程，新教育还要形成完整的课程体系，要彻底改造学校的课程。这个任务是个漫长的历程，需要每一个学科、每一所学校去做出贡献。所以教研室要根据这些，组织所有学科深度卷入——不一定全面展开，像高中学校可以缓一缓，小学、初中没有问题，可以先做起来。所以，教研室要凝聚一批骨干，一批积极分子，组成项目小组。在这个过程中，实在不行的人就淘汰，有积极性的、很优秀的就吸纳到团队中来，形成团队的力量，形成一体化的推动。

到了学校层面，校长的认识很重要，有一些学校表面上是加入了新教育，但很坦率地说，我觉得它们还没有真正走进新教育，很多校长讲的也不完全是"新教育话语"。新教育有自己的逻辑、自己的语言，比如刚才有些学校说"书香校园"做了好多年了，但"书香校园"不等于新教育，新教育的"书香校园"有它特定的含义、特定的逻辑、特定的语言以及特定的推进方式。不要把所有的内容，都放到新教育的筐里面。所以我希望实验学校不用急，作为校长来说，要注意"底线 + 榜样"，一开始不要把大家逼得很紧，压得很重，否则他们就会用形式主义对付你的官僚主义。有些老师虽然也在做，但用心做和不用心做完全是两码事。如果不用心做，晚上抄个东西来，第二天在课堂上念一下，那也叫"晨诵"。"晨诵"的这首诗，是希望它能写进教师生命的——对它的深入理解、体认，和简单抄个东西到课堂念一下，完全是两个概念，它对学生的影响也完全是两个效果。

所以，我觉得一开始不用急，我们可以提个很低的要求，每一个人都能做到。比如"师生共写随笔"，常老师是每天给学生的父母写一张便笺，每个星期给学生的父母写一封长信——不能要求所有的老师都做到这样，那是不可能的。但是你一个月好好读一本书，一个星期做一次晨诵，总做得到吧？就是从最基本的做起，上不封顶，下要保底。不要去批评那些做得不好的老师，而要表扬那些做得好的老师，不断地给那些最好的老师提供最好的机会。比如选派最好的老师到常老师的教室里待一星期，不断地向常老师学习。

校长首先要做的，就是派老师到网络师范学院学习。课程不能多选没关系，就一门两门功课慢慢选，只要慢慢往前行，走和不走就不一样。如果你往前走，你就在朝圣的路上，就在庆典的路上；不往前走，你就是再有才华的老师，也只能停留在原地。所以，到最后最优秀的老师，往往不是最有才华的老师，而是最有方向的老师，最能坚守的老师。其实，在任何领域都是如此。只要坚守的老师，最终他一定会遇到庆典。

第二个办法，是组织新教育义工团队。现在新教育研究中心就在招义工，到那边去工作，天天跟他们在一起，一起学习，一起成长。莱芜可以先派一两个人去，让他们成为我们莱芜教育的榜样，让他们随时感受到自己的尊严和成长的快乐。从教师层面，新教育总是寻找有缘人。所谓有缘人，就是要有缘分，有些人也参与新教育，但他又走不进新教育。凡是与新教育有缘的人，总会来的；没有缘的人，我们也不强求。"人进心不进"

也没有用，必须是真正的信仰、信念、信任，只有这样，才能真正走进来。新教育需要默默耕耘的人，所以我一直说：新教育寻找有缘人，寻找有共同尺码的人。早进来晚进来没有关系，关键是不是对新教育有贡献。新教育始终都是开放的，但是如果你不信任，你就不要勉强自己进来。走进才会尊敬，才会热爱它，同时也才能让自己的生命更加有意义。

我感觉莱芜虽然加入晚，但见效是最快的，行动是最快的，这就是我为什么愿意带着我的团队在莱芜待这么长时间，和大家一起讨论，一起分享。我很期待这一次的播种，若干年以后，莱芜会自豪地跟大家说：我们莱芜是做新教育最扎实的一个实验区，行动推动最有力的一个实验区，榜样教师出现最多的一个实验区。到那个时候，我就觉得我们这两天的劳动值了。

谢谢大家！

全新的旅程正在我们的脚下静静展开[*]

我多么希望我此刻就是学校的普通老师，就是你们中的一员；我多么希望我也有一间小小的教室，就像农夫拥有一片窄窄的土地，我在其中日出而劳作、日落而学习；我多么希望能将自己与孩子们彻底交融到一起，用生命点燃生命，用智慧撞出智慧；我多么希望让自己和孩子们的每一天，开始时都充满着期待与向往，结束时都萦绕着回味与留恋。

亲爱的罕台新教育小学的老师们：

你们好！一所小学的开学，在许多地方不是一件什么惊天动地的大事情。但是，你们的开学，却可能成为写在历史上的事件。

因为，你们承载着特殊的使命。全国1200所新教育实验学校的目光在注视你们，大家期待着由新教育研究中心引领的这所学校，能够完整乃至完美演绎新教育的文化，一如既往地引领全国新教育实验学校的前行；大家

---

[*] 2011年9月1日，罕台新教育实验学校开学典礼上的致辞。

期待着你们能够书写生命的传奇，成为新教育人的榜样；大家期待着学校能够创造卓越的课程，缔造完美的教室，以博大胸怀，给予更多一线老师、普通教师以更多指导。

庄子说，始生之物，其形必丑。刚刚开启的全新校园，有如一片刚刚开发的崎岖之地，纵因此前积累而肥沃，却同样可能会有许多你们无法预想的困难与挑战。仅仅眼下就有生活上的艰难、学生基础的薄弱、交通的不便等，都是横亘于现实中的挑战。但是新教育生命叙事的理论告诉我们：这些遭遇或许正是我们成长的机遇，传奇偏爱跌宕，这些难题，也就是我们书写传奇的魔法棒。

作为新教育的一分子，无论如何，你们的工作是我的牵挂，你们的孩子是我的孩子，你们的荣耀也是我们共同的荣耀；同样，你们的困难、失败或者耻辱，也会成为我的困难、失败和耻辱。而我非常高兴受邀成为你们的荣誉校长，我也因此更感责任重大。

一所全面展示新教育文化的学校，一所全面探索新教育课程的学校，一所因新教育而生、因新教育而长，最终因新教育而成的学校，是你们的梦想，更是全体新教育人十年来一直追寻的梦想。

新教育实验在 2006 年就提出过"成为中国素质教育的一面旗帜，打造具有本土特色的教育学派"的愿景和"过一种幸福完整的教育生活"的价值追求，这一切，都需要这样的一所"新教育学校"来实现，来佐证。这些梦想，这些愿景，这些追求，不是靠鸿篇巨制书写，更不是靠豪言壮语装点的，而是靠新教育的每一间教室去演绎。这首先取决于你们能不能让每一个生命，在教室里开出一朵花来，取决于你们能不能成为一个创造生命传奇的老师。

其实，午夜梦回时，我曾无数次希望——

我多么希望我此刻就是学校的普通老师、就是你们中的一员；

我多么希望我也有一间小小的教室，就像农夫拥有一片窄窄的土地，我在其中日出而劳作、日落而学习；

我多么希望能将自己与孩子们彻底交融到一起，用生命点燃生命，用智慧撞出智慧；

我多么希望让自己和孩子们的每一天，开始时都充满着期待与向往，结束时都萦绕着回味与留恋。

我如此渴望也绝对坚信：在这日复一日的坚守中，所有生命都在大地上开出自己的花，素朴而芬芳。

只可惜，人生不可能同时踏进两条河流，而命运之河有着自己的流向。如今，我的希望已经只能成为一种希望。但我深信，我的希望一定也是你们的梦想，你们的承诺和你们的方向——我深信这一点，因为你们与我虽然所做具体事务有所不同，我们却拥有同样的名字：新教育人。

我非常抱歉，由于公务繁忙，无法抽身参加你们的开学仪式，无法在这样一个具有重要意义的时刻当面致以敬意、祝贺与慰问。但是再过一个月，新教育的又一次庆典就要在东胜召开，我一定会来学校看望大家，看望可爱的孩子们！

亲爱的老师们，全新的旅程已经在我们的脚下静静展开。在这全新的起点，让我们以孔子为榜样，以雷夫为楷模，像新教育喜欢的犟龟和蜗牛一样，起步前行吧！

为我们的梦想结网 *

两千多年前，孔子就清晰地意识到，作为教师，注定了一生都要进行漫长的学习修炼。这种学习，是"吾日三省吾身"的学习，是"朝闻道，夕死可矣"的学习，是朝向真理，朝向生活的永恒探索。

亲爱的网师学员朋友：

晚上好！

今天,9 月 28 日，是我们新教育实验网络师范学院（简称"网师"或"新网师"）一年一度开学典礼的日子。

今天，也是我们许多新教育实验学校的校园阅读节，那"晨诵、午读、暮省"的仪式，那丰富多彩的活动，无不演绎着"书香校园"的精彩。

我们之所以不约而同地选择了今天，是因为 9 月 28 日有着特别的意义——这是我们最伟大的榜样教师孔子的诞辰日。

---

　　*　2011 年 9 月 28 日，在新教育实验网络师范学院开学典礼上的发言。

两千多年前，孔子就清晰地意识到，作为教师，注定了一生都要进行漫长的学习修炼。这种学习，是"吾日三省吾身"的学习，是"朝闻道，夕死可矣"的学习，是朝向真理、朝向生活的永恒探索。

同时，孔子把"老者安之，朋友信之，少者怀之"，作为自己的人生理想。孔子希望自己能够成为一个让长者、尊者安心，让朋友、同事信任，让年轻人怀念的人。长者愿意把事务交托；朋友愿意与我们共事、共同创造与承担；年轻的生命在离开我们之后，会对我们共同经历的岁月念念不忘，并从中受益终身……这看似朴素的人生志向，不正是一个教师最伟大的梦想吗？

而我知道，各位网师学员，正是心中深藏着这个梦想的一群人。

我非常敬重各位网师学员，因为你们是中国最纯粹、最敬业的学生。你们不是为了一纸文凭，也不是为了职称晋升，而是为了心中的梦想，从而在繁重的工作负担和家庭重任中，挤出时间参加网师学习，在这个过程中真正享受着学习的乐趣。我知道，网师的要求是苛刻的，甚至是严酷的，网师作业的合格率可能是中国的大学里最低的，网师课程的淘汰率可能是中国的大学里最高的。许多人为此伤心落泪，也有不少人一去不回。但几乎所有参加过网师学习的人，都无怨无悔。因为，对新知的好奇，对真理的渴求，对孩子的热爱，是你们参加网师的唯一理由。

我非常佩服各位网师学员，因为你们是中国最坚韧、最努力的教师。网师的课程是特别的，不是一般大学里的"上课记笔记，考试背笔记，考后全忘记"，而是根据教师专业发展地图精心选择根本性的书籍，是根据构造合宜的大脑啃读哲学、心理学、教育学、人类学等核心知识，是基于共同阅读的心灵对话。更重要的是，这些知识并不是被你们熟记于脑中的文字，而是被你们充分运用于教学生活之中。当这些知识成为你们生活中解决难题的工具，你们的努力也就在点点滴滴地改变我们的生活。

网师经过两年完善，目前仍面临着许多困难，各方面也并不完美。但我们所有人，都对网师寄予着深深期待。我们希望网师能够持续不断地为新教育实验培养人才，能够在网师学员中涌现出一批新教育的榜样教师和"完美教室"。我们希望网师能够为中国教师的继续教育乃至师范教育探索出一条新路，为中国教师的自我研修和成长创造出一种新模式。我甚至希望，有一天网师学业证明的含金量，能超过许多师范大学的研究生文凭，能够成为一名卓越教师的身份证明。

现在，这些期待还未成为现实。然而，与其临渊羡鱼，不如退而结网。

你，我，他，许许多多人都在为了这份沉甸甸的期待而默默努力着。

为此，我非常感谢魏智渊老师。为了网师，他全身心地付出和投入；他的坚毅，使网师屡屡渡过难关，生生不息。

我非常感谢干国祥老师，作为执行院长，他对课程价值的洞察，他的乐于奉献，使网师活力无限。

我更要感谢网师的各位讲师和管理人员，是集体的智慧之火、是大家的全力以赴，使网师拥有了独特的自组织能力和管理风格，创造出了与众不同的美丽。

从网师前身的"海拔五千读书会"诞生之日开始，我就一直关注着网师的发展、关注着学员的成长。今后，我仍会一如既往地关注你们，支持你们。我也会以大家为榜样，努力参与学习，与大家共同成长。

让我们一起好好学习，天天向上！

让教室成为师生幸福的源泉[*]

一个好的教师不仅要帮助最好的学生，使其能够成长，而且要帮助那些落后的孩子，使其得到最大的发展。但是这还是不够的，应该关注每一个人，关注每一个人的心灵深处，关注教室的每一个角落。

亲爱的新教育同仁：

大家下午好！

上午我讲了三组概念，九个关键词。第一组概念是感动、感佩、感谢，说的是我这几天在海门的感受；第二组概念是课程、教室、生命，讲了完美教室、"卓越课程"和生命传奇的关系；第三组概念是良知、孩子、日子，是讲做好"完美教室"的三个关键词。

新教育这样一路走来，我们也在不断地追求、不断地探索，怎样把新教育落实在每一个平凡的日子里。因为最初人们不理解，以为新教育是在

[*] 2012 年 11 月 26 日下午，在全国"完美教室"观摩研讨会暨新教育海门开放周上的演讲。

做加法，一会儿儿童课程加进去，一会儿理想课堂加进去，我想这种加法让很多教师变得很痛苦，觉得负担很重。事实上我们并不想这样做，我们想把新教育变成一种日常的生活，包括课程开发、"完美教室"也应该是日常教育生活的重要组成部分。

从教育生活的角度来说，新教育的梦想就是想让所有的人能够过一种幸福完整的教育生活，这并不是外在的。刚才我们看到了一个"四叶草"班，什么是四叶草？据说是夏娃从伊甸园带入人间的草。本来是三叶草（有一个三叶草故事家族的公益组织，专门做亲子阅读），每十万株三叶草中有一株四叶草，第四片叶子就是幸福，所以幸福不容易。我们的孩子在舞台上说幸福就真的幸福了吗？我们的教师在教室里说幸福就幸福了吗？有的时候幸福是装出来的，有的时候幸福是喊出来的，只有当幸福从心田里流淌出来，才是真正的幸福。只有当教师、孩子们的生命在教室里开花的时候，只有当教师找到职业尊严的时候，只有当他感受到自己真的在拔节成长的时候，只有在他读书时书中的思想和他大脑中的建构产生共鸣的时候，只有在他想说的话被别人说出来的时候，他才感到幸福。

幸福的获取无非有三种途径。第一种是在人和物的关系中寻找幸福。一个人如果挣的钱很多，比别人多得多，可能会幸福。但财富不一定能给人带来幸福，很多有钱人过得并不幸福，所以想从财物中寻找幸福，希望不是很大。第二种是在人和人的关系中寻找幸福。毕竟我们是社会的人，每天日常的生活中被人尊敬，像干老师在上面一讲，大家都会心一笑，都说干老师怎么说的，魏老师怎么讲的，他们都很幸福，因为大家都很尊敬他们。人受到尊重的时候就很幸福，所以当一个教师真正地让孩子从内心里喜欢你、尊重你的时候，你就很幸福。反过来，当一个教师让孩子们发自内心地讨厌你，表面上他还叫你老师，但背后他瞧不起你的时候，你一定不会得到幸福。如果你的同事都觉得你这个人不怎么样，你也不会得到幸福。当你从同事的目光里，从孩子们的眼神中，能够读到满足和尊重的时候，你就幸福。所以你的幸福在很大程度上来自你的职业，来自你每天生活的校园和教室。教室是我们幸福最重要的来源，因为教室是一个关系的主宰。第三种，也是最大的幸福，来自内心，是人和自己的关系。人在世间就这三种关系，人和物的关系，人和人的关系，人和自己的关系。最大的幸福来自人和自己的关系。人和自己的幸福在哪里？在自己的梦想里，你大胆地去想，大胆地去努力。人不断地超越自己，超越自己给自己设定的目标的时候，你会得到最大的满足。所以我觉得"完美教室"实际上是给我们一个期待、一个梦想，从上午听到的"百合"班的老师、"阳光天使"班的老师那里，我们都可以看到，不是一天两天，"完美教室"在海门做了一年多，正处在从浪漫期走向精确期。我觉得的确如此，还有很多东西值得我们探寻。外在的东西好做，如班徽、班歌、班训、班诗，还有仪式、庆典，真正难做的是上午讲到的第三组概念。

第一个概念就是良知。作为一个教师，你该负起怎样的责任？你的使命是什么？你的天职是什么？这是很多教师并没有从内心深处关注的问题。事实上，真正好的教师，他可能无数次自觉不自觉向自己的内心叩问这样的问题。你既然来到这个教室，你能带给孩子什么？你真正的良知是什么？完美教室取决于什么？完善教室取决于教室中的教师，当然，这个教室的教师是一个团队，这是毫无疑问的。你怎样给孩子一个最大的发展空间？这是一个很大的问题。然后你怎么对待学生？你怎么样让班级中的每一个孩子得到最大的发展？一个好的教师不仅要帮助最好的学生，使其能够成长，而且要帮助那些落后的孩子，使其得到最大的发展。但是这还是不够的，应该关注每一个人，关注每一个人的心灵深处，关注教室的每一个角落。你仔细地看一看，我们过去的教室里面有很多的孩子是被忽略的。不仅仅在教室里，在我们的教育中大部分孩子是陪少部分孩子读书的。我们的考试制度不就是为了遴选那几个考上北大、清华的"精英"吗？所以我们的课程设计使得大部分孩子都难于跨越，离开了日常的生活，孩子们最需要的东西我们没有给他们。我们再回到教室看一看，你的教室里是否是大部分人陪着少部分人？你是不是让每一个人都成为教室的主人？你是不是让每一个孩子都享受到了班级里的快乐？这是最关键的。关注每一个孩子，这是非常重要的认识。

第二个概念就是日子。一个教师做好几件事情容易，对付几个重要的日子容易，但是要认真对待每一天并不是件容易的事情。因为人的情绪有喜怒哀乐，有高涨时，有低落时。但是要每一天都用心去做，这是关键的。人和人成就的大小并不在于那重要的几天，往往在于日常的生活中他抓住了每一天的生活，他关注了每一个教室里的每一个日子，每一天都值得让孩子记住。班级、教室是需要故事的，学校何尝不需要故事？社会何尝不需要故事？这是一个只有 GDP 而没有故事的时代，这是一个只关注财富而不关注心理的时代。没有关注心理就不会有故事，这个时代还有英雄值得我们言说吗？这个时代还有真正让我们感动的故事吗？前不久我在博客里讲了一个 8 岁小女孩的故事，很多人跟我说看了流泪了，这个故事是能够打动人的。毫无疑问，在我们教室里发生的真正的故事也是会打动人的，也会写在历史上，我觉得要珍惜每一个平凡的日子。

第三个概念就是课程。为什么呢？因为学校里面、教室里面是由课程连着课程实现的。有人统计说，一个学生在义务教育阶段大概 9 年上了 9500 节课。如果这伟大的课程群靠知识本身的魅力感动人，我相信那一定是激动人心的，我相信每个孩子都会充满着期待。常丽华老师讲，最好的老师就是能够让每个孩子每天早晨期待来到教室，看今天老师又带来什么新的东西，感觉一天的时间真的是非常短暂，这就是完美教室。当然，要做到这样不是一件容易的事，那是靠伟大的课程来构成的，不仅是靠仪式、靠活动、靠庆典，尽管这些都很重要。同时课程的目的是指向生命的，教育的最高使命是让每一个生命都得到最大的张扬、最大的成长。书写生命传奇，"缔造完美教室"，开发"卓越课程"，它是一个内在的逻辑关系，这里面还有追寻伟大的梦想、构建理想学校。但是我相信"课程、教室、生命"这三个关键词始终是我们的最高理想，而生命始终是我们的最高目标。让每个生命在教室里开出一朵花，让你的生命和孩子们的生命都在教室里开花，这是我们"缔造完美教室"的最高使命。我期待海门在这方面能比其他地方做得更卓越，因为海门比其他地方做得更早，也更值得我们期待。这次的现场会给我很大的惊喜，尽管只有一年的时间，尽管还是浪漫阶段，但必然会由浪漫走向卓越。

新教育再出发*

任何一所学校的发展，都取决于教师自身的成长。因为决定教育品质的关键，是站在讲台前的那个人。我希望，三所学校的领导应该把教师作

---

* 2012 年 8 月 16 日，在北京丰台二中附属新教育实验小学举办的"罕台—丰台两校联盟课程研讨会"上的演讲。

为学校最宝贵的财富，把教师的成长作为学校最重要的事情。

各位新教育同仁：

大家好！

这几天，罕台新教育实验小学，丰台二中附属新教育实验小学和北京市新教育实验学校，三所新教育核心校的老师们齐聚在一起，参加"罕台—丰台"两校联盟课程研讨会，这是一件十分重要的事情，是新教育史上又一个非常重要的开端。

三所学校的建立，对于新教育具有重要意义。因为，作为一个扎根本土的教育实验，作为一项追求卓越的民间教育改革，必须要用自己的学校来证明自己，来探索自己的课程体系，正如小林宗一的巴学园、尼尔的夏山学校、杜威的芝加哥实验学校一样。可以说，为了这一天，我们已经准备了很久很久。

在 2006 年的新教育年会上，我们曾经用"共熬石头汤"来形容新教育的开放性、生成性。的确，新教育是不断成长着的教育理论与实践。新教育的发展史，就好像一部数学史或者科学史，我们不能因为后面理论的全新发现，就说前面的理论是错误的、不科学的，不是新教育。

从 2002 年开始的新教育实验，无论形式怎么变化，它有一个不变的内核：不断地更新自我，寻求理想教育的解决之道。也正因为这样，我们如果一直停留在几年前的模式上，那么我们就会使得新教育精神陷入停滞，新教育也就丧失了生机活力。

所以，这三所学校，既是新教育十年传统的继承，更是新教育第二个十年的转折点或是新的起点。十年树木，我希望有幸参与这新教育取经之旅的所有的人——无论职位、职业，无论年龄、性别，都能最终取得教育的真经，成为自己生命传奇的主角！

我注意到，今天在场的新教师特别多。在广大新教育人眼中，你们是十分幸运的，在职业生涯之初便能够进入新教育核心校，这等于是步入了专业发展甚至学术发展的快车道，只要肯努力，便会拥有无法限量的未来。我希望，你们能够意识到这可能是一种"宿命"，并通过自己的努力，打造出一间间完美教室，书写自己的生命传奇。

其实，任何一所学校的发展，都取决于教师自身的成长。因为决定教育品质的关键，是站在讲台前的那个人。在 2009 年新教育的年会上，我们曾经从"生命叙事"的理论，讲述了一个教师如何书写自己的生命传奇，如何用新教育的"吉祥三宝"帮助自己不断超越。我希望，三所学校的领导应该把教师作为学校最宝贵的财富，把教师的成长作为学校最重要的事情。

种豆南山下，草盛豆苗稀。三所学校一起努力，即使有一所能够实现卓越，能够被书写在中国教育的历史上，也是一件非常了不起的事情了。坦率地说，我对这次两校联盟课程研讨会的名称是有意见的。从"出生"先后的次序来说，三所学校中罕台是"老大"，丰台是"老二"，朝阳是"老三"——"老大""老二"照顾甚至迁就一下"老三"，是完全应该的。三所学校虽然各有各的特点，但是，作为新教育专业团队自己办的学校，我希望一开始就是一个大家庭。特别希望"老大""老二"能够照顾好"老三"，不仅是因为"老三"年幼，也因为它有一个美丽的名字——北京市新教育实验学校。

我知道，从准备的情况来看，朝阳是远远不够的。但是，我相信朝阳的老师们不会自暴自弃，我们也许难以后来居上，但是我们会不断追赶。

感谢干干、皮鼓、马玲，感谢所有研究中心的骨干们，你们是新教育的第一支专业化队伍。从 2006 年开始，你们为新教育实验做出的贡献，新教育人是不会看不到的，是不会轻易忘却的。

感谢王志江校长，感谢罗晓静校长，为这次研讨会做了很好的服务工作，尤其是为北京市新教育实验学校的老师提供了食宿。从 2005 年，王校长背着十卷文集去新加坡开始，你已经与新教育结下了不解之缘。

感谢这次上台讲述的各位新老师，感谢大家在炎炎夏日仍然辛苦地工作。感谢三所学校的所有与会老师，没有今天的切磋琢磨，就不可能有明天的从容与辉煌。

谢谢大家。

我们是寻梦的同路人*

决定一所学校品质的，不是学校的建筑、设施等硬件条件，而是站在讲台前的那个人。我们的学校能否成为一所真正的新教育小学，能否成为全国"新教育学校"的榜样学校和教师培训、课程开发的基地学校，在很大程度上取决于我们是否拥有一支卓越的教师队伍。

尊敬的王志江校长、罗晓静校长，尊敬的魏智渊校长，亲爱的丰台新教育小学的老师们：

上午好！

欣闻你们举行开学前的第一次全体教师会议。作为荣誉校长，因为参加全国人大常委会议，不能够躬逢其盛，实在抱歉。

你们是北京第一所以新教育命名的学校。8 年前，王志江校长与新教育有一场"美丽的邂逅"。8 年后的今天，丰台二中与新教育再续前缘，终于诞生了这样一所新的学校。

这是缘分，更是责任。我深知，对王校长来说，办一所学校并不困难，办一所好学校也并非难事。但是，要办一所真正坚持新教育理想，实施新教育课程，贯彻新教育文化的学校，并不是一件容易的事情。

我一直认为，决定一所学校品质的，不是学校的建筑、设施等硬件条件，而是站在讲台前的那个人。我们的学校能否成为一所真正的新教育小学，能否成为全国"新教育学校"的榜样学校和教师培训、课程开发的基地学校，在很大程度上取决于我们是否拥有一支卓越的教师队伍。

在暑假期间的新教育联盟学校课程研修活动中，我已经看到这样的可能性。我们的班主任团队和学科教师的精神状态、专业修炼，都让我充满了信心。也是在那次研讨会上，我曾经说过：与谁为伍，你终将成为谁。所以，你们是幸运的。因为在你们的身后，站立着新教育的学术团队，站立

---

* 2012 年 8 月 29 日，在北京丰台二中附属新教育实验小学第一次全体教师会议上的演讲。

着整个新教育。在你们需要帮助的时候，我们将全力支持。

　　而我作为荣誉校长，这个荣誉，也是责任。我虽然不能经常与大家在一起研讨，但我的心时刻与你们同在，我会时刻关注着你们。在新教育之路上，我们是寻梦的同路人，让我们昂首阔步，并肩前行！

我们来寻找一盏灯[*]

　　新教育人的梦想，是"过一种幸福完整的教育生活"。"幸福完整的教育生活"必须要有我们认可的，足以安放我们心灵的共同理想和精神家园。这是照亮我们前行的一盏灯。

尊敬的朱小蔓教授、俞敏洪先生，尊敬的各位领导、各位专家、各位来宾，尊敬的各位新教育同仁：

　　大家下午好！今天，"教育的文化价值——2012年新教育国际高峰论坛"在宁波举行，这是我期盼已久的一件盛事。

　　去年，我们在美丽的常州召开了"守望教育的田野——2011年新教育国际高峰论坛"。今年，我们再度聚首在美丽的宁波。上午，我们见证了效实中学百年华诞的庆典，下午开始，我们将要享受一场中外教育家的思想盛宴。

　　宁波是现代中国商人的发祥地，是王守仁"阳明学派"、黄宗羲"浙东史学"的诞生地，更是中华民族有7000多年文明史的"河姆渡文化"的源头。在这片深厚的文化土壤上对话"教育的文化价值"，一定能碰撞出智慧的火花，燃烧起教育理想的情怀。

　　新教育人的梦想，是"过一种幸福完整的教育生活"。"幸福完整的教育生活"必须要有我们认可的，足以安放我们心灵的共同理想和精神家园。这是照亮我们前行的一盏灯。

　　今天，我们不辞辛劳，千里迢迢地从四面八方聚集到这里，就是为

---

　　[*]　2012年10月20日，在浙江宁波"新教育国际高峰论坛"开幕式上的讲话。

了寻找这盏灯。我们带着不同的语言和差异的文化背景来寻找它，希望从传统文化与当下变革的时代中，寻找到能够寄托我们共同生命的所在。它是我们存在的家园，是我们精神的居所。找到它，我们才能以共同的语言书写我们自己的故事，才能够绽放我们独特的生命，才能实现我们共同的梦想。

阳明先生曾经说过："知是行之始，行是知之成。……世间有一种人，懵懵懂懂的任意去做，全不解思惟省察，也只是个冥行妄作。所以必说个知，方才行得是。又有一种人，茫茫荡荡，悬空去思索，全不肯著实躬行，也只是个揣摸影响。所以必说一个行，方才知得真。"成为一个"知行合一"的新教育追梦者，是我们的宿命。因为教育一事本为"追寻梦想"而设，我们无法想象教育之事可以放弃梦想而依然存在，也无法想象仅仅停留在梦想之中，放弃实实在在的追寻而有教育之存在。

本次盛会是由新教育研究院主办，宁波教育局、宁波中小学教师培训中心、宁波效实中学共同承办的。承办方为本次论坛做了精心的准备和艰苦的工作，让我们以热烈的掌声向他们表示衷心的感谢！

本次盛会我们特别邀请了著名教育家、中国陶行知研究会会长朱小蔓教授和新东方创始人俞敏洪先生做开幕演讲嘉宾，同时邀请了来自日本的"学习共同体"创始人佐藤学教授及其团队、来自美国的"有效教学"倡导者鲍里奇博士及其团队、来自欧洲的华德福教育播种人本·切瑞先生及其团队与中国的新教育人对话交流。他们有的将在论坛做主题演讲，追问教育的文化价值；有的将在工作坊展开教育叙事，让我们看到各种美丽的教育图景……在这里我向他们表示真诚的感谢和由衷的期待。

最后，我要特别感谢所有参加论坛的朋友们，感谢所有新教育的同仁们。新教育十年风雨兼程，一直受到优秀教育思想的滋润和卓越教育实践的启迪。新教育的未来，更加需要大家的关心与支持。让我们一起努力，承担起文化复兴和民族振兴的重任，共同实现新的教育梦想。

谢谢。

为中国而教[*]

新教育人的使命，就是自觉地把中国文化作为自己的精神家园，作为我们教育的根基和创造之源；就是通过我们的努力来推动文化的自我创生，让中国文化的根本精神在我们这个时代重新显现并焕发青春。

各位专家，各位新教育同仁：

大家好！

昨天开始，四个国家和地区的教育学家聚集在宁波，分享一所百年老校的光荣与梦想，也分享我们各自在教育上的探索与思考。无论是鲍里奇教授的有效教学理论，还是华德福的人智学实践，抑或是佐藤学教授的"学习共同体"研究，都给我们很大的启发。教育，这个现实世界里的必要乌托邦，正是这样超越了国家、种族，悄然汇聚、彼此激发、相互分享，从而缓慢而恒久、艰难又幸福地改变着世界。

就像1990年的美国，一个叫温迪的年轻人从普林斯顿大学毕业后到处募捐，成立了一个叫作"为美国而教"的机构，招募全美顶尖大学的优秀毕业生，经过考核培训，派到条件艰苦的学区。20多年来，这个机构为26个学区的学校输送了2万多名优秀教师，造就了一批有社会责任感的青年，也推动了当地教育的发展。

在当下的中国，我们新教育人也有同样的梦想。新教育实验，正在培养我们的优秀教师群体，为中华民族的伟大复兴而教。在美国、日本和欧洲学者的报告中，我们已经深切地感受到，每个诞生在不同土壤上的教育理论流派，在回馈自己文化的同时，也在为其他不同的文化做出特殊的贡献。新教育实验，则是扎根于丰厚的中国文化和历史沃土中，吸收着中外新教育伟大传统的养料，在最近10年逐步成长起来的中国本土的教育理论与实践。

---

* 2012年10月21日，在浙江宁波"新教育国际高峰论坛"开幕式上的讲话。

涂尔干在谈到欧洲教育思想和教育体系的演进时说："教育本身不过是对成熟的思想文化的一种选编。"这在一个特定的角度对教育进行了重新的理解。也就是说，教育在本质上是对于人类所创造的思想文化的自觉传承活动，这个传承不是全盘的，而是有选择的，是在对各种思想文化进行一番审视、选择和编纂之后，才纳入"以文化人"的教育体系中的。而这里所谓"成熟的思想文化"，是指系统的知识、思想观念、价值信仰和思维方式等构成的文化体系。

根据涂尔干的"选编"理论，每个民族在不同的历史时代，都必须对自己的思想文化进行"选编"。这样的"选编"，其实就为每一个时代的教育打上了特定的文化烙印，也为每一个时代的文化涂上了教育的色彩。尤其在社会大变革的时代，这种"选编"往往更加大刀阔斧、惊心动魄。几乎每个民族都会对自己创造和继承下来的成熟的思想文化进行反思和"再阐释"，使之符合那个时代的精神气质。当不同的思想文化体系发生碰撞和交流时，每个民族也都会根据自己的标准对"异文化"进行"选编"。

教育对成熟的思想文化的每一次"选编"，都会形成不同的知识和思想体系，留下一批经典文献。而这些"选编"所蕴含的基本价值观念和思维方式，更是培养了一代又一代的人，塑造和影响着一个民族的心理结构。在这个意义上说，一部教育史就是一部思想文化的选编史。

用这个理论来观照中国教育史，我们会发现，中国历史上这样的"选编"从未间断。孔子在春秋时期编撰《诗经》《尚书》《礼记》《乐经》《易经》《春秋》六经，应该是第一次自觉地"选编"。董仲舒在汉代"罢黜百家，独尊儒术"，是第二次"选编"。此后，唐代的古文运动、宋代的理学运动和清末的"中体西用"运动，也是三次重要的"选编"。这三次"选编"的共同使命都是努力把当时的中国文化从被破坏和削弱的境地挽救出来。其中前两次"选编"的共同背景是它们的前代均是被社会文化相对落后的少数民族入主中原，造成汉民族社会文化面临失落的危险，但是没有动摇其根基；而最后一次的背景则是西方用坚船利炮轰开了中国的大门，直接威迫签订了许多不平等条约。应该说，前四次的"选编"总体是成功的，孔子与董仲舒的"选编"，奠定了儒家思想在中国的历史地位，成为几千年中国社会的共同价值与精神家园。唐宋的古文运动与理学运动，造就了唐宋八大家的文学与思想高峰，孕育出了美丽的唐诗宋词。而近代的第五次"选编"，则经历了一个从器物（洋务运动）到制度（资产阶级革命）再到思想（"五四"新文化运动）的认识历程，付出了沉重的代价。

新中国成立以后，我们的"选编"走了不少弯路。从社会主义改造运动到"三反""五反"运动，一直到"文化大革命"，"选编"的主导思想是"大革文化命"，不仅我们自己的文化传统被抛弃，世界的优秀文化遗产也与我们渐行渐远。改革开放以来，我们的"选编"兴奋点又从"阶级斗争为纲"转移到了"以经济建设为中心"，文化让位于"物化"，在权力和金钱的漩涡中，许多人迷失了自己，而教育也放弃了自己对文化更新的巨大作用。教育一度臣服于错误的思想、滥用的权力和霸道的金钱，完全丧失了理想与追求。学校追求的是功利化的分数，道德与智慧均被踩在脚下。这说明，我们的教育没有自觉履行对于成熟的思想文化的"选编"的责任，没有从中国文化长远的发展来考虑学校的目标，也没有将人性的彰显看成是学校的生命。

新教育认为，教育应该是文明复兴的新动力，学校应该是文化发展的新中心。没有教育对于文化的自觉"选编"，就不可能有真正意义上的文化复兴和重建，也就不可能拥有真正的精神家园。所以，这既是国家文化建设与教育建设的重大任务，也是新教育人义不容辞的神圣使命。

在新教育实验发展的历程中，这个使命在不断地清晰和明朗起来；在新教育的理念与实践中，把中国文化作为新教育的根基和创造之源，已经成为新教育人的文化自觉。

第一，新教育实验提出了"过一种幸福完整的教育生活"的价值追求和追寻理想、深入现场、共同生活、悲天悯人的新教育精神，这明显受到了儒家文化"厚德载物""自强不息"的影响，体现了中国传统文化的道德情怀。

第二，新教育实验提出了"共读、共写、共同生活"的理念，努力推动书香校园和书香社会的建设，希望中国的教师与学生、父母和孩子乃至更大的共同体，有共同的语言和密码、共同的价值和愿景，从而为形成中华民族的共同精神家园做出积极的贡献。

第三，新教育实验把教师的发展作为教育改革的逻辑起点，号召教师以孔子为榜样，书写自己的生命传奇，为中国教师树立了人生楷模。对久居"新教育共同体"之中的人而言，加盟新教育，乃是选择一种新的生活方式——一种更古老、更本真，与原初思想更为切近的生活方式。在这种生活方式中，教育者努力让自己朝向（或处于）一个"生生不息""己欲立而立人，己欲达而达人"的境界中。敬畏生命，呼吸经典，与更年轻的生命相互编织有限之生的不朽意义，书写自己职业生涯的传奇……这些，乃是身居其中的新教育人的内在体认，一种深切的生命体认、文化体认，同时也就是职业的认同。

第四，新教育实验主张"行动，就有收获；坚持，才有奇迹"，在实验学校推进"营造书香校园、师生共写随笔、聆听窗外声音、培养卓越口才、构筑理想课堂、建设数码社区、推进每月一事、缔造完美教室、研发卓越课程、家校合作共育"等"十大行动"，实践了中国古代"知行合一"的优良传统。

第五，新教育实验通过开发"在农历的天空下""走进孔子"等课程，通过挖掘各门课程的中国文化元素，提出"知识、生活和生命的深刻共鸣"等主张，并且通过"晨诵、午读、暮省"的儿童生活方式，以及开学日、涂鸦节、毕业典礼等各种庆典和仪式，把自己的根深深扎在中国文化的沃土中。

第六，新教育实验提出"文化为学校立魂"的主张，通过开展"文化植根""文化塑形""文化育人""文化强师""文化立信"等方面的学校文化实验，将中国传统文化的精神、理念渗透到学校建设的各个领域，让学校环境、教育行为的细微处浸润文化精神，凝练生命精华，令师生沐浴在道德、科学、数学、语言、历史、艺术等人类文化的熠熠辉光里，耳濡目染，行以成之。

近10年来，有一种意识在"新教育共同体"中越来越明晰：教育必须有根、有魂。而新教育，与其说是想为中国教育打造可以流传数百年的成熟课程，倒不如说是想为"失魂落魄的教育"重新召回灵性、魂魄、神圣性。而任何一个成熟的课程，也必须从文化和生命存在的根系中生出，且与悠久的历史息息相通，才值得保存与流传。诚如海德格尔所言："我深信，没有任何本质性的精神作品不是扎根于原初的原生性之中的。"中国大地上的新教育实验，其实就是曾经富有创造性的中国思想在今天这个时代的一次复苏。

因此，新教育首先是一种创造性的寻根，是寻找这一文化的创造根源，使得生生不息的创造在这片土地上重新开始。也同样是在这个意义上，新教育实验，首先是文化的新教育实验和哲学的新教育实验，而不是封闭于某个实验室以采集数据进行数理统计的自然科学倾向的教育实验。虽然新教育实验中会有个体研究人员以这样的方式进行某些实验，但这是从属于上述文化的新教育的局部探索。

也因此，随着新教育的深入，它将越来越把自己与原初的儒家精神与道家思想关联起来，并以创造性地阐释那些塑造民族精神的经典为己任、为依据。当然，这里没有背诵经典的盲从盲信，自然更不会有认定中国文化是不再具有生命力的死物的武断。作为栖息于此一文化、此一语言中的新教育，它认为自己有责任也有能力，在当前的语境下重新活出"生生不息""仁"（不麻木，恕与爱），"恻隐之心"，"浩然之气"的儒家精神，和"道法自然""天、地、人、道"和谐四重奏的道家精神。

在此语言和文化的原点上，新教育实验放眼全部人类创造的历史，将自然科学、西方哲学和各种文化的精髓，尤其是心理学成果，纳入自己的视野中，成为创造当前"具有创造性与本真性的教育"的必须借助的资源与视域。

新教育实验以培植自强不息、仁心充溢的生命为己任，从其存在的诗意中，开出一系列人文课程，从其存在的思想中，开出一系列科学课程。而这一过程将始终确保诗与思的统一性，无论是生命早期的浪漫，还是高年龄段的精确分科，都将确保生命的完整与统一。

新教育人深知自己的责任是创造一种好的教育，而首先不是成为创制心理学理论、教育理论的职业理论家。所以，在拥有一个自己体认的文化原点和一个自己确定的解释框架的前提下，更多的是以行动者的姿态，把前人的研究成果、哲学思考，纳入教育生活的相应位置中，而最终目的始终在于：创造一种本真的教育，"过一种幸福完整的教育生活"。而这种开放的视野，以"复兴原初创造性文化"为己任的天命感，使得它和当前同样冠以"教育实验"为名的其他教育探索有着本质的不同。

因此，最后呈现于世人面前较为成熟的新教育实验，将是一个从幼儿园到高中的完整教育形态，一个从学校文化建设到所有学科课程的创制，以及师生、家校共读、共写、共同生活的独特而完整的教育生活形态。在这样的完全意义的新教育学校里，可能将不复存在当前命名的任何新教育项目，而只有每一个生命的自我叙事不断展开，"晨诵、午读、暮省"，人类创造的最美好事物在共同生活和课程穿越中不断复活，师生生命也因此不断充盈、丰厚。新教育人不愿意错过任何可以企及的人类美好，也不愿意把自己的存在局限于某一局部，更不愿意把自己研究的这一局部与存在的整体相分离。

而在此种共同的文化诉求中，每个生命将依据自己的生命密码和存在境域，成为独一无二的生命叙事者，这一个个创造性的个体将共同构成一道新的精神风景线。这样，我们的教育使命也在其中得到了安顿，既为中国文化的重建，也为每个人的精神家园找到归属。如此，学校将重新回到文化与社会的中心，引领和促进社会的进步与发展。

英国历史学家汤因比曾经说过："避免人类自杀之路，在这点上现在各民族中具有最充分准备的，是两千年来培育了独特思维方法的中华民族。"不止一次地有人预言，21世纪将是中国人的世纪。但我认为，如果没有我们文化的自觉，没有我们教育的行动，这些预言和判断将始终是一个"画饼"，是别人欺我、我又自欺欺人的安慰剂。中国文化能否再度复兴，能否迎来它再度令世界起敬的成就，一切有赖于我们的努力，有赖于我们每一间教室的努力。这，就是新教育实验的文化使命。正如徐锋先生所期待的那样："我们今天的新教育，就是要'修复'延续了两千多年的儒家的道统教育，就是要回归源头，回归传统。新教育的花朵，一定是道统教育凤凰涅槃之后所绽开的带有中华文明胎记的花朵。在新教育所缔造的完美教室里，我已经闻到了这种花朵的芬芳。"

非道弘人，人能弘道。新教育人的使命，就是自觉地把中国文化作为自己的精神家园，作为我们教育的根基和创造之源；就是通过我们的努力来推动文化的自我创生，让中国文化的根本精神在我们这个时代重新显现并焕发青春。作为教师，我们可能由于各种原因不能成为孔子、孟子、朱熹、王阳明这样的文化重建者，但我们每个人都应该努力做到：通过我们每一个新教育人的文化自觉，通过我们自己这个湍急的隘口，让中国文化这条河流奔涌前行。

亲爱的新教育人，让我们积极行动起来！秉承我们赤诚的信念，让中国文化的根本精神在我们身上真正地活出来，成长为面向世界的中国人，培养面向世界的中国人！

亲爱的新教育人，让我们坚持行动下去，绽放我们智慧的生命！为建设我们共同的精神家园，为中华民族的伟大复兴，让我们上下求索，且行且歌，让我们——为中国而教！

一盏心灯伴我们前行*

教育不仅仅是给孩子一点知识，不仅仅是为孩子能考个好分数，不仅仅是帮孩子找个好职业，不仅仅是让孩子有一份满意的收入，更重要的是，要让孩子体会到什么是幸福。我们新教育人"追求一种幸福完整的教育生活"，就是想把一种完整的幸福人生，真正还给我们的孩子，真正还给我们的教育。

各位同仁：

大家好！

记得开幕式的时候我曾经说，我们是来寻找一盏灯的。不知经过这三天的历程，通过对话、交流、分享，我们有没有找到这盏灯？我们找到这盏灯了吗？（众答：找到了！）

这盏灯在哪里？在我们心里。如果我们的心里，有了中国文化这盏灯，如果我们的心里，有了这种文化的自觉，如果我们心里，有了一种对明天、对中华民族伟大复兴的期待与憧憬，那么，我们就找到了这盏灯。

我们将用这盏灯，去照亮我们前行的道路；我们将用这盏灯，去照亮我们新教育未来的发展；我们将用这盏灯，去开发、研发我们的"卓越课程"；我们也将用这盏灯，去缔造我们的完美的教室。

这盏灯，有些人可能认为自己已经找到了，但也有的人还需要漫长的历程去寻找。好在我们新教育人是一个共同体，我们会一起去寻找，我们会把这盏灯珍藏在心里。这次会议的意义，就在于通过我们的研讨、交流，对教育的文化价值有了进一步深切的认识。我们也对未来我们肩上的责任，有了进一步深切的认识。所以我相信，只要我们每个人都有着这样深刻的文化自觉，只要我们每个人还有着对我们文化的充分信任、信服和挚爱，这盏灯就会在我们心里久久地亮起来，长长地照着我们未来发展的

---

* 2012年10月22日，在浙江宁波"新教育国际高峰论坛"闭幕式上的讲话。

道路。

我们要用这盏灯照耀着教育的道路。教育不仅仅是给孩子一点知识，不仅仅是为孩子能考个好分数，不仅仅是帮孩子找个好职业，不仅仅是让孩子有一份满意的收入——更重要的是，要让孩子体会到什么是幸福。我们新教育人追求"一种幸福完整的教育生活"，就是想把一种完整的幸福人生，真正还给我们的孩子，真正还给我们的教育。

这次会议，是我们新教育发展历史上非常重要的一次会议。这次会议得以举行，首先要特别感谢我们的效实中学。效实中学的周校长和张校长在一年前专门到北京找我，他们说：希望把效实中学的百年校庆，以与众不同的、学术的形式来庆祝，希望新教育能和他们一起合作。我被他们的真诚感动，决定把我们的"新教育国际高峰论坛"放在效实中学。事实证明，效实人没有辜负我们的期待，这次论坛各项事务都井井有条、非常周到：无论是无微不至的服务，还是精心安排的会议，每一个细节都恰到好处；无论是我们海外的嘉宾，还是国内的朋友，大家都非常感动。所以我们要感谢效实中学的周校长、张校长，和效实中学所有的老师们。

我们还要感谢宁波市委市政府。尽管他们的名字没有出现在我们的大会背景墙上，但事实上，一次大型国际会议的召开，如果没有政府全力以赴的支持和配合，是非常难的。所以，我在开幕式见到宁波市的领导时，已专门代表大家感谢了他们，表达了我们的敬意和谢意。

我们要感谢宁波市教育局，感谢宁波市中小学教师培训中心。他们作为论坛的承办方，作为效实中学的领导方，为论坛的如期举行，做了大量的工作。特别是我们张局长，亲自参加我们的开幕式与闭幕式。当然，宁波教育也无疑是这次会议的获益者，因为很多来自宁波的老师们，近水楼台地分享了我们的这次会议的思想盛宴。

同时，我也要特别感谢从美国、日本等国家远道而来的各位专家朋友。

感谢得克萨斯大学的鲍里奇教授和马萨诸塞大学波士顿分校的严文蕃教授，他们专程从美国飞来。鲍里奇先生是有效教学领域非常重要的专家，他的《有效教学方法》一书，是我主持在国内翻译的，影响非常大，多次加印。很多新教育老师都学习过这本书，从新教育"理想课堂"的构建到如何利用有效教学框架，鲍里奇教授给了我们很多的启发。

严文蕃教授是我大学的同学，他曾经获颁"美国总统心理学奖"，在美国教育界有很大的影响，是美国国家教育数据库研究会的前任主席。早在

2002 年，他就参加了新教育第一次研讨会。这十年来，他一直密切关注、深度参与、热情鼓励、热切支持着新教育实验。我们需要什么资料，需要解决什么困难，他从来不打回票，每次都伸出援助之手。这些年来，我俩一起合作主持翻译过 50 多种海外教育科学精品教材，把《教育基础》《儿童发展》《艺术疗法》等多种国际上最好的教材引进到中国。今后，我们还有很多新的合作项目。可以说，严教授就是我们新教育人的一分子。他对中美教育的比较有着独到见解，今天留给他发言的时间却非常有限。明年的论坛上，我会专门邀请他就这个问题或其他问题，再来为我们系统地讲述。现在，让我们特别把掌声送给鲍里奇先生和严文蕃教授！

我也要特别感谢本·切瑞先生、黄明雨先生，和华德福团队。这一次华德福团队闪亮登场，阵容强大，展示了华德福这几年在中国教育的发展。尽管一路坎坷很不容易，但华德福还是坚持着，坚守着。我一向认为，中国教育的发展需要吸收人类文明的成果，需要借鉴人类所有最美好的教育。所以，任何好的教育形式，我们都会认真地学习、认真地领会、认真地消化和吸收。新教育很多理念与行动，也从华德福得到过启示：比如我们正在探索的童话剧，一直做的晨诵等。当然，我也希望新教育人的探索，也能够给华德福的学校一些借鉴。现在，部分华德福学校也参与了我们新教育实验，成为我们新教育的学校，所以这次活动对华德福的发展、对新教育的发展，都有积极的意义。所以，我同样提议：给华德福团队以热烈的掌声！

另外，我还要感谢佐藤学的团队。尽管因为他们的行程十分忙碌，我今天早晨 7：30 已送走了他们。佐藤学先生 32 年来一直坚持在一线，每周有两天的时间到课堂里去听课，就冲着这一点，我觉得中国还很少有大学教授能做到，甚至很少有教育学者能做到。这样致力于教育研究调查，需要一种坚持的探索、执着的精神、坚韧的意志，非常值得我们新教育人学习。新教育我们做了 10 年，我们再做 22 年以后，还能像佐藤学那样，坚守在新教育的田野上吗？我相信我会——只要我还活着；我也相信，我们的新教育人都会——因为新教育人的气质。

在新教育实验的路上，不断有人参与和离开。但真正的新教育人，始终洋溢着对理想的热爱与追寻，一直执着地认为只要行动就有收获、只有坚持才有奇迹，认为只要上路就会有庆典，一直坚定地主张相信种子、相信岁月。种子与岁月，梦想与坚守，这流淌在新教育人血液里的东西，我们不会背弃，我们会永远坚守。从佐藤学先生这里，我们也得到了很多启迪和鼓舞。

感谢诹访哲郎先生。诹访教授也是较早关注新教育实验的国外友人，7年前他曾走访过我们一部分新教育实验学校，回去后他和他的团队写了一本书《沸腾的中国教育》，其中有专章介绍我们的新教育实验学校的故事。明年，诹访先生将在日本学习院大学举办一次国际论坛，他已正式邀请我代表新教育团队参与他们的论坛，介绍我们的发展。让我们把掌声，送给已离开的佐藤学先生、诹访先生的团队！

当然，我们还要把最热烈的掌声给我们自己，给我们新教育人。新教育同仁从全国各地而来，成为这个会议最重要的生力军。内容再精彩的会议，如果只有开会者，没有人来参会，这个会议也不可能成功。而每一次新教育的活动，我们实验区（校）及老师们都热情参加，给我们极大的支持和鼓励。

新教育的路还很漫长，我们还有很多精彩的活动，比如下个月18号，在海门有个新教育开放周。这次开放周，我们将对明年新教育的主题"研发卓越课程"做一个充分的展示和研讨。再比如12月1号，我们在霍邱将召开新教育实验区会议，等等。新教育的每一次活动、每一次聚会，都是一次接力，一次加油，一次鼓劲，都是一次再出发，让我们重新上路。新教育人也在这个过程中成长着，如果没有大家的参与，就走不到今天。而我们更期待着明天，期待着共同行动、相互取暖，向着新教育人共同期盼的美好明天不断进发！所以，最后，让我们把掌声送给我们自己！

亲爱的朋友们，马上我们就要一起踏上归途，我也特别祝愿大家身体健康、返程顺利！

谢谢大家！

我骄傲，我也是"萤火虫"*

我骄傲，因为我自己也是一只小小的"萤火虫"，我是你们中的一员。在那份光亮中，也有我的一份微弱的光。因为有了你们的照亮，我的光也变得明亮了。哪怕是在茫茫的社会，哪怕在没有方向的时刻，我们也希望通过自己的能力，给这个世界带来一点儿明亮。

亲爱的"新教育萤火虫"朋友们：

今天是一个普通的日子，11 月 23 日。这个普通的日子，因为一个名字，而不再普通。这个名字就叫"萤火虫"。

是的，今天是"新教育萤火虫"亲子共读公益项目 1 周年的纪念日。早晨，我在"新父母晨诵"里骄傲地说："萤火虫，是我们新教育人的名字，是我们"新父母"的别号，是我们用来勉励自己的精神象征！"

3 年前，作家童喜喜怀着好奇，"特务"一般地闯进新教育的世界。她被那些新教育的花儿所感动，惊讶于中国还有这样一群人在这样做教育。1 年前，她决定"卷入"这场注定要改变她自己，也将改变许多父母和孩子命运的事业。和几位志同道合者做起了亲子共读的项目，并且为它取了一个美丽的名字——"萤火虫"。

1 年的时间，短得不能再短，也长得不能再长。相对于新教育创业 10 年的历程，"萤火虫"成立的很短，刚刚起步。但是，对于见证过它诞生和成长的每次阵痛、每场煎熬的我来说，它又是漫长的。人的会聚、事的谋划，从幼稚走向成熟。

现在，"新教育萤火虫"只是新父母研究所许多项目中的一个。但是，"萤火虫"的精神，将是"新父母"——也是新教育的精神。我们从不妄自菲薄，我们也不狂妄自大。我们知道：在漆黑的夜晚，在没有灯光的地方，点亮自己的萤火虫会永远绽放光芒。亲爱的"萤火虫"们，我既是一

---

* 2012 年 11 月 23 日，在"新教育萤火虫"亲子共读公益项目 1 周年庆上的演讲。

个见证者，也是一个参与者。我骄傲，因为我自己也是一只小小的"萤火虫"，我是你们中的一员。在那份光亮中，也有我的一份微弱的光。因为有了你们的照亮，我的光也变得明亮了。哪怕是在茫茫的社会，哪怕在没有方向的时刻，我们也希望通过自己的能力，给这个世界带来一点儿明亮。我们每一个的光是有限的，像那小小的萤火虫。但是，如果我们会聚起来，就是那天上的星星，可以照亮整个世界！

点亮自己，照亮他人——我骄傲，我也是一只"萤火虫"！

谢谢大家！

缔造完美教室*

书写生命传奇，师生生命的成长，才是新教育的最高目标——新教育人为生命的绽放而存在。新教育是为了帮助每一个人，新教育的最高境界是帮助孩子成为最幸福完整的人。"缔造完美教室"，就是要让每一个生命真正地在教室中开出一朵花来。

亲爱的新教育同仁：

大家上午好！

刚才看了紫藤物语老师"阳光天使"班的展示，我很高兴。在我们的"完美教室"里正演绎着精彩的生活，师生的生命都得到了很好的成长。

今天的讲话，我想用三组关键词来表述。

第一组关键词是"感动、感佩、感激"。

新教育于 2002 年提出"五大理念""六大行动""四大改变"，2006 年明确提出"过一种幸福完整的教育生活"的核心理念，2007 年提出"共读、共写、共同生活"以及儿童课程，2008 年提出"知识、生活与生命的深刻共鸣"以及理想课堂的三重境界，2009 年提出"书写教师的生命传奇"以及教师专业成长的"吉祥三宝"，2010 年提出"文化，为学校立魂"，2011

---

* 2012 年 11 月 26 日上午，在江苏海门"新教育海门开放周"上的讲话。

年提出"以人弘道，活出中国文化的根本精神"。一路走来，思路渐渐明晰。2013年，我们将再次回到教育的具体问题上来，主题就是"缔造完美教室"。本次研讨会，来了将近500位代表。原本准备100人的会议，一再突破指标，这也反映了大家的热情。我为大家的热情和海门新教育人富有成效的工作而感动。

　　大家都见证了海门新教育人为新教育实验做出的努力，见证了何新局长和海门市教育局、海门市教师研修中心为这次开放周的成功举办做出的努力。在海门，推开任何一所学校任何一间教室的大门，你都可以看到精彩。海门新教育人为新教育做出了卓越的贡献，海门不愧是新教育的重镇。我感佩海门新教育人和海门教育局的同志们的执着、敬业，感佩他们与新教育一路同行，不离不弃。我也感激他们每年向数以千计的全国新教育人敞开大门与胸怀，包括无偿支持北川新教育人、凤冈新教育人在这里研修学习。

　　我跟何新局长商量，争取把新教育的培训中心放在海门，江苏省新教育研究会和课题管理中心也在海门，设立培训中心的目的是让我们许多新加入的实验区、实验学校的教师们能够得到很好的培训。

　　第二组关键词是"课程、教室、生命"。

　　这次现场会在新教育发展的历程中具有重要意义。我们知道，新教育要能够真正在学校中站立，并且能够不断流传下去，就必须建立起自己独特的课程体系、课程群。

　　打一个比喻，我认为"教室"就是一根扁担，一头挑着课程，一头挑着生命。新教育的真正使命，就是"研发卓越课程"，"缔造完美教室"，书写生命传奇。师生生命的成长，才是新教育的最高目标，新教育人为生命的绽放而存在。新教育是为了帮助每一个人，新教育的最高境界是帮助孩子成为最幸福完整的人。"缔造完美教室"，就是要让每一个生命真正地在教室中开出一朵花来。

　　新教育有自己的许多关键词，这些关键词也是我们独特的语言密码，如"毛虫与蝴蝶""犟龟""相信种子，相信岁月"等。但是从新教育的内在逻辑来看，主要有以下六个关键词。第一个关键词是"理想"。雨果说："世上有一种东西比所有的军队都更强大，那就是，恰逢其时的一种理想。"我们新教育人就是怀揣着理想上路的。在这条路上，我们不断聚集那些真正的理想主义者，也不断扬弃一些无法坚守理想的人。第二个关键词是"行动"。我两次去拜访台湾的证严法师，她有一句名言："做，就对了。"

其实，我们很多人都有想法，就是没有做，没有真正化为自觉的行动。我们新教育人是崇尚行动的，也正是这样的行动精神，让新教育走了 10 年，而且还会继续走下去。第三个关键词是"课程"。新教育从 2006 年开始，先后推出了"晨诵、午读、暮省"的儿童课程、理想课堂、教师专业发展课程等，我们的新教育榜样教师还开发了"在农历的天空下"等一大批课程，我们的专家团队也在研发中国文化课程群等，这是我们发展的基础。第四个关键词是"教室"。对于教室，有两个人说得很好。一个是雷夫老师。他说，一间教室能给孩子们带来什么，取决于教室桌椅之外的空白处流动着什么。相同面积的教室，有的显得很小，让人感到局促和狭隘；有的显得很大，让人觉得有无限伸展的可能。是什么东西在决定教室的尺度？教师，尤其是小学教师。他的面貌，决定了教室的内容；他的气度，决定了教室的容量。还有我们新教育的榜样教师常丽华老师。她说，教室是什么？教室是我们的愿景，是我们想要到达的地方，是决定每一个生命故事平庸还是精彩的舞台，是我们共同穿越的所有课程的总和，它包含了我们论及教育时所能想到的一切，我们就是要守住一间教室，让生命在教室里开花。第五个关键词是"学校"。教室是学校的组成部分。理想的学校，才能够为"缔造完美教室"提供最大的空间。学校的文化氛围直接决定着教室的境界。第六个关键词是"生命"。这是新教育的最高目标——关注每一个生命，让每一朵生命之花绽放。

第三组关键词是"良知、孩子、日子"。

作为新教育的教师，首先应该守住自己的良知。决定一间教室的，不是教室的好坏，而是谁站在教室里！"己欲立而立人，己欲达而达人"，这才是教育亘古不变的真谛。因此，"完美教室"必须守住每一个教师的良知。

其次，守住每一个孩子的心灵。教师应该关注教室里的每一个孩子，关注教室的每一个角落，特别是关注那些相对落后，甚至是已经被父母放弃了的孩子。

最后，守住属于我们自己的每一个日子。教室是空间，日子是时间。教室里的每一个日子都值得珍惜，比如开学日、毕业日、学生生日等。这些看似平凡普通的日子，如果我们用心去做，就能够把它们擦亮。这些日子，就会写在学校的历史上，写在学生的心坎上。

今天的现场会是 2013 年年会的一个破题，通过现场、对话，思考"缔造完美教室"的理论和实践问题，再落实到具体的探索行动中去，为 2013

年年会积累更多的经验、案例，提供更多的值得思考、探索的话题。让我们一起努力，共同谱写"完美教室"的新篇章！

谢谢大家！

站在十年的新起点上[*]

新教育就是这样，在它发展历程中不断有人离去，也不断有人进来。没有关系，我们要的是自己不放弃，核心团队不放弃，研究机构不放弃。只要我们的核心团队在，只要我们的信念、梦想在，新教育就能够坚定地走下去。

各位新教育同仁：

大家好！关于如何推进新教育实验，我本来准备了一篇稿子。但刚才两个多小时的会议中，大家所见略同，大部分内容刚才已经讲过。那么，就一些想法与大家交流吧。

首先说一点感谢的话。非常感谢霍邱！本来这次的"新教育实验区工作会议"不是在霍邱开，原本想放在新疆奎屯。一方面，新疆是一个令大家十分神往的地方，那里有非常美丽的风景；同时，那里有一群新教育人也在辛勤地耕耘着。新疆奎屯实验区在我们常州武进湖塘桥中心小学的直接联系和推动下，这几年来也开展了非常扎实的推进工作。我曾经到奎屯看过一些实验学校，我们奎屯的李主任今天也在现场。

今年暑期中央电视台评选"十大读书少年"，其中有一个就来自新疆奎屯新教育实验区。中央电视台在全国海选了 30 位读书少年，最后入选的有 17 个来自我们不同的新教育实验区。不得不说，这个数字是相当惊人的。当然，这里面有个客观原因，是他们海选的场所有几处依托于我们新教育实验区，但毕竟并非全部，而且他们的选拔是客观公正的。最后他们甚至故意让非新教育实验学校的学生优先，因为最后不能全是新教育实验学校

_*　2012 年 12 月 2 日，在安徽霍邱举办的"全国新教育实验区工作会议"上的演讲。

的孩子啊。他们想请我做评委，我谢绝了，因为我估计最后新教育的孩子会非常多，人家会说我是利用手中的权力。但是，最终颁奖的时候我还是去了。结果，10 个"十佳读书少年"里面有 6 个来自新教育实验区（校），其中就有一个是新疆奎屯初中三年级的孩子。编导在颁奖之前把他带到我的面前，问他："你认识这个人吗？"那孩子看了我半天说："你是不是朱老师？"大家都很惊讶，我更惊讶。我问这个孩子："你怎么认识我？"他说："我们学校是新教育学校，我们学校里有朱老师的照片。我们学校里有朱老师说过的一句话：'一个人的精神发育史就是他的阅读史。'我要说，我的阅读史将会改变我的家族和民族的历史。"这个初三的孩子，从小学五年级才开始学习汉语，才开始大量阅读，几年的时间已经改变了他，使他成为一个非常优秀的学生。他的班主任老师，就是当地新教育实验区的榜样教师。

所以，最初我们是想把此次会议放在新疆去开，去看新教育在祖国的边陲怎么去推动，怎么去生根。但是后来考虑到天气因素，因为现在的新疆已经非常寒冷，非常不方便了，也考虑到一些不可控制的因素，我们临时决定把会议放在霍邱。

霍邱的教育局非常重视，包括霍邱的县委县政府也非常重视，组织了非常强有力的班子来准备我们这次的会议，县委常委自始至终参加会议。我们教育局的老主任，现在是政府办公室的王主任，当年是他"众里寻他千百度"找到了新教育，一直在大力支持着新教育；我们的新局长任局长也是，继任以后仍然在大力支持。很多情况下，继任的局长对前任局长所做的事不是那么感兴趣，我们好几个实验区就是这么渐行渐远。但是我们任局长一如既往地支持新教育，这次会议，他们尽了很大的努力。

我们知道，霍邱经济不发达，还是国家级贫困县。我们这次会议一部分是在城区看，一部分在农村看，实际上霍邱农村学校的硬件比在座大部分实验区都要落后。很多人问我："朱老师，为什么这次会议选择霍邱来开？"很多人看了以后，都觉得不如海门等其他地区那么震撼那么振奋。我说："第一，因为霍邱毕竟做新教育才两年多时间。第二，毕竟这里是经济欠发达地区。我们要看的是什么？看的是一种精神，看的是一种努力，看的是一个过程。而且更重要的是，如果新教育只能在好学校做，只能在发达地区做，而不能在农村，不能在最需要改变的地方去做，它总是有遗憾的。"

我第一次到绛县去的时候，就觉得很振奋。那边经济条件也不理想，我们的陈东强局长和他的团队坚守多年，把这个地方做得有声有色。霍邱，我相信它有可能成为第二个绛县，成为在经济欠发达地区的努力目标。这次会议他们非常努力，无论是现场的准备，还是会场的安排，每个细节都非常周到。所以，我提议我们用最热烈的掌声感谢霍邱的同志们。

同时，我也要感谢各个实验区。实验区是我们新教育的重镇，参与新教育的1400多所学校，实验区占了一大半——也就是说，大部分新教育实验学校都是属于实验区的。实验区的新教育做好了，整体而言新教育也就做好了。这次大部分实验区，也是克服了很多困难来到这里的。第一，这里交通还不是很方便。有的人一听交通这么不方便，心里就打鼓了。第二，这个季节也非常寒冷。第三，正值年末，大家工作都非常忙碌。很多地区，还是克服了很大困难来了。来了都是好样的，因为毕竟我们还有一部分实验区没有来。没有来的，不管什么样的原因，都是要批评的。这次收集新教育实验材料，我们一共三十几个实验区，有九个实验区没有提供材料。做了一年，如果连个总结都写不出来，还是什么实验区啊？我想，可以再给它一次机会，如果再不写报告，就视为自动放弃实验区资格。然后我们可以与该实验区的学校单独联系，如果愿意成为实验学校，就作为实验学校保留下来。

新教育的成功，一定不在于数量。说老实话，我们新教育实验的规模，在全世界教育改革的样本中都是够大的了。美国人一听说我们有100多万孩子、10多万老师参与新教育实验，都很惊讶。这么大规模的教育改革，和我们的先辈们，和晏阳初先生、梁漱溟先生、陶行知先生、陈鹤琴先生，和世界上所有的教育探索比，规模都大得多。所以，新教育现在即使在规模上不再发展，也没关系。新教育现在即使只有一所实验小学、一个实验区能够坚守，完全由新教育的课程、新教育的理念来武装，把真正的"新教育精神"活出来，也就很了不起了。日本不是只有一个巴学园吗？尼尔不就是一所夏山学校吗？杜威不就是一个芝加哥实验学校吗？苏霍姆林斯基不就是一个帕夫雷什学校吗？所以，我们用心做好自己的一个实验区、用心做好一所实验学校，就已经很伟大了。

"达则兼济天下"，我们还有一点兼济天下的情怀，我们还有一个梦想：想把新教育传播得更远一点，想把新教育这样一个好课程让更多孩子分享，想让更多老师在新教育的阳光雨露下更好地成长，只是如此而已。但是，毕竟我们还是要用心管理好已经参与实验的这些实验学校和实验区。所以，这次没有来的实验区，我希望接下去能够落实核查。

当然，很惭愧的是，我曾经工作过的地方，缺席的最多。我曾经在苏州，做过十年分管教育的副市长。这次没有来的常熟、太仓、吴江，都来自苏州——包括昆山，今天早上就已经走了。我在苏州的时候，就坚持不用行政的力量去推动。我坚持认为：只要你认同新教育理念，你坚持去做，我们就会帮你。如果有一天我们在座的实验区认为新教育不过如此，或者对你没有太大的帮助了，你愿意走，我们拦也拦不住。因为我们毕竟不是行政的强制的关系，也没有任何经济上的真正联系，我们只是一个教育共同体，只是尺码相同。因此，有一天大家觉得情不投、意不合，很难在一起做，那么肯定会有人要离去。新教育就是这样，在它发展历程中不断有人离去，也不断有人进来；不断有人离去又进来，不断有人进来又离去。没有关系，我们要的是自己不放弃，核心团队不放弃，研究机构不放弃。只要我们的核心团队在，只要我们的信念、梦想在，新教育就能够坚定地走下去。

我和很多人说过：你们都可以走，但是朱永新不会走。我这一生，肯定会永远做新教育。不论我做什么，新教育都是我生命的一部分，这是毫无疑问的。这不仅仅是因为它是我发起的，更重要的是我觉得它是中国所需要的，是教师和孩子所需要的。所以，我还是要感谢这次克服了很多困难来参加会议的实验区的教育局局长和各个实验区的骨干们，我们也把掌声献给你们！

当然，也要感谢很多新加入的实验区的信任，感谢志文、新海等为新教育所作的贡献，以及所有这一路同行的新教育人。

今年是新教育十周年，我们没有为此搞任何特别的庆典仪式。因为我们每年的年会，包括如今每年10月举办的"新教育国际研讨会"，实际上就是一种庆典。今年的"新教育国际研讨会"，我们邀请了日本的佐藤学团队、欧洲的华德福团队、美国的有效教育团队，这些都是世界上顶尖的教育团队，这样的一种对话对我们来说也是一种庆典。明年我们还会继续邀请全世界两到三个最著名的教育团队，来和新教育进行各种各样的对话和交流。在这个对话的过程中，不断让我们成长起来。所以，我们不准备举行专门的十周年庆典，我觉得最好的庆生就是我们更坚定地走下去，更坚定地朝着一个新的十年出发。

新教育确实需要"再出发"的行动。这次的实验区工作会议，在一定程度上，可以把它视为"新教育再出发"的一个起点。这次会议我很重视，推掉了无数活动专门参加。因为我觉得"再出发"是需要一次新的动员，需要一次新的认识，需要一次新的鼓劲的。

事实上，我觉得新教育从实验区的工作层面上来说，无非是要解决两个最关键的问题：一个是"如何看"，一个是"如何干"。先解决了"如何看"的问题，"如何干"的问题你自己一定能找到办法。绝大部分感觉没有办法的实验区，首先是我们没有看好、没有想清楚；大部分实验区之所以犹豫彷徨，之所以由于领导的更替而动荡，我觉得很大的问题是，从认识上我们还没有真正解决好对新教育的一些看法。

"如何看"里面最关键的一个问题，就是我为什么要做新教育。我凭什么要做新教育？新教育研究院是一个民间的机构，又不领导我，凭什么我要来做呢？今天日照教育局徐主任的发言，让我们很有启发。徐锡华主任从五个方面，论述了他为什么要"众里寻他千百度"来做新教育。他说，他们不是来为新教育捧场的，而是因为自己切身的需要。第一，素质教育的需要。素质教育需要新的助推手。实际上，八年以前焦作的教育局局长张丙辰说，他做教育局局长做了六年，找了六年：他一直在中国寻找，到底什么教育能让素质教育做好、做实。最后发现新教育的理念和行动，就是最好的素质教育。第二，教育均衡发展的需要。第三，教师专业发展的需要。第四，学生发展的需要。第五，凝聚学校和家庭的教育合力的需要。这些恰恰都是新教育的优势所在。的确，新教育在这些问题上不仅有理念、有行动，更有课程、有抓手。

我们为什么要成立新父母研究所、新阅读研究所？都是为了有更权威的专业机构，来提供更实在的课程与专业支持。所以，大家做新教育不是为了配合实验去做新教育，不是为了赢得喝彩去做新教育，不是为了急功近利给自己贴个标签去做新教育，而应该是真正的能够让你那方土地的教育上个台阶，能够让你那方土地的教育换一个面貌，这是能做新教育最真实、最重要的想法。如果你不从根子上认识到新教育是改变区域教育面貌的抓手，你就不要做，做了你也不会坚持下去。这样一种对新教育的认识，认清自己为什么选择新教育，是非常重要的。这种选择毫无疑问就是一种信任，对新教育的信任。

"如何看"的第二个问题：新教育是什么？在某种意义上，这个问题应该放在刚刚谈的"为什么选择新教育"之前，它们是互相交织在一起的。因为你要解决"什么是新教育"的问题，然后你才能解决"为什么选择新教育"的问题。我这两天把各个实验区的报告逐字逐句认真看了，从各个实验区的表述来看，很坦率地说：并不是所有实验区对新教育的认识，都在同一个水平上。到底什么是新教育？包括新教育这几年来的新发展、新变化，很多实验区并不是很清晰。

我也和一些实验区的同志交流过，我们新拓展的一些非常好的项目，比如说"完美教室"，很多实验区提都没提；还有一些我们非常好的成熟项目，也没有提及。很多实验区并不知道我们还有基金会，还可以到基金会申请童书馆。昨天童喜喜还没有来得及全面展示的"新教育种子教师计划"，这个项目就是协助各个实验区，在全国各地去发现、培养榜样教师。这一套发现、筛选种子教师的办法，很多实验区不知道。比如新教育的报纸、刊物，很多实验区没订——没订他怎么知道？作为传播新教育理念非常重要的平台，一些新教育的思考，未来的一些新的增长点，我觉得应该在这些刊物上得到传播。你不订这个杂志，你怎么知道？比如我们的网站，当然这个网站现在还有很多问题。新教育网站一直是我们的"心病"，这个"心病"一直到现在都还没有去除。照理说，这个网站应该是一个非常优秀的"新教育资源库"。所有信息、所有资源，都应该在这个网站上很便捷地查到。很多网友说上不了这个网站，很多网友说注册很困难，这个网站的资源很难找到。这一方面的确有我们的责任，另一方面，实际上你只要用心去找，你就能找到。无论是站内搜索，还是百度上查找，你一查都能查到，关键是你是不是用心在找。

新教育从过去的"六大行动"，发展到现在的"十大行动"——日照的徐锡华所长他们很敏锐，新教育所有的新生事物在他的报告里都提到了，这说明每次会议他都没有落下。新教育很多很重要的会议，经常有人缺席。新教育每次会议都会有新的重要信息，毫无疑问，你漏掉一次信息就失去很多机会。这次有很多没来的人，找出各种各样的理由。据说这次一个没来参会的实验区，是因为在搞开放周。这怎么能成为理由呢？你的开放周跟全国实验区会议碰上，你让一下不行吗？开放周随时可以办，怎么说开放周就不来了？还有一个实验区说省里面搞活动，不来了——主任局长要搞接待，但是具体做工作的人得来吧？不来的话就会失去机会，就会错过一些重要的理念。

所以，全面认识新教育，我觉得是非常重要的。

新教育现在有三所实验学校：罕台有一所新教育实验小学，新教育研究中心的干国祥老师在那边做校长，在做课程研发；北京有一所丰台二中附属新教育实验学校，新教育研究中心的魏智渊老师在那里做执行校长；我们研究院直接联系了一所北京市新教育实验学校，这所学校是北京朝阳教委委托我们直接来办，我们请了河南新教育实验学校的校长侯保成在这里主持学校工作，各个实验区对这所学校也给予了很多支持。一年以后，我们还会从实验区抽调一些老师，来支持北京市的新教育实验学校——我们希望把最好的老师借到这里来，我们也会用最好的方法帮助这些老师成长，把这作为培养种子教师的一个非常重要的手段。

希望大家要继续全力以赴，支持这三所新教育自己主办的核心学校。新教育研究机构要把这里作为自己的研究基地，研究重镇。最好的研究项目包括基金会在内，要举新教育之力来支持这三所学校。各个实验区也要调动自己所有的资源，来帮助这三所学校。因为未来课程的研发，未来新教育文化的建设，未来新教育品牌的构建，都是基于这三所学校。

至于新教育实验近期新的发展动态、课程的研发、行动的变迁，本来志文希望我讲一讲，他说：你在宁波"新教育国际高峰论坛"上做了很详细的论述，讲得很好，应该再说一说。我说：不用了，宁波会议放了视频在网上，都有材料在网上；我再现场重播也只是炒一锅冷饭，是没有意义的。但我还是希望大家努力敏锐地去关注，去捕捉，因为你是新教育人，你是新教育实验区，你就要不断主动关注新教育每一个细节、每一个变化、每一个进展，这很关键。

第三，"如何看"里面还有一个很重要的问题：就是信心、信念、信仰。你怎么样去看新教育，在很大程度上决定了以后怎么做——既然你选择了新教育，你就应该信任它。

我一直说，新教育是值得信任的。为什么它是值得信任的呢？第一，新教育的理念、行动、课程，不是我们这些发起人、研究者在一起拍脑袋拍出来的，它是我们经过多年的思考探索总结凝练出来的——实际上大部分不是我们首创，我们在很大程度上是一种"继承创新"，是把人类几千年的教育文明、几千年教育智慧凝练起来、整合起来。我们经常说，学校应该成为汇聚美好事物的中心，实际上新教育本身就是汇聚美好教育的中心。但是，新教育并不是大杂烩，新教育把所有的美好事物汇聚起来，这个"汇聚"并不是杂乱无章的。我们有所取舍，有所整合，所以，从理念上、思想上、智慧上，新教育是值得信任的。

我经常说，我们的研究团队是用生命在做新教育。同时我觉得，我们这样一个团队的这样一种公益的情怀、理想的情怀，也是值得信任的。像我们新阅读研究所的常务所长朱寅年，把北京一家报纸的主任职务辞掉了，来做新教育。我们的养老保险、医疗保险开始时都没有给他办，他就已经为我们奉献了几年。新阅读研究所进行的几个书目的研制，在儿童阅读界有非常大的影响。曹文轩先生说："新阅读研究所做了一件功德无量的事，做了全中国最好的书目——小学生阅读基础书目。"这些书目的确凝聚了我们的很多心血，它们的研制都是站得住脚的，不成熟的书目我们绝对不会发布。这些研制的书目，对我们的实验学校都有着很好的指导作用。童喜喜老师也是"自带干粮"在做新教育：本来她是一个作家，现在成为一个团队的负责人，全力投入，不拿工资。包括志文、新海，他们都是自己口袋里掏钱，贴钱贴精力，还得受气。这样的一群人，是值得尊敬的。我们应该信任我们的团队，信任是非常重要的。信任不是不用怀疑，新教育的一些理念、行动你当然可以用怀疑的眼光来看待它，用怀疑的思维来思考它，这都没问题。但你首先得相信，你还没搞清楚就怀疑它是不行的。

所以，我觉得"如何看"是关键问题。如果你从心底里认识到新教育的好，从心底里意识到新教育可以帮助我们走得更远、飞得更高，从心底里意识到新教育的确是改变未来教育方向的一个重要探索，那么你就会为能够参与这样的事业、为能够成为新教育的一员而感到自豪。你应该见了人会骄傲地说"我是新教育学校"，"我是新教育人"。总有一天，新教育人应该成为很光荣的名字，一个很值得让你自豪的名字。而此刻你越是深刻地卷入，你越会了解新教育的价值和意义，在新教育再出发的现在，我们非常需要更多的人投入其中。

做事的人，最后终会得到承认。从硕果老师昨天的介绍，包括今天徐所长的介绍中可以看到，新教育能够怎样改变一个地区。尽管日照只做了两年，但日照市每年评选的"十大人物"多少年一直没有教育界的，今年就出现在了教育界。在日照"年度十大民生新闻"中，有一件就是"新教育实验让日照的老师和孩子更幸福"。如果他们做了十年呢？如果他们把每一个项目做十年，会是一个什么样子？我相信会和现在更不相同。

表面看来，你既然已经参加了新教育，就已经解决了"如何看"的问题，实际上并没有。包括我们的一些骨干，也未必。今天早晨吃饭的时候，我专门问昆山的第一所新教育实验学校。我问他："学校的新教育展厅还在不在？"他说："还在，如果撤了，以后对朱老师不好交代。"我说："如果因为这个原因而保留，是没有意义的。更重要的在于，你们是第一所新教育实验学校。你们应该思考怎样进一步重新焕发青春，怎么样老兵新传，怎么能够进一步推进新教育。"因为，只有新教育真正成为这所学校的品牌的时候，只有这所学校的故事真正成为新教育里程碑上具有划时代意义的事件的时候，这所学校才会写在历史上。否则新教育在写自己的历史的时候，也会给它轻描淡写一带而过，因为它只是曾经发挥过作用而已。曾经辉煌不等于永远辉煌，曾经卓越不等于永远卓越。我们要不断追寻卓越，不断追寻新教育脚步，不断深化对新教育的认识和理解。

其次，是"如何干"。针对这个问题，刚才诸位已经从不同角度讲了很多，我就不详细说了，只讲几个要点。

第一，所有的实验区，都要为自己找个榜样。我们平时常说榜样教师，都说教师的成长需要榜样，其实实验区也一样。我们是以海门作为榜样，还是以日照作为榜样？总要为自己找一个。我知道霍邱是把绛县作为榜样，很坦率地说：霍邱要达到绛县这样的水平，还有几年的路要走。但是有榜样比没有榜样好，因为有榜样，你就可以一点点去追赶，一点点去做。为自己寻找一个榜样是很重要的，新教育有一个生命叙事，其中最重要的一点就是为自己寻找一个"自我的生命镜像"。因为你选择谁，最后你才能成为谁；你成为谁，最后你才会超越谁。你如果没有榜样，没有人生的目标，你的生命就很难书写传奇。因为任何生命，都有一个生命的原型，在你潜意识里面，或者在你自觉的追求里面。

所以，我希望我们的实验区要有个标杆。很多实验区总觉得，我已经做得不错了，特别是苏州这个地方，因为教育基础很好，学校基础已经很好。但是，山外有山，只有你发现还有人比你做得更卓越的时候，你才可以做得更好。包括做得很好的"新教育海门实验区"，也并非不需要榜样。因为"智者千虑，必有一失；愚者千虑，必有一得"，总会有人在某个方面、某个细节上比你做得更好。像今天日照实验区就有很多经验，值得我们所有人学习，包括海门在内。尽管日照只做了两年，但它的系统性上，思考的完整性上，有独特的、很值得我们借鉴的地方。我知道，日照也已经把海门作为自己的榜样，所以派了自己的学习团队，一去几十个，不断地派过去，为什么？因为他们想学呀！所以，为自己寻找一个榜样十分关键。

第二，我们要制定实验区的制度和底线。底线是保证实验做好的基本条件，尤其是对于刚刚加入实验的实验区来说。这套制度和底线，我建议研究院以后在与参加的实验区签约的时候，要明确在协议上写出来：你做实验区，你就必须要遵守这个底线。明年我们一定要拿出新教育实验区的评估考核办法——作为一个实验区、一所实验学校，到底做得怎么样，要进行考核。没有评估和考核，没有一个客观的标准，一切全靠自觉，就会导致想进步也难以找到参照。

第三，善于发现榜样教师。严格意义上来说，评估和考核是针对团队的。对真正的榜样教师，很难靠评估的力量去影响他。很多新教育的老师都在研发新教育的课程，很多这样的探索虽然不很成熟，却体现了一种精神。这时就需要言说，需要记录我们这些老师身上的故事，激励他们更好地成长。每个实验区，要发现这样教师的榜样，因为由榜样说服是最有力的。我们自己宣扬新教育理念怎么好，如何符合教育规律，那没有用。很多人不理解新教育，不理解就很难实施。我跟人讲前面说过的中央电视台的故事，没有一个人听了不服气的——30个人里有17个是新教育的孩子，10个人有6个是新教育的孩子，你说谁听了不感动？教师也是一样，今年《教师月刊》评选了6个"年度教师"，其中就有一个是我们新教育的老师敖双英，也是我们新教育的种子教师。这是最能说服人家的东西。所以，我们要靠榜样教师、靠故事、靠孩子们发生的种种变化来言说。实验区一定要用心发现，发现以后要努力去关心、去培养。让他们来言说，帮助他们言说，这样的榜样对周围的人影响是很大的。因为人是需要去激励、需要被唤醒的，在不断唤醒和激励的过程中，他才能真正地成长起来。因此，我们怎样发现优秀的"榜样教师"非常重要。有时候，发现一个老师很有理想、很有激情、很想做事，就可以手把手地教他、带着他，给他提供机会，把他送到"榜样老师"的教室里跟班。现在很多老师的水平很高，但他没有激情，就不行。真正有理想、有激情的教师，才是真正的人才。我们选"新教育种子教师"，前提就是有激情、有理想，没有激情、没有理想，即使课上得再好，也不能成为榜样老师。

第四，要认真地做好课程和项目。在一个实验区里，你的课程和项目如果没有团队去推进，就会抓不到根上。我们可以发现，做得好的实验区，像绛县、海门，每个项目他们都会组成一个团队，让团队来推进项目。否则光凭一个负责人，是没有发展的。有了团队，就会一群人用心思考、用心谋划，把项目和课程真正做实。

总的来说，新教育一路走来，的确很不容易。所以我们大家，一定要珍惜我们共同走过的十年历程。

同时，十年中无论取得了多大成绩，毕竟已经成为过去。在十年中，我们为自己画了一个小小的逗号。今后我们怎样为未来十年，画一个稍微大一点的逗号，还有待我们进一步探索。距离我们的梦想，新教育可能需要几代人的努力。我们这一代人离开了，还会有新的新教育人进来，而我们当下就是要不断把这种开放的机制、这种进取的精神制度化。包括我们的团队建设，研究院、基金会、研究会都要用制度来进行管理约束。

2013 年是新教育规范化的一年，要把所有的事情规范化、制度化，用制度、用规范使新教育更健康地发展，而不因为任何人为的变化影响其发展。当有一大群理想主义者在认同新教育时，同时还有一部分人在"靠新教育吃饭"，新教育就能如此循环着运转下去。我们要培养更多"靠新教育吃饭"的人，把新教育机制建好，把机构真正做实，我们的研究院、研究中心、研究所吸纳更多的人走到新教育事业中，这是我所期待的。什么时候我离开了新教育，它还可以继续顺利地运转，这才是新教育生命力的体现。

当然，我前面已经承诺：我永远不会放弃新教育，我这一生会追随新教育。事实上，我是新教育最大的受益者，也是被新教育所成就的人。新教育这十年，也是我个人成长最快的十年，我也很感谢新教育。让我们一起为新教育尽我们自己的努力，让新教育因我们的存在而更加精彩！

谢谢大家！

在这条路上同行[*]

几乎所有投入新教育的人，也都收获着新教育的反哺、回馈。新教育

---

[*] 2013 年 1 月 2 日，在苏州吴中科技城"新教育元旦论坛"上的演讲。

给了我们的人生一个重要的舞台，我们的心灵在新教育中慢慢地充盈起来，我们的生命在新教育中逐渐地丰富起来，我们的世界也在新教育中变得更辽阔壮美。

各位同仁，各位朋友：

大家好！感谢各位在新年的第二天，在这个寒冷的上午，参加"新教育元旦论坛"。

前天在北京的一次教师教育学科发展研讨会上，香港比较教育学会的会长李军博士问我：任何一个教育改革或者重要理论的出台，都有其内在的必然性，都是对于时代挑战的回应。在当代中国，为什么那么多的人把孩子送到国外读书？因为大家对自己的教育缺乏信心。那么，新教育是如何看待和应对这个问题的？

其实，这个问题简单地说就是——为什么要做新教育？

这个问题，太多人在不断地追问我。我也不断地叩问自己。是啊，为什么做新教育？

最初，我是因为想改变教育生活的冲动。一方面，是应试教育导致的学生课业负担过重等问题，引起全社会的普遍关注；另一方面，是我对于理论的新的认识。1999 年，我读过的那本《管理大师德鲁克》，给了我很大的启发。德鲁克在看望他的老师熊彼特时，老师语重心长地说："仅仅靠理论流芳百世是不够的，除非你能够改变人们的生活。"

从那个时候开始，我才下决心走出书斋。一个关于改变的小小"念想"，一个扎根生活的小小的"发愿"，慢慢开始在教育大地上滋生，悄然成长，悄然汇聚。

先是苏州的一群年轻人来了：储昌楼、焦晓俊、卜延中、袁卫星、高万祥、张欣、孟丽华、高子阳、周建华……包括当时正在苏州读书的李镇西、张荣伟、王胜等。

2002 年，第一所新教育实验学校在昆山玉峰实验学校正式挂牌。

一年后，第一届新教育实验研讨会在玉峰正式召开，新教育的大旗树了起来。

2006 年，新教育的专业团队新教育研究中心正式建立，魏智渊、干国祥、马玲等先后加盟。与此同时，卢志文、许新海、朱寅年等也先后成为新教育的中坚力量。而章敬平、王海波、营伟华等新教育的义工，也先后成为我们的后援力量。

2009 年开始，罕台新教育小学、新阅读研究所、新父母研究所、丰台二中附属新教育小学、北京市新教育实验学校等先后成立。童喜喜、王丽君、李西西等人，也"自带干粮"加入了新教育的团队。

为什么做新教育？这也是几乎每个新教育人都曾经被人问过的问题。

做新教育的这些人，为什么而来？他们是为了傍一个副市长、副主席吗？他们是为了功名利禄吗？他们是为了寻找一个饭碗吗？的确，有许多这样的猜疑，这样的非议。但是，他们真的是吗？

我想，如果没有新教育，卢志文的翔宇教育集团总校长会当得更加滋润潇洒，许新海的教育局局长也会做得游刃有余。但是，他们都把自己大量的时间给了新教育，忙中偷闲奔走各地。卢志文曾经形容自己做新教育，是"赔人、赔钱、赔时间，受气、挨骂、被误解"，的确如此。但是，志文与新海作为我的助手，始终不离不弃。

如果没有新教育，干国祥、魏智渊、马玲、朱寅年、王丽君等，肯定也是快活如神仙，或者像一些名师到处讲演、扒分，或者忙着写书、著文、赚稿费，过着优哉游哉的生活。而不必从家乡到苏州，从苏州到宝应，从宝应到罕台，从北京到苏州，从石家庄到北京，流浪奔波。但是，他们作为新教育的研究骨干，一直坚守教育现场。

如果没有新教育，童喜喜、李西西等，一定会写出更多像《嘭嘭嘭》《影之翼》《小鬼喜当家》那样优秀的作品，会源源不断有稿费进账，过着优裕的小资作家生活。但是，参加新教育以后，他们不仅没从新教育拿一分钱工资，还把《那些新教育的花儿》《影之翼》等著作的稿费都捐了出来，新父母研究所用一年多的时间建立了几十个"萤火虫"工作站，十余万父母受益。

我感到十分愧疚的是，作为发起人，我一直没有很好地照顾大家，养老、医疗、社保等保障机制没有建立，工资、奖金等基本收入也不是非常稳定。这一方面与我们一直强调新教育的公益性，没有建立造血机制有关，另外也与自己对团队的关心不够有关。

当然，不能够因此说，我们做新教育仅仅就是在奉献、在牺牲。新教育是一条路，一条不断追寻人生意义的路，不断寻找确定自我的路，不断实现生命价值的路，我们是这条漫漫长路上的同行者。新教育是一个平台，在这个平台上，新教育人互相鼓劲、彼此鞭策、竞争合作、携手并肩，从而获取着源源不绝的前行动力，从而更好地展示着自己。

因此，几乎所有投入新教育的人，也都收获着新教育的反哺、回馈。新教育给了我们的人生一个重要的舞台，我们的心灵在新教育中慢慢地充盈起来，我们的生命在新教育中逐渐地丰富起来，我们的世界也在新教育中变得更辽阔壮美。

与此同时，这条路上还有一群人，就是我的学生们。

曾经有许多次，我都想取消每年的"新教育元旦论坛"，因为我不想加重学生们的负担。无论是筹备一次聚会所付出的辛劳，还是许多从外地专程赶来的学生的奔波，都让我心中感到不安；我也与陶新华、邵爱国等提出过取消的建议。

人的精力是有限的。回想当年，我有足够的时间与学生们同进同出，深入交流、倾心研讨，那的确是一段十分美好的记忆。可是，人生不能同时踏进两条河流，一个人不可能走两条路。随着我工作地点的改变、工作事务的繁重，尤其是新教育启动之后，我绝大部分精力都投入了这项事业——客观地说，我无意之中也怠慢了许多人。

可是，为什么我们今天仍然相聚在这里？因为，作为老师，作为朋友，我已经走在新教育的路上。我想对大家呼喊：来一起走这条路吧，来拥有这条路上的风景吧！这条路，漫长而崎岖，也因此风景格外动人！

我多么期待我的学生们，能够像许新海、李镇西等一样深度地卷入新教育，靠近它，温暖你。我不是那么强调学术的传承、学问的道统，但我期待，有更多朱门弟子同时拥有另外一个骄傲的名字——新教育人。

很多人都知道，新教育有两个重要的愿景：第一，是成为中国素质教育的一面旗帜；第二，是打造扎根本土的"新教育学派"。学派的建立，最关键的是要有自己独特的理解教育的方式，需要有明确的研究纲领、独特的理智兴趣、共同的意义阐释方式，需要形成自己的理论体系，需要有自己的代表性著作和实验基地，更需要有自己的代表人物和学术传承。在教育思想史上，那些伟大的教育理论和学派，已经为我们做出了榜样。

我的学生很多在大学做老师。如果自觉地把自己的研究方向往新教育靠一靠，自觉地把自己的研究兴趣往新教育移一移，多关注新教育的研究成果，多关注新教育的优秀案例，指导研究生时争取选择新教育作为题目，开拓一些新教育的新的研究领域等，可以说，不仅新教育会提供非常大的研究空间，这也会是学术上有价值的探索。

在这个方面，何小忠、张荣伟、陈国安、苏静等人，已经是先行者，已经在结合新教育的研究上做出了有益的尝试。就在两个月前的"新教育国际高峰论坛"上，陶新华所做的关于新教育教师的调查研究报告，让人耳目一新。我一直说：新教育不仅是我的，也是你的，是我们大家的。只要你愿意，新教育就属于你。在新教育的舞台上，我们每个人都扮演着自己的特定角色，每个人都可以书写自己的生命传奇。

所以，"新教育元旦论坛"，我希望它能成为这条路上的一次汇聚，我每次都把它作为这条路再出发的起点。苏州，是新教育出发的空间上的起点；新年，是新教育出发的时间上的起点。这就是我们的出征仪式，就是我们的彼此壮行！

十年过去了。虽然有许多遗憾，许多疏漏，但新教育没有辜负我们的初愿，没有辜负我们的行走。十年的行程，我们收获良多。

昨天，新年的钟声已经敲响。这也是新教育重新出发的号角声。昨天晚上，我们召开了新教育的理事长会议。今天下午和明天上午，我们还要继续召开新教育的理事会和基金会会议。为了新教育的长远发展和进一步规范化，为了吸引更多的优秀人才加盟新教育，我们必须不断变革。新教育的基业已经今非昔比，但是，创业容易，守业艰难。所以，新教育应该用二次创业的精神重新出发。

前几天，北京师范大学副校长曹卫东教授说："现在许多科学研究看上去很美，很完善，但是没有情怀。没有情怀的研究，一定是没有生命的。"我们的新教育，恰恰是从梦想开始远征的——情怀，是新教育最显著的特点。

是的，一切都可以重新开始。唯一不能变的，就是我们的理想，我们的教育情怀。亲爱的同学们，亲爱的新教育同仁，我深信，在当下的时代，你们都是有着情怀的教育人。我愿与大家一起，在中国教育之路、在新教育路上，齐心协力，且歌且行，一起过一种幸福完整的教育生活！最后，再次感谢各位同学专程前来参加"新教育元旦论坛"，感谢各位新教育同仁专程参加这个本来属于师生联谊的活动。特别要感谢为这次活动付出辛勤劳动的陶新华、夏金华、邵爱国三位博士。他们出色的努力，让我们对每年的元旦充满了期待。

让每个生命成为无价的珍宝*

我们正在共同见证，新教育的梦开出花来。我们正在共同努力，一起创造着教育的无价珍宝。我相信，我们的生命也因此成为无价的珍宝！

尊敬的叶明主席、赵光育副主席，尊敬的李玲区长、肖锋局长，尊敬的蔡局长、董茶仙局长，尊敬的严文蕃教授和美国的校长朋友，尊敬的各位领导、各位专家、各位来宾，尊敬的各位新教育同仁：

楼观沧海日，门对浙江潮——在古越萧山，第十三届新教育实验研讨会如期召开了！

这是新教育人一年一度的主题研讨，也是新教育人耕作一年后的庆典。去年，我们在山东临淄聚焦"完美教室"的缔造，今天，我们在浙江萧山探索"卓越课程"的研发。

古越萧山，这里的文明历史，有距今 8000 年的文明遗址——跨湖桥遗址为之作证。

古越萧山，这里的经济发展，有连续多次蝉联"中国大陆极具投资地第一名"等荣誉为之佐证。

而古越萧山更是教育昌明之地，不仅有全国首批教育强县的称号为之见证，我想，新教育实验本身，也是萧山教育的一张独具特色的名片。

昨天晚上，我读银河学校朱雪晴副校长的文章，多次感动得热泪盈眶。她说，追随新教育 9 年，一路走来，只为了看到一个个完满的生命，活泼泼地站着我们面前。她说，新教育究竟带给了我们什么？我不知道。我只知道，新教育让我遇见，我不曾遇见的童年；它让我看见，不曾看见的美好。她讲了一个小小的故事：一位接到学生成长记录的父亲说，这是值得珍藏一辈子的礼物啊，我一定拿它给孩子做嫁妆！

接下来的两天，我们会聆听一线教师讲述，进行专业研讨，参观"新

---

* 2013 年 7 月 13 日，在新教育实验第十三届研讨会上的讲话。

教育学校"——我们将欣赏到萧山新教育的精彩，也为新的课程研发增添新的动力。

本次盛会由新教育研究院主办，萧山教育局共同承办。承办方为本次大会做了精心的准备和艰苦的工作，让我们以热烈的掌声向他们表示衷心的感谢！

本次盛会，我们还特别邀请了严文蕃教授和来自美国的诸位校长。我相信，这样的深入沟通与交流，将让我们每个人获益匪浅。让我们以热烈的掌声，向他们表示由衷的感谢与热切的期待！

诗人戴望舒说：梦会开出花来的／梦会开出娇妍的花来的／去求无价的珍宝吧。这无价的珍宝是什么？我认为就是：过一种幸福完整的教育生活。感谢所有参加年会的朋友，感谢所有参加年会的新教育同仁。我们正在共同见证，新教育的梦开出花来；我们正在共同努力，一起创造着教育的无价珍宝——我相信，我们的生命也因此成为无价的珍宝！

谢谢大家！

让我们一起走这条路吧 *

各位领导，各位同学：

大家上午好！

非常高兴看到书院三个多月努力的成果，感到我们在一步步不断地靠近最初关于书院的梦想。今天尽管不是所有的同学都做分享，但我相信，所有的同学一定都有同样的感受，就是书院这三个月来的确做得很棒。刚刚两位主持人和所有同学的发言都让我非常感动。书院，这样一个梦想的种子，正在悄悄地发芽、生根、开花。下面，我想借此机会，谈几个方面的问题。

---

① 2013 年 10 月，在北京华夏管理学院新教育书院汇报分享会上的演讲。

一、为什么要办新教育书院

书院自创办起才三个多月，如果说算一个孩子的话，还是一个婴儿。但这一路走来，还是很令我们欣慰，它在不断地形成一种坚持、一种韧性。

书院的建立，实际上是在探索中国高等教育的一条新路，探索大学生自主管理的一个新模式。我们在座的每一个人不仅在这个探索的过程中得到了成长，同时也在为中国教育做出了一份特殊的贡献。所以请大家不要忘记，我们是在共同从事一项非常伟大、非常有意义的事业。

因此，我们当然希望有更多的学校加入探索的队伍，一起前行。不少大学的校长表示也要探索新教育书院的模式。比如今天邯郸学院就是想来了解一下，我们做的这项工作有没有可能复制，有没有可能在其他的学院去推行。希望我们的书院能够成为全国的榜样。

二、为什么要读书

人来到这个世界上，在很大程度上是为了看风景。来到又要离开这个世界，唯一能带走的就是你的精神财富。风景有两种，一种是自然的风景，一种是精神的风景。看自然的风景如山水名胜等，要受到很大的限制，要有金钱、闲暇等；而精神的风景，一本书就够了。人类已经创造了很多精神的风景，但大部分人并没有真正看到人世间精神的风景。精神的风景都悄悄藏在最伟大的书里，和它对话的过程是精神不断升华的过程。这些风景永远是你的，和你不会分离。

阅读，可以让我们每个人变得聪明起来。我们看俞敏洪的书，他的成长历程、他的人生态度，对今后自己的人生会有很大的帮助。我们第一个学期主要是读名人传记，为什么选《俞敏洪传》《巨人三传》《我是乔布斯》？因为其中的主人公跟我们的人生经历和体验更相似。

人生就是一本书，你的人生就是一个故事。那么，你怎样去书写你的故事？你这本书，你是作者，你也是主人公，你的故事由你自己书写。你的故事能不能精彩，取决于你这位作者。有的人能够把自己的故事变成一个伟大的传奇，比如说俞敏洪，比如说乔布斯，比如说《巨人三传》里面的那些英雄。为什么有些人能做到，有些人做不到呢？这取决于作者是否用心去写。

与此同时，作为一个作者，在写自己的生命故事时一般来说是会有原型的。你为自己找一个什么样的生命原型，为自己寻找一个什么样的人生榜样，在心理学上叫作"自我的镜像"，这一点非常重要。我们给大家推荐的《产生奇迹的行动哲学》一书中的主人公德田虎雄，他在中学时排在四百多名，最后成为日本非常著名的医学改革家。他就是为自己不断地去寻找一个生命的原型，不断地在镜子里去寻找多少年以后的那个他。我希望你们在书院的生活中，在阅读的过程中，经过几年的努力，慢慢为自己寻找一个自我生命中的原型。在你离开书院的时候，你心里有一个人作为你人生的榜样。

实际上，阅读的过程就是和伟大的人物对话的过程。这学期推荐的名人传记，每个人都必须读完。最近有一本新出版的书《曼德拉传》，曼德拉在监狱里度过了 27 年，但他从来没有放弃他的梦想。不放弃梦想，就会产生强大的力量。所以，给自己寻找一个人生的榜样，既然来到这个世界，与其平庸地活着，还不如努力地去拼一把，让自己活得更精彩。往这个方向去走，是我对新教育书院的学生们的期待。

爱因斯坦曾经讲过，所谓教育，就是当一个人把在学校所学全部忘光之后剩下的东西。那么我们新教育书院做的这些事情，恰恰就是在把所有知识全部忘掉以后你不会忘记的这些东西。就如读书的习惯，你会忘记吗？如果你真正按照要求去读了，真的读进去了，相信经过一年的训练，你一定会喜欢上读书，会养成读书的习惯，永远不会忘记。因为我们选书是用了一定心思的，选了一些大家能够接受的好书，书里展示的风景实在太丰富了，太有趣了。

三、为什么要写日记（随笔）

谈到写日记，有一些同学坚持得不错，写了 70 多篇，甚至 90 多篇。从我的期待来说，我希望大家每天都能坚持。哪怕就是一句话，哪怕今天实在没时间，明天把它补上，你总能做到。我的日记，就从 19 岁一直写到今天早上。有人说不写流水账，其实流水账也可以写。记录下来之后，会发现天天这样的确没有意思。于是，为了写得精彩，你就会去活得精彩，做得精彩；只有做得精彩，活得精彩，才能写得精彩。怎样活得精彩？这就要阅读，就要和别人交往，就要有故事。有的时候很忙，就先记一些线索，等有时间了，比如寒假、暑假再把它扩充成文。

我经常讲，日记不是要你写长篇大论。它不仅仅是记录生活，同时也是锻炼意志力。做一件事情，要么不做，要做就决不放弃，它培养的是一种坚持。

我曾经跟你们讲过，2002年我开了一个"朱永新成功保险公司"，对一线的教师们说，每天坚持写1000字，保证你成功。很多一线的教师就是因为这样做了，后来成为全国的名师。因为，写作是真正思考的开始。每天要写1000字，每天就要很用心地去生活，与孩子们交往，与孩子们交流，每天的教学就不一样。我一直说，很多教师都是拿着教育的一张旧船票，每天重复昨天的故事。其实，很多人的人生又何尝不是这样呢？如果没有日记，没有写作，没有思考，很可能天天就是这样重复，日复一日，月复一月，一生就这样过去了。但是，思考就不一样。思考就要不断地改进自己，提升自己，把事情不断地做好，然后又会不断地提醒自己：我的目标在哪里？我为什么没有达到这样一个目标？我自己给自己规定的事情为什么没做？就要这样不断地给自己提出要求。

日记是自己和自己的对话。人有几个"我"？按照弗洛伊德的说法，人分为本我、自我和超我，人的这三个"我"不断地对话，会帮助我们不断地用超我战胜本我，不断地自我超越，不断地去战胜自己。日记是一种道德的长跑，是一种历练的长跑。

写日记对我们来说是一件非常重要的事情、非常有用的东西，养成了这个好习惯会受用一生。想想等你老了，到你80岁的时候，把所有的日记拿出来看，一定会很幸福。拿出我20年以前的日记来看，如果没有它，这20年走过的历程将是干巴巴的，没有回忆。这些日记会帮我们回忆起生活的每一个细节、每一天，你把这些日记再传给儿子、孙子，他们会看到自己的父亲、自己的爷爷、自己的妈妈、自己的奶奶过去是这么一路走过来的，这是很大的财富。实际上，我们的这些日记是一种历史。不仅是个人的生活史，也是我们这个社会的历史，还是我们这个民族的历史。大到这个角度来看，写日记就更有意义了。所以，每一件事情都不要小看它。希望下次来听汇报的时候，所有的人都能够很骄傲地跟我说：每天都坚持写了！

四、为什么要写家书

很高兴大部分同学能够做到每个月给父母写一封信。我也听到有同学说第一次给父母写信的情况，父母亲第一次看到你们的信，很激动，很感动。我认为它不仅仅是一种感恩，实际上也是一种对话。你们今后也要为人父为人母，把自己的所学和父母亲做一个分享，多去交流，让父母亲能够对我们放心。这对于改进我们的亲子关系、家庭关系，培养我们一种感恩的情怀，是一件非常重要的事情。

五、为什么要自我管理、自主活动

我非常高兴的是同学们的自我管理和自主活动。书院成立到现在，包括今天在内的所有活动都是你们自己设计、自己组织的，我觉得非常好。我们一开始就提出，所有的同学都要参加一个社团，或者自己组建一个社团。如果有遗漏，希望大家能够尽快补上。我们要求所有的人在自己的团队里都承担一定的责任，所有的人都一定要把自己的职责做好。在一个螺丝钉的位置上把它做到极致，做到最好，这也是今后我们走向职场非常需要的一个本领。比如今天早上拿到《新教育书院报》，我看得很感动。我们的主编没有任何经验，从零学起，能够办一份这样的报纸；我们的各种活动尽管有很多困难，但是一个个坎都过来了，也开展得有声有色，真的很不容易。的确，做工作要有这样一种精神，一种全力以赴把工作做好的精神，要付出和别人不一样的经历和劳动。表面来看，用了很多精力，花了很多时间，但事实上，得到的也是最多的，因为这是一种锻炼的机会。

希望所有人都能够主动抓住这样的锻炼机会。实际上所有的付出都不会白付出。我们常说"舍得"，为什么叫"舍得"？舍得舍得，只有舍才会有得。所以多承担工作，多为别人服务，在这个过程中，实际上是培养了一种能力，建立了一种信誉，养成了一种习惯。

我们在设计新教育的一系列行动时，每个行动的背后都有很多考量。书院的规定项目都是精心为大家选择的，都经过了反复的研究、反复的思考。选择了它，就要相信它，然后认真地行动，尽最大的努力。

总之，我们要清醒地意识到，我们都在参与一项伟大的实验，我们正在一起探索一条伟大的道路。让我们一起为新教育书院加油祝福！也祝愿大家在新的一年里能够继续努力，创造我们书院新的奇迹！

谢谢大家！

向着"新教育的彼岸"继续航行[*]

"新教育的彼岸"是什么模样？我想，彼岸是一群又一群长大的孩子，从他们身上能清晰地看到：政治是有理想的，财富是有汗水的，科学是有人性的，享乐是有道德的。所以我更相信，这一次隆重的开放周活动，是日照新教育的又一道金海岸。

尊敬的各位新教育同仁：

此时此刻，我本来应该站在诸位的面前，向鲁豫皖实验区的新教育人、尤其是向日照新教育人道一声辛苦，说一声感谢。

近日事务缠身，昨天凌晨刚从俄罗斯出访回国，这几天又要参加民进中央的会刊工作座谈会等几个重要活动，时间早已安排得满满的。所以十分遗憾，我只能在这里以文字向大家致歉、致敬。

日照加入新教育实验不过 3 年。还记得在 2010 年的 6 月，我到金海岸小学所做的报告。我也没有想到，那里真的成为日照新教育的金海岸。从那场报告开始，日照新教育的航船就从这金海岸启程了。

这 3 年中，日照新教育以务实的精神、踏实的行动，让日照师生收获了真切的幸福，赢得了日照人民的真心认可。3 年中，《新教育实验让日照孩子幸福学习》被评为日照市"十大民生新闻"第四名等诸多荣誉——这是奖杯，更是口碑。在全国 30 多个新教育实验区中，日照实验区有如一道灿烂的阳光，让新教育多了一份光芒，多了一份温暖。日照新教育，让全国新教育为之骄傲与自豪！

我也曾经问过自己，"新教育的彼岸"是什么模样？我想，彼岸是一群

---

[*] 2013 年 10 月 29 日，在鲁豫皖实验区"新教育开放活动"上的致辞。

又一群长大的孩子，从他们身上能清晰地看到：政治是有理想的，财富是有汗水的，科学是有人性的，享乐是有道德的。所以我更相信，这一次隆重的开放周活动，是日照新教育的又一道金海岸。从这里，我们向着"新教育的彼岸"，继续航行。

三年寻梦，千日扬帆，日光照耀新教育，新教育引领日照教育。这一次鲁豫皖三地的实验区联盟进行开放周活动，更是在实验区之间加强合作的有益探索。我们的"新教育之船"，正在日光照耀下，驶往梦想的彼岸。明天的日照新教育，明天的新教育，一定会更加精彩——我衷心地相信着，热切地期待着，坚定地与大家同行！

谢谢大家！预祝鲁豫皖实验区联盟开放周圆满成功！

行万里路为读书[*]

我们始终相信，每一个生命都是一粒神奇的种子，蕴藏着不为人知的神秘。而阅读，则能够给种子以美好滋养，并唤醒所蕴藏的神奇。

尊敬的各位专家、各位来宾，尊敬的各位新教育同仁：

大家上午好！

从 2011 年的常州、2012 年的宁波走到今天，"阅读的力量——2013 年新教育国际高峰论坛"在美丽的天府之国成都举行，这是新教育的又一件盛事。本次论坛由新教育研究院主办，成都武侯教育局和新阅读研究所等承办，承办方为本次论坛做了精心的准备和艰苦的工作，让我们以热烈的掌声向他们表示感谢！

每一次国际论坛会议地点、邀请嘉宾和主题的选择——也就是 Where、Who、What，都是煞费苦心的。本次盛会为什么选择在成都召开？当然首先是因为成都是一座历史悠久的文化名城，公元前 256 年，蜀郡太守李冰父子主持兴建都江堰水利工程，使成都平原成为"天府之国"。特别是诸葛

---

* 2013 年 11 月 9 日，在四川成都"新教育国际高峰论坛"开幕式上的致辞。

亮辅佐刘备建立蜀汉政权之后,成都成为西南地区政治、经济、文化、军事中心,全国五大都会之一。另外一位也是我特别佩服的蜀郡太守文翁,在这里创建了中国第一所官办学校——文翁石室,即现在的成都石室中学,两千余年文脉从未中断。这里人杰地灵、文人荟萃,汉代有司马相如、扬雄和才女卓文君,唐朝有女诗人薛涛,五代有绘画大师黄荃,宋代有史学家范祖禹,明朝有大学者杨慎。大诗人李白、杜甫、陆游等曾寓居成都,并留下了许多名胜古迹和不朽诗篇。

今天,成都的教育也是西部的一颗明珠。荣获了全国推进义务教育均衡发展工作先进地区,现在正在打造基于国际化的实验区。这里也是新教育的重镇——金堂县是新教育实验区的后起之秀。昨天,金堂负责教育的周海燕副县长和教育局刘斌局长等专门来看我,报告这两年金堂新教育实验推进的状况,我非常感动。这两年,他们先后派出600多人次参加新教育的会议,到全国各地考察新教育,金堂也涌现出了一批批榜样教师。县委县政府拿出500万"新教育专项基金",扶持新教育实验区的发展。在这里,李镇西老师、蓝继红老师等新教育人,带领武侯区的"新教育学校"做了许多积极的有意义的探索,李玉龙领衔的《读写月报新教育》杂志也在这里创办。成都附近的北川新教育,一直是我们的心头牵挂。昨天我和李镇西、陈东强院长专门赶到了北川,与北川的新教育人和老师座谈,一直到了五点多钟,十多位老师满怀深情地讲述了他们的新教育故事。新教育在四川的大地上,应该说是深深地扎下了根。

这就是选择成都的理由。

每一次的"新教育国际高峰论坛"邀请什么样的团队,我们也是认真思考的。我们期待每一次论坛都是一次对话,我们都是选择全世界在这个领域最有影响的教育家来和我们对话。这次论坛,我们特别邀请了来自欧洲的华德福团队、来自美国的核心知识研究团队和来自乌克兰的苏霍姆林斯基研究团队与中国的新教育人进行深度的对话。他们将在大会做主题演讲,同时在分论坛进行具体的展示,追寻和探索阅读的力量。在这里,我向来自欧洲、美国、乌克兰的专家们表示最热烈的欢迎和衷心的感谢!

这次会议的安排表上,把每个实验区都安排在同一个分论坛,我觉得这样安排得不太合理。今天下午,你们可以自己调整一下。我希望每个团队来的老师们,兵分四路去不同的小组,不是只听一面之词,要能够听到来自八方的声音。

华德福的团队和本杰明先生，是我们的老朋友了。他是中国华德福教育的播种人，也是在四川的中国第一所华德福学校的指导老师，现在也是黄明雨在北京学校的指导老师。彼得·施密特是舞台导演和表演硕士，对阅读与戏剧的关系颇有研究。克里斯托弗·韦彻特曾经担任过他国的教育部部长，也是教学法专家。这次会议上，华德福团队将为我们展示如何通过戏剧强化阅读技能等方面的探索。

核心知识运动，是 20 世纪 90 年代起发生在美国中小学的一场深刻的课程变革，旨在追求公平与优异，强调基础知识的教学和基本文化素养的养成。这次本来我们准备邀请核心知识运动的发起人赫斯先生前来参加，他的著作《文化素养——美国人必须知道的知识》和《造就美国人》等，在美国产生了非常深刻的影响，也是著名的阅读推广人。我们新阅读研究所的书目研究，与核心知识运动所做的工作非常相似。由于他夫人身体不好需要照顾，未能如愿前来，派来了他得力的助手丽萨·汉塞尔（Lisa Hansel）参加我们的论坛。丽萨是核心知识基金会的公关部总监，负责整个基金会的教育机构、父母亲、媒体等基金会的核心事务，相当于他们的宣传部长。她还曾担任美国教师联盟主办的著名刊物《美国教育家》的主编，核心知识的许多著作都是由她担任编辑和出版工作，所以她在核心知识运动发展方面做出了非常卓越的贡献。

苏霍姆林斯基的团队，是我去年在苏霍姆林斯基国际论坛上当面向卡娅约请的。在阅读教育方面，苏霍姆林斯基无疑是绕不过去的重要里程碑。他关于"无限相信书籍的力量"和"第二套教育大纲"等论述，为阅读教育提供了重要的引领。苏霍姆林斯基的女儿卡娅因为身体的原因未能够前来，四川大学的肖甦老师帮助我们邀请到了乌克兰国家教育科学院教育理论与教育史学部教授布斯托维特，格里高利·彼得洛维奇博士、第 85 医科中学校长阿费茨卡娅，伊琳娜·阿纳托利耶夫娜女士、托茨卡娅，和以苏霍姆林斯基命名的"雅玲卡"幼儿园园长达吉亚娜·彼得罗夫娜女士，他们三位都是苏霍姆林斯基的女儿卡娅亲自点名，亲自跟他们联系的。而且这里还有一段故事：本来请的是另外三个乌克兰专家，也是卡娅点名的。他们接到中国另外一个团队的邀请，以为是同一个会议，就答应了下来。后来发现是误会，但木已成舟。所以肖甦老师帮我们再次邀请，这次三位专家也是卡娅点的名，幸运的是终于在会前把他们的护照都落实了，顺利赶在会前到了成都。

大会的演讲嘉宾，我们邀请了美国马萨诸塞大学波士顿分校教育领导学系系主任严文蕃教授，他是美国教育研究会国家数据库研究小组前主席，也是教育政策量化分析领域大型数据分析处理方面的著名专家。严教授是我的大学同班同学，对新教育非常熟悉，也是我非常好的朋友。每次新教育的国际论坛他都非常积极地参与，给我们鼎力的支持。本来我们还邀请了著名的哲学家周国平先生，周国平先生在阅读方面有深刻的思考，写过很多关于阅读的名著。他也安排好了行程，但不久前在北京遭遇车祸，只好临时取消了这次演讲活动。我们也预祝周国平先生早日康复。

之所以选择阅读作为这次论坛的主题，是因为——阅读，一直是新教育的基石。"一个人的精神发育史就是他的阅读史，一个民族的精神境界取决于这个民族的阅读水平"，这是新教育的基本观点。从 2002 年把"营造书香校园"作为"六大行动"之首，到 2006 年新教育研究中心的"毛虫与蝴蝶——新教育儿童阶梯阅读"项目，从 2010 年新阅读研究所的诞生与中国人系列书目的研制，到 2011 年新父母研究所对阅读推广的全力以赴，新教育人在阅读方面的探索、思考和研究从未停过脚步。我们始终相信，每一个生命都是一粒神奇的种子，蕴藏着不为人知的神秘。而阅读，则能够给种子以美好滋养，并唤醒所蕴藏的神奇。

新教育人都很喜欢斯蒂文森的那首诗《点灯的人》(The Lamplighter)。喜欢那个每天太阳落下后，就扛着梯子走来，把街灯点亮的李利。其实，我们在座的各位，正是点燃孩子们心中那盏灯的人。我们把一本本伟大的书带到孩子们的面前，使他们的世界变得明亮起来。

记得去年"新教育国际高峰论坛"的开幕式上，我以《我们来寻找一盏灯》为题做了一个讲演，我们终于找到了那盏灯，那盏阅读之灯。今天，我们就是"一场点灯人的聚会"。希望通过我们的努力，点亮更多盏灯，照亮我们的孩子，照亮我们的世界。

这次论坛的成功举办，不仅要感谢主办方和承办方的辛勤工作，同时要感谢所有参加论坛的朋友们，感谢所有新教育的同仁们。因为有你们的关心与支持，新教育才能走到今天。在以后的日子里，希望我们依然能够携手并进。

在现代化进程越来越造福人类，也越来越困扰着人类时，我们需要一种精神引领前行，因此就需要一股阅读的力量来支撑。中国古人有句话：

"读万卷书，行万里路。"今天我们不远千万里，从世界各地汇聚，探讨读万卷书的智慧。相信这样的交流会让我们的梦想更加伟大，行动更加坚定，让我们为此共同努力！

行万里路为读书，我们一起同行！

谢谢！

阅读，新教育在努力[*]

新教育人坚信，没有书香充溢的校园，就没有真正意义上的学校；没有书香的校园，教育只是一个训练的场所。我们希望，"书香校园"是新教育实验为学校打下精神底色的一项最重要的活动。

各位新教育同仁：

大家好！

2012 年暑假，中央电视台《读书》栏目举办了一个"我的一本课外书"特别活动，在全国寻找读书榜样。本来央视邀请我当评委，考虑到有许多新教育实验学校的孩子参加了评选活动，我选择了回避。但是没有想到，30 位获奖者中，有 17 位来自新教育学校；10 位"读书榜样"中，有 6 位新教育的孩子！

其中，编导把新疆奎屯市第八中学的塞甫丁·哈斯木拜同学带到我的面前，导演顺口让他猜猜我是谁。当然，我和他从来没有见过面。万万没想到，他看了我一会儿，说："您是朱老师吧？"大家很吃惊，我更是非常吃惊。他说，因为他们学校是新教育实验学校，他在学校里看见过我的照片。然后，这位塞甫丁同学说："朱老师说，一个人的精神发育史就是他的阅读史。我想说，我要用我的阅读史改变我的家族和民族！"

这个让人惊叹的新疆孩子是哈萨克族少年，他所在的班级叫"丑小鸭班"，班上的同学都来自偏远的农牧地区。在阅读上，他的语文老师陈煜不

---

* 2013 年 11 月 10 日，在四川成都"新教育国际高峰论坛"闭幕式上的报告。

仅把父母卷入亲子共读之中，更是为班级生活提炼出了一个"六个一"工程，包括每天阅读报纸摘要、每天写一篇随笔、每周阅读 1 本励志类杂志、每月阅读 3 部经典等一系列内容。

这样的阅读，为班上这群从小只用哈萨克族语言交流的孩子，奠定了坚实的学习基础。而塞甫丁同学，也成为央视活动中全国唯一的一名入围30 强的新疆代表。

我想，这个故事，正是对新教育这么多年来全力推动阅读的最好注解。

今天我们在四川成都汇聚，以"阅读的力量"为主题，一起研讨关于阅读的问题，思考阅读在教育中的意义以及我们为阅读应该再做出哪些努力，研究如何让我们的孩子和老师能够在教育中，通过阅读获得真正的成长。

通过十年多来不懈的探索和努力，新教育取得了一些令人欣慰的成果。下面，我与大家一起分享新教育实验在阅读上的理念、探索与行动。我的报告分为两个部分：一是新教育在阅读理论上的探索；二是新教育在阅读实践上的行动。敬请指正。

一、新教育在阅读理论上的探索

关于阅读，新教育有五个基本的理论观点：一个人的精神发育史就是他的阅读史；一个民族的精神境界取决于这个民族的阅读水平；一个没有阅读的学校永远不可能有真正的教育；一个书香充盈的城市才能成为美丽的精神家园；共读共写共同生活才能拥有共同语言、共同价值和共同愿景。这些基本观点，在《我的阅读观》《书香，也醉人》等书中已经全面介绍，大家已经耳熟能详，我就不再赘述了。这里，再就新教育在阅读理论上的探索，做一些介绍。

（一）对人类，阅读是一种生命本体的互相映照

斯普朗格指出："教育绝非单纯的文化传递，教育之为教育，正是在于它是一种人格心灵的'唤醒'，这是教育的核心所在。"新教育认为：阅读，对个体的精神成长至关重要。没有阅读就不可能有个体心灵的成长，不可能有个体精神的完整发育。每一个人的生命都是一粒神奇的种子，童年蕴藏着不为人知的秘密，而阅读能够唤醒这种潜在着的美好与神奇。

事实也证明：精神发育最重要的通道就是阅读。因为人类最伟大的智慧、最伟大的思想没有办法从父母那里拷贝和遗传，而是深藏在那些最伟大的经典书籍之中。阅读对于生命唤醒的独特价值在于：书籍在生命独自面对另外一种精神与情感的情境时，架设起了灵魂交流的场域，使阅读本身和人精神的汇通变得可能，从而充盈了个体生命的精神生活世界，赋予了个体生命更多的意义，让人不断实践高尚的人生价值。这种读者与作者之间、读者与读者之间的互相映照反复出现，也就意味着自我教育的不断实施。

（二）对教育，阅读是一种最为基础的教学手段

教育，其实是一种文化的"选编"。阅读，则是文化演进的重要路径。当书籍的出现（从毛皮布帛、竹简木简到纸张），使得阅读有了越来越便利的载体，教育便渐渐进入经院化的传授阶段。而且，早期的学院式教育，还只是少数贵族阶层子弟的特权和福利。随着纸张和印刷技术的不断突破，书籍基本普及，才扩展了受教人群的范围，使纯粹少数人享有的文化教育如春天的燕子一般"飞入寻常百姓家"。因此，从某种意义上说，正因为书籍阅读的实现，教育才真正有了持续的进步；也正因为教育的发展，才促进了科学和文化的飞跃，才有了今天人类社会的高速发展。

但是，我们也不得不承认，在当下社会功利化的大背景下，学校的应试教育有渐渐将阅读窄化为教材和教辅的趋势，丰富的大量阅读有渐渐从学校中消退的迹象。这与世界新知从未像今天这样不断以几何级增长的现实，恰恰背道而驰。应试教育这种片面重视分数、忽视阅读的做法，带来了许多的严重弊端，严重影响了学生的身心健康发展。不仅学生如此，教师亦然。最该有文化的人越来越没文化，最该读书的人越来越远离图书。忽视阅读的教育，越来越容易走进死胡同。缺少必要的阅读，使我们的学校异化为分数竞争的训练场，也使得我们的教师和学生在他们的教育生活中，缺少生命的光彩和幸福。

在约200年前，雨果曾这样说："书籍是改造灵魂的工具。人类所需要的，是富有启发性的养料。而阅读，则正是这种养料。由此，学校的重要性便显示出来了……书籍的朝代开始了，学校为它准备条件。"苏霍姆林斯基也曾经讲过，一个学校可以什么都没有，只要有了为教师和学生精神成长而提供的图书，那就是教育。从中我们可以看到，两位大家对学校教育

与阅读寄予了多么大的期待。

的确，学校教育在这约 200 年里发生了翻天覆地的变化，读书似乎已经成为学校的代名词，学校已然成为"书籍的朝代"的主要殿堂。因此，在学校中，书籍是最不可缺少的材料和财富。在新教育看来，阅读是一种最为基础的教学手段，是贯穿于整个教育教学过程的基本要素。学校教育最关键的一点，就是让学生养成阅读的习惯、兴趣和能力。如果一个学校将这个问题解决了，主要的教育任务应该说就算完成了。如果一个孩子在十多年的教育历程中，还没养成阅读的兴趣和习惯，一旦他离开校园就很容易将书本永远丢弃到一边，这样的教育一定是失败的。

学校教育通过最有效率的课堂教育方式，将人类的知识高度集约化、效率化和组织化，在有效的时间内教给我们的孩子，其作用就相当于母乳。但如果一个孩子终生都被母乳喂养，那么，他肯定是一个发育不良、营养不全的孩子。我们新教育认为，教科书不能全部容纳真正意义上原生态的思想。教科书的阅读，和我们新教育所倡导的阅读范式不具有通约性。教科书把人类的知识无限可能压缩，知识的营养要素流失是必然的，难以真正给人带去生命的丰盈。离开了对于人类经典的阅读，学生就不可能走得很远。由此可见，学校的教科书学习不能代替阅读，阅读才是教育教学的重要途径和根本举措。同时，新教育的学校绝不是将阅读作为形式热闹的活动而开展，而是将其融入日常的教育教学；不再是以往的教师监督学生去阅读，而是通过师生共读、亲子共读，将教师、父母与学生一起引入主动的阅读中来。

（三）对社会，阅读是一种消弭不公的改良工具

我们不得不面对的一个事实是：世界存在着巨大的差距和不平衡，教育也是如此。那些源于不同区域、学校和家庭等各种现实差距和不平等造成的遗憾，在世界的各个角落不同程度地存在着。穷人无法在资源上和富人匹敌，但是，相对低廉的书籍和便捷的阅读，却会最大可能地弥补他们之间存在的差距。

正如狄金森在诗歌中说的那样："没有一艘船能像一本书，也没有一匹骏马能像一页跳动的诗行那样——把人带向远方。这条路最穷的人也能走，不必为通行税伤神，这是何等节俭的车——承载着人的灵魂。"从这个意义上说，书籍是促进社会公平最好的礼物。阅读能够让弱势群体的教

育状况得到改善，让人自身变得丰盈，逐渐成为优质教育群体，进而改变命运。

斯蒂芬·克拉生在《阅读的力量》一书中说："虽然贫穷家庭的孩子接触书籍的机会比较少是事实，但若是将贫穷孩子分成两组，被提供较多读书机会的那一组孩子将会发展出较高的语文能力。"在这本书中，斯蒂芬·克拉生用大量的数据对比发现：学校和家庭阅读环境好坏，图书馆有无和多少、藏书多寡，父母教师读书与否，学生阅读量大小等因素，与学生成绩的好坏密切相关。

对于学校而言，硬件设施是教育的基础，但决定教育水平的是软件水平，决定软件水平的关键是阅读水平。只有在宁静的阅读氛围中，孩子们才不会感到边缘化、差异化。因为阅读能带来精神的宁静和丰盈，消弭物质的匮乏和贫困。重视阅读的学校，即使校舍很蔽陋，它也完全有可能是一所优秀的学校。"阅读是消灭无知、贫穷与绝望的终极武器，我们要在它们消灭我们之前歼灭它们。"因此，我们必须充分相信，阅读是一种让社会改变的强大力量。

（四）对个体，阅读是一种弥补差距的向上之力

人类那些最伟大的智慧和最美好的价值，深藏在那些最伟大的著作之中。尤其是那些经过大浪淘沙积淀下来的儿童经典，更是通过通俗易懂的文字、形象生动的人物命运、精妙设计的故事情节，把真善美的价值送达孩子的心中。阅读尤其是儿童阅读，对影响人的志向、人生观、品格情操和生命状态的重要作用，已经取得了广泛的共识。

新教育认为，阅读首先是一种活动，是一种人的意识、思维、心智、认知、情感等全部参与的向上活动；其次是一种需要渐进培养能力的活动，最后是人建构其精神意义和文化生活过程的活动。尽管每个生命体都先天存在不同和差异，但阅读却是一种可以通过后天培养，人人能够掌握的能力。

脑科学的研究表明：大脑内并没有专门负责阅读的脑区，基因尚未将阅读融入编码结构中，人类的大脑所建立的基因图谱还是来自以狩猎采集为生的远祖们，人类也没有充足的时间来形成专门的阅读神经回路。阅读是人类发展过程中，一个相对较新的现象。正因为没有特定的基因组直接负责阅读功能，我们的大脑只好在负责视觉和语言的原有结构间建立连接

（阅读的神经回路），去学习阅读这项新的技能。科学家们沮丧地说：正因此，每一代的每一个儿童都需要重复大量的阅读工作。儿童天生就会辨认声音，而文字是额外的需求，他们需要努力学习才会读懂。而为了获得这项非天赋的技能，儿童需要一个全面的阅读教育环境。因此，应该为孩子提供和营造良好的阅读环境，让他们与书触手可及，并耳濡目染，潜移默化，慢慢地让他们在那些承载着人类最美好的故事和最美妙的知识书籍世界里，健康而快乐地成长。所以，教会孩子阅读，让孩子拥有阅读的能力，他便会通过与书本的对话，拥有积极的人生观；会通过所阅读到的正能量的内容，不断修正自己对人生和世界的态度看法，从而提升自己的综合素养，养成向上的高尚品格。如此一来，千千万万个个体的阅读就必然汇聚成推动社会伦理进步的强大力量，进而弥补人与人之间的差距。雨果说："阅读的需要好像一堆火药，一旦点燃起来便再也不可收拾。"

（五）对生命，阅读是一条通向幸福的重要通道

心理学告诉我们：阅读是通向内心安宁的一条通道，它除了能解决人的生存，还能给心灵以慰藉，让人真正地拥有幸福。沉浸在阅读的氛围中，人们都会有舒缓情绪、忘却烦恼的深切感受。

好的书籍，就是一位最好的心理医生。在我们的校园里，有大量的阅读时间，有大批热爱阅读的孩子，校园的管理将变得容易，挠头的教学问题也会得以改善。当学生进行自由阅读时，班级会非常安静，一般不会有秩序问题。

一位中学校长说，自从他们学校开始营造阅读环境以后，发生的纪律问题降低了 50%。教育教学中出现的许多问题，通过科学的阅读指导，孩子在与那些最美妙的故事和最美好的知识遭遇后，会渐渐发生改变。

事实上，在我们新教育实验的学校里，有很多问题学生和发育弱势的学生，通过阅读得到成长的案例：很多学生通过大量阅读，每年都有明显的新变化。如新教育实验在许多偏僻乡镇学校里的案例，前后对比发生的变化之大，让人惊讶之余，也让人非常感动和感慨。

2008 年中国汶川地震时，新教育实验团队给灾区的孩子们带去了新教育的儿童阅读课程。令人欣喜的是，聆听故事和阅读那些最美好的书籍，对于抚慰和舒缓儿童心理起着非常有效的作用。我们应该坚信，如果每个班级、每个家庭、每个单位充满阅读的氛围，很多社会问题病和生活苦恼

都会得到抑制和疗治。阅读的行为通过书籍这样美妙的载体，它将人类积蓄的正能量带到我们的身边，融入我们的心中。当一个人自身的和谐、人与人之间的和谐得以实现，我们面对的才能是健康和谐的世界。

教育，要无限相信书籍的力量，这是教育应该恪守的宗教教义般的信条。只有阅读成为在我们的学校里最日常的行为，成为教育最神圣的教育使命，我们才能够让学校真正成为教育在场、生命在场的地方。

在中国教育的大背景下，作为民间教育行动的新教育实验，我们将阅读作为改变教育生态的切入点，将"营造书香校园"作为最重要的教育行动，力图在校园、教室乃至家庭，将阅读放在最基础的位置上加以观照，使教育回归本真。

近年来，新教育实验在阅读理论上的探索，取得了较为丰硕的成果，除了前面提到的《我的阅读观》《书香，也醉人》，分别还出版了《阅读，让城市更美丽》《学习，让城市更精彩》《读书论："营造书香校园"的理论与实践研究》《阅读的价值、危机与出路——新教育实验"营造书香校园"的哲学思考》。新阅读研究所策划的"新阅读文库"和"新阅读译丛"的十余本图书，也正在进行中。

二、新教育在阅读实践上的行动

新教育有一个重要的主张：行动，就有收获；坚持，才有奇迹。新教育人在积极探索阅读理论的同时，自觉地开展了许多阅读的实践与行动，为推进中国的"书香校园"建设和"书香社会"的形成，做出了重要的贡献。

（一）营造书香校园：阅读立校

"营造书香校园"，就是通过创造浓厚的阅读氛围，整合丰富的阅读资源，开展多彩的读书活动，让阅读成为师生最日常的生活方式，进而推动"书香社会"的形成。正如苏霍姆林斯基先生所言："一个学校可以什么都没有，只要有了为教师和学生精神成长而准备提供的图书，那就是学校了。"的确，学校，首先意味着阅读。因此，怎么样评价阅读对于一个学校的意义都不为过。我曾经说过，一个没有阅读的学校永远不可能有真正的教育。基于此，新教育实验从最初的"六大行动"到如今的"十大行动"，都将"营造书香校园"作为各大行动之首。这是因为新教育作为一项基于教育行动的实验，将阅读作为撬动教育教学改革的重要基础和行动源头。

在全国参加新教育实验的上千所学校中，"营造书香校园"往往成为他们参与新教育项目的首选，他们会将学校图书馆、年级图书广场和班级图书角建设，作为首先予以重视和投入的方面。一方面，这源于新教育重视将阅读作为实验的起点；另一方面，是他们认识到：无论是教师还是学生，阅读是孩子们面临的第一个重大问题，是孩子们不可规避的第一道门槛，也是使学校焕发出勃勃生机的重要基础。无论是在图书室，还是在教室，乃至学校的走廊，书籍都能触手可及。试想一下：老师和学生徜徉在充满书籍的校园，漫步在书香浓郁的校园，与圣贤对话，和雅士交流，这该是一所多么令人期待和神往的校园！

在新教育学校，阅读活动的开展更是千姿百态，丰富多彩。从 9 月 28 日的校园阅读节，到形形色色的阅读主题月；从图书漂流到图书跳蚤市场；从阅读之星评比到阅读班级竞赛；从自制图书展示到撰写图书评论；从图书戏剧表演到名著影视欣赏……

新教育人坚信：没有书香充溢的校园，就没有真正意义上的学校；没有书香的校园，教育只是一个训练的场所。我们希望，书香校园是新教育实验为学校打下精神底色的一项最重要的活动。

（二）倡导共读理念：共同生活

共读的传统，也许可以上溯到文字尚未产生的远古口耳相传的时代。可以设想在一堆篝火旁，一群人在听一位老者讲述先人讲给他的那些故事。如果老者的记忆是一本书的话，他的讲述便是朗读者的角色，将种族和人类中那些最重要的、最值得流传的故事传给后人。这种共读，其实就是一种精神文化生活。

早在 2007 年的新教育年会上，我们就提出了"共读、共写、共同生活"的理念。新教育所倡导的"共读"理念，是基于教育与学习是建立在一种有效对话基础上的理解。最好的学习应该是充满着魅力的知识与学习者对话的过程，是教师和学生的对话过程，是师师之间、生生之间、师生之间对话的过程。而学习本身，就理该是一个共读共写的过程，是一个共同生活的过程。阅读作为这种对话的前提和必要条件，共读便是教育过程中的较好的选择。

在共读的实践中，新教育强调父母与老师应该成为孩子的阅读榜样与伙伴。

格雷厄姆·格林说："一个人日后会成为怎么样一种人，端看他父亲书架上放着哪几本书来决定。"让孩子喜欢阅读，父母的引导和榜样示范非常重要。我们经常看到一些父母不读书甚至也痴迷电子游戏，难免让人对孩子的家庭生活而感到忧虑。给孩子提供丰富的语言环境或文本环境的家庭，与没有或无法提供这种环境的家庭，形成了社会的两种阶层。现代研究同样表明：人与人之间的差距，取决于对业余时间的支配。基于上述逻辑，我们认为，童年的阅读，决定儿童之间的差距。新教育主张家校互动、亲子共读，让学生和老师、家长都卷入共读中，每一段时间大家共读一本书，一起交流和讨论，共同编织阅读分享的生活。通过共同的阅读，老师、父母才能真正走进孩子的心灵，从而避免成为"同一屋檐下的陌生人"。

新教育不仅倡导家庭阅读中的亲子共读，而且倡导校园里的师生共读，包括教师之间的专业共读，甚至是学校行政、教学、后勤人员的教育共读。在新教育的学校里，教师、学生、父母之间每天的共读活动，以及共读以后的共同交流，使得亲子、师生之间和教师之间的情感交流也得以实现，相互的认同接纳感增加，从而并且使得教育教学管理达到事半功倍的良好效果。通过共读的方式，让每个人都能形成坚持阅读下去的动力，不断地共同分享讨论和深入触摸经典带来的愉悦与思考，从而建构每个人生命中必要的智力背景和基本的思维能力。这种必要的共读，让人能够得以真正窥得阅读的光芒，让人从对冰冷书本的疏离中渐渐喜欢上阅读，从而养成阅读习惯，使专业阅读成为师生的重要生活方式。

总之，通过有效的共读，那些最重要的语言密码和价值得以传递。无论是父母与孩子，还是教师与学生、教师与教师之间，就不再是生活在同一个屋檐下的陌生人，而能够真正实现成为一个有着共同生命谱系的"生活共同体"。新教育相信，人类集体阅读的高亢之音是天底下最美的和声。无论时代如何发展，社会怎么进步，我们都需要夜晚灯下亲子共读的时光，需要教室里共同浸润于书籍的快乐，需要教育者在教研共同体的研读中不断领略教育的魅力。

同时，新教育呼吁把阅读作为国家战略。新教育认为，阅读应该成为一个国家和民族的重要文化战略。一个民族的思想基础和核心价值体系的建设离不开阅读，中华民族共同的精神家园建设更离不开阅读。共同的阅读，是促使我们这个民族形成共同语言和共同精神密码的关键，是构建我们这个民族核心价值体系的重要途径。为此，我们建议设立国家"阅读节"，呼吁制定《国家阅读大纲》，成立国家全民阅读指导委员会、建立国家阅读基金，将阅读提到国家战略的高度上，从而有效地推动全民阅读，大兴阅读之风，建设书香四溢的文明和谐社会。

（二）探索儿童课程：幸福童年

新教育一直主张，把最美好的童书给最美丽的童年。

长期以来，我们只关注儿童的躯体发育，而忽视了关心儿童的精神成长，以致我们现在的很多儿童成了躯体上的"巨人"，精神思想上的"矮子"。事实上，童年的秘密远远没有被发现，童书的价值远远没有被认识。儿童时期的阅读，是刻骨铭心的，是历久弥新的，更是深入骨髓的。童年的阅读，是人生的底板。童年时的阅读，决定着人生的未来。让孩子们亲近书、喜欢书、阅读书，这就是打通了他们走进更广阔的精神世界的通道。我们新教育团队重视给孩子们选择最美好、最适合、最生动的书籍，在他们心田播撒这些美丽的种子，并且希望这些美丽的种子，经过无数岁月，最终在他们漫长的人生历程中怒放出美丽的花儿来。

多年来，新教育实验团队一直在探索将阅读课程化，努力使阅读不再仅仅成为语文课的补充，而是学生各科学习和日常教育教学生活中的重要内容。"晨诵、午读、暮省"，就是我们的探寻成果之一。

晨诵，就是每天清晨用一首诗开启孩子生命中的每一个黎明。我们给晨诵取了一个非常诗意的名称：与黎明共舞。希望孩子们在每天的黎明时分与经典诗歌共舞，让他们的生命在每天的第一时间得以舒展，灵魂得以灵动，师生共同传达一种愉悦、饱满的精神，并以此开启一天的学习。新教育实验开发的晨诵，是一个结合了古典诗词、儿歌与儿童诗、现代诗歌的复合课程。词句优美，儿童在吟诵时可以感受与理解，传递人类美好的愿望与情愫，这是新教育晨诵的三个基本特点。晨诵的主要形式有：晨间诵诗、日常诵诗、生日赠诗和情境诵诗等。新教育的晨诵，已经不是语文老师的单兵作战，而是数学、英语、自然、美术、音乐等各个学科老师都参与的团队合作。

午读，就是在每天中午（不仅是中午时分，也包括每个白天的某些教育教学过程中），孩子们阅读那些符合他们年龄阶段的书籍。新教育认为：童年不是一个静止的房间，它是一段由浪漫到精确，由粉红到天蓝的彩色阶梯。二年级和四年级，不是相近的两个教室，而是隔了几重天地的截然不同的世界。因此，每一年的阅读也就应该是符合它们各自的不同特点。新教育的"毛虫与蝴蝶"儿童阅读项目的研究，通过对低段"读写绘一体实验"、中段的"大量阅读实验"、高段的"整本书共读实验"的研究，越来越使得这种有针对性的阅读呈现出非常明显的"教育治疗"效果。许多孩子都自觉地开始远离电视、远离游戏，整个精神面貌有了非常明显的改观，也改善了无数亲子、师生、家校关系。

暮省，指的是学生每天在完成学业以后，梳理、思考与反省自己一天的学习生活，并且用随笔、日记等形式记录下来；同时，师生之间也可以通过日记、书信、批注等手段，相互编织有意义的生活。教师与学生用日记记录自己的成长，亲子之间、师生之间用词语相互激励、抚慰，成了新教育实验重要的组成部分，以及日常的生活方式。

新教育以阅读为主导内容的儿童课程，通过多年的实验，产生了大量感人的故事，也激励了参与实验的教师和学校，也让那些父母亲们感动不已，让人们真正地感受到了"一种幸福完整的教育生活"。

（四）重视教师阅读：专业成长

与其他教育实验不同的是，从开展新教育实验之初，我们就把教师的专业成长作为实验的逻辑起点。从新教育实验草创时期的"教育在线"网站开始，就不断汇集了全国一批又一批中青年教师，通过互相交流获得成长，从而奠定了新教育实验开展的基础。

新教育对于专业阅读，有这样的两点基本共识：第一，如果没有教师的专业阅读，就没有教师的真正意义上的成长与发展。通过这些年的探索，新教育实验逐渐摸索出一条"专业阅读＋专业写作＋专业交往"的教师专业发展的"三专"模式。如果说专业写作是教师站在自己的肩膀上攀升，专业交往是站在集体的肩膀上飞翔，那么，教师的专业阅读则是站在大师的肩膀上前行。第二，对于任何一个具体的专业领域而言，都存在着一个最合理的知识结构；专业发展，必然会经历一个"浪漫—精确—综合"的有机过程；每一门类知识的掌握，都存在着一条由浅入深的路径；对每一个教师而言，都存在着一条独一无二的阅读路径。在特定发展阶段中的具体的教师，面对特殊的场景，一定有一本最适合、最需要他阅读的书籍。新教育实验强调应关注根本书籍，即奠定教师精神及学术根基、影响和形成其专业思维方式的经典书籍。能够成就一个教师的根本书籍，意味着他能深刻理解这本书，而这本书也能成为他思考教育教学问题以及阅读本书籍的原点。新教育实验强调知性阅读，希望教师通过对书籍的聆听、梳理、批判、选择，在反复对话中，将书籍中有价值的东西吸纳、内化到自己的结构之中，从而使原有的知识结构得到丰富、优化或者重建。

新教育的各种专业交往，凝聚了一群拥有教育理想和激情，渴望成长与发展的优秀教师。新教育的教师培训充分发挥网络的作用，成立了新教育实验网络师范学院，描绘了"新教育教师专业阅读地图"，研制了"中国中小学教师基础阅读书目"。几年来，有上千名学员通过网师的各个课程 QQ 群，接受教师专业阅读培训。以新教育研究中心团队专家为首的网师讲师们，不但通过网络进行共读和讨论授课，而且还通过线下的暑期集中共读等活动，对基于教育实践问题思考的教育学、哲学、心理学、文学文本共读等课程，进行较为深入的学习和研讨，开发出一系列的教师培训课程。如魏智渊老师的《苏霍姆林斯基教育学》等网师培训教材，已经正式出版。

（五）研制推荐书目：精神配餐

我们认为：倡导阅读的重要性，是让人们重视阅读并开始阅读；而精心研制适合各领域各人群阅读的书目，则是解决引导人们该"读什么"的问题。基本书目的推荐，对阅读的推广，是重建民族共同的核心价值和文化认同、提高全民族阅读水平的一项基础性的文化工作，也是一项非常重要的利国利民、功在未来的战略性基础工程。

我国自古以来就是一个重视书目的国家，开列推荐阅读书目亦古已有之。比如，孔子亲自为学生整理删定"六经"即推荐阅读书目，唐代即有"士子读书目"，宋代到清代都有很多大学者为后学开列书目，特别是清代张之洞的《书目答问》对中国文化人的影响颇大。在国外，推荐书目也是比较通行的做法。时至今日，知识大爆炸的时代图书累积越来越令人目不暇接，如今仅我国每年就有近 40 万种中文图书出版。

早在 20 世纪末新教育发轫之前，我在苏州大学就组织教授和全国知名学者，进行中小学生和教师阅读书目的研究与推广，曾组织陆续出版过"新世纪教育文库"。文库的编选分小学、中学、大学、教师四个系列，每个系列 100 种（其中重点推荐书目 20 种），在全国各地的学校以及网上有较大影响，成为许多中小学开展阅读的重要参考书目。新教育实验开始进行之初，我们又对这四个书目进行了修订，也成为最初的新教育学校的参考书目。

2006 年起，新教育实验研究团队研制了"毛虫与蝴蝶——新教育儿童阶梯阅读"的童书书包（分低、中、高段三个书包，共计 36 种图书），受到了老师、家长特别是孩子们的普遍欢迎。2010 年 8 月，我们成立了新阅读研究所，并立即组织研究团队进行"中国小学生基础阅读书目""中国幼儿基础阅读书目"等项目的研制工作。2011 年 4 月和 2012 年 5 月，分别发布了"中国小学生基础阅读书目"、"中国幼儿基础阅读书目"，受到广泛关注。目前，我们正在研制"中国中学生基础阅读书目"（分初中、高中两个书目）、"中国企业家基础阅读书目"、"中国大学生基础阅读书目"、"中国中小学教师基础阅读书目"、"中国父母基础阅读书目"。我们还将启动研制"中国公务员基础阅读书目"，最后再研制出一套"中国人基础阅读书目"，让每一个中国人都知道自己作为中国人，应该去阅读哪些最基本的图书。

在真善美的价值观比照下，新教育实验在书目研制的过程中提出了自己独特的"三大文本类型"（科学、人文、文学）和阅读参照维度。具体可展开为横向与纵向两个维度。横向维度从人与现实世界的关系维度来看，主要有八个价值领域，分别是人与自我、人与家庭、人与社会、人与国家、人与自然、人与世界、人与历史、人与未来。这些关系分别体现了一个人的人生观、家庭观、群己观、国族观、自然观、国际观、历史观和宗教观。纵向维度包括人应该追求的品质与美德，人应该具有的态度与作风，人应该遵循的准则与秩序，人应了解的科学知识及应具备的科学精神等四个方面。横向维度和纵向维度有机地构成了新教育阅读的坐标谱系。

在研制书目的过程中，新教育尤其注重价值引领，强调阅读中蕴含的民族文化根本精神和人类的基本价值。

（六）开展公益活动：阅读推广

新教育实验启动时，就强调其自身的公益性特质，明确提出把将公益情怀作为新教育的基本精神理念。而在新教育的阅读研究和推广实践中，也一直秉承着这样的公益精神。

与其他公益慈善组织不同的是，一直以来，新教育公益慈善秉持"助人自助、授人以渔"的理念，强调精神文化生活于人的重要意义，旨在增强受助者的独立性而非依赖性，使受助者最终能够自我帮助、自我实现。

阅读是信息获取最便捷、最有效的手段，是知识积累最直接、最主要的途径，是心灵抚慰最快速、最深层的方式。我们认为，阅读由于其自身的无功利性和纯粹性，具有一种与生俱来的公益性。因此，推广阅读，就是推行慈善，阅读推广应该成为公益慈善的基本模式。通过阅读能够帮助受助者获取资讯、增长知识、舒缓情绪，从而促进受助者自我调节、克服困难、摆脱困境、实现自我，这也是一种慈善。由此可见，阅读推广是实现公益慈善的有效途径，也是公益慈善活动一种新的生发点和探索。这一点，对于教育公益尤其如此。

从最初的关于读书的西部农村支教活动开始，到2007年研制"毛虫与蝴蝶——新教育儿童阶梯阅读"的童书书包（书包分低、中、高三段，每段精选10本文学图书，获得台湾慈济基金会200万元资助，购买童书书包15000套发放给了甘肃、内蒙古、青海、山西、北京打工子弟学校，以及新教育部分实验区学校等几百所学校的班级中，让孩子们读到了最好的文学经典图书），再到新教育移动图书馆项目（由新教育筹资为西部农村学校购买书籍，以一所学校为中心建移动图书馆，然后在周边方圆几十里内的5—7所学校能够定期集中到图书馆借书，供教师和学生阅读。在移动图书馆里，儿童36本必读书籍每项配备80本，可以确保每个班学生同时借阅，方便教师和学生开展阅读课），一直到新教育基金会，将募得的善款很多用于阅读援助项目[新教育基金会的新教育童书馆项目近年来接受一些贫困地区学校申请，按照小型（村级单独学校式）、中型（乡级漂流移动式）、大型（县级互动链合式）三种类型童书馆给予资助援建]，经过多年的良好运作，新教育逐渐形成了学校申请、社会公示募集、定向资助、阅读教师培训、图书捐赠、经典阅读课程提供等方式，形成了比较好的阅读公益模式。截至2013年初，新教育基金会在山西、贵州、江苏等地，共资助建设了48间童书馆。

新阅读研究所作为公益阅读研究和推广的重要力量，近几年也做了自己的探索。拍摄了小学生基础书目光盘，为扶贫基金会、新教育基金会、中国青少年基金会、天图教育基金会等提供书目和专家支持。开展了"新阅读大讲堂"公益活动和读书会活动，组织了 400 多场专家讲座，及老师家长自发进行的阅读分享活动。新阅读研究所建立的 14 个千人阅读 QQ 群，已经拥有 1 万名左右的会员，60 多位义工每天进行群务管理。因此，新阅读研究所在 2011 年中国书业年度评选上获得"年度阅读推广机构"大奖，2012 年获得腾讯网"教育年度致敬机构"大奖，是获奖中唯一的一家阅读机构。目前，新阅读研究所正在策划"中国年度童书榜"评选、城市社区"阅读领跑者计划"等重要项目。

2012 年，新父母研究所成立。这支由儿童文学作家童喜喜牵头组织的团队，开展了"新教育萤火虫"家校共建、亲子共读公益项目，是一个为推进亲子共读、为广大中国父母服务的公益项目。他们通过在网上进行交流，在论坛中、QQ 群里，让父母亲们与优秀阅读推广人及经验丰富的父母们共同探讨孩子阅读中的各种问题。通过"萤火虫"亲子共读讲座，为父母们和"萤火虫"义工们进行阅读指导。还通过"萤火虫"在各地的几十个分站，开展阅读活动。2012 年到 2013 年，新父母研究所团队在全国各地进行了上百场阅读公益讲座，几万名家长聆听了他们精彩的阅读报告。"点亮自己，照亮他人"，这是"新教育萤火虫"公益项目团队一以贯之的宗旨。

2013 年 9 月教师节，新教育基金会还创设了"感恩乡师图书馆计划"：呼吁那些从乡村走出来的人，拿起笔书写自己乡村老师的故事，为至少 81 位通过高考，告别乡村走向城市的"60 后"和"70 后"，建设至少 81 所以他们老师的名字命名的乡村学校图书馆，每个图书馆成本 1 万到 8 万元不等。此外，新教育基金会还资助新教育的书目研制工作。

时至今日，新教育的阅读公益行动，仍在各个团队中不断地开展着。我们希望通过我们的努力，让更多的人特别是落后地区和弱势群体也能沐浴到更多的阅读之光。

我们新教育人的努力，对中国教育的变革，对中国学校的生态"吹皱一池春水"。就如同央视的评选出的"读书榜样少年"中有大量新教育孩子一样，从 2005 年开始，《中国教育报》评选的"推动读书十大人物"中，每年都有新教育人的身影。在拥有 1500 万教师的中国，这不能不说是一个奇迹。而 2012 年底,《中国新闻出版报》评选了四个推动阅读的年度机构和年度人物，我担任名誉所长的新阅读研究所和我本人都榜上有名。其中，给我的致敬词这样写道："从央视全民阅读晚会现场到全民阅读形象代言人，到以一己之力推动新阅读的朱永新，怀着激情、循着理想行走在新教育实验和阅读推广的道路上。通过倡导'晨诵、午读、暮省'的阅读生活方式，他使中国教育充满活力。毋庸置疑的是，在过去的 10 年里，朱永新一直站立在中国阅读推广的精神之巅。"

报社没有举行任何形式的颁奖活动，甚至也没有通知我本人。我在事后多日偶然看到那张报纸，才得知这个消息。对于他们的鼓励，我心存感激。但是，说我以"一己之力"或者说我个人"站立在中国阅读推广的精神之巅"，是不符合实际的。因为，如果没有全体新教育同仁的共同努力，我个人难有真正的作为。真正推动阅读的，是我的身旁和我面前的你们，是我们可亲可敬的新教育人！是因为大家，新教育在阅读上的探索和行动，才如此孜孜不倦，如此卓有成效。

亲爱的新教育同仁，在这条带我们去往远方的阅读长路上，让我们且歌且行！

谢谢大家！

拥抱梦想，坚持行动[*]

庆阳新教育所取得的成绩，让我想起曼德拉的一句话："当我们没有开始做一件事时，它看起来好像是不可能的。"是的，在还有很多人抱怨环境不理想，现实很无情的时候，庆阳新教育人却迎接挑战，追逐梦想，拥抱梦想，坚持行动，把很多人眼中不可能实现的梦想，变成了现实！

亲爱的新教育同仁：

大家好！

非常高兴今天和大家相聚在庆阳。这是"新教育实验区工作会议"调整召开时间之后我们的第一次会聚，非常感谢庆阳市各级领导的大力支持，

---

[*] 2014 年 4 月 12 日，在甘肃庆阳"全国新教育实验区工作会议"上的讲话。

感谢庆阳新教育人为筹备此次会议做出的努力。

2010年石家庄年会上，庆阳市整体加入新教育实验。但我已经是第二次来到庆阳。

第一次来到庆阳，是去年12月。说实话，当时我并没有想到，在这片黄土地上，新教育实验开展得如此有声有色。老师们的教育激情，孩子们的灿烂表情，让所有人交口称赞。

我还记得庆阳市实验小学的李建忠校长，也是庆阳新教育的第一粒种子、齐家楼初中的前任校长，说起新教育如数家珍。还有五年级"迎春花班"让人感动的杨洁老师和她的孩子们，那些由父母们主动捐赠的图书和书柜。

我还记得庆阳市东方红小学的读书活动扎实开展，社团活动和校本课程颇具特色，学校的孩子们还教我如何辨识燕麦与荞麦。

我还记得庆阳市齐家楼初级中学，从一所"偏僻、闭塞、沉闷"的农村落后中学，变成省内外数百所学校几万人前来参观学习的名校——而这是因为2008年邂逅新教育，以"书香校园""理想课堂""卓越课程"为抓手，办学质量不断攀升。

当然，我还记得亲自推动新教育的卢化栋局长。他不仅把庆阳的新教育做得风生水起，而且因为"书香校园"建设成效斐然，卢局长本人也成为《中国教育报》评选的2012年"全国推动读书十大人物"。他说，应该让真心做新教育的人管理学校、带动教师。

庆阳新教育所取得的成绩，让我想起曼德拉的一句话："当我们没有开始做一件事时，它看起来好像是不可能的。"是的，在还有很多人抱怨环境不理想，现实很无情的时候，庆阳新教育人却迎接挑战，追逐梦想，拥抱梦想，坚持行动，把很多人眼中不可能实现的梦想，变成了现实！

为此，庆阳教育局副局长杨彦林曾经总结说："新教育代表了教育发展的正确方向，新教育道出了教育发展的本质规律，新教育教给了我们推进素质教育的科学方法。"

是的，在这个生机勃勃的春天，我们走进了美丽的庆阳，共同学习，一起交流。相信我们在这里，一定能够汲取更多教育的能量，碰撞出更多智慧的火花。从而更加坚定地行动，把我们更多教育的梦想，变成美好的现实！

谢谢大家！

新教育"理想课堂"的新起点*

　　我相信，这一次国际论坛，不仅是日照新教育的又一道金海岸，也是新教育"理想课堂"的新起点。让我们从这里，向着新教育的彼岸，继续航行！

尊敬的徐清会长、张志勇副厅长、郇梅副市长、毛晖明副主席、张传若局长，尊敬的鲍里奇先生、Tina小姐，亲爱的新教育同仁：

　　大家上午好！

　　今天，"第四届新教育国际高峰论坛"在山东日照举行。这虽然不是日照最美、最好的季节，但是仍然吸引了全国近900人参加会议，比我们预定的会议规模整整大了一倍。我相信，很多人是被日照新教育的精神吸引而来的。

　　日照是全国第28个新教育实验区。在新教育的大家庭中，日照还是一个小弟弟。但是，后来居上的日照新教育，一年一大步，让我们刮目相看。

　　日照加入新教育实验不过4年。还记得在2010年的6月，应时任日照副市长的徐清之邀，我到金海岸小学做了一场"过一种幸福完整的教育生活"的通识培训。紧接着的7月，徐清市长和张传路局长带队，参加了我们的桥西新教育年会，回到日照就启动了新教育实验。我没有想到，日照新教育的航船就从这金海岸启程了。

　　迄今，日照全市的249所义务教育学校，全部加入新教育实验，18341名教师和231835名学生，踏上了新教育寻梦之旅。这4年中，日照新教育以务实的精神、踏实的行动，让日照师生收获了真切的幸福，赢得了日照人民的真心认可。2012年，《新教育实验让日照孩子幸福学习》被评为日照市"十大民生新闻"之一。2013年10月，日照成功举办了"鲁豫皖新教育开放周"，来自全国15个省市的600余位新教育同仁参加了这一盛会，并给予高度评价。4年一路走来，日照新教育人交出了一张张答卷，荣获了一

---

　　* 2014年11月7日，在山东日照"第四届新教育国际高峰论坛"上的致辞。

个个荣誉。在全国 50 多个新教育实验区中，日照实验区有如一道灿烂的阳光，让新教育多了一份光芒，多了一份温暖；新教育也成为日照的一张亮丽的名片。

这次会议以"构筑理想课堂"为主题，这是我们精心选择的重要课题。14 年来，新教育在理论建设上做出大量探索，在课程的研发、课堂的实践上都取得过一定的成绩。但教育的探索永无止境，这一次我们再次重温"理想课堂"，一方面是希望新教育同仁在此交流总结这些年来的探索，另一方面是想汲取海外教育同仁的成果，以他山之石攻玉。同时，我们也期待通过这样的交流碰撞，让我们能够在"理想课堂"的理论和实践上进一步提高。

我们论坛的定位是对话交流，我们邀请到了国际上最权威的美国有效教学研究专家、美国得克萨斯大学教育学院教授鲍里奇，德国华德福资深教师 Tina，以及斯洛伐克、爱尔兰、澳大利亚等国的专家。我们还邀请到国内相关领域的知名学者陈大伟等专家，在此向大家表示感谢。

我们还要感谢日照新教育的"红娘"——山东省贸促会的徐清会长，她虽然离开了日照，但是一直心系日照新教育。感谢山东省教育厅的张志勇副厅长，他一直以来对新教育实验在山东的推广给予了很大的支持。感谢他们专程从济南赶来。

感谢日照市委市政府对这次会议给予的大力支持。

感谢张传若局长、徐锡华所长，以及诸位日照新教育同仁对这次会议所付出的辛勤劳动！

感谢各位远道而来的新教育同仁。我相信，这一次国际论坛，不仅是日照新教育的又一道金海岸，也是新教育"理想课堂"的新起点。让我们从这里，向着新教育的彼岸，继续航行！

预祝本次论坛圆满成功！谢谢大家！

"理想课堂"的六个维度、三重境界[*]

课堂是文化传承的核心地带，课堂是课程实施的主要渠道，课堂是学校机体的中枢神经，课堂是师生成长的关键路径。

各位来宾，各位朋友，各位同仁：

大家下午好！

我们知道，现代教育的重要特点之一，就是更加重视教育的基础性、多元化和系统性，并主要体现在课程、课堂、课外三大要素上。学校教育中，课堂上的教与学，是实现和呈现这种基础性、多元化和系统性的核心与关键环节，是学校教育追求的终极目标之一。

我们认为，今天的课堂，有着如下基本特点：课堂是文化传承的核心地带，课堂是课程实施的主要渠道，课堂是学校机体的中枢神经，课堂是师学成长的关键路径。

如果说课程为教育提供了主要内容，那么课堂则是教育的主要形式。课堂这一形式既是课程这一内容的呈现方式，同时，正如形式也是内容本身一样，课堂也是课程不可或缺的重要组成部分。课堂的形式，将限制或拓展着课程的展开。

如何在有限的课堂之中，尽力实现教育的无限？千百年来，无数教育工作者对此孜孜以求。新教育人也不例外。

从 2002 年开始，新教育实验开展了关于"理想课堂"的探索，明确提出"理想课堂"的"六度"，从六个维度解析课堂；2004 年，新教育实验确立发布"六大行动"，其中"构筑理想课堂"成为重要组成部分；2006 年，关于"理想课堂"的三个研究目标确立，即"有效课堂""课堂的多元文化理解"和"风格与个性化课堂"；2008 年，提炼出"理想课堂"的三重境界，"有效课堂"的框架正式在学校进行实践与推广。

---

* 2014 年 11 月 8 日，在山东日照"新教育国际高峰论坛"闭幕式上的演讲。

一、新教育"理想课堂"的六个维度、三重境界

2002 年，在《新教育之梦》一书中，我们明确提出"理想课堂"的六个维度，简称"六度"：参与度、亲和度、自由度、整合度、练习度、延展度。

一是参与度，即学生的全员参与、全程参与和有效参与。英国牛津大学出版社的"牛津英语教师宝库"中有一本《以学生为主体的教学》（*Learner-Based Teaching*）。该书作者认为，课堂教学需要"提倡学生参与决定教学内容，力图使学生自己的输入成为主要的教学内容资源，并成为整个教学活动的中心"。这就是说，如果课堂上"满堂灌"，而没有学生的参与，就根本不可能激发学生的思想。在这个定义上，我主张一般的课堂里，学生发言与活动的时间不能少于课堂时长的 1/2。

二是亲和度，即师生之间愉快的情感沟通与智慧交流。吉尔·哈德菲尔德在《课堂活力》（*Classroom Dynamics*）一书中说："班级里可能充满了欢乐、友谊、合作和渴望，也可能是沉默、不快、矛盾和敌意。"前者无疑是亲和度高的表现，也是课堂教学成功的基础。

三是自由度，即学习的方式上更尊重学生的个性选择。我们的课堂犹如军营，强调的是铁的纪律，正襟危坐，学生如履薄冰，战战兢兢，少了一些轻松，少了一些幽默，少了一些欢声笑语，少了一些神采飞扬。尤其是要求学生齐声回答，不允许交头接耳，不允许与老师争辩等。这无疑是给学生的身心自由发展套上了枷锁。

四是整合度，即整体把握学科知识体系。整合度不高的课堂教学，往往把完整的知识支离为鸡零狗碎，如语文老师把字、词从具体的语言环境中分割出来，历史老师把事件从时代背景中游离出来，学生得到的只是被肢解的知识，而不是真正的整合知识的智慧。

五是练习度，即学生在课堂上动脑、动手、动口的程度。根据维果茨基的理论，学生们是通过与教师和同伴的共同活动，通过观察、模仿、体验，在互动中学习，在活动中学习的。学习的效率与成果如何，取决于在互动与活动过程中能否充分运用自己的能动器官。所以，一堂好课，不在于它有条不紊，不在于它流畅顺达，而在于它是否真正地让孩子练习和实践。

六是延展度，即在知识整合的基础上向广度和深度延展，从课堂教学向社会生活延伸。当生活成为教与学的内容、当社会成为广阔的课堂，生命就能在其中得到进一步舒展与绽放，课堂的广度与深度就得到了进一步的升华。

这六大维度构成一个有机的整体，几乎关涉"理想课堂"实施和实现的全部变量，而每一个维度的后面，都隐含着一个"理想课堂"的"关键词"，它们之间具有相互依存、不可替代的密切关联。

参与度——主体
亲合度——情感
自由度——生态
整合度——知识
练习度——实践
延展度——生活、生命

我们也可以看出，这六个维度主要侧重于从学生的学习过程评测课堂。

2008 年，我们再次提出"理想课堂"的三重境界：第一重境界是落实有效教学的框架，第二重境界是发掘知识这一伟大事物内在的魅力，第三重境界是知识、社会生活与师生生命的深刻共鸣。从三重境界的角度来看，我们更侧重于从教师的教学过程反思课堂。

在三重境界中，我们必须着重分析与讲解第一重境界，即如何为课堂奠定坚实的基础，真正落实有效教学框架。第一重境界的主要特点是讲效率、保底线。

教学框架的作用是帮助教师理解、规范课堂，它是有效达成教学目标的一个工具。正如丹尼尔森说的那样：新教师可以把框架作为"地图"，引导自己穿越最初的教学迷津；老教师则可以把它作为"支架"，让自己的教学更有效率。教学框架不仅能够规范教学行为，也能够帮助我们更好地观察和评价课堂。

"有效课堂"的框架，则一直是教育学家们苦苦探索的问题。早在 200 年前，赫尔巴特和他的弟子席勒、莱因等人就试图把教学的过程分为准备、提示、联想、概括与运用五个基本阶段。凯洛夫的《教育学》，则把赫尔巴特的五阶段改造成为六个阶段。后来行为主义的代表人物斯金纳，认知主义的代表人物布鲁纳、加涅，人本主义的代表人物罗杰斯等也从不同的角度，对教学的框架与过程进行过系统分析。而 1996 年丹尼尔森出版的《教学框架——一个新教学体系的作用》，则设计了一个包括 4 个板块、22 个成分、66 个元素的教学框架体系。

本次参加国际论坛的鲍里奇先生，在他的《有效教学方法》（*Effective Teaching Methods* ）一书中也介绍了关于"有效课堂"的"骨干结构"：一是"吸引注意"，通过呈现图表、图片、比例模型和电影等各种教学技巧，引发好奇心；二是"把目标告诉学习者"；三是"激发学生回忆与任务相关的先前知识"；四是"呈现刺激材料"；五是"引发期待行为"；六是"提供反馈"；七是"评估行为"。

当然，我国学者也先后对有效教学框架进行过卓有成效的探索。

如邱学华的"尝试教学法"，强调"先试后导，先练后讲"，把教学分成 7 步：准备练习—出示尝试题—自学课本—尝试练习—学生讨论—教师讲解—第二次尝试练习。

中国科学院心理研究所卢仲衡教授，提出的"启、读、练、知、结"的"自学辅导模式"，要求教师在开始上课和即将下课时的 15 分钟进行"启"与"结"，其余时间由学生自主完成阅读、练习、反馈的学习过程。

江苏泰兴的洋思中学，提出了"先学后教，当堂训练"的"三段六环节"教学框架。"三段"，即"先学""后教""训练"。"先学"的操作要求：（1）揭示教学目标——教师用投影仪（或口头、板书）揭示教学目标，激发学习动机（1 分钟左右）；（2）明确自学要求——教师向学生讲明自学的内容、时间、方法，以及如何检测自学质量（2 分钟左右）；（3）学生自学——教师巡视发现学生自学中的问题（5 至 8 分钟）；（4）学生汇报自学结果——学生通过板演、练习等形式展示，最大限度地暴露学习中的疑难点，为后教做准备（5 至 8 分钟）。第二阶段是"后教"环节，教师对带有倾向性问题进行分析，然后通过学生讨论质疑、交流发言等形式来解决"先学"中出现的问题（8 至 10 分钟）。最后是"当堂训练"环节，学生完成当堂作业、教师当堂批改作业（15 分钟）。

在洋思中学的基础上，山东杜郎口中学发展并总结出"三三六"自主学习模式。这个模式包括预习—展示—反馈三大模块，和预习交流、明确目标、分组合作、展示提升、穿插巩固、达标测评六大环节。

顾泠沅先生在上海青浦县进行的数学教学实验，大面积提高教学质量，也明确提出了有效的课堂教学结构。主要包括问题情景（把问题作为教学的出发点）—指导尝试（在讲授的同时指导学生探究、发现、应用等）—变式训练（组织分水平的变式训练）—系统归纳（指导学生连续构造知识系统）—反馈调节。

新教育实验也不例外。在汲取前人智慧的基础上，我们基于新教育思想和理念，提出了由五个部分组成的"理想课堂"的有效教学框架：

（1）教材及学生的解读。这是教师的备课阶段，主要是教师对教材的理解以及对于学生的了解。

（2）确定教学目标，包括：A类目标，即基础性、阶梯性目标，为核心目标搭梯的知识；B类目标，即核心目标，即课堂教学重点要教学的内容；C类目标，即附着性、拓展性目标，如思想、情感、价值等。另外还有针对不同学生的个别化目标。

（3）有明确方向的预习作业。预习是学生独立学习的机会，不应只是为课堂教学做一些准备工作，而应尽可能地针对所有教学目标，是真正的自主学习。

（4）严谨的教学板块。教学板块则要求将课堂清晰地划分为若干板块，并注明每个板块要解决的目标及可能需要的时间，在讲究必要的节奏、方式灵活多样的基础上，让每一分钟都有所计划、富有成效。教学板块的另外一方面，是对课堂上学生个体学习的预设与规定。教师列出学生学习清单，是为了真正确立"教为学服务，让学生的学习成为课堂的真正核心"的思想。我们一般把教师的教用左手栏来表示，学生的学用右手栏来表示。

（5）教学反思。这个框架的基本流程，仍然继承了传统的"目标—策略—评估"的教学基本过程，但在两个地方有所创新：一是在框架中特别强调了以精确目标为课堂教学统帅；二是在框架中从备课开始，全程都确保并还原了学生个体独立完整的学习过程。

所有教学框架都有各自的机械繁琐之处，尤其是新教育第一重境界中强调的有效教学框架，从确定目标到设计教学策略与学习清单，许多教师开始不能够适应。不过，与所有教学框架一样，新教育"理想课堂"落实有效教学的框架，也是为了保证教学的基础底线和教学的基本效率。一旦熟练掌握，就能够简单确保教学底线，同时让课堂井然有序、效率倍增。正如山西绛县安峪小学曲良霞老师所说："这中间有一个煎熬的过程。刚开始使用框架备课，有许多不理解的东西，操作起来确实感到为难。但通过一段时间的实践、思考，很多东西就明朗清晰起来了，这中间经历的过程就是自己逐步提高的过程。实际上，框架备课帮助我的课堂走向有效。有时真觉得接触这个框架太迟了！"

"理想课堂"第二重境界是发掘知识这一伟大事物的内在魅力。第二重境界的主要特点是：讲对话、重品质。

如果说第一重境界更多的是规则、规范，那么第二重、第三重境界更多的是自由。第一重境界更多的是围绕教材，围绕苏霍姆林斯基所说的第一套教学大纲展开，第二重境界则是围绕文本、围绕第二套教学大纲展开。

这里所讲的"知识"，不是教材上的知识，而是教材之外的相关知识；不是静态的知识片段的堆砌，而是动态的知识在不同背景下的整体把握。

这里所讲的"发掘"，是指从提问到解答的完整过程，即探索中的发现和探索后的重现，既指方法又指方向。

这里所讲的"魅力"中最重要的一点，一方面是指知识对师生所形成智力上的吸引与挑战，一方面则是学生在教师的引领、陪伴、协助、督促下，按照可遵循的规律去探索，在过程中不仅习得了相应的技能、更掌握了学习的方法。其核心是智力挑战、思维训练。

由此可见，发掘知识这一伟大事物的内在魅力，就是为了真正实现教学过程中教师、学生、文本三者之间互相进行深入对话。通过人与知识（世界、文本）的对话、人与他者（教师、学生、其他读者）的对话，学生不再被动地接受知识，不再是一个知识的容器，而是被兴趣指引、被乐趣激发，主动进行探索性的学习，在学习的过程中经历与感受到科学家发现知识那样的坎坷与喜悦，从而激发潜力；教师也不再是隔在学生与知识之间的"二道贩子"，仅仅用某些有效的方法把知识简单地转交给学生，而是成为知识和学生之间的一座桥梁，准确而及时地出现在被阻隔之处，甚至是和学生一起沿着"问题—知识—真理"的途径进行一次科学探索，成为学生的同行伙伴，从而实现教学相长。

"理想课堂"第三重境界是知识、社会生活与师生生命的深刻共鸣。第三境界的主要特点是讲个性，求境界。

如果说第一重境界和第二重境界，更多地与知识有关，那么第三重境界则更多地与生活、生命相融。在第三重境界，知识不再是一个死的体系，而是一个活生生的存在，并在激发起师生的强烈反响后，内化为师生的生活、生命的一部分。真正的课堂，应该具有唯一性，面向特殊的一群人，为这个课堂上的每个学生量身打造。在这里，群体里的每一个人都能够获得成长，都会拥有自己独特收获和体验。此处的共鸣，既有基于个体差异的个性体验，又有面对伟大事物产生的共性共鸣。

在这个阶段的"理想课堂"，使师生从知识的丰收转换为生活的丰富、生命的丰盈，这种转换是在人拥有知识、习得技能之后，通过回望、反思自身所致的顿悟实现。此时的课堂教学，不仅实现了知识及其背景的复现，而且激活了师生横向的生活与纵向的生命，实现了更高层面的教育，正如雅思贝尔斯所说的那样："教育就是引导'回头即顿悟'的艺术。"

"理想课堂"的第三重境界，也是整个课堂教学理论发展的必然结果。如果说早期以赫尔巴特为代表的课堂教学理论强调的是知识的学习，那么以杜威为代表的课堂教学理论强调的则是社会生活，而后现代课堂教学理论更重视生命的体验。新教育实验认为，其实这三者不是割裂的，而应该是一个完整的整体。三者的共鸣，最终在教师与学生的存在中呈现。

六大维度和三重境界如经线和纬线，编织出新教育充满活力、情趣与智慧的理想课堂。

当然，教育探索永无止境，理想教育永在前方。对于"理想课堂"的构筑，无论从行动上还是理论上，我们仍在锤炼和打磨中。

二、"理想课堂"与"十大行动"关系

"行动论"是新教育实验的学理基础之一。我们一直力图在行动中对新的理论进行提炼，对已有理论进行检验，对不同理论进行融会贯通。新教育走过的14年历程中，我们逐步总结和丰富，迄今归纳为"十大行动"，分别为"营造书香校园""师生共写随笔""聆听窗外声音""培养卓越口才""构筑理想课堂""建设数码社区""推进每月一事""缔造完美教室""研发卓越课程""家校合作共育"。

仅由名称足以看出，"理想课堂"与其他行动与项目有着非常密切的关系。

"理想课堂"需要"营造书香校园"，需要师生共读、亲子共读，需要有广阔的知识背景。

"理想课堂"需要"师生共写随笔"，需要师生在教学过程中的反思，需要不断地超越自我。

"理想课堂"需要"培养卓越口才"，需要培养学生表达、沟通的能力，让生命的共鸣更为精彩。

"理想课堂"需要"研发卓越课程"，课堂本身是课程的展开与实施，没有课程的卓越就没有课堂的理想教材。

"理想课堂"需要"聆听窗外声音"，需要教育之外的跨界观点，启迪教育之内的深刻思考。

"理想课堂"需要"建设数码社区"，需要一个紧跟时代发展、科学而开放的更大平台。

"理想课堂"需要"推进每月一事"，需要在一段的重复后把内化的技能固化为习惯。

"理想课堂"需要"家校合作共育"，需要在更多生命、更多侧面的碰撞中，取得加法变乘法的更好效果。

在此我们要特别说明"理想课堂"与教师成长、"完美教室"的关系。"理想课堂"与教师的成长有着最直接的关系。谁站在讲台前，谁就决定着教学的品质，决定着课堂是否理想。正如美国学者玛丽·艾丽斯·冈特等在《教学模式》（*Instruction : A Models Approach*）一书中指出，优秀教师在课堂上的主要表现：优秀教师能够调控课堂，会营造愉悦学习的心理环境，善于处理人际关系，能够使学生自身投入学习过程中，会引导学生积极向上，是优秀的学习者，与学生一起实现教学目标，能找出计划不能实施的原因，会努力使教学生动有趣，会让学生有自己去获得信息及实践的机会，教授两种不同的知识（知道"是什么"和知道"为什么"）。

不同的教育改革，从不同的方面切入教育，也就有着不同的逻辑起点。"新课程"强调，通过课程的变革来撬动教育的改革；"新基础教育实验"主张，让课堂焕发出生命的活力；新教育实验则把教师成长，作为最重要的出发点。我们认为，教育实施的主体是人。课堂与课程是否卓越，取决于教师是否优秀。优秀的教师，自然能够"研发卓越课程"，自然能够让课堂充满生机与活力。

新教育实验把教师的成长分为职业认同与专业发展两个方面：前者是教师成长的动力机制，后者是教师成长的技术支持，两者又是相辅相成的。

职业认同分为两个方面：对职业本身价值意义的整体认知认同，对个体自身生命机能的不断调适提升。两者之间彼此影响，也存在着循序渐进、不断深化的过程。职业认同对"理想课堂"的构筑，具有基础性的作用。一个缺乏职业认同的教师，不可能实现自身的卓越。

专业发展，自我们 2005 年提出教师专业化发展的三种路径，即以阅读推动的专业引领、以实践为基础的行动反思、以合作进行的同伴互助之后，2008 年又将其总结锤炼为专业阅读、专业写作和专业发展共同体（后发展为"专业交往"）的"三专"模式。这一模式对于教师的成长，对于"理想课堂"的构筑，具有关键性的作用。

教师的专业阅读，是理解教材、理解学生的基本前提。新教育提出教师要成为自己所教学科的虔诚的"传教士"，就是希望教师能够有良好的学科背景，不仅要充分驾驭自己所教学科的基本知识与技能，更要了解学生身心发展的特点，了解学生学习的过程与关键点，还要有深切的人文关怀。

教师的专业写作，是理解自己的教学行为，分析自己课堂成败得失的重要路径。专业写作在很大程度上，是对课堂以及教育教学过程中的现象与案例进行教育学、心理学和学科理论的专业评估，对其中的复杂现象进行系统的梳理。真正的思考是从写作开始的。专业写作会不断增强教学行为的自觉性，从而不断地使自己的课堂得到提升与改进。

教师的专业发展共同体，是让教师能够集思广益，从环境中汲取力量，从而让课堂更加润泽、更有温度的精神生态。美国学者迈克劳林说，专业发展共同体能够支持和帮助教师改进和完善自身的课堂教学实践，帮助他们解决由于学校的改革变化而出现的危机感和不确定感，从容地应对环境的变化和新的挑战。

"理想课堂"三重境界的每一重，都与教师素质有着直接关系。而且，境界越高，对教师的素质要求越高。相对而言，第一重境界更多的是对新教师、年轻教师而言的，是希望通过有效的教学框架规范教学的行为，保证教学的底线质量，保证课堂教学基本目标的实现。这也是洋思中学、杜郎口中学的课堂变革能够卓有成效的原因，因为这是一个从没有框架结构、没有基本底线的"无序"的教学，走向了有清晰结构和明确底线的"有序"的教学过程。但是，"理想课堂"的第二重境界与第三重境界，就很难用模式、结构来规范和限制教师了，它更取决于教师自身的素养、教师的事业心与责任感、教师的阅读与反思、教师的合作精神等。其实，对于一个真正的教师而言，只有从规则走向自由，只有张扬他自己独特的教学个性，才能有真正的个性化的课堂，真正让每个生命绽放的课堂。

"理想课堂"与"缔造完美教室"，也有着非常密切的关系。

"缔造完美教室"就是在新教育生命叙事和道德人格发展理论的指导下，利用新教育儿童课程的丰富营养，"晨诵、午读、暮省"，并以"理想课堂"的三重境界为所有学科的追求目标，师生共同书写一间教室的成长故事，形成有自己个性特质的教室文化。"缔造完美教室"，就是要让教室里的每个生命穿越课程与岁月逐日成长，成为有德性、有情感、有知识、有个性、能审美，在各方面训练有素又和谐发展的生命。在这样共同生活和学习的过程中，学生拥有了丰富的智力背景和相关经验，从而在学习的过程中发挥重要作用，让教师的新知识与学生已有智力背景和相关经验产生触点，学生借助已有的智力背景和相关经验完成对新知识的吸收和消化，真正发生更丰富深刻的学习。

因此，新教育的"理想课堂"，在一定程度上取决于两种人在课堂上的相遇：一种是借由新教育"三专模式"，而具备了高度专业性的教师；一种是借由新教育儿童课程、"完美教室"建设，而具备丰富智力背景的学生。在课堂教学中，框架与模式起着保底的作用，但真正好的教学绝不能完全降低到模式和技术的层面。否则在知识的传授过程中，只会塑造出掌握专门知识与技能的"工具"，而不是幸福完整的人。这也就是新教育实验既重视有效教学框架，但又不拘泥于此的原因。真正理想的课堂不仅难于创造，需要师生双方天长日久的积累，而且无法真正复制，它应该具有教师乃至学生的鲜明个人创造和个性风格。

我曾经说过，教室是一根扁担，一头挑着课程，一头挑着生命。如果说教室是师生共同生活的空间，课程是师生共同研讨的内容的话，那么，课堂就是知识、生活、生命在一段特定时空中的具体演绎展开。

归根结底，无论"完美教室""卓越课程"还是"理想课堂"，以及"新教育十大行动"的其他项目，最关键、最核心的问题仍然是教师，是相关的活生生的生命。人，才是所有教育、教学问题的出发点和归宿；人，孕育着也呈现着这一切。"让师生过一种幸福完整的教育生活"，才是新教育实验"理想课堂"的终级追求。

三、网络时代与未来课堂变革

前不久，卡塔尔基金会对全球 600 多位教育专家进行了调查，了解专家们对于未来教育的看法。有一些结论值得关注。

第一道题目：未来社会谁将成为知识的提供者？近半数的受访者认为在线内容是未来社会知识的最重要来源。其次分别是传统学校、社交与个人环境、职场等。

第二道题目：未来社会何种能力最受推崇？大部分受访者认为最重要的能力是个人能力，其次分别是实践能力和学术知识。也就是说，知识退居比较次要的地位。

第三道题目：未来社会学校文凭会受到怎样的挑战？只有 39% 的受访者认为学校文凭仍然非常重要，37% 的受访者认为职业证书最为重要，24% 的受访者则认为同行的认可最为重要。

第四道题目：未来社会终身教育是否非常重要？50% 的受访者仍然认为需要较长的正规教育，而 40% 的受访者认为要减少正规学校教育的时间，更加重视终身教育。

第五道题目：未来社会学校教育中，教师究竟具有怎样的作用？73% 的受访者认为教师的角色将转变为学生自主学习的指导者，只有 19% 的受访者认为教师的作用是传授知识，而有 8% 的受访者认为教师的作用将转变为检查学生的在线作业。

第六道题目：未来学校会采用怎样的课程体系？83% 的专家认为未来的学校课程将更加个性化，以适应每个学生的学习需求；只有 17% 的受访者认为仍然会采取一致的标准化课程体系。

第七道题目：未来的学校教学会采用什么语言？63% 的受访者认为未来会更多地采用国际性语言（46%）和地区性语言（17%），认为会采用地方性或者本国语言的只占 37%。

第八道题目：未来教育中大数据将具有何种作用？88% 的受访者认为大数据对于教育来说至关重要，其中 68% 的专家认为大数据将成为构建未来教育社区的得力工具，20% 的专家认为大数据对于未来教育具有决定性的作用；只有 12% 的受访者认为大数据作用不大，但是没有什么坏处。

第九道题目：未来社会谁成为教育的主要出资人？70% 的受访者认为

未来社会政府不再成为教育经费的主要来源，其中43%的专家认为父母和家庭将是教育的主要出资人，而27%的专家认为企业将成为教育的主要买单者；只有30%的专家认为，政府仍然是教育经费的主要提供者。

这九道题目的答案耐人寻味。我们从中可以读到关于未来教育的许多信息，产生对未来课堂教育形态的一些新的思考。

课堂的时空将越来越大。传统意义上的课堂，是在一段特定空间、特定时间里，根据一定规则发生的教学行为。随着网络的普及，网络教学与在线内容在知识教学方面的作用会进一步加强。学生的学习不再局限于特定的时空，而且就如眼下翻转课堂所揭示的那样：时空的不同，导致了教育形态的颠覆。传统中，我们在课堂上学习知识，在课外消化吸收，但网络授课却是课外学习知识，课堂上争鸣和吸收。传统课堂会逐渐式微。

获取知识的渠道将越来越多元。在传统的教学中，教师一直是知识的拥有者，最起码是更多知识的拥有者，在学生面前以权威的形象出现。但是，网络的出现让信息乃至知识的查找与拥有，变得越来越简捷，甚至因为兴趣的不同、学生的众多，一位教师的知识占有量根本无法超过全班学生。在知识面前，师生关系将更加平等，教学相长将成为常态。

未来社会对教师的要求将越来越高。科技的发展无论导致课堂教学怎样变化，对于教师的基本素质不会变化，专业阅读、专业写作、专业交往的成长方式不会变化。相反，对于教师的素养提出了更高的要求。教师不仅要同时理解现代教育媒体与现代教育技术，才能够更好地适应学生的需求；而且教师的角色，从在课堂上讲授知识转变为在课堂上指导获取知识的方法，并且还将在课堂的延展中、在更广义的课堂上，以举手投足呈现出对知识整体的把握和运用。也就是说，教师将是学习的示范者、方法的指导者、智慧的呈现者。

课堂的个性化也将越来越强。一方面，由于教师在课堂上大面积指导的作用明显下降，针对个性的学习指导将成为主要的教学方式，传统的备课模式将转变成针对性更强的一对一备课模式。为每个学生的成长而准备教学内容，教师需要加强对于每个学生的观察、研究和指导。另一方面，因为课堂更少受到时空局限，有个性的教师将因课堂教学中所呈现的个人魅力，吸引到更多学生。个性化的课堂，将愈发成为师生双方生命共鸣的所在。

时代的发展和科技的进步，正在日新月异地裹胁着我们匆匆向前。我们在此思考"理想课堂"如何构筑，讨论教育的今天和明天，只为了一个古老而又年轻的字：人。在最大限度地激发每个人的潜能、最大程度地创造与创新、最大力度地改良世界的过程中，我们在不断向前探索，也不断回到原点追问。一节节课堂，就是教育的一段段横截面。沿着"过一种幸福完整的教育生活"的路径，如何创造课堂中的幸福？如何实现课堂里的完整？我们将继续探索，不断总结。

我们相信，这行动本身也就是自我教育的课堂，我们的人生将因此而幸福完整，欢迎更多朋友与我们同行。

未来教育的模样和新教育的应对*

新教育实验最关注的问题是教师的成长。无论教育怎么变，教师成长的作用只会越来越重要。所以，没有教师的成长，永远不会有学生的进步。我们把教师作为最重要的基石，以"书香校园"建设作为我们最重要的路径。

各位朋友：

大家好！

非常高兴有机会，再次参加新浪年度中国教育盛典。五六年来，和大家一样能够感受到时光在我们的指尖中流逝，也感受到教育在我们的指尖上变化。因为亲眼看见和亲身感受了这些年来，互联网技术对教育的挑战和对教育变革的巨大影响，今天就和大家一起来分享一下我的观察和思考——未来教育的模样和新教育的应对。

2014年11月4日至6日，卡塔尔基金会在多哈举行了一个重要的会议，邀请了600位专家，对未来的教育做了展望，我也答了一份问卷。卡塔尔基金会是一个非常有影响力的机构，其地位相当于教育领域的诺贝尔基金会。基金会每年都开一次重要的会议，对教育的很多问题进行调查。这次

---

* 2014年11月27日，在"新浪2014中国教育盛典"上的演讲。

对未来教育的调查，有很多非常有趣的结论，很值得关注。

未来社会，是由谁提供知识？大家可以看到，在线内容已经超过了学校教育。近半数以上的受访者认为未来教育内容的提供者，最重要的提供者，不再是学校教育，而是在线内容；学校教育退居其次，而社交和个人环境与职场承担的教育功能，仅次于传统教育。

未来社会，我们要具备何种能力？大家认为知识已经退居二线，个人能力、个人魅力将居于最重要的地位，学术知识、实践能力是其次。未来社会，文凭到底具有什么样的作用？学校文凭虽然还居第一位，但是它已经只比职业认证高两个百分点，文凭的作用在不断下滑，同行的认可则达到24%。

未来社会，终身学习将会居于什么样的地位？大家可以看到正规学校教育的式微，与过去正规的学校教育占绝对的优势相比，现在只占到50%。教师的角色也在变化。大家可以看到，过去教师是以传道、授业、解惑为主，现在则是以指导学生为主——其作用是指导学生，而不再是传输知识。什么样类型的课程最重要？大家都认为未来的课程类型是以个性化的课程为主导的，占83%，标准化的课程只占17%。未来教育采用何种语言教学？65%的人认为教育的语言不再是地方语或本国语言，而是国际语言和区域性语言。这个结论非常有意思。

大数据在未来教育中有什么样的作用？88%以上的专家认为，大数据将在教育中有很大的应用空间，68%的人认为大数据是构建教育社区的得力工具，认为不起作用的只有12%左右。

未来教育会由谁出钱？现在的教育是政府买单，未来的教育政府买单退居其次，父母和企业买单占比越来越大，将远远超过政府。因为越是个性化的要求，越是需要个人买单。未来社会，父母和企业将成为最主要的为教育买单的人。

这些数据的调查，向我们预示着什么？预示着教育有以下几个重要的变化。

第一个变化是课程所跨越的时空将越来越大。过去所有的故事发生在教室里，所有的事情在课堂上实现。未来的社会将不是这样，网络教学和在线内容在知识教育方面、能力培养方面，将起到越来越重要的作用。师生的学习不再仅仅是在课堂上实现。像翻转课堂一样，学生的学习倒过来了：过去我们是在课堂上学习，然后回去复习巩固；现在倒过来，在家里学习，然后到课堂上复习巩固。所以，整个教学发生了一个根本性的变化，课堂时空实际上会变得越来越大。

第二个变化是知识的渠道越来越多元。过去，教师是知识最重要的来源者，教师本身就是知识的化身。我们过去讲，你要教给学生一杯水，你要有一桶水。但是现在已经不仅仅如此，教师不仅仅是知识的拥有者，在学生面前，他也不再是以常规的形象出现了。在未来社会，网络的出现，让知识和信息的获得变得越来越简捷。一个教师的知识水平，已经很难超越所有学生的知识水平。将来师生关系将更加平等，教师在某些方面不如学生的可能性越来越大。所以，教师不再是知识渠道的独享者。

第三个变化是对教师的要求也会发生根本性的变化。我们知道，教育形式、内容发生了根本性的变革，但是教师始终会存在。只不过教师的作用不一样了，而且教师的教学也更难了。教师的专业成长显得更加重要，教师的教育艺术显得更加重要。教师不仅仅要理解知识，同时还要懂得媒体、懂得技术，才能更好地适应学生的需求。这也是未来社会一个很重要的变革：教师是和学生一起学习的伙伴，是学生共同成长的伙伴，而不再是一个简单的帮助者，同时教师自身也应该是一个学习者。

最后一个变化是课堂的个性化将会越来越强。个性化教学已经占了80%以上的份额，未来教师的教学是以针对每个学生的个性，每个学生的知识背景为前提的。事实上在传统的教育里面，我们有一个错误的假设——在一个班级里，大多数孩子基本上处在同一个水平上，所以我们的教学要面对大多数学生。但事实上我们知道，班上40个学生也好，50个学生也好，每一个人都不一样，他们之间的差距远远超出了我们的想象。未来的社会个性化会越来越强，对教师本身的个性化要求也越来越高，教师的个人魅力在未来的教学中应该说也会越来越重要。

当面对这样的变化时，我们做教育的人也在思考怎么应对这个变化。世界教育创新峰会每年颁发一个"世界教育创新项目奖"，简称WISE奖，在全世界寻找最具创新的那些教育改革。很高兴的是，2014年全世界1000多个项目里，中国的新教育入选世界15强，这次峰会上介绍了新教育传播的片子。虽然新教育没有进入最后的6强，但是我相信中国的新教育总有一天会拿到这个奖。

面对当前的变化，新教育怎么应对？

什么是新教育？新教育是以教师的成长为起点，以"营造书香校园"

等"十大行动"为途径，以帮助"新教育共同体"成员"过一种幸福完整的教育生活"为目的的教育实验。新教育实验最关注的问题是教师的成长。无论教育怎么变，教师成长的作用只会越来越重要。所以，没有教师的成长，永远不会有学生的进步。我们把教师作为最重要的基石，以"书香校园"建设作为我们最重要的路径。

具体而言，我们要怎么去做？我们提出了新教育的四个重要特点。

第一，坚定新教育的价值追求，"过一种幸福完整的教育生活"，首先是要注重"幸福"。所有参与教育的人，所有的孩子、所有的父母、所有的教师，都应该享受教育给他们带来的快乐，都应该享受智慧的挑战，这是不会变的。但是现在大家知道：我们离幸福非常遥远，所有人都觉得教育是一种麻烦乃至于折磨。其次是要注重"完整"。让学生成为他自己，成为身心和谐的人。为了实现教育的完整性，就需要教育的丰富性——每个学生在学校发现自己、成就自己、实现自己，这是新教育非常重要的一个价值观。

第二，强化教师的职业认同与专业发展。新教育认为，教师成长最重要的有两点：一是职业认同，每个教师应该充分认识和理解教师职业的使命。二是专业发展，新教育提出教师专业发展的"吉祥三宝"——专业阅读，站在大师的肩膀上前行；专业写作，站在自己的肩膀上攀升；专业交往，站在团队的肩膀上飞翔。这是中国教师成长的最有效的方式。无论怎么变，技术再发展，教师的作用不可替代。

第三，夯实师生精神发展的重要基础。我们一直认为：无论怎么变，阅读始终是教育的基石；无论怎么变，一个人精神成长的历程就是教育的历程。我们提出：一个人的精神发育史，就是他的阅读史；一个民族的精神境界，取决于这个民族阅读的水平；一个没有阅读的学校，永远不可能有真正的教育。所以，"书香校园"始终是新教育"十大行动"最重要的路径。

第四，研发面向未来的"卓越课程"。新教育有一个很重要的行动，叫"研发卓越课程"。我们已经对未来新教育的课程做了一个基本的规划，我们设想未来最重要的课程，即基础课程，是新生命课程。我们现在的课程是无视生命的，而人的生命是教育最重要的东西，教育的使命就是帮助人们珍惜生命、热爱生活、成就人生。我们即将研发出从幼儿园一直到高中的一整套生命教育课程，帮助人们解开关于健康、安全、爱情、交往、职业选择等一系列问题。我们已经制定出课程指导纲要，我们的教材即将研发成功。在此基础上，我们研发了三大类最重要的课程。第一类是公民教育课程。民族情怀、人文精神，这是必须面对的。第二类是艺术教育课程。艺术作为教育最重要的方式和最重要的内容，其作用远远没有被深刻认识。艺术在人的成长中、灵性发展的过程中，完全没有受到重视。2014年新教育年会上，我们专门研究了"艺术教育成人之美"这样一个主题。第三类是智识课程。其中，分为科学课程、人文课程、校本课程，我们都已经做了新的规划。在未来的若干年内，我们会研发出具有新教育自己特色的一些课程体系，应对未来的挑战。当然，我们也在探索现代技术和网络时代对教育的一些挑战。我们在未来的微课程研究上，我们在教育的技术上，也在进行一些探索。

新教育有一个很重要的行动，就是"建设数码社区"，探索未来怎么通过数码社区引领，帮助学生在学校教育和家庭教育的共同背景下成长得更快、更好。

我们一直在为中国教育探路，希望有更多的朋友与我们一起同行。

谢谢大家！

书写新教育的壮丽篇章*

新教育人一直说，当某个旧的好的理念被人忘却时，我们将它唤醒，甚至让它在我们生命中活出来。这种复苏与传承，已经是生命的一次更新。"缔造完美教室"，正是在教室这口泉眼中，进行又一次的淘洗和清理，希望接下去涌现出的泉水更加畅通，更加清澈，更加甘甜。

亲爱的各位新教育同仁，来自全国各地的各位老师、各位媒体朋友：

大家上午好！

非常欢迎大家参加这次中国教育学会组织的新教育实验"缔造完美

---

* 2015年1月10日，在新教育实验"缔造完美教室"叙事研讨会上的演讲。

教室"叙事研讨活动。这是中国教育学会推广民间优秀教育改革经验的一次探索，也是新教育实验向中国教育同仁交出的一份用生命书写的答卷！

2000年，新教育从一个人的念想开始启航。到了2002年，新教育已经成为一群人的理想。新教育人在埋首耕耘中，不知不觉取得了一点儿成绩。比如，就在刚刚过去的2014年11月，在卡塔尔基金会举办的世界教育创新项目奖——WISE教育项目奖（WISE Awards）的评选中，新教育实验从全世界1000多个申报项目中脱颖而出，入围15强，也是去年中国唯一入围的项目。但这些都是额外的奖赏，我们对自己的期望，是像农夫一样守着教育的田野，无论在怎样的天气里都勤奋地劳作。

新教育实验是一个以教师成长为起点的教育实验，这些年以来，新教育团队中涌现出一大批优秀的耕耘者。无论是教育部、《中国教育报》等主办的各种国家级的评选中，还是各省区市关注的教师群体中，新教育教师的身影屡见不鲜。而且，活跃在中国教育舞台上的许多优秀教师，也有不少是在新教育中成长起来的。这一次，我们邀请了一线新教育教师来到北京师范大学，主要是向大家汇报我们的探索，更重要的是希望得到专家的指点和帮助。

从今天到明天，将有9位教师要为大家讲述自己的教育叙事。由于新教育实验拥有2242所实验学校，我们这次活动并没有层层报名、严格挑选，我们想尽可能原生态地呈现新教育教师的精神状态与真实情况。他们不一定是中国最优秀的教师，甚至不一定是新教育实验学校中最优秀的教师，他们中间有些教师甚至还有着明显的缺点——但是，他们是真实的，他们在路上。

这些教师之中，既有远在新疆奎屯的张遵香老师，也有近在中原河南焦作的王眼老师；既有高大的高波老师，也有娇小的王兮老师；既有教小学语文的时朝莉老师，也有教初中语文的王桂香老师；既有一直教英语的殷卫娟老师，也有从事教研工作的张硕果老师；当然，还包括给自己取名为"我是大西洋来的飓风"的郭明晓老师。这9位教师来自不同的区域、不同的学校、不同的年级、不同的学科，但他们有着一个共同的名字——新教育人。或者，我们还可以将这些可爱的新教育一线教师称为"教育的觉醒者"。因为觉醒而理性地燃烧着激情，孜孜以求地探索，是这些教师们共同的特点。我相信，这次"新教育完美教室"的叙事，对于他们来说，既是一次挑战、一次磨炼，更是一个新的起点。　本次叙事和研讨的主题，是"缔造完美教室"。这是新教育实验于 2011 年正式进行田野探索，2012 年开始全面推动的一个项目。

"缔造完美教室"是一个新的短语。在思考的田野上，一个新的短语就像一粒新的种子。面对着网络时代导致的信息碎片化危机，面对着各学科分类所导致的教育箱格化现状，面对着教育工具化所造成的知识对人性的控制甚至奴役，每个有理想的教育人都在探索解决之道。

"缔造完美教室"，我们希望通过这个短语，确立一种新的思维方式，把片面的信息放置在其本身的背景之中；在知识日益精细化的基础上，进行整体的把握和综合的体悟。我们希望在充分进行理性思辨的基础上，通过感性的共鸣，实现人自身的幸福完整。

"缔造完美教室"是一个新的行动。教育和生活一样，存在着多重因素交织的复杂性。透彻辨析一个教育难题，这本身就是一个艰巨的任务。因为，如果只是从理论上解剖它，也就等同于只是从表层上关注它，难题仍然维持原状。"缔造完美教室"，就是为了彻底看清教育难题之根本，我们以行动将其连根拔起。正是在这样的行动中，我们被迫学会以全息的视角观察与思考，不仅彻底看清难题本身，也为真正攻克相关难题提供富有成效的思维方式。

"缔造完美教室"是一次新的复活。新教育实验一直强调，我们的创新并不是为了标新立异而创造。新教育人一直说，当某个旧的好理念被人忘却时，我们将它唤醒，甚至把让在我们生命中活出来。这种复苏与传承，已经是生命的一次更新。"缔造完美教室"，正是在教室这口"泉眼"中，进行又一次的淘洗和清理，希望接下去涌现出的泉水更加畅通，更加清澈，更加甘甜。

今天，中国教育学会主办的"缔造完美教室"叙事研讨会，让我们从祖国的四面八方会聚到一起。我们用叙事讲述，我们用研讨对话。我们摈弃物理的思维方式，而力图用化学的思维方式来呈现、来思考，让一线实践与理论探索直接碰撞。在中国这片广袤的土地上，千千万万的教育工作者，一直都在苦苦探索素质教育的追寻之道。我们并不奢望自己能够拥有教育的真理，我们甚至认为，我们即使已经探索到的局部真理也并非真理本身。

但我们深知，真理的探寻必然是一个试错的过程。所以我们坚信，新教育人的每一次探索都是为中国教育试错，从而助力中国教育，大步迈向理想的明天！

再次感谢各位的参与！新教育，因为你们而精彩！

新教育实验及其在民办高校中的应用[*]

因为学生终究是要离开我们的，学生走上工作岗位以后，走向社会以后，需要不断地成长。所以，我们做的事情就是帮助他们形成良好的习惯，帮助他们形成自我成长的内在力量。

各位老师：

大家下午好！

非常高兴受黄藤董事长的邀请，向各位介绍新教育实验在大学的实践。主要讲两个问题。

一、新教育书院的理念及其实践

新教育实验是从 2000 年启动的，主要是以中小学为主的一个教育改革实验。这个改革从 1 所学校开始，现在已经发展到全国 2246 所学校、50 个实验区——除港澳台以外，内地（大陆）的所有区域都已经拥有新教育实验学校，去年它也有幸入围卡塔尔基金会评选的"世界教育创新项目奖"15 强。我一直很期待它的一些理念在大学里得到延伸，所以前年我借鉴书院制在北京华夏管理学院进行了初步的探索，从初步探索情况来看还是有一些成效的。

新教育书院的建立，实际上是在探索中国高等教育的一条新路，探索大学生自主管理的一个新模式。机缘巧合，我们首先在北京华夏管理学院开始了探索。这是一所民办非学历教育，招收高考落榜生的纯公益性大学。

---

* 2015 年 4 月 11 日，在西安外事学院的演讲。

北京华夏管理学院新教育书院，以新教育理念为指导，以"过一种幸福完整的教育生活"为宗旨——这一宗旨，也是我们所有的新教育学校共同遵循的价值追求。所谓"幸福"，就是我们的校园生活能够带来幸福、愉快、积极的体验；所谓"完整"，就是让人成为他自己。让人成为最好的自己，首先要让学校生活是完整的生活。学校要成为汇聚伟大事物的中心，让学生在学校里发现自己、找到自己、成就自己。

我倡导新教育书院的学生，应学会做好以下几件事。

（一）阅读

我曾经写过一本书叫《我的阅读观》，表述了我对阅读的一些看法。我始终坚信，"一个人的精神发育史，就是他的阅读史"，这是从个体的成长历程来说的。一个人的身体发育，跟遗传有很大的关系，和每天的食物摄入有很大的关系。但是，我们的精神怎么成长，事实上和我们的阅读生活紧密联系。费尔巴哈曾说过："人是他自己食物的产物。"我觉得，这不仅是对身体说的，更重要的是对精神说的。所以，一定程度上人的精神世界的锻造历程，和他的阅读生活是很有关系的。

人类最伟大的智慧、思想来自哪里？毫无疑问，就是那些最伟大的书。最伟大的书在你家的书架上或者图书馆里，它事实上跟你没有关系——它是它，你是你。在没有被阅读时它是一堆废纸，所以图书馆里的书再多，如果没有学生阅读，那这个图书馆就是废纸仓库。书的生命是通过阅读激活的，学生阅读对他的精神世界成长起着关键作用。一个民族的精神境界，很大程度上取决于这个民族的阅读水平。民族的核心竞争力在哪里，精神力量在哪里，也在很大程度上取决于这个民族的阅读力量，我们每个人的阅读构成了民族的高度。

人来到这个世界上，在很大程度上是为了看风景。当你离开这个世界的时候，唯一能带走的就是你的精神财富。风景有两种，一种是自然的风景，一种是精神的风景。看自然的风景如山水名胜等，要受到很大的限制，要有金钱、闲暇等；而精神的风景，一本书就够了。人类已经创造了很多精神的风景，但大部分人并没有真正看到人世间精神的风景。精神的风景都悄悄地藏在最伟大的书里，和它对话的过程是精神不断升华的过程。这些风景永远是你的，和你不会分离。 阅读可以让我们每个人变得聪明起来。如我们看俞敏洪的书，他的成长历程、他的人生态度，对今后自己的人生会有很大的帮助。

人生就是一本书，你的人生就是一个故事。那么，你怎样去书写你的故事？你这本书，你是作者，你也是主人公。你的故事由你自己书写。你的故事能不能精彩，取决于你这位作者。有的人能够把自己的故事变成一个伟大的传奇，比如说俞敏洪，比如说乔布斯，比如说《巨人三传》里面的那些英雄。为什么有些人能做到，有些人做不到呢？取决于作者是否用心去写。与此同时，作为一个作者，在写自己的生命故事时，一般来说是会有原型的。你为自己找一个什么样的生命原型，为自己寻找一个什么样的人生榜样，在心理学上叫作"自我的镜像"，这一点非常重要。实际上，阅读的过程就是和伟大的人物对话的过程。我们要求所有推荐的名人传记每个大学生必须读完。最近有一本新出版的书《曼德拉传》，讲述的是曼德拉在监狱里度过了 27 年，但他从来没有放弃他的梦想。不放弃梦想，就会产生强大的力量。所以，要给自己寻找一个人生的榜样，既然来到这个世界，与其平庸地活着，还不如努力地拼一把，让自己活得更精彩。往这个方向去走，是我对新教育书院的学生们的期待。

爱因斯坦曾经讲过："所谓教育，就是当一个人把在学校所学的全部忘光之后剩下的东西。"我们新教育书院所做的事情，恰恰就是在把所有知识全部忘掉以后，你不会忘记的这些东西。读书的习惯，你会忘记吗？如果你真正按照要求去读了，真的读进去了，相信经过一年的训练，你一定会喜欢上读书，会养成读书的习惯，永远不会忘记。因为我们选书用了相当的心思，都是一些大家能够接受的好书，书里展示的风景实在太丰富、太有趣了。

（二）写日记

谈到写日记，有人问我："为什么让大家写日记？写日记有什么作用？"我认为，"营造书香校园"是新教育的第一个行动，"师生共写随笔"是新教育的第二个行动。这不是一个简单的日记的概念，因为我们新教育讲的是"师生共写随笔"的概念，共读、共写、共同生活的概念。当然，一个基本的形式，是每天以日记的方式记录自己的生活。从我的期待来说，我希望大家每天都能坚持。哪怕就是一句话，哪怕今天实在没时间，明天把它补上，你总能做得到。我的日记，就是从 19 岁一直写到今天早上。有人说不写流水账，其实流水账也可以写——记录下来之后，会发现天天这样的确没有意思；于是，为了写得精彩，你就会去活得精彩，做得精彩；只有做得精彩、活得精彩，才能写得精彩。怎样才能活得精彩？这就要阅读，就要和别人交往，就要有故事。有的时候很忙，就先记一些线索，等有时间了，比如寒假、暑假，再把它扩充成文。我经常讲，日记不是要你写长篇大论、写很多；它也不仅仅是记录生活，同时也是锻炼意志力的一种方式。做一件事情，要么不做，要做就决不放弃，它培养的是一种坚持。

我曾经在"教育在线"网站开了一个"朱永新成功保险公司"。我对一线的教师们说，每天坚持写 1000 字，保证你成功。很多一线的教师就是因为这样做了，后来成为全国的名师，因为写作是真正思考的开始。每天要写 1000 字，每天就要很用心地去生活，与孩子们交往，与孩子们交流，每天的教学就不一样。我一直说，很多教师都是"拿着教育的一张旧船票，每天重复昨天的故事"。其实，很多人的人生又何尝不是这样呢？如果没有日记、没有写作、没有思考，很可能天天就是这样重复，日复一日、月复一月，一生就这样过去了。但是，思考就不一样。思考就要不断地改进自己、提升自己，能够把事情不断地做好，然后又会不断地提醒自己：我的目标在哪里？我为什么没有达到这样一个目标？我自己给自己规定的事情，为什么没做？就要这样不断地给自己提出要求。

日记，是自己和自己的对话。人有几个"我"？按照弗洛伊德的说法，人分为本我、自我和超我。人的这三个"我"不断地对话，会帮助我们不断地用超我战胜本我，不断地让自我超越，不断地去战胜自己。日记是一种道德的长跑，是一种历练的长跑。写日记对我们来说是一件非常重要的事情，非常有用，养成了这个好习惯会受用一生。我一直认为：书写、记录是思考的真正开始。大部分人的人生，是没有经过认真思考的人生；但当一个人真正开始记录自己的生活，和自己对话的时候，他就不一样了。

要写得精彩，首先要活得精彩、做得精彩。要活得精彩、做得精彩，才能写得精彩。所以说，写作从表面上看是自己任性，实际上是培养自己的一个良好的人生习惯，解剖自己、思考自己这样的一种能力。其次，我们记录的不仅是个人的生活史，也是我们这个社会的历史，还是我们这个民族的历史。大到这个角度来看，写日记就更有意义了。所以，每一件小事情都不要小看它。深圳育才中学有一个高三语文教师，刚开始时担心写日记会影响考试，但是做了以后发现还是很有好处的。这名教师第一年教语文，后来担任班主任，他在我们网站开了一个主题帖，叫《守望高三的日子》，把他自己每一天的教学生活记录下来，一年之后出了一本书。第二年校长给了他一个全校最差的班，他急了，给我打电话。我说："你只有上升的空间，没有下跌的可能，怀揣着希望上路。"他后来又开了一个主题帖，叫《怀揣着希望上路》，把自己每天的生活记录下来。一年后，教育科学出版社主动要出版他的这本书。他每年就这样坚持写作，现在已经成为全国著名的班主任专家。

（三）每月一次的讲演

我们知道，中国的教育不太注重学生的表达能力和沟通能力。在美国，基础教育是把学生的交往、沟通、表达作为第一能力来培养的。所以，训练学生的口才是美国教育一个非常重要的基础。美国人曾经宣称自己有三大法宝：金钱、口才、原子弹。各行各业的竞争中，口才很重要。实际上不要说竞争，人和人之间的沟通，口才也是很重要的。有人研究过人和人之间交往的误会，绝大部分都是因为沟通不畅造成的。

怎么样让人有一个比较好的口才呢？口才是要训练的。而且演讲的效果如何，这和演讲者的自信心有很大的关系。人生是多彩的、多元的，现在我们只是用考试成绩来衡量人，实际上一个人的才华表现在方方面面。未来走上社会以后，不只是看一个人的考试成绩。所以，最优秀的人不一定是考试最好的人。

（四）写家书

我认为写家书不仅仅是一种感恩，实际上也是一种对话。作为大学生，今后也要为人父、为人母，把自己的学习、生活情况和父母亲做一个分享，多去交流，让父母亲能够对我们放心。这对于改进我们的亲子关系、家庭关系，培养我们一种感恩的情怀，也是一件非常重要的事情。

（五）学生自我管理、自主活动

我们一开始就提出，凡是加入新教育书院的大学生都要参加一个社团，或者自己组建一个社团。我们要求所有的人在自己的团队里都要承担一定的责任，所有的人都要把自己的职责做好。大学是训练人的社会交往能力的一个非常重要的舞台，因为今后的社会是一个全方位的，特别需要人的组织、活动、工作能力的舞台。表面来看，社团活动牺牲了很多精力，牺牲了很多时间；但事实上，用心参与最多的人得到的也是最多的，因为这是一种锻炼的机会。希望所有的大学生，都能够主动抓住这样的锻炼机会。实际上，所有的付出都不会白付出。我们常说"舍得"，为什么叫"舍得"？舍得舍得，有舍才会有得。所以多承担工作，多为别人服务。在这个过程中，实际上是培养了一种能力，建立了一种信誉，养成了一种习惯。

我觉得未来的大学在一定的程度上更应该是学习中心，而不是我们传统意义上的学校。如果实行完全学分制，大部分的课程可以选用国际课程、网络课程、资源课程，学生完全可以通过这些资源来学习；教师的教学也随之发生变化，不再是传统的讲授，而是指导学生，与学生对话。现在还是以学院为主导的方式，未来大学 24 小时都在运作，它不再是传统的按照规定时间上课、下课，实操课程由学生自己预约时间。未来的大学是学习中心，更多的是答疑、解惑。

二、新教育书院的理念在民办高校中的应用

刚才，咱们西安外事学院文学院的教师向我提问：新教育书院的模式与传统教育管理模式相比较，存在哪些优点？

我觉得，最关键的是从过去简单的规训方式转变成学生自己成长的方式。过去我们师生之间是不平等的，辅导员、专业导师更多的是以长者的身份跟学生交往，现在是学生自己管理自己，我们协助他们成长，这是最根本的。因为学生终究是要离开我们的，学生走上工作岗位以后，走向社会以后，需要不断地成长，所以我们做的这些事情就是帮助他们形成良好的习惯，帮助他们形成自我成长的内在力量。一个人的良好习惯对其成长很重要，读书是对人最有用的东西。对于学生，应培养他们自我成长的习惯，因为未来的大学是往学习中心的方向过渡。我们现在的改革还是有一些保守的。现在网络资源很多，学生完全可以通过这些资源来学习，教师的教学也应随之发生变化，不再是传统的讲授，而是指导学生，与学生进行对话。现在还是以学院为主导的方式，未来大学 24 小时都在运作，它不再是传统的按照规定时间上课、下课，大部分的课程已经取消了上课、下课这个概念；未来的学分制是真正的学分制；未来的大学是学习中心，更多的是答疑、解惑。

今天，咱们西安外事学院的院长也在，我觉得我们可以走得更激进一点儿，想得更远一点儿，以未来的学习中心为目标来重新设计我们大学的结构、整个大学的发展。那样一来，我觉得我们的张力会更大，也更有意思。

有的教师向我提到书院教育应共同施教还是因材施教的问题。我刚刚去了咱们外事学院的雨花书院，觉得真正意义上的书院不应是以传统的专业为单位，而是应该打破学科、打破年级的限制。这样做的好处在于建立一个更生态的、更加多元化的环境，便于学生更自主地开展活动。我主张我们学校也走这种模式，鼓励所有的书院走自己的路，创造自己的特色和模式，取长补短，来形成书院各自的特色。

刚才，文学院院长向我提到书院是否有物理空间的问题。我认为书院是有物理空间的，这一栋楼或者这一层楼，比如雨花书院、鱼化龙书院。书院是在这个空间里面的，书院的学生住在一起，共同生活、共同阅读、共同写作，在书院里面有学习空间，比如图书室、谈话室。至于书院导师由谁来担任，我们主张书院尽可能往专业化方向发展，所有的导师都是单一的导师，这是最终的一个方向。但从目前的情况来说，这是不太可能的，因为有大量辅导员的存在。但是我建议未来的学校辅导员向两个方向分流：一是分流到行政管理岗位；二是往专业的方向去分流。今后书院所有的人都是专业人员，书院主要解决人生发展的问题。书院至少要有一至两个脱产导师，这跟我们的辅导员有相似的地方，但不是现在这样。书院的导师组长要有更多的时间、精力，可以根据书院的规模、特点进行调节，最好有20%的时间去从事教学。书院最理想的方式是双向选择，师生互选。如果有资源，我们完全可以聘请社会知名人士，也可以充分利用校友资源。校友的教育力量是很强的，大家可以重点发挥一下。

关于学生的行为养成问题。刚才，继续教育学院的辅导员向我提到一个问题，就是继续教育学院的学生中有高考落榜生，对他们入校之初的书院行为养成如何进行管理。我觉得在教育上，所有教育都是指向个人的，过去我们讲"一段分数一段人"，但我们现在却是偏偏要用一个方法去对待所有的学生，往往打不开他们的心灵之门。一个好的教师，他真的应该是一个心理学家，他真的要走近每一个孩子，懂得每一个孩子。外事学院以后也要逐步形成学校的基本规矩，比如规定外事学生的必读书目。只有共同阅读了那些书，才有共同的语言和对话的基础。一个家庭、一个社区、一个学校、一个国家，都应该有一些供大家共同阅读的书。共同读过的书，构成了我们共同的语言、共同的密码、共同的价值。不同的书院有不同的教育模式，我很期待我们外事学院形成所有学生必须要读的基础书目，这对塑造一个人的价值观是很有必要的，包括今后校友见面都有话好谈。除了校园的建筑、校园的老师，让我们曾经阅读的那些书也成为共同的话题。

谢谢各位！

最好的姿态是在路上[*]

请相信，真的新教育是能扎根的。新教育必须逐步打造自己的"卓越课程"——若干年后，我们应该有自己完整的课程结构。到最后，新教育靠什么来言说？靠什么来流传？只有故事，唯有榜样。

各位同仁：

非常高兴参加 2015 年"新教育实验区工作会议"。向大家表示歉意，由于工作原因，刚刚抵达奎屯，没能参加之前的活动。每年，新教育都有三个大的会议：一个是年会，一个是下半年的国际论坛，一个是走进现场的实验区工作会。

正如大家已经看到的，实验区是我们推进新教育殊为有效的平台。不知不觉中，在实验区，我们已经形成了民间和官方共同推进新教育的模式。

这不是我们事先设计的，而是在实践中自发生长的。当然，具体到每个实验区，萧山有萧山的模式，海门有海门的模式，奎屯有奎屯的模式。

不论什么样的模式，我们都应该研究它：有什么优点，有什么缺点，怎样才能在当地开花结果？

我希望今天在座的，每个从全国各地来参加实验区工作会的人，都能发现属于自己的模式。西域奎屯很遥远，可是，你们来了，我很感动。我

---

*　2015 年 5 月 20 日，在新疆奎屯"全国新教育实验区工作会议"上的讲话。

经常说，重要的事情总是有时间参与的——你来不来参加"新教育实验区会议"，关键在于，你把新教育放在什么位置？是重要的位置，还是次要的位置？还是可做可不做的位置？来不来？派什么样的人来？本身也反映了对新教育的一个态度。

所以，我要代表"新教育共同体"向你们表示感谢！

我还要感谢奎屯的新教育人，感谢你们精心筹备"实验区工作会议"。我们可以看到，无论是现场，还是叙事，都让我们的感动情不自禁，油然而生。这次会议，要忙那么多的事情，感谢辛勤劳作的所有工作人员。

我觉得新教育最好的姿态就是在路上，新教育应该感谢已经上路的各位！

在焦作会议上我们就曾经提出过："做真新教育、真做新教育。"

所谓"做真新教育、真做新教育"是什么意思？我个人理解，有两层意思。

第一，做"真的新教育"。不管怎么说，新教育是"世界语境"中的，在当今中国教育中的一个回响。从一百多年前的新教育运动到今天，尽管新教育有些共同的东西，但是我们的新教育是有其特定含义的。无论是我们的理念、我们的行动、我们的课程，这些东西都有一定程度的中国特色。但是，中国特色不能脱离基本价值观。

你不能说你所做的都是新教育。有人跟我说，"我们在做理想课堂，生态课堂"。我觉得，"理想课堂"有不同的表现方式——"生态课堂""高效课堂""有效课堂"都可以；但是，"理想课堂"的三个境界，"理想课堂"的话语应该在里面有所体现。你的"生态课堂"里面有没有"知识、生活和生命的深刻共鸣"？有，就是新教育"理想课堂"；没有，就是你的"理想课堂"，而不是真正意义上的新教育"理想课堂"。

再比如说，我们在做经典诵读，新教育是在推广阅读，但是新教育讲的"晨诵、午读、暮省"的儿童生活方式。我们的晨诵有特定的内涵、特定的形式——不是说不可以探索，但是应该先将新教育近些年来推广的一些课程做好。因为我们这些成果是新教育研究中心新教育人这么多年来研究探索的成果，我们对它有足够的自信，不然我们不会将它作为课程来呈现的。

我们的"晨诵、午读、暮省"，儿童课程以及教师专业发展等，都是有明显新教育标记的，我觉得应该继续做好。

所以，我觉得做新教育，就不能离开基本的特征和话语。我们不能说全国所有做"书香校园"的都是在做新教育，不能"贪天工为己有"。但是我们不能否认，新教育在推进全国"书香校园"建设中发挥的作用。很多非实验学校在做"书香校园",也在按照新教育的理念在行动,这个我觉得完全没有问题。但是作为一个实验校、实验区,我们所做的东西是具有标杆性的、样板性的,应该做得更纯真一些。

第二,真做新教育。所谓"真做新教育",就是用心去做新教育。我一直在考虑一个问题:同样在做新教育,同样是实验区,同样受到领导重视;但是,为什么少数实验区一直没有让我们真正感动的故事、人物、学校出现呢?

奎屯推进新教育近十年,涌现了主张"幸福完整的教育从幼儿开始"的阿依努尔老师,积极推进"晨诵、午读、暮省"各项儿童课程的张遵香、欧秀娟、潘静老师,用阅读编织少数民族孩子人生梦想的陈煜老师、在数学教学中推进阅读的苏天平老师,还有"全国推动读书十大人物"王坚校长……从点到线,而后以燎原星火之势,新教育实验对奎屯乃至周边的县市都产生了一定的影响。

今天上午的三所学校,每一所学校都让人感动——无论是积极推动阅读的第三小学,还是独具新艺术特色的第一小学和"研发卓越课程"的第三中学。奎屯的现场给了我们很大的惊喜,我提议为奎屯的精神、为奎屯的新教育人、为我们新教育这锅"石头汤"所做出的独特贡献而鼓掌!

新教育一直讲:相信种子、相信岁月。但是,你能不能成为真正意义上的种子,取决于你是不是真的在做新教育,是不是真的全身心投入。本质上,新教育赋予大家的,并不完全都是技术性的、形而下的东西,而是形而上的东西。离开了"形而上","形而下"就走不远。一旦真正拥有了形而上,我们才拥有了永远的力量。而且你会发现真正投入了,改变就会开始。

新教育是没有围墙的,永远敞开的。如果关了,可能失去很多有缘分的人。我们一直在寻找有缘人,寻找"尺码相同"的人。2006年,奎屯与新教育结缘,从此成了我们的坚定同行者。2010年,我来到奎屯参加他们的"新教育实验经验交流会"。应该说,我们与奎屯之间的手握的更紧了。新教育始终抱有一个开放的心态,去接纳、拥抱有着同样教育情怀的人。我们要特别珍惜那些已经在新教育旗帜下成长起来的那些优秀的人,比如常丽华,比如奎屯的这些新教育人。

我们不仅要发现他们、言说他们,还会让更多的人去了解他们,让更多的人去尊敬他们,为他们提供更多的机会、更好的平台。

日后,实验区的工作之一就是发现榜样,去呈现、言说。新教育到最后能不能成功，不完全取决于我们管理的成功，而取决于有多少让我们自豪的榜样，有多少能够让我们自豪的"卓越课程"。

请相信："真的新教育"是能扎根的。新教育必须逐步打造自己的"卓越课程"——若干年后，新教育应该有自己完整的课程结构。到最后，新教育靠什么来言说？靠什么来流传？只有故事，唯有榜样。

所以，我们在课程上、榜样上要下更大的功夫，其他的所有的一切宣传，包括杂志、网络和报纸等，都是为了打造"卓越课程"、培养榜样教师服务的。

谢谢大家！

坚守新教育，创造新辉煌[*]

你给新教育一份信任，新教育将给你一份力量；你坚守新教育的理想，新教育将助你创造新的辉煌。

尊敬的何厅长、曾县长，尊敬的各位领导、各位来宾、各位媒体朋友，亲爱的新教育同仁们：

大家上午好！

今天在美丽的天府花园水城金堂，一年一度的"新教育年会"又拉开了帷幕。首先非常感谢四川省教育厅和金堂的各级领导对会议的大力支持，感谢金堂新教育人为筹备此次会议做出的努力，也感谢全国新教育同仁们积极地参与。

今天，我们能够在这里相聚，让我十分感慨。因为今年的主题是"新生命教育"，新教育和金堂结缘也和生命有关。自从汶川大地震开始，因为这样的一次年会，见证着"信任"，见证着"坚守"。

我和金堂的结缘是从 2008 年开始的，因为那一年，发生了举世瞩目的汶川大地震，我们没有把目光投向北川这样全国所有力量都集中的地方。我们把视线投到了金堂，帮助金堂所在的农村学校恢复重建。同时我利用

---

*　2015 年 7 月 11 日，在"新教育实验第十五届研讨会"上的讲话。

自己的人脉，联系了台湾慈济，帮助金堂新建了两所小学。

金堂和新教育结缘是于 2011 年，当时金堂的教育局局长对我说：金堂希望用新教育实验来实验教育内涵的发展，来提升金堂教育水平。所以，就在这一年内蒙古鄂尔多斯的"新教育年会"上，金堂正式加盟成为新教育实验区。2011 年到今天，走过 5 年的时间，金堂有了很多年轻的新教育人，但是他们很努力、很执着。这几年来，金堂的县领导和教育局的领导发生了多次的变化。但是他们对新教育的追求没有变，金堂的新教育工作始终如一地深入推进。所有新上任的领导有一个规矩，总是在第一时间参加新教育的活动，推进新教育实验的发展，给予实实在在的支持。

全县的新教育实验学校，从最初的 11 所发展到 2014 年全县 73 所义务教育学校。每次开展全国性的新教育学术活动，总能够看到金堂新教育人的身影，他们从中学习。

甚至从 2012 年到 2014 年的"新教育年会"上，每年都有金堂的教师获得各种奖项——对于一个年轻的试验区来说，这是非常不容易的，也是非常难能可贵的。正是由于金堂新教育人的努力与坚持，才有了我们今天在这里的相见。

作为一个留守儿童的大县，金堂新教育人相信种子、相信岁月、相信新教育，金堂教育也因为新教育的缘故走上了快车道。这几年来，金堂先后在硬件上加大对教育的投入，办学条件不断改善。教师人人配备了笔记本电脑，每个教室都有多媒体，为新教育的发展提供了非常好的硬件的支持。

从软件上，县政府也加大了对新教育实验的支持，专门成立了新教育的学术机构，安排了新教育的研究和推广的经费。金堂的教育品质也明显上升，走在了全国的前列。新教育实验在金堂也真正成为一项实实在在的惠民工程。

接下来的两天，我们将亲眼见证金堂新教育的发展，我们将看到金堂新教育人如何用生命来验证"行动就有收获，坚持才有奇迹"的新教育理念。我们也将亲身感受到，金堂新教育人的信任和坚守的力量。

我一直说，新教育绝对不是简单地把理念、理想和课程强加到实验区，而是与实验区一起探索、一起前进、一起成长。金堂新教育人用他们的事实告诉我们：凡是那些真正的信任新教育、相信新教育的理念，实践新教育的课程，接受新教育价值的学校或实验区，都在实验中得到了长足的发展。

我们新教育研究院院长许新海所在的江苏省海门实验区，几乎所有的指标在江苏省都是名列第一；今年高考也是大丰收，九项指标第一。所以，新教育实验不仅是实实在在的素质教育，对学生的成长，对教育的竞争力也起着很大的作用。虽然我们不把分数作为唯一追求，但是上述种种成绩，都是对新教育人额外的奖赏。这需要长年累月的坚持和积累，教育活动是慢的艺术，新教育的许多理念和课程也需要我们慢慢品味、坚持不懈，才能得到真正的收获。所以，接下来的两天，让我们细细欣赏、细细品尝金堂新教育人给我们贡献的这道美丽的新教育大餐。

最后，我想对新教育人说：你给新教育一份信任，新教育将给你一份力量；你坚守新教育的理想，新教育将助你创造新的辉煌。

让我们一起期待，一起努力，谢谢大家！

每个人都有责任书写自己的历史 *

我觉得"历史"这门课太重要了，重要到这个世界上每个人、每一天实际上所做的所有事情，都应该用历史的眼光来看待。怎样把这样的道理讲给孩子们听，不断地强化这种意识，让他们有好的历史情怀、历史观，这可能是我们历史学科所要关注和解决的问题。

尊敬的各位老师：

大家上午好！

很高兴来参加这次"全国新历史教育暨名师工作室论坛"。实际上，我们十多年以前就提出"新历史教育"的问题。昨天大家讨论时有教师提问："什么叫新教育？什么是新历史？"在此我就简单地向大家做三个方面的介绍：什么是新教育；新教育关于课程的考量；我们对"新历史教育"的期待。

---

* 2015 年 8 月 12 日，在"全国新历史教育暨名师工作室论坛"上的演讲。

一、什么叫新教育

这个问题很多人在问，不仅是历史教师，还有其他学科的很多教师，包括一些政府官员和我的朋友，都问过我这个问题。甚至有人问："你做新教育，那么我们都是在做旧教育？"实际上，新教育本身就是一个历史概念。了解教育史的人都知道，在一百多年以前就有新教育，从英国发端。我们今天之所以称新教育，与新教育的历史传承是有关系的。20 世纪 20 年代，中国的陶行知先生等人，就曾经把他们的教育探索命名为新教育。当时陶行知先生还担任过《新教育评论》杂志的主编。新教育主张尊重儿童，主张通过教育变革去撬动社会变革，主张个性自由，主张通过民间的教育变革来推进社会的教育变革，等等。历史上的一些伟大的学校和教育家，许多都属于新教育体系。比如大家所熟悉的夏山学校、杜威的芝加哥实验学校、日本的巴学园等，都与新教育体系有着密切的关系。那些伟大的教育家更不用说了，从皮亚杰到杜威，基本上也属于新教育体系。从这个角度看，新教育是历史的概念。

当然，今天我们提出的新教育实验，无论从理念、理论到行动，肯定有我们自身的新的主张、理论、行动和探索。新教育实验诞生的重要标志，是 2000 年我写的一本书——《我的教育理想》。从 2000 年到今天，从曾经的 1 所学校发展到今天全国已有 2766 所学校，新教育实验已经有 15 年的历史。2015 年 7 月，"全国新教育实验第十五届研讨会"在四川召开。在中国，除了台湾、香港和澳门地区，其他省级行政区都有新教育的实验学校；同时还有实验区，即当地教育行政部门与新教育合作，在区域内全面推行新教育实验。应该说，新教育已经成为目前中国民间最大的教育改革。

新教育最重要的核心理念是什么？刚才王雄老师说了，是"过一种幸福完整的教育生活"。虽然我们对"幸福"一词本身有着不同的诠释，但是大家都能理解。而新教育所倡导的"完整"，从不同的角度有不同的解读。从生命的角度来说，我们把人的生命分成三个维度："自然生命""社会生命""精神生命"。在刚刚召开的"新教育年会"上，我们提出了"拓展生命的长、宽、高"的主张。"自然生命"强调"长度"，"社会生命"强调"宽度"，"精神生命"强调"高度"，这是从生命本身的完整性上来说的。从人自身最终发展的完整性来说，就是"让每个生命成为最好的自己"。怎样成为最好的自己呢？一个重要途径就是，学校教育应该成为汇聚"伟大事物"的中心。也就意味着，学校要通过各种方法，把人类最美好的东西在学校里呈现出来，让每个学生在和"伟大事物"相遇的过程中不断发现自己、找到自己，最终成就自己。说到这里，其实大家已经可以看出历史教育在新教育中的特殊地位。毫无疑问，历史是其中非常重要的组成部分，因为人类社会大部分伟大的人与事，没办法以物质的形态再现，只能通过各种记录而存在，通过历史教育的方式再现出来。

二、新教育关于课程的考量

刚才王雄老师提出了 20 年后学生的三个目标：爱心、悲悯、敬畏；宽容、开放、正义；勇于思考，善于行动。新教育有另外一种表述——我们希望培养的学生成人后，在他们身上能够看到，"政治是有理想的，科学是有人性的，财富是有汗水的，享乐是有道德的"，这是我们提出的一个目标。课程是培养人的重要渠道，有什么样的课程就有什么样的人，培养学生主要是通过课程来实现。课程的丰富性决定了生命的丰富性，课程的卓越性决定了生命的卓越性。新教育为了实现这样的目标，扎根于中国文化的土壤之中，提出了自己的课程架构。新教育的土壤是中国文化，这是毫无疑问的，因为我们生活在这块大地上。我们的基础课程，我们称之为"新生命教育课程"。因为教育是为生命而存在的，无论是"拓展生命的长、宽、高"，还是"让生命成为最好的自己"，生命是教育的根本。我们正在研制的"新生命教育课程"起步比较早，课程大纲已经出来了。顺利的话，明年"新生命教育课程"一年级的教材会正式推出。我们还专门在新教育研究院下成立了新生命教育研究所。"新生命教育课程"把人的生命分成"三重生命"。"自然生命"关注生命长度的问题，主要是安全与健康，这是第一个板块。现在学校教育对学生安全与健康问题还是重视不够，大量的和学生安全相关的安全问题，在学校里基本上没有得到相应的重视，无论是居家安全、校园安全、社会安全，还是网络安全。第二个板块是人的"社会生命"，我们考虑的是养成与交往。人的社会性包括两大方面：一是品质和习惯，二是怎样成为受社会欢迎的人。第三个板块是"精神生命"，主要是价值与信仰。这样，通过对整个"新生命教育课程"的通盘考虑，经过若干年的努力，我们就可以把这套教材正式推出来。这就是我们的基础课程——培养人的最根本课程。

在"新生命教育课程"的基础之上，分别有四类课程。第一类是"新公民教育课程"。生命教育主要是以个体为单位的，从人的社会性来说，怎样培养一个有社会责任感的公民，这是值得研究的。公民教育到底应该怎样推进？未来有了这类课程以后，通过课程的组合，思想品德课可能就变成更为综合性的一门公民课了。现在中学的政治课有四个板块，四个板块里没有包括法治的板块。实际上公民最重要的是契约精神，我们可能会以法治、契约精神来架构，来思考未来的公民教育和公民课程——作为一个社会人，作为一个面向世界的中国人，怎样形成良好的社会责任感，怎样担负起应尽的社会职责。

第二类是"新艺术教育课程"。现在的艺术课程，相对来说是比较不成熟的，没有把握艺术真正的规律。仅仅通过美术和音乐这两门学科来培养学生的艺术素养，是远远不够的，尤其是在小学。2014年我们召开了"新艺术教育研讨会"，提出了"艺术教育成人之美"的主张。在中小学阶段（尤其是小学阶段），艺术教育应该成为整个教育最重要的手段，所有课程都应该具有艺术的特色、艺术的定位。同时，我们还研发了新教育独特的艺术课程。比如说新教育的"生命叙事剧"，实验区的每个孩子每学期都要参与戏剧演出，我们把它命名为新教育的"生命叙事剧"。它和一般的儿童剧不一样，有很多自身特色。我们还开发了"新教育儿童听、读、绘、写"课程。另外，我们正在研制今后孩子们必须看的100部电影、100幅名画、100个建筑，以及必须听的100首名曲，为他们学会从鉴赏到创造，构建一整套体系。目前，我们正组织人马在做"新艺术教育课程"教材建设的准备。"新艺术教育课程"将不再是简单的美术和音乐两门课程，而应是体系化的艺术教育课程。

第三类是"新智识教育课程"。它的领域分成三类：人文课程、科学课程和技术课程。"新历史教育"，我们把它定位为人文课程中的重要内容，是整个"新教育课程体系"的一个重要部分。

所以我们可以看到：如果说"新公民教育课程"是解决"善"的问题，"新艺术教育课程"解决"美"的问题，"新智识教育课程"则主要解决"真"的问题。"新教育课程体系"，就是这样架构在生命的"真""善""美"之上。同时还要增加第四类课程，也就是特色课程，作为必要的挖掘与补充。

我们设想，在新教育的未来岁月里，我们会对大部分课程进行新的思考，把新教育的理想和理念容纳进去。比如在数学上，现在数学教学的办法更多的是把现成的数学知识、计算技能教给学生，并没有让孩子真正像数学家发现数学那样去学习数学，这就和数学发现的过程、学习的过程实际上有很大的距离。

三、我们对"新历史教育"的期待

对于历史教育，我们抱有很多期待。历史是"新智识教育课程"的重要组成部分，为什么要学历史？

历史是一门很重要的学科，尽管很多学校把它作为副科来对待，尤其是文理分科后，一些高中理科生基本上就不好好学历史了。事实上，历史本身的价值和意义远远没有被认识，这是我们的一个切身感受。恩格斯说过，任何科学最后都是历史的科学。我觉得历史不仅仅是一个让人变得更聪明的学科，历史本身还是一个让人变得更有责任感、更有尊严的学科。大家不是常说"以史为鉴"嘛，的确是这样。我一直认为，真正有历史情怀、有历史意识、有历史责任的人，无论他做什么，无论是作为一个人，还是作为一个官员，作为一个领导者，他一定和别人活得不一样。

我在《致教师》一书里强调，事实上每个人本身就是书写自己历史过程的作者。所以，新教育主张书写教师的生命传奇。什么是"书写自己的生命传奇"？传奇就是历史，每个人从来到这个世界，到离开这个世界，这是一部完整的个人历史。为什么有的人个人历史写得很一般，而有的人写得很壮丽、写得很伟大？这在很大程度上与人的生命意识有关。我们提出"你是你自己生命故事的主人翁，也是你自己生命故事的作者"，实际上从历史的角度来说，你既是你自己历史的主人翁，也是你自己历史的书写者。

每个人，特别是作为教师，怎样为自己的生命去书写传奇？我们提出了一系列书写传奇的路径。首先，为自己的生命去寻找一个"原型"。事实上，每个人在生命发展过程中是不是很优秀，很大程度上取决于他有没有与英雄为伍，有没有为自己的生命去寻找一个"原型"。其次，怎么去面对生命中的各种遭遇？从人类学的角度上看，实际上遭遇同时也是契机，面对不同的遭遇，我们有不同的应对办法和措施，会成就不同的人生。然后，你用什么样的语言去书写？这些都与个人史有关，就不多说了。历史本身不仅仅让人变得更聪明，同时也让人变得更有责任感，所以历史学科真的是很重要的学科。

然而，这么重要的学科，在一些学校里，大家都有这样一个感受：历史已经变成了支离破碎、简单记忆的学科。参加过高考的人都知道，历史学习基本上是三件事：第一知道它的背景；第二知道它的过程；第三知道它的意义——然后是人物、时间、地点。似乎历史就学这些，考历史就考这些，其他的都不是历史。我们当年的历史备考，就是画表格，填写时间、地点、人物，记忆背景、过程、意义，两个"三"就是历史了。本来应该是最丰富、最有趣、最有价值的学科，现在成了连文科生都不喜欢的学科，更不要说理科生了。

但很奇怪的是，对小学生来说，《上下五千年》《中国历史故事》等都是他们最喜欢读的书。一些与历史有关的书，像《水浒传》《三国演义》等，也是他们喜欢读的书。到了中学，中学生最喜欢看的书之一就是《明朝那些事儿》。我们能不能把历史写得让孩子们喜欢看？即使做不到像《明朝那些事儿》那样，但至少要有趣吧？我希望我们的历史课、历史课本有点儿文学性，千万不要干巴巴的，要有血有肉，要丰满的、可读性强的，不能说文辞有多么华丽，但至少应该是美的。

我认为，一个好的历史读本应该具有以下特征：首先，内容的表达应该是具有一定文学性的，不一定像语文课本那样，但读起来至少是一种享受；其次，应该是有文化的，有文化就是有价值的、有逻辑的、有哲学的。事实上，中国古代的文、史、哲是相通的。《史记》它是文学？它是历史？还是哲学？很难说。我们说这次要编一套好的历史"读本"，为何不称之为"教材"？"教材"的话，负担太重；我们叫"读本"，自由度就大了。但从内心来说，我希望今后这套读本就是教材。我们的教材大家学了，考历史可以考得很棒，甚至考语文、考政治也很棒。现在我们赋予教材的东西太多了，关键在于怎样编一部真正有哲学、有观点、有文学、有文化、有品位的书，称为教材或者读本并不重要，但我希望它比现在的历史课本都要好看。而且，历史不能从中学开始学起，我们觉得小学也要学历史。小学生那么喜欢历史，不让他接触历史是不应该的，至少让他知道"我是谁""我从哪里来""我的家里是怎么回事"。这样一种探究历史的过程，显然有利于养成学生的历史意识、历史观，所以学历史应该从小学开始。当然，从小学哪个年级开始、做几本、怎样去做，这些可以在具体编写过程中再去考虑，因为不是教材，空间就大。小学没有历史课，历史可以作为校本课程；历史读本也不一定要进课堂，学生可以在家里看，和父母一起看；历史学习还可以是探索性的活动，老师、父母带着孩子一起做，孩子自己也可以做。

中学也是如此，学生读了这套读本以后，可以更全面、更深刻地理解现在的历史课标、历史教材。江苏海门市是我们的新教育实验区，做了 10 年。当年参加新教育实验的第一届、第二届小学生分别在去年和今年高中毕业了，连续两年的江苏省高考指标中，他们去年拿了 6 项第一，今年拿了 9 项第一。更重要的是，他们的语文成绩，文科生、理科生都非常好。为什么？因为开展大量的阅读。我觉得，历史学习也应该需要大量的阅读。除了读本，我还期待建立资源网站——新历史学习资源网。对历史感兴趣的学生，通过这里了解历史的确是很重要的。

由于本职工作比较繁重，我现在没有时间全身心地去做学问，但我仍然每天坚持 3 小时的阅读和写作。我做所有的事，首先想到的是它的历史：这件事，过去的人怎么做的，过去的人怎么说的。做任何事，这一点想清楚了，一定会少犯很多错误。

其实，中国作为后发展的国家，在发展中出现了一些问题，也跟缺乏历史感有关。如环境问题，如果是有历史感的领导，或者有历史感的环保官员，他就会知道怎么办：比如泰晤士河是怎么污染的，又是怎么治理的，花了多少时间……这样去思想，就不会去污染了，而是从一开始就会去保护河流，一开始就会讲清楚水有多重要。学历史的人都知道，水是生命之源啊，所有的人都是住在水边上的，没有水就没有人了。但我们中国恰恰是在水已经大量污染的情况下，才像西方一样再花多少年去治理。所以，有历史情怀的人，就不会这么去做——这就是历史感、历史情怀。包括很多官员，有一点儿历史意识，就会认识到：要那么多钱干什么呢？钱又不是你的，历史上早就证明了。陶行知先生说"捧着一颗心来，不带半根草去"，其实人生想带半根草也带不走，早知道带不走你为什么还要贪它呢？你就不要贪了。这都是历史上的简单常识。我觉得"历史"这门课太重要了，重要到这个世界上每个人、每一天实际上所做的所有事情，都应该用历史的眼光来看待。怎样把这样的道理讲给孩子们听，不断地强化这种意识，让他们有好的历史情怀、历史观，这可能是我们历史学科所要关注和解决的问题。而那些历史知识，说老实话，现在网络那么方便，他自己会看，他自己去查。现在我们过多强调什么知识点，抓住了细枝末节，但是历史观这个东西怎样形成？只抓脱离了历史本身背景的知识点，无法做出好的历史教育。所以，这就是要我们去考量的，人类历史上哪些东西最值得作为历史教育的内容。同时，我很赞成用大文明的概念来考察我们中国在世界几大文明体系里面的地位、特点，同时更重要的是从整个人类文明的长河中去看我们。

关于"新历史教育"，我们这些认识都是慢慢形成的，还有很多东西需要打磨，甚至是否定之否定，不断去讨论、完善。新教育本身是个开放的体系，新教育实验与很多大学做的实验不太一样：大学往往是提出个方案，由下面的学校去做；新教育不是这样，我们是和学校一起去探索。比如"新艺术教育"，就是学校提出设想，然后我们一起去探索，不断丰富、完善——新教育的理论，本身也是在实践中不断丰富、完善的。新教育为什么受一线教师的欢迎？为什么从 1 所学校能够发展到 2766 所学校？就是在于它本身在不断地突破自己、完善自己。

"新历史教育读本"也将是如此。王雄老师刚才有感而发，说自己 50 岁了，要重新思考人生。我想他一生把"新历史教育"做好，就很了不起了。你要想一想：一个人、一个团队，最后有个读本留在这个世界上——不要说留得太久，百年后大家觉得还很好，这就够了。我们的目标也是要有历史感和历史意识，要有 100 年的胸襟和气魄。

谢谢大家！

把"研发卓越课程"行动推向深入 *

课程是教育的核心所在。课程变革也是教育改革的核心所在。"研发卓越课程"在"新教育实验十大行动"项目中，是一个基础性的项目。其他行动项目，包括"十大行动"中没有涵盖进去的"学校文化建设""新艺术教育""新生命教育"及"教师专业发展"，都需要课程的支撑。

---

* 2015 年 11 月 14 日，在河南郑州"第五届新教育国际高峰论坛"上的致辞。

尊敬的严文蕃教授、谢如山教授，尊敬的各位领导、各位专家、各位来宾，亲爱的新教育同仁：

大家上午好！

千百年来，东西方文化的对话、交流、碰撞和融合，一直是世界文明进步的推动力量。发起于21世纪初叶的新教育实验，正是建立在对古今中外新教育理论的系统把握之上，被视为"世界语境"中的新教育在当代中国的一声"回响"。15年的艰辛跋涉，新教育实验已经星火燎原，实验区（校）遍布全国，而今正阔步走向世界，接轨国际教育。从2011年起，每年举办一届的"新教育国际高峰论坛"已经成为新教育与国际教育对话的一个重要平台。

今天，我很高兴，"相约商都管城研发卓越课程——2015新教育国际高峰论坛"顺利开幕！这将是今年新教育实验的又一盛会！

本次论坛由新教育研究院和中国陶行知研究会新教育分会主办，郑州市管城回族区教育体育局承办。在论坛的筹备过程中，管城区教育体育局以及创新街小学、外国语小学、东关小学和五里堡小学等各展示学校的领导和同志们做了大量艰苦的工作，让我们以热烈的掌声向他们表示感谢！

还清晰地记得2013年的一个夏日，我与管城区教育体育局的穆培华局长在北京相遇，两个对书有着同样的嗜好，对教育有着同样的痴迷的人相遇了，总觉得有聊不完的话题，真有些相见恨晚之感。从此，新教育的火种开始播撒在管城这片丰饶的教育原野上。

管城地处中原腹地，有着近4000年的历史，文化积淀厚重，向来有着尊师重教的良好风尚。如今，短短的两三年时间，管城新教育便呈现出勃勃生机。近三年来，管城新教育人在管城区委、区政府的正确领导下，在穆培华局长的带领下，积极追寻新教育理想，努力推进"营造书香校园""研发卓越课程""聆听窗外声音"等"十大行动"，扎根田野，潜心耕耘，收获着幸福，享受着成长。迄今为止，管城全区已有46所学校、1800多名教师、4万多名学生参加了新教育实验。今天，"第五届新教育国际高峰论坛"在管城举行，是管城新教育人展示实验成果、推介管城经验的一次庆典！是管城新教育人生命中的一次隆重庆典！我期待着论坛期间，管城新教育人的精彩呈现！

本届论坛再次以"研发卓越课程"为主题，足见我们新教育人对"研发卓越课程"的关注和重视。课程是教育的核心所在，课程变革也是教育改革的核心所在。"研发卓越课程"在"新教育实验十大行动"项目中，是一个基础性的项目。其他行动项目，包括"十大行动"中没有涵盖进去的"学校文化建设""新艺术教育""新生命教育"及"教师专业发展"，都需要课程的支撑。2013年新教育萧山年会，我们曾以"研发卓越课程"为主题进行了研讨，形成了"新教育卓越课程"的体系架构。本届论坛再次以"研发卓越课程"为主题，目的在于引导各实验区（校）总结、交流萧山年会以来在"研发卓越课程"行动中的新实践、新思考，同时，为"新教育共同体"打开一扇窗，分享来自国外及台湾地区的专家学者、教育同仁课程探索的经验和理念，催生新思路、新策略、新观点和新行动，把"研发卓越课程"行动推向深入。

本届论坛，很高兴邀请到了美国马萨诸塞大学波士顿分校教育领导学系主任严文蕃、爱荷华大学教育心理学博士、德州理工大学教育学院教授蓝云、中国华德福教育播种人、澳大利亚资深华德福老师和师资培训师 Benjamin Cherry，中国台湾艺术大学师资培训中心专任副教授、艺术与人文教学研究所所长谢如山等专家学者。他们将代表美国教育团队、芬兰教育团队、华德福教育团队与新教育人对话，一起聚焦课程研发，展示实践样态，碰撞理论观点，生发新感悟、新思想。我对远道而来的各位专家表示真诚的感谢！

每次举行新教育会议，我总是十分感动，感动于新教育同仁参与的热情！大家近则百里，远则千里甚至几千里，从四面八方，从五湖四海，车马劳顿不辞辛劳来到管城。没有行政的命令，没有外在的要求，只缘于心中的一份信念、一份追求、一份相同的尺码，我们走到了一起，静静地聆听，用心地观摩，深入地思考，热烈地研讨。正是由于大家的参与，新教育走过了15年历程，走到了今天。在未来的日子里，新教育继续期待着大家的参与、关心和支持！感谢你们，亲爱的新教育同仁！

我相信，本届"新教育国际高峰论坛"，不仅是与商都管城的美丽相约，更是新教育"研发卓越课程"行动的新起点，是新教育实验的再出发。让我们一起向着新教育的理想彼岸，继续劈波斩浪，扬帆启航！

预祝本次论坛圆满成功！

谢谢大家！

关于课程研发的三个问题[*]

　　如果把课程本身比作一棵树，我想课程必须向内扎根，向外开枝散叶。向内向着师生生命的深处，向外迎着周遭的处境，这两者是相互促进、相辅相成的。只有枝叶不断地进行光合作用，根才具有向深处扎的力量；只有根不断地输送养分，枝叶才能进行光合作用。在课程研发过程中，我们必须非常敏锐地关注生活周遭的环境，关注生活周遭的自然环境和人文环境，敏锐地捕捉课程研发的契机。

各位新教育同仁：

　　大家下午好！

　　这两天到河南郑州管城来参加"新教育国际高峰论坛"，我心里很高兴，很感动，也很沉重。

　　高兴的是，"新教育国际高峰论坛"从 2011 年在江苏常州武进湖塘桥中心小学举办第一届，经过 2012 年在杭州、2013 年在成都、2014 年在日照，到 2015 年在郑州已经举办到第五届。而且每届论坛的参会人数都在 500 以上，一届比一届多，2015 年有来自 36 个实验区的 1000 余名代表参会。同时，每一届论坛都是一次思想的盛宴，我们都会有很大的收获。

　　感动的是，为了承办本届论坛，管城新教育实验区付出了很多辛苦，做出了很多贡献。管城区教育局的同志们和各展示学校，上上下下所有人都动员起来，为会议提供了非常全面的服务。特别感谢管城区优质的服务和精彩的课程展示。管城区安副区长，从开幕式一直到现在，自始至终地参加我们的论坛。一个区域的领导人，整整两天陪伴着我们参加会议，我特别感动，也感谢她。她刚刚也表示，要全力支持管城区把新教育实验做深做实。所以，我提议我们把掌声献给她，献给管城新教育人，也献给所有从全国各地远道而来的代表们！

---

　　① 2015 年 11 月 15 日，在河南郑州"第五届新教育国际高峰论坛"上的演讲。

令我心情沉重的有这样三件事。第一件事是雾霾。昨天，郑州发布了雾霾的黄色预警，我真的没想到郑州的雾霾也如此之严重。实际上不仅是郑州，前两天整个北方都雾霾压城。中国没有雾霾的地方已经不多了。第二件事是拥堵。据说有的团队到了郑州，从机场到这里原本 40 分钟的路，大巴车却走了 4 小时 30 分钟。第三件事是巴黎恐袭事件。就在我们到这里来的前一天，在法国巴黎，这座用自己的博爱关怀、包容过无数人痛苦的城市，遭受了恐怖袭击，现在统计已经有 100 多人丧失了生命，300 多人受伤。

这三件事与教育有关吗？与课程有关吗？我想应该是有关系的。课程本来就应该关注我们身边的事情，关注我们生活中的事情。对一颗足够敏感的教育的心而言，人就是课程，世界就是课程。

本届"新教育国际高峰论坛"的主题是"研发卓越课程"。关于课程的研发，我想讲三个问题，希望引起大家的注意。

一、课程研发的基本方法

如何更好地研发课程，要进一步明晰。如果把课程本身比作一棵树，我想课程必须向内扎根，向外开枝散叶，向内向着师生生命的深处，向外迎着周遭的处境。这两者是相互促进、相辅相成的。只有枝叶不断地进行光合作用，根才具有向深处扎的力量；只有根不断地输送养分，枝叶才能进行光合作用。

在课程研发过程中，我们必须非常敏锐地关注生活周遭的环境，关注生活周遭的自然环境和人文环境，敏锐地捕捉课程研发的契机。"研发卓越课程"不是在国家课程、地方课程之外不断地叠加，不断地做加法。它必须紧紧扎根学生生存的土壤，面对学生生存的处境。比如说郑州的雾霾、交通的拥堵、巴黎的恐袭事件，像这些都是研发课程的契机，都可以作为课程的主题和内容。这样的课程才是从生活中来的。

同时，更重要的是，这样的课程是与我们教师和学生的生命、生活紧密相连的，它扎根在师生的心灵之中。它不仅仅是让学生去了解发生在自己生活周边的事情，了解其起因和过程，思考怎么面对这些事情，更重要的是养成学生敏感的心。现在很多人是盲目的，觉得生活中的很多事都与他无关。"一枝一叶总关情"，我们一定要帮助师生懂得"天下兴亡，匹夫有责"，社会上发生的一切都跟"我"有关。台湾的高震东先生说"天下兴亡，我的责任"，是非常有担当的。因此，表面上看来雾霾、拥堵、恐袭与我们关系不大，但事实上都与我们每个人密切相关，与我们的教育有关，与我们的课程有关。

二、课程研发如何更有效地利用现代技术手段

如今，科学技术的发展日新月异，不断地改变着我们的社会，改变着我们生存的环境，改变着我们的教育。以前，很多习以为常的事情，实际上在现代科学技术面前都已经悄悄发生了变化。这种变化是非常深刻的。

我最近一直在思考未来学校、未来课程的样态。在人类出现之初，地球上并没有学校，或者说一开始的学校只能称为"前学校"，因为在原始部落里，采用的教育方法都是口耳相传的，是面对面的、人对人的。传播学称之为"表演阶段"，意思是说那个时候的教育方式是表演性的，是面对面通过手势、语言进行的。后来，有了学校。有人考证是公元前3500年左右在巴比伦的两河流域出现了苏美尔人的泥板书舍，约公元前2500年古埃及出现了宫廷学校，这些都是学校的雏形。当时，教育处于所谓的"表述阶段"，也就是说教育可以借助于符号传递信息了，不需要通过面对面的方式去进行了。实际上，这为后来学校的课本、课程提供了一个最初的雏形。

现代学校伴随着工业革命的兴起而产生。工业革命的兴起，需要更多高素质的劳动者才能够适应机械化的生产，所以它需要有更大规模的学校。夸美纽斯的大教学论、班级授课制，正是在这种时代背景下产生的。学校真正像现在这样有固定的班级、统一的教材、统一的大纲、统一的上课时间，也只有几百年的历史。

到了20世纪60年代，世界上出现了一个很著名的理论叫"学校消亡论"。学校消亡论为什么会出现？有两个很重要的背景。一个就是有人发现学校教育不能够实现真正教育的使命，很多教育的使命在学校里面没有完成，对于培养一个优秀的人，学校好像起不了很大的作用。还有一个很重要的理论，就是当时美国所谓的行为主义理论。斯金纳作为行为主义学派的一个重要代表人物，提出了"教学机器"的概念。当时计算机已经

出现，虽然互联网还没有出现，但斯金纳已经天才地发现了现代互联网时代的网络教学方式，还提出了教学步骤。他当时提出了"小步骤教学"，就是教学要分成若干单元，一个单元一个单元地学习，由学习者自定步调，及时反馈。这些理论恰恰是现在互联网环境下翻转课堂最基本的理论依据。

但是，50年过去了，学校不仅没有消亡，还在不断地发展。我们要追问：未来的学校会怎么样？所以，我提出未来的学校可能不会消亡，但是一定会改造。未来的学校可能不叫 school，而叫学习中心（Learning center），学生可能不再需要按时到学校去。昨天，我听说芬兰的教授说他的孩子上午10点才上学，下午2点就回家。学生在学校就三四个小时，学校有多大的作用？大部分的学习在哪里进行？肯定不是在学校了。未来的学生大部分的学习可能是在社会中进行的，在网络中进行的，在家庭里进行的。实际上，现在大部分的知识，大部分的学习内容，完全可以通过各种媒介获得。

所以，我们这些做教师的、做校长的，要有一点儿危机感。如果你的学校不能成为一个真正吸引人的学习中心，以后还有人到你的学校来吗？我曾经动员我的一个朋友赶紧去做一个学习中心，为未来学校做个模板。作为教育创业，我说那会很有竞争力。美国现在在家学习的人已经很多了，在家学习通过验证、考试后，政府就给他发文凭。美国已经有相当数量的人，在网上学习。美国已经有很多的网上学校可以发文凭。人们可以从网上学校获得文凭，为什么还要到学校来呢？为什么还要受这个罪，每天起大早到学校来呢？他可以在家里好好地睡一个觉，想什么时候醒就什么时候醒，充足休息以后学习，头脑清醒，精力充沛。这样学习多好，为什么一定要像现在这样上学呢？为什么还要坐在教室里45分钟呢？学习完全可以定制化。可以跟教师约时间："老师，我想在星期五、星期六的下午2点，跟你讨论一下数学的分数问题。""老师，我想在星期三的下午，跟你讨论一下怎么演讲更能够吸引人。"教师就成为一个成长伙伴，成为一个指导者，不需要系统地、按部就班地把知识从头讲到尾。这样的学校离我们一点儿都不远。李希贵任校长的北京十一学校现在在中国好像成为大家去追逐的对象。实际上，北京十一学校的形态也只是一个过渡，很快就会消亡。为什么？大部分的课程不要走班了，要走网，到网上去学就行了，还要那么辛苦地走班吗？而且，北京十一学校是不可复制的。学校没有几十个博士、几十个特级教师，能开出那么多的课程吗？做不到的。

昨天到管城的创新街小学，看了现场展示后，我就讲很多课程没有必要让教师开。教师绞尽脑汁去想能开什么课，因为不开课不行。社会资源那么多，擅长书法等的人都很多，很多教师跟人家比，功力差得远了。"取法乎上，仅得乎中"，这些活动课程，我主张尽可能利用社会资源，尽可能利用名家大师，而教师成为组织者、联络者、驱动者。这可能是更好的课程研发方式。我们在另外一所农村学校就看到了，它所有的课程，昨天晚上在管城的课程展演里面也是有的，但都是利用社会资源。社会资源的级别比教师水平要高。当然，这不是打击教师的积极性。教师研发课程也非常好，因为这本身对教师自己也是提升，也是一种快乐，而且是师生活动的一种方式。严格来说，它是一种活动，它活动的成分大于课程的成分。

所以，我觉得未来的学校是很值得我们去思考的。未来学校名称可能会变，教育本身可能也变了，或者说教育就应该变成学习了，学校是个学习的地方，教育的活动实际上是学习的活动，所有的教育都是为了学习而展开的。教室现在叫 classroom，以后可能就会变成 learnroom，或者是 studentroom。所以，学校教育将会从现在所谓的标准化真正走向定制化、个性化。现在，在网上买东西已经完全定制化了，今后，你在网上买课程就可以了。当然，我主张义务教育阶段的课程仍然是由国家研发好，给大家无偿地配送。8 年以前，我就给教育部提建议——要建一个国家教育资源平台，由国家购买、提供教育公共服务产品，给每个学校提供无限多的高质量课程资源，让大家享受。我觉得这可能是一个方向。

三、怎样保持课程逻辑的自洽性

我们研发课程，逻辑的自洽性是很重要的。现在已经进入了一个碎片化的时代，所有的信息基本上都是碎片化的。碎片化是我们这个时代的特征，同时碎片化也成为我们学习的一个很重要的障碍。在研发课程的时候，同样也是如此。我一直认为，课程也好，教育也罢，都是有自己的逻辑、自己的体系的。我们不能乱搞，看到什么好就往口袋里装，看到什么好就想拿过来。现在很多学校变成了一个"大杂烩"，没有中心，没有灵魂，没有文化。我觉得课程体系应该有自己的自洽性。新教育的课程为什么要提那么一个架构？基础是生命课程，因为教育是为了生命而存在的，生命至上。公民课程、艺术课程、智识课程，分别对应着善、美、真，再加上个性化课程，这个课程架构是一个非常严密的体系。现在，我们就在这个体系里面不断地丰富，我期待所有的新教育实验区、实验学校，努力地在这个框架下做文章，然后不断丰富它，把它熬成一锅"石头汤"。

比如，去年我们已经审视过艺术教育。艺术教育不是我们提出来的，但我们新教育的艺术教育完全不同于传统艺术教育的概念。传统艺术教育简单地分为美术课程和音乐课程。我们认为整个的教育都应该是艺术的。艺术是一种精神、一种情怀，也是一种方法。艺术能帮我们更好地用艺术的眼光看世界，艺术也能帮我们更好地创造一个新世界，这是艺术的作用。所以，我们创造了很多的综合性艺术课程，比如听、读、绘、写，比如生命叙事剧，等等。今后，美术、音乐课程也要有自己的逻辑。什么时候学什么内容，从哪里开始学，这些问题都要经过科学研究，要根据人的身心发展规律来安排教学内容。虽然任何知识都可以在任何时候用合适的方法教给任何年龄的儿童，但是在人的成长中，不同学习内容有不同的最敏感期，在最敏感期教给他最合适的内容，是教育应该关注的。刚刚，本杰明就讲了如何根据人的身心发展规律安排学习内容。华德福最大的优势就是主张跟着人的心灵走，跟着人的身心发展规律安排教学的内容。这是华德福最本质的东西。我们现在没有完全根据人的身心发展规律安排课程，更多地考虑了学科自身的内在逻辑性。科学家发现世界的规律与人认识世界的规律不一定完全一致。

比如，关于历史的学习，学生到中学时才开始学习历史，而且历史课仅仅教学生历史事件的时间、人物、地点、背景、过程、意义。应对考试，学生只要掌握这六个要素就够了。这样学历史，就把历史作为知识在记忆了。历史记它干什么？毫无用处！你要查任何时代的任何事情，网上都可以查到。我最近写了一篇文章，提出真正的历史教育是让人成为一个有历史感、有历史情怀、有社会责任感的人。为什么？你就是历史，每个人都在书写历史。你怎么去书写你的历史，会影响我们人类怎么书写人类自己的历史。这是历史教育的根本任务。2015年暑假，我组织了七个全国优秀的历史特级教师工作室，召开了一次小型的研讨会。我们正在编辑新教育的新历史读本，让学生从小学就开始学历史。这个新教育的历史读本2017年有望正式出版。我们研发课程就要做这样的事情。我们不要求所有的学校都做这样的事情，但是我们的专家团队一定要为大家提供引领。

再比如，我们新教育做了多年的晨诵课程。市面上有很多种晨诵教材，有的教材发行量过亿，但没有新教育的晨诵教材。我们新教育正在梳理自己的晨诵理论。为什么要做晨诵？什么样的晨诵才是好的晨诵？晨诵怎样才能契合儿童身心发展的规律？怎样真正把人类最美好的东西给孩子，让中国文化最根本的精神扎根在孩子的心中？这是新教育晨诵要解决的问题。目前，我们正在编辑晨诵读本。2016年9月，《新教育晨诵》会正式出版，我们的新教育学校可以用到新教育自己的晨诵教材。

总之，我们应该用新教育的理念统领全局，把所有的课程梳理、打通，让课程真正融入师生日常的生活，真正让新教育成为师生过一种幸福完整的教育生活的基石。新教育的课程研发不能不断地做加法，不能变成体力的累加，这不是我们所提倡的。如果一直这样做，教师会很累，新教育一定走不远。课程研发要从碎片化的思考，转向系统化的架构。

总之，课程是我们学校教育的核心，是培养人的重要渠道。有什么样的课程就有什么的教育生活，有什么样的课程就会培养出什么样的人。希望大家还是要深刻地用批判性教育学的方式来思考新教育课程，思考新教育课程研发，不断地自我挑战，自我超越。

谢谢大家！祝大家返程平安！

教师成长：职业认同与专业发展[*]

一个国家总要有一些人做梦，总要有一些人高举理想主义的旗帜。教育要有理想，做教育的人要有理想。否则，我们的民族、我们的国家就永远没有理想，没有出息。

各位老师：

大家上午好！

很高兴今天来参加这样的一个活动，见证一所学校10年的探索，10年

---

① 2015年11月21日，在湖南长沙青竹湖湘一外国语学校的办学十周年学术报告会上的演讲。

的发展。我这次来学校是应黄耀红博士的邀请，我现在一般不到非新教育实验学校讲演，这次来是为了感谢耀红这么多年来对我的支持和帮助，我得来为他站台。

本来他要我讲一讲整个新教育发展的历程，我说那至少要两三个小时，甚至更长的时间。所以，我想从一个小的侧面讲一讲新教育，即新教育实验关于教师成长的一些理论和探索。我想，这对于在场的校长和教师们可能更实用。刚才王建华厅长跟我讲，他在21世纪初叶读过我的一本书——《我的教育理想》。这本书的确曾经在一线教师中间很流行，我也把这本书的出版作为新教育诞生的标志。这本书体现了我对理想教育的追求，也点燃了很多教师对于教育的激情。有教师跟我说："朱老师，我本来对教育已经绝望了，做教师真的是没意思，但是看了你的这本书以后我知道，教育还可以如此美丽。我决定做下去。"

当然，也有人认为这样的理想是天方夜谭。有教师说："朱老师，你这本书是个大忽悠啊！把我们的激情点燃起来了，但回到现实，回到学校，我们的心又冷下来了。我们戴着镣铐怎么跳舞呢？"我回答说："戴着镣铐，我们同样可以跳出精彩的镣铐舞。教育的智慧就在于，从现实的教育空间中，去寻找最大的发展可能性。为什么在同样的环境、同样的制度下，有的学校做得风生水起，有的教师做得有声有色？我想这是因为所有的枷锁都是自己给自己铸上的。有人说："朱老师，你说得轻松，有本事你做一个学校给我看一看。"新教育就是这样被"逼"开始的。

2002年9月，第一所新教育实验学校正式启航。没有想到经过13年的发展，新教育从1所学校发展到现在近3000所学校。我国除港澳台地区外的所有省级行政区都已经有了我们的新教育实验学校。

前不久，我出版了一本小书，书名叫《致教师》。因为有了网络媒体，这本书比《我的教育理想》传播得更快。两个月发行100000本，打破了长江文艺出版社的销售纪录。我们知道，长江文艺出版社是很著名的出畅销书的出版社，它的许多文艺书的销售情况都不如这本书，有教师评论说："《我的教育理想》是一部传道的书，是一部点燃理想激情的书。《致教师》则是一部解惑的书，是一部让教师明白怎么做教师的书。"

《致教师》这本书的序言是一首小诗《我是教师》。这首诗颠覆了传统教育学里对于教师的很多看法。我们经常说教师是园丁，我则说教师不是园丁。为什么呢？因为教师本来也应该是一朵花。教师和学生是相互作用的。事实上，教师和学生是相互编织、共同成长的，我们不能够简单地把教师看作园丁。

教师也不是蜡烛。蜡炬成灰泪始干，太"悲催"了，我觉得这不应该是现代教师的形象。教师本来是一支火炬，但他不能以化成灰烬为代价去照亮学生。

教师也不应该是春蚕，不断吐丝结茧地去奉献，最后却成了"春蚕到死丝方尽"。教师的故步自封，才会作茧自缚。而心灵的成长，来自每个季节的互动与体验。

教师也不是人类灵魂的工程师，因为没有谁的灵魂是机器，能够用某种工艺任意修理。

那么，教师是什么呢？教师就是教师，是与学生相互依赖的生命。教师每天都在神圣和平凡中穿行，伟人和罪人都可能在教师这里形成。教师是一份职业，更是一份事业；是一份职责，更是一种使命。

诗写得不怎么样，只能说这是把一种教育思想用诗的语言呈现出来。我也没想到这首诗在网上传播得很广，据说微信上转播已经超过 50 万次。

常常有人问我什么是新教育。一般来说，我们会用这么一个定义来给新教育进行描述：是以教师成长为逻辑起点，以"营造书香校园"等"十大行动"为途径，以帮助"新教育共同体"成员过一种幸福完整的教育生活为目的的教育实验。

为什么新教育实验以教师成长为逻辑起点？所有的教育改革与探索总是有自己的思考和逻辑的。比如说华东师范大学叶澜老师的新基础教育实验，她的逻辑起点就是课堂。尽管她把自己的实验命名为"生命—实践学派"，但事实上，她的重点在课堂方面。叶澜老师提出让课堂焕发出生命的活力，她是想通过课堂的变革来撬动整个教育的变革。再比如说国家的新课程改革，它的逻辑起点是什么？顾名思义就是课程。它是想通过课程的重组、课程的变革，去带动教育的变革，来实现中华民族的伟大复兴。所有的教育改革都会有一个基本的想法和主张，这往往就是它的逻辑起点。

新教育实验认为，教师才是教育最重要的要素。所有的教育问题，里面最重要最关键的都是教师。为什么？谁站在讲台前，谁就决定教育的品质；谁站在讲台前，谁就决定孩子的命运。教师是所有问题的出发点，教师是课堂的出发点。课堂是否精彩，是否真正能够让师生的生命焕发活力，取决于教师。教师也是课程的出发点，教师不仅是课程的执行者，同时也是课程的研发者。课程的丰富性决定了生命的丰富性，课程的卓越性决定了生命的卓越性。在很多情况下，学校把学生作为所有问题的出发点。当然从另外一个角度来看，这没有错。你们学校提出"把每一个学生放在心上"这句话也是很有味道的。还有多种表述的方法，如许多学校的墙上有另外一句话，"一切为了孩子，为了一切孩子，为了孩子的一切"。

但是，几乎没有人在学校里写"把每一位教师放在心上"。更没有人在学校里写"一切为了教师，为了一切教师，为了教师的一切"。事实上，教师的问题应该高度重视。教师好了，教育才会好，所以我今天就想跟大家来分享一下关于教师成长的问题。我相信新教育之所以能够发展到今天，用13年的时间从一所学校发展到今天这样的规模，很重要的原因之一，就是它点燃了很多教师的梦想和激情，它真正地帮助教师找到了教育的幸福。因为它真正实现了教师和学生一起成长，从而真正地提升了教育的品质。我想这可能是一个重要的原因。

新教育实验认为：没有教师的发展，学生的成长就成为无本之木；没有教师的研发，课程就成为无源之水；没有教师的实践，课堂就成为水中之月。

教师毫无疑问是整个教育过程中最重要、最关键、最基础的力量。

一般情况下，很多校长、教育理论工作者都喜欢用"教师专业发展"这个词，当然没错，但是我更喜欢用"成长"这个概念。

在英文里面，growth 表示"成长"，与 development（表示"发展"）是不太一样的。成长，更多的是用于活的生命体，更加生态。发展，除了生命体可以用"发展"，经济发展、社会发展、政治发展、科技发展都可以说。我比较倾向于用"成长"。

教师成长包括两个板块：一个板块，我称之为职业认同；另一个板块，我称之为专业发展。职业认同和专业发展构成了教师成长的一个整体。其中，职业认同是教师成长的内在动力机制，专业发展是教师成长的技术支持系统。

一、职业认同

我们先讨论一下职业认同的问题。很多校长跟我说："我也抓教师阅读，我也抓教师专业成长，但就是不见效。"这里面存在的一个很重要的问题就是你一厢情愿而人家不情愿，这是没用的。教师的职业认同问题没有解决，想要推动教师专业发展是很难的。

职业认同更多的是和人的理想、激情、追求以及对教师这个职业的理解和认识有很大关系，专业发展更多的是和知识、智力、技能有密切的关系。这两者是相辅相成的，甚至可以说是互为基础、互为前提的，这两者是不断地互动的过程。

《致教师》第一辑的标题是《给我一个做教师的理由》，就是解决职业认同的问题。第二辑的标题是《借我一双好教师的慧眼》，就是解决专业发展的问题。这本书前面的两个部分，主要是解决职业认同和专业发展的问题。

在新教育体系之中，职业认同是用生命叙事的理论来阐述的。如果我们每个人的人生都是一个故事，那么，我们每个人都是这个故事的主人翁，也是这个故事的作者。

我们能否把自己的生命故事变成一部传奇，首先取决于我们如何书写自己的故事，我们是否用心，是否竭尽全力，是否为自己寻找了生命的榜样与蓝本。人为什么要为自己寻找生命的原型呢？就人的生物性而言，人是很容易懈怠、很容易满足、很容易停滞的。但是，当一个人为自己寻找到人生的榜样、生命的原型时，他就可以发现自己与榜样的差距，通过生命原型给自己前进的力量，给自己克服困难的勇气。

作为一线教师，如何为自己寻找人生的榜样和生命的原型呢？不妨从读一些优秀教师的个人传记、优秀教师的工作手记开始。无论是李镇西的《爱心与教育》、雷夫·艾斯奎斯的《第56号教室的奇迹：让孩子变成爱学习的天使》，还是尼尔的《夏山学校》、苏霍姆林斯基的《帕夫雷什中学》，每一本优秀教师的著作，都会为你注入精神的力量。从他们身上，你不仅能够学到教育的智慧，更能够汲取向上的能量。当然，身边的榜样更有说服力。所以你也不妨参加到一些"学习共同体"中去，向同学校的优秀教师请教，向网络上优秀的同行请教，研究他们成长的轨迹，聆听他们成长的故事，分析他们的课堂、教案等，一定也能够得到许多重要的启示。

生命叙事的第二个问题，就是如何对待自己所遇到的问题。生命中的各种遭遇，当你消极地看它的时候，它就是糟糕的；但是当你积极地看它时，它就是机遇。在生活中，我们经常会遇到各种困难、矛盾，它们就像一块石头，你把它背在身上，它就是沉重的包袱，但如果你把它放在脚下，它就是你成长的阶梯。同样一件事情，对一个人来说，完全可以产生不同的效果。所以，我们应该积极地面对种种遭遇、挑战和困难。你们看《西游记》，唐僧和他的团队到西天取经，经过了多少磨难，面对了多少妖魔鬼怪，如果唐僧取经像现在坐飞机一样，轻轻松松就把经给拿回来了，那还有什么《西游记》呢？还有什么精彩的传奇呢？都没有了！

新教育曾经有一位榜样教师一度有些消沉，因为她教的班级学生人数太多，超过了100人，她觉得手忙脚乱、无所适从。我跟这个教师讲，既然一时无法改变现状，不妨积极面对。超过100人的大班，也是今后很难再碰到的事情。今后不用再担心你的班级人数太多。除了国家要规范你的班级人数，随着经济社会的发展，总有一天我们也会像美国，像芬兰，像全世界的发达国家一样一个班级只有20人或30人。当然更重要的是，随着科学技术的发展今后可能连班级这个概念都没有了。到时候，最大的班级里可能有20000人同时上一门课程，传统的班级概念已经被突破了。关键是心态，关键是怎样对待困难，对待遭遇。每个人在生活中都会碰到各种各样的困难，你只要挺过去，你就成长了；你只要战胜它你就进步了。所以不断地去面对你生活中的各种各样的困难，你就多了各种各样成长的可能性。我很喜欢罗曼·罗兰说的一句话："我看透了这个世界，但我仍然热爱它。"

我碰到了太多的教育理论家、校长和教师，他们都在对我们的教育抱怨、批评，甚至于责难。我对有些朋友说：你责难了，批评了，抱怨了，但是又有什么用呢？最重要的是行动，是改变。所以，而对各种各样的遭遇、困难，我们应该用不抱怨、不放弃的心态去对待它。

第三个问题就是关于生命叙事的语言。所有的生命叙事都是用语言来书写的，最伟大的传奇往往是用最伟大的语言写成的。新教育实验把生命叙事的语言分为三类：人类的语言、民族的语言和地方的语言。一部伟大的作品必然要有这三种语言同时作为支撑。莫言之所以能拿诺贝尔奖，就因为他同时掌握了这三种语言。首先是人类的语言。人类最根本的价值是一种悲悯，一种博爱，一种向往自由的精神：作家需要，教师同样需要。一个教师如果关心的只是纸面上的分数，他一定是走不远的。大情怀才能有真正的大教育，所以我们主张，教师不应该只懂得学科里面的一点点东西。他应该懂得世界，他应该懂得人类，他应该懂得我们要走向何方。这就是所谓人类的语言。其次是中国的语言，民族的语言。不管怎么样的国际化，我们生活在这片土地上，几千年中国文化的血脉依然流淌在我们身上，我们的教育如果对此熟视无睹，我们的教育如果完全跟在西方后面亦步亦趋，这样的教育是没有出息的。前些天我在全国政协参加了俞正声主席主持的关于非物质文化遗产传承与保护的座谈会，我在会上做了发言。中国文化的根源在哪里？教育究竟是什么？教育实际上是文化的选编，是把我们认为的最重要的文化传递给我们的孩子。现在我们的非物质文化遗产每一天都在消失，艺随人亡的情况非常严重：文化部公布的国家级非物质文化遗产代表性传承人，到2015年1月为止，1986人中已经去世的有235人，在世的传承人中超过70周岁的占50%以上。非物质文化遗产传承人跟我们的教育有没有关系？他们的这些东西为什么不能在我们的课堂上传授呢？我们的体育课当然不是不可以打高尔夫球，我们的乐团当然不是不可以有管弦乐，我们的绘画中当然不是不可以有西洋画，但是我们的中医到哪里去了？我们的武术到哪里去了？我们的书画、古琴到哪里去了？中国文化里有那么多好东西，为什么没有出现在我们的课程中呢？不要以为这些东西跟教育没有关系，它们是血脉相连的，教育如果没有这种文化的自觉是没有出息的。越是民族的东西，越是世界的东西。新教育实验提出"活出中国文化的根本精神"，这是我们新教育2011年年会的一个大主题，我们也正在思考，怎样把中国文化作为一个系统的课程进行教学。

最后是地方的语言。俗话说："一方水土养一方人。"作为一个教师，你能不能应用你区域的教育资源，包括你学生的父母亲，包括你社区所有的一切？现在我们到很多学校去，会发现这些学校没有自己的基因，从课程到形式都是在不断地模仿其他学校，甚至复制其他学校。它们根本就没有自己的文化，没有自己的体系，从愿景、使命、价值观到校风、校训，从仪式、庆典到校园环境，当然最重要的是学校本身的故事，这些都没有。所以，教师在书写自己教育的生命的时候，我觉得这三种语言是非常重要的。当然还有很多其他的问题，包括以怎样的体裁、怎样的风格来讲述，但是我觉得这三个问题是生命叙事的最关键要素。

二、专业发展

下面我们重点来谈一谈专业发展的问题。关于专业发展，新教育实验有三句话：一是专业阅读——站在大师的肩膀上前行，二是专业写作——站在自己的肩膀上攀升，三是专业交往——站在团队的肩膀上飞翔。

我们把这三句话作为教师的"吉祥三宝"。这是我们研究了世界上很多教师发展理论后归纳出来的。第一句话主要强调教师的学术修养。作为一个教师，要对教育的理论、学科的理论有非常充分的把握。第二句话强调教育的反思。第三句话在国际上被称为教育生态理论，强调教育是一个生态系统。在国际上，不同的教师成长理论强调不同的方面，我觉得它们恰恰是从不同的方面道出了教师成长的关键问题。这三者应该是一个不可分割的整体，构成了教师发展的奥秘。

（一）专业阅读

首先看专业阅读。关于阅读的问题，大家有时间可以去看我的另外一本书《我的阅读观》。在这本书里，我用五章来讲阅读的价值和意义。

第一章的标题是《一个人的精神发育史就是他的阅读史》。这是从人的个体成长来说的，我们很多人都关心自己身体的成长。当然，身体很重要。我们知道，生命的胚胎最初是寄生在母体中的，通过吸收母亲体内的营养成长发育；人来到这个世界之后，最初是喝母乳，母乳是儿童最初的滋养；大概6个月以后，母乳就不大管用了，儿童继续成长就需要自己不断地自主进食。

费尔巴哈说：人是他自己食物的产物。的确如此，吃什么，我们就会成为什么。昨天飞机晚点，我们下了飞机立刻赶去湖南师大，没有吃晚饭就直接讲到9点钟，然后武校长就带我们到长沙的火宫殿去吃小吃。我很喜欢吃，但是不敢多吃。我一直在努力减肥，除运动以外，就是少吃一点儿。事实上我的胃口非常好，臭豆腐我吃个20块恐怕不在话下，但是我只敢吃四五块。人的食物和躯体的关系，大家很清楚了。那么人的精神与食物是怎样的关系呢？我们有没有想过我们的精神是怎样发育成长的？实际上，精神同样需要食物，我们每天阅读的东西就直接构成了我们精神成长的要素，我们阅读的高度就直接决定了我们精神的高度。读什么，我们就会成为什么。

人生活在两个世界中，一个是物质的世界，一个是精神世界。但是，我们很多人只生活在一个物质的世界中，很少有人真正地走进精神的世界。人类的风景也是如此，自然的风景固然很美丽，那些美不胜收的高山峻岭、江海大川令人神往，但精神的风景同样很美丽。我们很多人却没有机会去看一看精神的风景。

第二章的标题是《一个民族的精神境界取决于这个民族的阅读水平》。大家知道，我从 2003 年担任全国政协常委以后，连续 10 多年一直在呼吁设立"国家阅读节"，呼吁把全民阅读作为国家战略。为什么？因为我觉得这是提升民族竞争力、加强民族凝聚力最具性价比和最有效的措施。美国人曾经有本书叫《造就美国人》。它认为美国人是怎样成长的呢？就是那些曾经哺育、滋润美国人心灵的最伟大的经典造就的。所谓的"美国精神"，就是那些伟大的著作不断地通过教育，通过媒介，通过各种各样传递的方式，让美国人所接受并掌握的知识和价值观。所以，阅读不仅仅是个体的事情，还应该是一个国家的行为，是一个民族精神力量的基石。这些年来我和我们的新阅读研究所，一直在研制适合各种人群的专业阅读书目。我一直说，要把最美好的东西给最美丽的童年。我们已经研制了"中国幼儿基础阅读书目""中国小学生基础阅读书目""中国初中生基础阅读书目""中国高中生基础阅读书目"。我们还将推出"中国大学生基础阅读书目""中国教师基础阅读书目""中国父母基础阅读书目"等。最后我们也会写一本《造就中国人》。中华文明在几千年的发展历程中，不断地和各种文明发生交流、碰撞，我们应该把民族的和世界的优秀文化，把那些最伟大的东西留给我们的下一代，这样我们下一代的精神世界才会更明亮。我觉得这是一件非常有意义的事情，对民族也是很有意义的事情。

第三章的标题是《一个没有阅读的学校永远不可能有真正的教育》。教育的基石是阅读。当我们真正地把阅读兴趣、阅读能力、阅读习惯教给我们的孩子的时候，当我们的教师自身拥有阅读的兴趣、阅读的能力和阅读的习惯的时候，教育就不用发愁了，因为我们已经拥有了一双能够飞翔的翅膀，学生也会自己在天空翱翔，自己去成长。所以，阅读永远是一所学校、一个教师最重要的事情。

第四章的标题是《一个书香充盈的城市必然是一个美丽的城市》。实际上，一个城市或一个区域有没有精神、有没有气质，在很大程度上不是看这个地区的房子有多漂亮、建筑有多美、环境生态有多好。当然这些都很重要，但最关键的还是看这个城市的人有多儒雅、有多高尚。人永远是城市最美的风景，真正能够打动人的永远是人。所以"书香中国""书香长沙"是需要我们用心去经营的。书香城市的建设，特别应该重视书店与图书馆，书店应该成为一个城市的风景线，图书馆应该成为一个城市的精神客厅。

第五章的标题是《共读、共写、共同生活》。因为共同阅读、共同生活，我们才能真正地拥有共同的语言和密码。为什么？我们生活在一个家庭，生活在一个校园乃至于生活在一个国度，却没有共同的话语，就是一盘散沙。记得 2012 年我们的新教育大会在山东淄博市临淄区召开，一个父亲在大会上讲述了他与女儿共同阅读的故事。他告诉我们，在接触新教育之前他是不读书的。作为一个当地知名的企业家，他很重要的一件事情是陪客户和朋友喝酒，经常喝到很晚。晚上回家时孩子已经睡觉了，早晨孩子去上学时他还在梦中，所以他是一个"影子父亲"，和孩子也是"话不投机半句多"。但是我们新教育的教师很厉害，要求爸爸妈妈陪伴孩子读书。他们不是简单地要求你和孩子读书，而是每天都开出书单，今天妈妈和孩子读哪几章，明天爸爸和孩子读另外几章，读完了以后还要分享。因为女儿是爸爸的掌上明珠，所以这个爸爸没办法，只好跟朋友打招呼："这几天我不能喝酒，必须回家和女儿读书，这是老师交代的，还要我写读书笔记。"读了一个月后他突然发现，读书比喝酒有意思得多。他发现自己读的这些书是真的有意思，真的很精彩。于是，他和孩子开始认真读起来，在孩子小学阶段他们共同阅读了 184 本书。当然，这只是他女儿阅读量的一个零头。这个父亲说："因为和女儿共读，我们之间有了共同的语言和密码。"有一次朋友聚会，女儿问："爸爸，谁是你的夏洛？"周边的人莫名其妙，不知道什么夏洛，他们父女却很得意，因为这是他们的密码——他们一起读过《夏洛的网》。

所以，只有共同阅读过那些文字的人，才能拥有共同的情感、共同的价值、共同的愿景。关于阅读的问题半天也讲不完，我想特别强调教师的阅读，因为只有通过教师的阅读才能真正地去点燃孩子的阅读。同时，要处理我们日常教育生活的许多问题，也离不开阅读。为什么？因为人类那些最伟大的教育智慧就在那些最伟大的教育经典、最伟大的教育著作里。我一直说，书的生命只有通过阅读才能真正拥有。书是死的，当书放在图书馆里，放在你家的书架上的时候，它就是一堆废纸。书只有在被阅读的时候，它才真正成为书，书的生命才会真正地被读醒、唤醒，就像睡美人一样。总之教师的阅读生活是很重要的。教师阅读很重要的使命，就是给自己构建一个合理的大脑。为什么？因为你处理所有的教育问题都不是随意的，都是基于你对教育问题的思考和判断。

刚才两位教师朗读了我的一首小诗《享受教育》。我在这首诗中说：你如何理解教育，你就将拥有怎样的教育。的确如此，你的教育观，你的教育思维方式，会直接地影响你面临的所有教育问题。阅读的过程就是一个不断地帮助你重新建构教育思想的过程，在这个过程中，很重要的一点就是要寻找到根本书籍。为什么说根本书籍很重要呢？因为这些根本书籍能够恢复你的原初思想的能力，能够构建你的教育观点的基础性的东西。但教师读书也不是越多越好。有很多教师读的书很多，也很杂。书读得多和杂没有关系，重要的是，你有没有真正地寻找到那些根本的书籍。一部根本的书、一部经典的书，可能抵得上一百部乱七八糟的书，因为那些书对于建构你的教育体系并没有多大的帮助。对这些书籍，我们要怎么去读？我们提出了"知性阅读"：你必须咀嚼、对话、甄别、思考，你必须记笔记，你必须提问题，用心地和它对话。

我跟很多校长讲："学校如果用心地组织教师真正地读几本好书，就很不错了。"我一直主张我们的教师应该给自己制订一个阅读的计划。为什么呢？就像我们很多人给自己制订一个计划，一生要去看几个地方。那么你一生为什么非要去读几本书呢？因为这几本书会对我们产生根本性的影响。

（二）专业写作

再来看专业写作。写作和阅读一样很重要。如果说阅读是站在大师的肩膀上的话，写作就是站在自己的肩膀上攀升。作为教师，对每个人的发展而言很重要的一点就是，能不能用智慧的解剖刀解剖自己，用心地去分析自己。用心地和自己对话，是一个人成长的最重要的基础。新教育实验为什么提出"师生共写随笔"，因为我们知道，真正的用心书写是教师成长的很重要的途径。新教育办了一个网站叫"教育在线"。2002年6月18日，我在这个网站上发了一个帖子叫《"朱永新成功保险公司"开业启事》。我也不太赞成庸俗的成功学，但是真正的励志，真正的帮助人不断提升的"成功学"我觉得还是有意义的。这个启事中的"保约"就一条：每天用心地记录自己的教育生活，1000字，坚持写10年。10年的时间如果你不成功，以一赔百。这个"保险公司"已经开了10多年了，没有赔过1分钱，当然也没有赚过1分钱，但是我们赚了无数的英才，赚了无数的有成就的教师。现在我差不多每天都会收到教师的信和消息，告诉我他是这个"保险公司"的"投保者"，他最近又有什么好消息，甚至是他新写了本书想请我帮忙写篇推荐序言。深圳育才中学高三语文老师陈晓华，网名叫"红袖"。他是比较早来"投保"的老师，这个老师也是个新教育的"个体户"。他说："校长不在学校做新教育，我在我们的班级做新教育。"那一年他正好开始教高三语文课并且担任了班主任，他就在"教育在线"网站开了一个主题帖《守望高三的日子》，把每天教高三学生的生活以及和学生的交流记录下来。一年下来，这个班的学习成果很辉煌，校长没想到这个第一次当高三班主任的语文老师这么厉害。他的第一本书也就这么顺理成章地出版了，这本书的书名就叫作《守望高三的日子》。第二年校长给他一个全校最差的班，他有些紧张，找我问："朱老师，怎么办？"我说："你别担心考试，你只有上升的可能，没有下降的空间，怀揣着希望上路。"他就又开了个主题帖《怀揣着希望上路》。这一年结束，他的教学成绩又很好，教育科学出版社主动约他第二本书的稿子，并将书成功地出版了，书名就叫《怀揣着希望上路》。现在，他已经是小有名气的班主任专家，全国各地都请他去讲学，他所写的关于如何破解班主任难题的书也在不断地出版。当然，我讲这些例子，不是要把教师培养成为作家，我们讲的专业写作也不等同于作家的创作。有很多校长跟我说："我们不是要让老师成为作家，离开课堂的写作有什么意义？"他们对教师阅读能够理解，知道阅读有用，但认为教师不应该花很多精力去写作。实际上，真正的专业写作并不需要花太多的时间，每天用半个小时、一个小时来记录自己的生活，哪怕是一二十分钟，只要坚持记录就很好。

其实，坚持写日记不像我们想象的那么难。2014 年我出版了一本书《我在人大这五年——一位民主党派成员见证的中国民主政治进程》。从 2008 年到 2013 年，我担任全国人大常委会委员，我把全国人大这五年的每次会议记录下来，把每次讲话记录下来，把每次考察调研监督记录下来。这本书大约 130 万字。全国人大负责宣传的副秘书长说："永新你真的了不起，全国人民代表大会制度走过了 60 年，还很少有人如此详尽地记录。你这本书就是一个活的档案，今后要研究全国人民代表大会制度，你这本书可能绕不过去了。"这本书是我每天早晨 5 点起来以后记录的结果，也没有花太多的精力和时间，积少成多。请大家去看看我的微博，我每天早上会写几条原创的微博，微博里面有一个专题叫作"童书过眼录"，把我看过的童书每天推荐一本。另外一个专题叫"一言难忘"，把我看到的最感动我的那些名言加以解读。我每天早上还要给父母们写一个专题"新父母晨诵"。这些已经坚持了好几年，每天写的这些专题的内容大部分是原创，一般都是五到六条，多的时候达十余条。我给自己规定，每天早晨实际上也就是花半个多小时的时间来写这些，最多不超过一个小时。"一言难忘"专题我每天都写，写了三年多的时间。最近商务印书馆要把"一言难忘"专题里的内容出三本书：《朱永新人生感悟》《朱水新阅谈感悟》《朱永新教育感悟》。而"新父母晨诵"专题，湖北教育出版社已经以《大师教你做父母》为题出版了四本，内容分别是"对话苏霍姆林斯基"（两册）、"对话陶行知"和"对话叶圣陶"。"童书过眼录"专题的内容，最近也有出版社约稿，大概也能出好几本。我的一些著作就是这样不断地积累出来的。

很多教师讲："我们每天的生活很普通、很平凡，记下来有什么意思啊？"我说："不对！每天的生活都是一颗没有经过加工的珍珠，你把它串起来就是一串美丽的项链，关键是坚持。"为什么我敢开"成功保险公司"？因为我知道大部分人是坚持不了的，从赔钱的概率上来说，没有多少人愿意做这样赔本的事情。教师的这种写作，不是文学创作。专业写作有这么一些特点：一是强调理解与反思，反对表现主义；二是强调与实践相关；三是强调客观呈现，反对追求修辞；四是主张师生共同写随笔，即师生通过日记、书信、便条等手段相互编织有意义的生活。前段时间《光明日报》开了关于教师职称评审改革的座谈会，我就提出几条改革的举措：第一，把外语考试取消掉。一线教师考外语毫无意义，你不可能让他去看外文的文献。第二，计算机也别考了。现在学校根本不用考计算机，所有人都会用计算机，都会上网。第三，论文更不要去搞。现在的论文一点儿用处都没有，这是逼着教师去抄，逼着教师花钱去发表论文。中国有多少刊物能发一千五百万名教师的论文？因为论文，很多农村教师教了一辈子书都评不上一级教师，这个制度设计就不合理。把论文取消掉，评什么？可以评教育日志、教育叙事。一个教师一个学期做了什么，用叙事的方式写下来，如教育观察、教育案例研究、班上孩子的故事，你把它们原生态地记录下来。你怎么想的，你怎么解决的，你解决的方案是什么，收到的效果是什么，做错了的原因是什么……不一定非得是成功的案例，教育的案例很多是失败的，但没有失败哪来的成功？所以研究教育问题，要从现实出发。教师的写作，应该是这样的写作，而不是让一线的教师去发表论文。

很多教师，尤其是农村教师有时为了发表论文，四处拜托人，然后花几百块钱去买个版面。所以，回到新教育所提倡的专业写作上面来，这才是正道。

（三）专业交往

最后是专业交往的问题。"一个人可能走得很快，一群人才能走得更远。"专业交往永远是教师成长的重要力量，因为一个教师不是生活在真空里的，也不可能是一个个人主义的英雄。在教师成长的历程中，还是需要有一个比较好的专业交往。一个好的专业交往很重要的一个方面，往往就是要有灵魂人物和核心人物，否则专业交往很难走远。为什么？我记得有人曾经问上海的顾泠沅老师："在学校里面组建教师沙龙、教师成长共同体，但效果总是不好，究竟是什么原因？"他回答说，关键是缺少灵魂人物，缺少专业引领的人，结果就像萝卜炖萝卜，炖了半天还是萝卜。所以，萝卜里面要有一块肉或者一块肉骨头，那么这锅萝卜就有鲜味。炖萝卜的时候，一定要去想办法找到这块肉骨头。教师的专业交往也一样，要找到能够引领这个团队的灵魂人物。在这个团队里面没有，没关系，那就要和外界进行对话。因为在学校里面可能大家都差不多，但是一般情况下，总有走在前面的人。新教育实验强调"底线+榜样"，就是要寻找榜样型的人物。在任何组织中，仅有底线是不够的，必须要有榜样。但是仅有榜样也是不够的，没有底线，榜样就会陷入孤立。有的时候，在教育生态不好的情况下，优秀的教师反而不好过。

专业交往的共同愿景也非常重要。教师要知道自己应该往何处去。新教育的教师之所以成长那么快，就是因为我们有一个比较好的共同体团队，能够不断地引领他们知道自己往何处去。

新教育实验一开始就关注教师的问题，把教师成长作为实验的逻辑起点。早在2005年，我们就在吉林市第一实验小学召开了一次"北国之春"全国新教育实验和教师专业化成长研讨会，在这次会议上，我们提出了教师成长的"吉祥三宝"。

吉林市第一实验小学是一所名校，优秀教师很多。当年有一个教师叫张曼凌，网名叫小曼，她是一个新教育的"个体户"。小曼当时是一个不为人知的普通教师，2002年新教育网站开张的时候，她申请做了小学论坛的版主。作为版主，她不仅每天要"端茶送水"给其他的网友，同时以身作则，带头成为新教育的"个体户"。她在网站开了三个专题帖：一个专题是

"小曼讲故事"——她收集整理了大量适合孩子们的故事，每天与大家分享一个故事；另一个专题是"小曼课堂"——她把自己的课堂实录整理出来，发到网上请其他教师点评；还有一个专题是"小曼随笔"——她把自己对于教育、对于课堂、对于孩子的问题的思考，发到网上和大家分享。两年不到，小曼腾空而起，第一本书出版。他们学校好教师虽然很多，但是像她这样出书的并不多。外地请她去讲学、参加各种学术活动的也不少。校长觉得很奇怪，这个教师吃的什么神药，一下子冒出来了，一了解是因为新教育，就带着小曼到苏州来找我，请我到他们学校去开研讨会，研究小曼到底是如何成长的，教师到底应该怎样才能成长。所以，我们就在那里召开了一个"北国之春"全国新教育实验和教师成长的学术会议。

2009 年，我们在江苏海门再次召开会议，提出"书写教师的生命传奇"的主张。我在会议上做了一个报告，用生命叙事的理论讲述新教育实验关于教师成长的问题。应该说，2005 年的吉林会议，加上 2009 年的这次会议，就把新教师的教师成长理论构建起来了。2013 年，我们在江苏海门市建立了新教育教师成长学院（海门新教育培训中心）。海门市成立研究中心的一个重要原因，是新教育实验实实在在地推进了区域教育的发展，新教育让海门的教育成为一道美丽的风景线，海门教育有 9 项指标获得了江苏省的第一名。

有人问我，新教育实验学校的考试成绩怎么样？我说，考试分数永远不是我们追求的，分数只是好教育的额外奖赏，不应该成为好教育追寻的目标。

南通市破例给了海门新教育培训中心 20 个编制，这个中心很重要的任务就是传播新教育的理念，培训新教育的人才。这个中心可能是全国培训费最低的一个培训机构，每天培训费用只有 100 元，我们针对不同区域教师的需要，为他们定制课程。去年一年，我们培训了 18000 名教师。

新教育实验的成效，很大程度上体现在对教师发展的作用上，从下面几个数据可以看出来。第一个数据是《中国教育报》每年评选的"推动读书十大人物"。从 2005 年开始，每年评选推动读书的十大人物都有新教育人，连续 10 年从全国 1500 万个教师中海选，包括教育局局长、校长等，结果每年都有 1—3 个新教育的教师成为候选人，最多的一年达到 6 个。这不是偶然，因为新教育实验实实在在地成就了一批教师。第二个数据是河南省每年评选的最具成长力的教师和团队，每年也都有新教育的教师和团队上榜。这也不是偶然的，因为河南的新教育实验区比较多，从焦作到平顶山，从郑州管城回族区到洛阳高新区，再到洛宁县等。前不久中国教育学会主办的《未来教育家》刊物，以《新教育：让教师的光芒灿若明星》为题全面报道了新教育的榜样教师。文章写道："新教育的每一位教师，在自己的课堂里，在三尺讲台上，都是一颗耀眼的明星，散发着独特的光芒。而放眼望去，整个中国大地上，无数位新教育的教师站在一起，就构成了夏夜那璀璨的星海，照亮整个苍穹。"这期杂志上我们没有推出名师，推出的都是最普通的教师。教育部教师工作司原司长王定华说："新教育团队遍布我国大江南北，积累了丰富的经验，创造了很好的做法，而且具有很好的可操作性。我们找不出理由不去支持新教育理念。"所以他专门写了篇文章，为新教育理念喝彩。

新教育实验也得到了国际教育界的关注。2008 年，日本学习院大学的学者出版了《沸腾的中国教育改革》，对新教育做了介绍。2014 年，新教育实验入围在多哈举行的世界创新教育峰会颁发的 WISE 教育项目奖 15 强。2015 年，《中国新教育》《我的教育理想》等 16 卷"朱永新教育作品"被世界知名出版商麦格劳－希尔出版公司译成英文在全球发行。

有人问：新教育的梦想是什么？我们曾经提出新教育实验的两个重要愿景。

第一，成为中国素质教育的一面旗帜。现在有人说素质教育过时了，要提核心素养。我觉得，关键并不在于讲素质或者提素养，而在于我们究竟要办怎样的教育，培养怎样的人。一个好的教育，首先要解决这个问题。新教育一直在探索，已经做了 13 年。我们提出的"十大行动"，我们提出的新教育课程框架，今天由于时间的关系不能和大家全部分享。实际上，我们做了很多好玩的、有意思的探索。比如说新教育的课程，是面向未来的课程体系。其基础课程是生命教育，我们认为教育首先应该为生命服务，我们提出拓展生命的长、宽、高，让每个生命成为最好的自己。在生命课程之上，我们提出了公民课程、艺术课程和智识课程，分别对应着对真、善、美的追求。我们正在组织力量研发相关的课程，这是一个漫长的过程。比如说，我们正在思考未来的历史课程。最近大家在微信上可以看到一篇我写的关于历史教学的文章。我认为历史教育如果再像现在这样，把时间、地点、人物、背景、过程、意义的"三段论"作为教学内容，一定会走进死胡同。把历史作为知识教给学生，这样的教育肯定会被淘汰的。

所谓的这些历史知识，都是没有必要去死记硬背的。那么，历史教育究竟要做什么呢？历史教育的一个根本目标是要告诉学生，你是历史的创造者；告诉学生，我们不要再犯历史上同样的错误。这才是真正的历史教育要解决的问题，要让学生成为一个真正的有历史责任感、有历史情怀的人，历史教育应该往这个方向走。历史课程不能等到初中才开设，所以，我们正在编写小学历史读本，我们希望，未来实施新教育的学校从小学就开始讲历史。当然，在数学、语文等学科方面，我们都想用新教育的理念重新进行思考和革新。总之，成为素质教育的一面旗帜，这是我们的定位。我们是在为未来的中国教育探路。中国这么大，区域发展不平衡，需要一些不同的探索，纯粹让教育行政部门去做，那也是不太现实的。它需要各方的探索，大家把好的东西呈现出来，而教育行政部门就要张开眼睛去发现好的东西，掌握教育的内在规律，然后把好的东西进一步推广，和大家一起分享。

第二，要成为扎根于本土的新教育学派。作为一个教育理论工作者，我们的梦想当然是希望新教育的理论能够写在教育的历史上，写在未来的教育学教科书上。有人曾经批评我们建立学派的梦想。我觉得，建立学派也不是天方夜谭，学派无非就是要建立自己的教育理论体系，有自己的实验基地，有自己的代表人物，有自己的代表作品。为什么我们不能做到呢？为什么我们只能跟在美国、俄罗斯等国家后面亦步亦趋呢？人家说什么我们也说什么，人家做什么我们也做什么，这样的教育研究是没有出息的。

一个国家总要有一些人做梦，总要有一些人高举理想主义的旗帜。教育要有理想，做教育的人要有理想，否则我们的民族，我们的国家就永远没有理想，没有出息。我们同时也希望，通过我们自己的努力，新教育实验所培养出来的孩子身上可以看到：政治是有理想的，科学是有人性的，财富是有汗水的，享乐是有道德的。如果我们在未来的孩子身上能够看到这些，我相信我们的国家就是有力量的。因为时间关系，今天就简单和大家做一个这样的分享。

谢谢大家！

（感谢肖卫华、陈朝晖两位老师根据录音整理初稿。）

第三辑

相信、坚持与创造

回到乡村，回归朴素[*]

没有农村的小康，就没有全面建成小康社会。农村没有未来，中国就没有未来。农村问题的根本解决，离不开教育。而振兴乡村教育，是中国教育的希望所在。

各位新教育同仁，朋友们：

大家下午好！

非常高兴与大家相约来到炎帝故里——随县，这是个美丽的地方！特别要感谢随县各级领导的大力支持，感谢为此次会议做出努力的随县新教育人！

新教育实验由最初的草根形态发展到今天的草根与行政结缘的样态，是教育发展的一种自觉性的选择，是新教育生命力的体现。从哲学的角度来说，存在即合理。一个事物是否有生命力，要看它是否应运而生、顺势而为。具有公益性的新教育实验在发展中不断地壮大，以开放和包容的胸怀接纳所有具有新教育情怀和理想的人。从最初发展到目前，全国有100多个实验区，近3000所学校、300多万名师生参与新教育实验。16年来，新教育实验促进了各实验区（校）师生的生命成长和学校发展，促进了区域教育的优质均衡发展，新教育的影响力越来越大。

前不久我在哈佛大学教育学院介绍了新教育实验的发展，引起了与会者极大的兴趣。许多学者对我说，虽然听说过新教育，但没有想到中国竟然有规模如此巨大的民间教育探索，没有想到新教育如此卓有成效并且深刻影响到中国的区域教育发展。2015年新教育年会后，又有江苏新沂市、贵州贵阳云岩区、天津河西区、河北邢台县、陕西安康汉滨区等县市区积极申报加盟新教育实验，新教育实验的规模越来越大。随着新教育实验区

---

① 2016年4月26日，在湖北随县"全国新教育实验区工作会议"开幕式上的讲话。

的不断增加，我们越来越需要每年组织一次"实验区工作会议"，搭建一个平台，交流展示实验区推进的路径和策略、经验和成绩。

这次"实验区工作会议"放在随县召开，是 5 年来随县新教育实验成果的大检阅。会议期间，还将有 8 个实验区交流 2015 年新教育实验的推进情况，形成一种交流研讨的氛围，实验区之间相互借鉴，共同提高。

新教育的宗旨是过一种幸福完整的教育生活。为了参加这次会议，我压缩了在美国访问的行程，昨天晚上赶回北京。今天一早又乘坐飞机赶往武汉，再乘两个小时的汽车赶到随县。虽一路风尘仆仆，但内心却有着无比的期待和渴望。期待与大家在人间最美的四月天相遇，渴望与大家一起分享新教育的故事、幸福与美丽。

此次"相约炎帝故里行，共话乡村新教育"这一主题语的界定是建立在随县教育自身特点之上的。"炎帝故里"是富有文化意蕴的地域。"一方水土养一方人"，"炎帝故里"就是养育随县人的这"一方水土"，是随县教育的根基之一，是教育本土化发展的标识。随县目前没有城市学校，"乡村"是随县教育的底色之一。其实，几千年来，中国一直是一个农业大国，目前正在迈向城镇化、工业化、现代化的进程之中，正处在全面建成小康社会的攻坚克难进程之中，农业、农村、农民问题仍然是我们面临的主要问题。没有农村的小康，就没有全面建成小康社会。农村没有未来，中国就没有未来。农村问题的根本解决，离不开教育。而振兴乡村教育，是中国教育的希望所在。

前不久，《教育家》杂志用 100 多页的大篇幅全面讲述了新教育实验 15 年发展的历程，杂志的封面标题是"新教育：为中国教育探路"。所以，这次"新教育实验区工作会议"放在随县召开，具有特别的意义。因为，我们想通过这次会议为中国教育探路，为素质教育探路，尤其是为当下中国乡村教育的振兴探路。希望这两天的会议能给我们带来新的启示。

其实，中国的发展，中国的扶贫攻坚，绝不能走西方的老路，绝不能以乡村的没落衰败为代价。中国的教育也是如此。新教育一直关注乡村教育，"实验区工作会议"往往选择在西部和乡村召开，其实就是教育自觉：朝向乡村教育的特质，实现教育的幸福完整。乡村教育和城市教育相比，存在自身的弱项，但也有自身的优势。乡村的田野风光、乡土人情、地域文化和丰富物产具有自身的特色，正是城市教育所欠缺的，这是乡村教育的优势；还有民俗文化和人文历史，也都具有自身的优势，把这些优势在教育中发挥出来，是乡村教育最本质的内容。乡村教育不一定非要在硬件上追求"高大上"，只要是安全达标的，也能做出好的教育，关键是怎样点燃师生的激情，激发师生的潜能。新教育实验的历史证明，它的价值首先就体现为唤醒了师生生命的激情。

我刚刚在美国考察了ALTSchool和密涅瓦大学。关于ALTSchool，我们看到的都是规模只有一百多人的微型学校，看到的都是分段混龄的教学模式，这与乡村教育的现状何其相似。回到乡村，回归朴素，也许是未来教育的方向。

今天上午大家考察了随县的部分新教育实验学校，应该说，我和大家一样心中充满了感动，更对中国的乡村教育充满了信心。随县从2011年区域整体加入新教育实验以来，一直行走在新教育发展的路上。我们忘不了2009年随县教育局彭静副局长带领一批校长冒雪远赴绛县结缘新教育的情景，这一幕已经定格成随县新教育人前行的姿态。从此，随县新教育人的身影就活跃在新教育实验各个领域。从最初的尝试到后来有了明晰的方向、区域整体推进新教育实验，随县新教育人立足乡村自身条件，在践行中执着前行，向着幸福完整的教育生活迈进。先后涌现出一批如王从伦、支咏梅等具有代表性的新教育榜样教师，像王珺等具有典型意义的校长，他们被新教育唤醒和点燃后，用自身的新教育激情照亮身边的人一起前行。言说榜样，呈现榜样，让榜样引领大家向前走，一直是新教育实验的重要推动策略。这些榜样教师和校长是随县新教育的种子，影响和带动了一大批随县新教育人执着前行。

我也忘不了在2014年甘肃庆阳的实验区会议上，随县教育局张国建书记对新教育实验区的系统介绍。那时，随县教育作为优秀实验区代表，在"营造书香校园""构筑理想课堂""研发卓越课程""缔造完美教室"等方面进行了颇有成效的推进，我能够感受到其中脚踏实地的分量，感受到县委县政府对新教育的关怀和支持，感受到随县新教育人从下至上的践行与坚守。

我也忘不了随县教育局杨光明局长在参加新教育活动时对我说过的一句话。他说，把随县教育与新教育深度融合，是践行随县新教育发展的一条至为重要的路径。我想，这是一种教育的责任心，更是一种教育的进取心。

我经常说，新教育不是一块金字招牌，不是用来装潢门面的，而是朴素的守望和坚持的行动，是促进生命成长的探索之旅。15 年来，我一直强调"做真新教育、真做新教育"。各实验区要在新教育的宗旨和理念框架下去践行新教育行动，做真的新教育。要用心去做新教育，一门课程一门课程去研发，一个项目一个项目地去推动，一间教室一间教室地去缔造，一所学校一所学校地去建设，脚踏实地，百折不回，真做新教育。我们欣慰地看到，这些要求，随县新教育人在努力践行着。

我们高兴地看到，随县教育人以新教育的宗旨、理念、行动和精神追求来化用乡村资源，优化乡村教师队伍结构，提升教师职业的幸福指数，科学配置教育资源，改善办学条件，尊重生命成长，使乡村教育朝向幸福完整进发。随县抓住了自身教育的特点，因地制宜，致力于建设校园文化，推行课堂教学改革，创新学校德育项目。这三个项目被称为随县教育驱动的"三驾马车"。"三驾马车"并驾齐驱，实现了随县乡村新教育的创生。随县找到了切合自身特点的区域推进新教育的有效路径。

新教育实验区是新教育实验推广和发展的最重要的力量。找到一条富有区域特色的新教育实验发展之路是各实验区都必须面对的问题。我希望今天在座的，从全国各地来参加实验区工作会议的每个人，都能够用心地参与本次会议的各项议程，能从随县新教育实践中、从本次会议中产生新的思考，使自身教育的实际与新教育实验深度融合，形成符合自己区域特点的新教育实验推进机制！

站在时代的交会点上，中国乡村教育的品质提升需要注入新的元素，需要新的理念和新的思路。在全面建成小康社会的历史进程中，在重建中国乡村社会的过程中，希望新教育实验能有更多的作为，这或许也是时代赋予我们的一份责任！让我们一起努力，共同担负起这一份责任！

最后，预祝大会圆满成功！

谢谢！

教给学生一生有用的东西[*]

当下，中国教育正在寻求教育体系的内涵重建，提升教育品质成为"十三五"期间教育的国家认同，"核心素养"正在成为理论研究和教育实验的"高频词汇"，全世界都在高度重视核心素养和关键能力的全球经验。

尊敬的志勇厅长、士来主席、友礼局长，尊敬的李峰书记、峰梅市长，亲爱的各位新教育同仁：

大家上午好！

今天，一年一度的"新教育研讨会"在诸城召开了。

诸城，是舜帝故里，素有"中国龙城"之称。苏东坡就是在这片土地上，写下了"明月几时有"的诗句，流传千年。

今天，我们也想说一声——美好几时有？把酒问诸城！就在今天，就在诸城，我们共同研讨习惯养成教育，共同谋划新教育未来发展。相遇美好，创造美好，我的心中充满着憧憬和感动！

首先，我代表新教育理事会，代表320多万新教育实验的师生，向一直关注新教育发展的山东省教育厅、潍坊市人民政府、诸城市人民政府表示衷心感谢，向来自美国马萨诸塞大学波士顿分校的严文蕃教授和他的团队、迈阿密大学的黄全愈教授，来自清华大学的彭凯平教授，以及我们的孙云晓先生、成尚荣先生等著名教育专家，向长期关注支持新教育发展的新闻媒体以及我们的合作伙伴，向不辞辛劳参加研讨会的全国各地新教育同仁，表示诚挚的欢迎和衷心的感谢！

诸城结缘新教育，我们要特别感谢几个关键人物。

一是诸城教育局原局长李庆平先生。早在2004年，庆平就带领着他的团队参加了新教育的会议；接着，他领导的诸城实验中学就加盟了新教育。

---

* 2016年7月9日，在"全国新教育实验第十六届研讨会"上的讲话。

这所充满朝气与创新精神的学校，这个充满激情与思想的校长，从此成为了诸城新教育的火种。2005 年 4 月，山东省教育学会教育管理研究专业委员会在这所学校召开全省中小学学校文化建设现场研讨会，邀请我在大会上做了颇为《新教育实验的理论与实践》的报告。我参加会议期间，欣慰地看到了学校举办的百日读书节等活动，看到了新教育的"营造书香校园""师生共写随笔"等各大行动，已经做得风生水起。2012 年，我随民进中央考察团来诸城考察时，又利用晚上的时间，与诸城市委的陈汝孝书记和李庆平局长畅谈新教育的发展，对诸城新教育充满期待。

二是诸城市教育局现任局长李熙良先生。让我印象特别深刻的是，我们的熙良局长上任的第二天，就带队参加了霍邱召开的"新教育实验区工作会议"，这是他到教育局工作的第一个会议。接下来的这几年，从日照、新疆到苏州、金堂，每年新教育的重要会议，他几乎全部参加。为了把诸城新教育推上新的高度，他主持制定了《关于全面推进新教育实验的实施意见》，把新教育实验作为诸城市"创办促进人民幸福的教育"的重要抓手。他坚持把新教育工作放在诸城教育改革发展的重要位置，对于新教育的所有项目全力支持，使实验学校从 2012 年的 26 所增加到 409 所，引领所有学科老师，倡导家庭、社会深度参与新教育实验。

三是诸城市教研室的王德主任。王德主任是诸城教学指导与管理的业务领头人，自 2012 年诸城加入实验区以来，他就致力于把新教育实验的理论和行动与常规教学进行融合与协调。我们一直呼吁：新教育实验不能和日常教学分离，不能做成"两层皮"。在这个探索的过程中，王德主任既是指挥员，又是行动者，为新教育的深入扎根和茁壮成长，做出了突出的贡献。

四是诸城市教育局教科所王元磊所长。元磊一直是两位李局长的忠实助手，也是新教育的元老和得力干将。从 2004 年开始，大大小小的新教育会议上，都可以看到元磊那瘦弱而坚强的身影。元磊是一个低调务实的人，新教育的所有会议，他从来没有缺席过；新教育的所有事情，他都认真落实；新教育的任何通知，他都努力照办。一个实验区，有这样一个实实在在、兢兢业业的新教育人，既是实验区的骄傲，也是新教育的福分。

当然，我非常清楚，这四位的背后站着的是全体诸城新教育人。是大家共同的智慧和行动，是这样立足自身实际，在融合中创新，在创新中行走，才会涌现出像府前街小学苏茂山、文化路小学王洪珍这样的优秀校长，以及姜蕾、钟春梅这样的榜样教师。是这样的坚持与创造，在新教育的舞台上，不断呈现出诸城新教育人的精彩展示。他们用切实的行动，为新教育大家庭增添了一抹亮色。据说，今年诸城高考也在原来就比较好的基础上，再一次取得了新的历史性突破。新教育不追求分数，但不惧怕考试，分数正是对诸城新教育人额外的奖赏。如今，诸城新教育已经从幼儿园、小学、初中、高中、特殊教育学校全面覆盖全面推进，我相信，诸城新教育还将步入一个更加有声有色的新阶段。

本届年会在诸城召开，我们一起分享诸城新教育行动的精彩与新教育人的幸福——当然，也在围绕着新的主题迈开新的一步。

当下，中国教育正在寻求教育体系的内涵重建，提升教育品质成为"十三五"期间教育的国家认同，"核心素养"正在成为理论研究和教育实验的"高频词汇"，全世界都在高度重视核心素养和关键能力的全球经验。

在这样的背景下，我们今年的年会主题，是关于习惯养成问题。因为，新教育实验自诞生之初，就高度重视习惯养成问题，我们一直希望以更朴素易懂的方式体现"教给学生一生有用的东西"的新教育理念。因此，我们决定用"习惯"一词体现这个时代的价值追求，把内在的不可触摸的"素养"，变成能够外显、可以培养的"习惯"，变成具体的"每月一事"项目，通过一个个可操作实施的课程，对已有的实验过程进行总结，对形成的实验成果进行提升，对一些关键问题进一步厘清，由此体系化、固定化。

我们希望，这次会议能够充分交流新教育人在习惯养成方面的经验与做法。我们相信，每一个人的好习惯，将孕育共同的新时代，我们愿意为这一天的到来，奉献新教育的智慧！

再次感谢各位！

携手成长　共同绽放[*]

> 网师是一个教学相长的地方，老师与学生不分高低贵贱，能者为师，真理为师。网师也是一个寻找榜样的地方，山外青山楼外楼，更有高手在网师，许多人在学习中寻找志同道合的朋友。

亲爱的网师学员，亲爱的新教育同仁：

大家晚上好！

又是一年的网师开学典礼，又是一次的心潮澎湃。这个时候，我们虽然坐在各自的电脑前面，但是我能够清晰地听见你的心跳，清晰地看见你那明亮的眼睛。我知道，是对于新知的渴求，对于"学习共同体"的渴望，对于成长的期盼，让大家来到这个共同的精神家园。

新教育实验关于教师专业发展的理论，提出了专业阅读、专业写作、专业交往的"三专"模式，我们的网师就是把这三个方面完美结合的尝试。在网师中，我们一起阅读，一起写作，一起分享，一起切磋交流，一起努力创造，一起奋发成长。网师是一个教学相长的地方，老师与学生不分高低贵贱，能者为师，真理为师。网师也是一个寻找榜样的地方，山外青山楼外楼，更有高手在网师，许多人在学习中寻找志同道合的朋友。中国有1500多万名老师，我们这些人能够在这里相遇，无疑是一个小概率事件。我们不妨把这里作为自己的另外一个家园，忙了累了，在这里呼吸一下精神的空气。倦了厌了，在这里添一点生活的锐气。一个人可以走得很快，一群人才能走得很远。

作为讲师，也作为与你们一起行走的朋友和同仁，我会与你们携手成长共同绽放，更会为你们加油喝彩放声歌唱！

---

[*]　2016 年 9 月 2 日，在新教育网络师范学院 2016—2017 学年开学典礼上的致辞。

思考未来教育的走向*

未来是我们正在创造的地方，新教育有责任、有使命、有担当去做一个探索者。未来的理想什么时候能实现，取决于我们今天怎么去做。我们已经站在变革的门口，推开门就是一个新的世界。

新海院长，各位同仁：

大家好！

杭州刚举行了G20，又举行了世界互联网大会，接下来就是这个2016年"新教育国际高峰论坛"。我觉得这三个会议都有一个共同的特征：思考未来世界和中国走向何处，未来中国和世界将怎样更好地连接。所以，我觉得我们这个会议在温州召开，也是具有非常重要的意义。

的确，这几年我们一直在比较深入地思考未来的教育走势，这是一个摆在我们面前非常关键的问题。中国的教育团队我们也知道，互联网已经颠覆了固有的商业体系——我们很少到实体商业中，尤其是年轻人，淘宝每天的营业额难以想象，今年全世界的银行包括中国在内大幅度的裁员，让我们看到未来的实体银行可能也会削弱。

在一个个传统的行业发生变革的时候，教育走向何方？教育也会像商业、金融那样，发生颠覆性的变化吗？未来的学校数量也会消减吗？这是值得我们思考的问题。新教育的自身定位，就是为未来中国教育探路——也就是说：未来中国教育走向何方，新教育作为一个先行者应该进行探索。

大家可以看到，16年来新教育一直在孜孜不倦地探索，我们一直认为，未来是我们正在创造的地方。那么我们怎样创造呢？我觉得新教育有责任、有使命、有担当去做一个探索者。今天我讲的这15个变革，大家可能听起

---

* 2016年11月20日，在"新教育国际高峰论坛"上的讲话。

来有点异想天开。但是我要说的是：凡事皆有可能。大概 2 年前，在一次内部会议上讲我对于未来教育的展望的时候，好未来的董事长就问我：这些想法什么时候能够实现？我说：什么时候能实现，取决于我们怎么去做。我们已经站在变革的门口，推开门就是一个新世界。我今天讲的这些内容，其实已经悄悄地在世界各地或者以显著的形态在呈现，或者以隐性的方式在出现。

所以，我想把我的一些思考与大家分享，看看教育在未来到底能够走向何方。

我认为，未来教育大概有这么一些变化：第一，学校将成为学习中心；第二，开学与毕业无固定的时间；第三，每天上课的时间会弹性化；第四，教师的来源会多样化；第五，政府买单和学习者付费将成为一个并存的方式；第六，学习机构包括学校、补习机构、培训机构、网络教育一体化；第七，网络学习会在教育中发挥更大的作用；第八，游戏在学习中也会扮演很重要的角色；第九，学习内容进一步定制化和个性化；第十，学习中心会变得小规模化；十一，文凭的重要性会被课程的重要性所取代；十二，考试评价会从现在的鉴别走向诊断；十三，"家校合作共育"成为趋势，家庭在学校教育中起到越来越重要的作用；十四，课程指向生命与真善美；十五，幸福完整的教育生活。

第一，未来的学校会成为"学习共同体"。也就是说，它会由一个一个的网络学习中心和一个个实体学校组成新的学习中心，共同构成一个学习社区。所以，学校的概念会被学习社区、学习中心的概念所取代。我们说的"学习共同体"，比如未来的新教育也许可能会成为一个学习共同体，每所学校都可能成为我们的学习中心，每个学习中心可能都有自己鲜明的特色。共同体的学生是流动的，可以在不同的学习中心学习不同的课程和不同的内容，比如这个月在温州翔宇中学学灯谜，那个月到北京中学学北京文化。这样，学生的学习空间被打破了。其实，这是完全有可能实现的一种新型的学习方式。我们现在就可以组建：比如 10 个学校组成一个"学习共同体"，一个新的学习中心，就可以尝试让我们的学生在学习中心之间交流学习，一开始可以打破常规的教学，利用我们的暑期、长假、节假日这么干。

第二，学习无固定的时间。没有严格的开学、放假的时间，不是像现在这么刻板，现在我们规定 7 岁入学或者 8 岁入学，实际上是很不合理的。

为了 9 月 1 日成为小学生，很多父母亲剖腹产提前生孩子。其实，同样是 8 岁的孩子或者同样 7 岁的孩子，他们的个性发展、心理特征、认知水平是完全不一样的。为什么不可以让一些学生 5 岁入学，而让另一些 9 岁入学呢？在入学时间上，今后完全可以更加弹性化，更加人性化，更加满足学生身心发展的特点。其实，现在我们这样一种学校的方式，是因为我们的资源配置受学校规模、教师人数、学校空间等多方面的问题限制。毕业时间也是这样，现在很少有提前毕业，没有提前毕业的机制。未来没关系，你什么时候学完什么时候就可以毕业，学习中心定期举行开学典礼和毕业典礼，回来参加就可以了。所以，整个的学习时间会发生一个根本的变化。

第三，在校学习时间也会弹性化。也就是说，现在我们的学生学习时间是固定的，每天早晨 8 点开始第一节课，你迟到就要受罚；下午几点放学也是固定时间，不能够自由选择。未来则没有必要，因为人本身有不同的生物钟，有的人起得很早，有的人起得很晚，完全可以根据我们的需要——甚至你不用到学校学习，为什么一定要到学校去学习呢？我可以跟老师预约时间，我只要解决我这个课程里面的一部分需要老师指导的问题就够了，其他的问题我自己回去掌握。把 50 个或更多的人放在一个教室里齐步走，一部分学生完全已经懂了，毫不感兴趣，坐在里面很难受；另外一部分人根本听不懂，不知所云。教师很难照顾到所有学生，很难让所有问题都能够得到解决，因为人有很大的差异性。当你在教室里面对一群孩子的时候，他们的个性发展有很大的差异。所以，未来的学习会更加弹性化，我们可以采取预约的方式进行学习，可以采取团队合作的方式进行学习。

第四，未来教师也会发生很大的变化，未来的教师将成为自由职业者。有人可能觉得不可思议，这当然是有可能的，因为今后教师可能以学科为单位，组建课程公司。譬如，未来的翔宇学校可以把我们的外语课程交给新东方去做，物理让好未来来教，这完全是可以的。我在北京海淀区与教委主任讨论，他们现在教师编制很紧张，我说："你可以采购课程啊！"现在我们的学生很痛苦，在学校里面学了外语，放学还要去新东方补习；在学校里面学了数学，放假的时候还要去补数学，太浪费了。现在教育行政部门想解除一个教师多难？未来不会，未来竞争会更加激烈，教师的角色也发生了变化，不是像现在这样的课堂里面单向的教学，更多的是成长伙伴的角色。关于教师的问题，全世界都在关注，《经济学人》就"怎么造就伟大的教师"进行了讨论——其实，他们讨论这个问题的时候，还是局限在现在的学校体制下来考虑这个问题。我认为，未来的教师整个的构架产生都会发生非常深刻的变化。当然，无论怎么变化，教师始终是很重要的。研究表明，排名前 10 的优秀教师，教给学生的知识是排名后 10 名的 30 倍以上。

第五，未来教育付费的方式发生变化。现在的教育由政府的义务教育包办了，而且不允许办营利性民办学校，政府在教育中的投资也越来越大。但是很有意思，前年世界教育创新组织 WISE 做过一次调查，发现未来私人为教育买单的经费会大大增长。一开始很难理解，但是我仔细想一想还是有道理的，为什么？因为政府永远不可能满足所有需求，而只能提供基本的公共产品服务，只能保证最基本的教育内容的提供。未来社会更需要个性化的服务，政府不可能无限膨胀给你买单；要想满足多方面的教育需求，就需要自己付费。所以，未来是一种政府和学习者共同为教育买单的方式。

第六，我前面已经讲过部分课程外包的问题，未来学习机构也将一体化。在北京，几乎百分之百的孩子都要进行课外培训，为什么？是普遍的焦虑情绪，是攀比的"剧场效应"。其他人补习了你不做会感到很不安全。那么未来呢？未来其实没有必要。我就有一个很好的朋友的孩子，他在整个高三期间就没有进高三的课堂，而是在好未来进行个性化的学习，为此付了很多钱，但是效果出奇的好。未来可能就不一样了，所有教育机构打通了，没有必要再把教育机构分成培训机构、学校、网络机构，所有的机构都变成学习中心；经由政府认定的合格的学习中心，政府都可以为他们买单。学生也没有必要疲于奔命，一放学就要到补习机构去：他可以思考学数学在哪里学最合适，学艺术在哪里学最方便，学体育在哪里最好，把选择权更多地交给学生。

第七，网络学习在未来更加重要。我们知道，其实网络教育的内容，目前很大的问题就是国家的网络教育资源平台没有发挥更大的作用。我一直在建议，要建立国家网络教育资源平台；但这个平台不是完全由国家投入建立，而是以政府采购最优秀的教育资源为主。现在，很多学校在研发课程资源，很多省、市也在做这样的事情。未来就应该把最好的资源、最好的学习软件、最好的课程资源全部上网，学生的大部分学习，尤其是初中以上的具有网络学习能力的孩子，完全可以通过网络学习。现在的孩子玩iPad、玩手机，比我们都玩得好。所以，未来的学习可能网络会发挥越来越大的作用。国家建构这样一个优质的教育资源平台，免费为所有的学习者提供更加符合多层标准的基础教育资源，并且提供考试与评价的基本公共服务。今年4月，我在美国看了一所网络高中，这所学校的600名学生全部在网上学习，没有实体学校，每星期上2天课程。过去我们很担心学生在网上学习，社交怎么办？思想品德怎么培养？其实这个不用担心，他们自觉组成了各种各样的文化club自己玩——他们彼此约定今天到斯坦福一起面对面讨论文学、经济，或者一起组织夏令营去某个地方，用网络的方式就完全可以实现。所以，网络学校在国外已经有很成熟的经验了。今后，为什么我们不能有这样的网络学校呢？为什么我们不能给这样的学校发许可证呢？

第八，游戏在未来的学习中会发挥很大的作用。未来的学校教育过程、学习活动，将演变成以学生的自主学习为主。既然是以学习为主要的活动，那么学生自己的学习将成为学习中心的主体。所以在学习化的过程中，让游戏进入学习就是顺理成章的事情。有一本书叫《游戏改变学习》，讲述了很多通过游戏学习各种各样的人文科学和自然科学的案例，非常有意思，其实这是完全可以做到的。中国也有不少教育软件公司，研发了一整套的基础教育游戏软件。未来，会有更多学生在游戏中学习——游戏学习化，学习游戏化，让学生在学习过程中像游戏攻关一样能有成就感。

第九，学习内容的定制化和个性化。现在我们多是根据国家教学大纲、国家课程标准、国家教科书的要求来学习，然后通过统一的考试来进行评价。教育是具有意识形态特征，是有价值要求的，所以国家一定会继续对课程内容进行要求，但是国家课程标准不必像今天这么难。我认为，现在的课程标准难度偏大——因为是面向所有人，难度偏大以后很难有个性化的空间，要学国家规定的东西，就没有空间和时间学自己感兴趣的东西。课程的卓越性决定了生命的卓越性，用什么样的课程教育我们的孩子，我们就会培养出什么样的孩子。所以，未来的学习内容会进一步定制化与个性化。传统教育有很大的问题，就是统一化。未来会进一步整体降低教育的统一化，减少脱离社会生活、脱离个体生命的要求。降低难度以后，针对那些天才学生、优秀学生，国家可以设置天才教育体系。现在把天才教育体系和教育公平捆绑在一起，其实是矛盾的——最大的公平，是个性化的公平、差异化的公平。世界上很多国家都有自己的天才教育体系，因为人总是有差异的。所以，未来的学校一定是一人一课表，是真正地在对人的身心发展和潜能进行诊断的前提下，帮助个人建立属于他自己的知识结构的过程。所以，学习内容的定制化和个性化，将会成为一个很重要的可能性。

第十，学习中心小规模化。未来的学校不会像今天这么大，我今年在旧金山看了一所小规模学校，一届只招几十个人。据说，这所学校是谷歌的技术总裁创办的一所学校，当时他8岁的孩子想进学校，他没有找到合适的就自己办了这所学校，完全用现代的信息技术、大数据来统计学习过程，整个学校两百人左右，而且是从幼儿园一直到中学教育。这样规模的学校，所有的老师、所有的孩子，像在一个大的家庭一样；所以，学校整个的人文氛围，整个的社群关系会更融合。未来，大规模的学校、工厂式的批量制造人才的现象，是完全没有必要的。现在我们很多教育集团，还在拼命建设大规模的学校，这其实没有必要。4年前我考察俄罗斯的学校，平均规模就是600人左右，而且是从幼儿园到高中，基本上都是小规模化的学校。在小规模的情况下，才能满足更多的个性化需求。

第十一，未来学校的文凭将会被课程取代。现在，大家都很看中文凭，很多外资企业和中国的大型的企业招聘员工，只要不是毕业于"985""211"或世界名校，根本连材料都不看。如今，文凭是通向这个世界的通行证。未来社会，文凭将没有那么重要。为什么？因为同一个学校出来的人差异很大，关键是你真正地学到了什么。如果企业说：我需要你在北大学习了中文，在清华学习了物理，在斯坦福学了数学，作为用人单位你具有这三个课程证书就可以用你——为什么要你的文凭呢？因为这三个课程证书比你的文凭要过硬。所以，未来学了什么，比你得到了什么文凭更重要。这样一来，当然"学习共同体"的品牌就很重要，哪个"学习共同体"帮你完成这个构架很重要。

第十二，未来的考试评价也会发生很大的变化。现在的考试是以选拔为特征的：谁是第一、谁是第二，胜者为王，赢者通吃，其他人都是失败者。未来不是这样，评价的功能不是为了选拔，而是为了诊断；是为了告诉你，你在学习过程中发生了什么——用大数据的课程记录和跟踪你这个过程，帮助你分析，告诉你在哪个方面有差距，在数学等学科哪个方面有提升的空间，这样帮助每个人不断调整自己的学习过程，修正自己的学习方法，让他取得更好的学习效果。所以，未来对一个人能力的评价，不是看你到底考了多少分，而是看你真正学到了什么、分享了什么、建构了什么、创造了什么。这种以帮助学生成长为主要目标的考试评价方式，在未来也会成为主流。

第十三，家庭在教育中将发挥越来越大的作用。大家肯定也会注意到，新教育实验对家庭教育很重视。因为真正的教育离不开家庭教育，要好好地把父母作为我们教育的同行者，共同帮助父母成长。其实，当一个孩子来到我们学校的时候，他的认知风格、行为特征、学习能力已经初步形成，是不是这样？心理学家研究人的大脑结构时发现，到6岁的时候孩子的大脑的发育程度已经接近于成年人——也就是说，人最早期的学习经历是非常非常重要的。新教育研究院正在编辑一套父母教育的读本"这样爱你刚刚好"，从怀孕开始到一岁、两岁、三岁一直到高中毕业、大学毕业，为中国的父母成长提供一套了解孩子身心发展规律的教科书。今后的学习中心，不仅仅是关于孩子的学习，父母们也会进入学习中心——教会了父母，比教会了孩子更重要：父母和孩子一起成长，家庭的力量远远大于学校本身教育的力量，因为孩子更多的时间是在家庭里，是和父母一起度过。所以，家庭教育这一块的作用要引起我们的高度重视。

第十四，课程会进一步地指向真善美。新教育实验已经比较完整地提出了课程构建的体系：我们提出以生命教育作为基础，把人的生命分成自然生命、社会生命、精神生命，拓展生命；让人的自然生命更长，让人的社会生命更宽，让人的精神生命更高；用一门课程整合生命的最核心的问题，把安全教育、心理教育、健康教育整个放到这个课程里面。我也建议我们新教育实验学校要尽可能地把这门课程开启，我们明年开始要加大培训的力度，让老师们能够掌握教这门课程的要旨和资源。因为这是一种基础性的课程，我们有信心创造一门真正让人生命飞扬、潜能得到开发的好课程。在生命教育的课程之上，是真善美类课程。大家可能关注到，相当于我们现在传统的学科课程，新教育正在努力构建和扩大我们的知识课程。比如历史课程怎么教？这是刚刚规定的三门国家教程，不能够轻易变；但是我们要让学生知道，历史不应该只是时间、地理、人物，不应该只是背景、过程、意义，因为这些内容百度上都有。美国人曾经讲过，凡是谷歌上有的东西都可以不用教了。那么历史应该教什么呢？应该教历史情怀、历史艺术、历史责任，让孩子通过自己的家族的成长历史，通过自己学校的成长历史，最后发现我自己在历史中的定位是什么；进而去思考怎样发挥自己的作用，为这个世界、为人类、为国家做出我们自己的贡献，这是历史要解决的问题。科学教育、人文教育、公民教育的课程，都需要进行重新的思考和改造。如公民教育的课程，人的德性养成跟知性养成是不一样的，德性不是通过简单的教程能够实现的。艺术更是如此，艺术教育仅仅通过美术、音乐是不能够完成的，不管怎么改，课程是要有逻辑、要有结构的，这样才能保证生命的完整性。现在，很多老师都去研发课程，实际上没有这个必要。我们不要走到课程的另外一个误区，老师的负担不堪重负，这不是课程发展的方向。

最后一个问题，也就是第十五个问题：教育的宗旨是要"过一种幸福完整的教育生活"。我们都知道，现在这样一个形态的学校教育体系，是伴随着英国工业革命开始的。因为工业革命需要更高的教育效率，用大规模的方式培养能够具有基本的读写算能力、熟练使用机器的人。这当然在很大程度上普及了我们的教育，推动了教育的平民化。但是，也造成了很大的问题：第一是统一化，统一考试、统一大纲、统一评价；第二是标准化，流程标准化、评价标准化——统一化造成缺少个性，标准化就导致缺少创造性，这是现代学校的"胎里毛病"；第三是固定化，什么都是固定化的，学习时间、上课时间也是固定的，缺乏灵活性。新教育的理想，就是帮助每个人成为更好的自己，这就需要变革这样的教育教学方法。

由于时间关系，我就讲这么多，谢谢大家。

新教育人的三大自我创新[*]

新教育的研究者，不是高高在上发号施令的指挥者，而是一直在校园、在教室劳作的耕耘者。而新教育的榜样教师，也不是眼睛一睁干到熄灯的忙碌者，而是善于阅读勤于思考的行动者。理论一旦武装了教师，教师就会焕发出神奇的魔力，而理论本身也就充满了生命的活力。

---

[*] 2017年4月25日，在"新教育实验区工作会议"上的讲话。

亲爱的新教育同仁:

大家上午好!

非常高兴在这美好的季节,与大家相聚在美丽的北川。首先,大家从全国各地千里迢迢赶来参加本次会议,谨此表示热烈的欢迎!要向为本次大会的召开付出辛勤努力的北川新教育人,表示衷心的感谢!

在我心中,北川是全国最特别的一个新教育实验区,因为北川与新教育实验的情缘特别厚重。2008年7月,在浙江苍南举行的"第八届新教育年会"上,北川正式加入新教育实验区,成为新教育大家庭的一员,其中有着太多太多无法忘怀的故事。

我还记得,在汶川大地震前一周,北川县教育局局长尚勇带着包括徐正富主任在内的21位校长,前往位于翔宇教育集团的新教育实验基地,观摩了我们新教育小学,当场决定在北川全面推行新教育实验。并在"5·12"大地震前两天(2008年5月10日),提交了加入新教育实验区的申请。他们原定是5月12日这一天,在我们新教育小学参加开放周活动的,由于一些原因,提前一周来了。没有想到,就在5月12日这一天,壮志未酬的尚勇局长永远离开了我们。在今天这个特别的日子,我提议:让我们一起向在北川遇难的师生和尚勇局长,默哀一分钟!

我还记得,大地震发生后的第一时间,我们就组织了全国各地的新教育实验学校师生募集资金,及时送到北川中学。我们帮助八一帐篷学校灾后复课,捐赠了200多张学生床和相应的生活必需品;我们派出多名新教育骨干成员赶赴灾区,帮助灾后复课;我们把具有疗伤作用的童诗、故事和歌谣的播放机送到帐篷学校,抚慰师生受伤的心灵;我们将儿童课程、图画书、理想课堂通过骨干教师培训,将新教育种子播洒在这片经历巨大灾难的废墟之上。我自己也把《过一种幸福完整的教育生活》讲演录全部稿费捐赠给北川新教育实验区。我在这本书的前言中说:"我愿意把这本小书,献给在大地震中遇难的尚勇局长,献给那些为了学生而失去自己、忘记自己的教师,献给那些再也不能感受儿童节的学生。愿逝者安息,生者坚强。"

我本人曾三次到过北川,每次都有不一样的感受。

第一次是2008年6月,那时的北川刚刚经历浩劫。我站在满目疮痍的废墟上,听到了许多关于英雄教师的故事,看到了无数幸存的老师在亲人遇难、家园被毁的情况下，舍小家、顾大家，与学生不离不弃，细心照顾学生的情景，真切感受到北川教师伟大的人性光芒，对北川教育人充满了敬佩和感动。我在八一帐篷小学，看到孩子们的读、写、绘作品，看到他们从灾难的惊恐中逐渐摆脱出来，看到新教育的老师与灾区人民携手重建精神家园，也充满了欣慰与自豪。

　　第二次是 2010 年 5 月，在学校重建基本完成后，我再一次来到北川，看见许多学校在醒目的地方书写着"过一种幸福完整的教育生活"新教育愿景；听到老师们讲述自己的教育故事时，频繁引用"行动，就有收获""向着明亮那方""相信种子、相信岁月"等新教育语汇；感觉到"书香校园""完美教室""理想课堂"等新教育的项目已经真正开展起来，我看到，"新教育种子"已经开始在北川生根发芽。

　　2013 年 11 月，第三次来到北川，我是和李镇西院长一起来的。这一次，更加强烈地感受到北川新教育人的坚守与努力。富有地方特色的羌民族课程，示范学校、榜样校长、榜样教师的激情讲述，开放周、开放日活动的示范作用，都给我留下了深刻的印象，"十大行动"正成为学校生活的常态。

　　新教育在北川已经走过了 8 年。如今，北川全县师生的阅读素养跃居全绵阳市第一，中小学质量评估进入全市前列，并顺利通过了国家、省市"创建义务教育发展基本均衡县"评估验收。北川中学 2016 年有 6 名学生被清华、北大录取，创造了"低入口，高出口"的奇迹。北川教育人走出了心灵创伤的阴影，焕发了教育的激情，书写了北川教育新的传奇。

　　我们不敢说，北川教育的腾飞，功劳完全属于新教育。但是，我们亲眼见证了新教育在北川的 8 年成长。

　　这 8 年中，北川新教育是同仁们以其特有的坚韧与不屈，努力催生起来的。北川新教育从一片废墟上的几粒种子教师，到全县教师普遍了解与认同，从几所学校最早参与到全县 43 所中小学幼儿园整体加入，从民间行动到政府行为，一届接着一届干了八年坚持不间断。其中，绵阳市中小学校长和骨干教师培训，把新教育实验内容作为重点培训课程，被学院誉为"最受欢迎、最能产生共鸣的课程"，先后接待了来自省内外的参观考察团队 40 余批次，成为传播新教育在西部的重要窗口。

　　新教育之"新"，就在于我们在不断推陈出新。我想，就在北川新教育人身上，特别突出地呈现出了新教育人的一些普遍具有的精神。我把它归纳为三个自我创新。

第一是道路的自我创新。也就是说，我们新教育人在探索中，一直致力于走一条新的教育发展之路。

前几天，我专程看望了82岁的陶西平先生。陶老开心地说，他与新教育有缘。2004年，他"赶巧"参加了新教育实验的开题会。那次会议上，在听取了我关于新教育实验的研究方案以后，他预言：新教育将会成为中国教育的一条"鲇鱼"，搅动中国教育这缸水。2011年，我们专程邀请他参加了在鄂尔多斯东胜区举行的新教育年会。在这次会议上，他又一次预言：从新教育团队中，将会走出一批真正的教育家。2015年，陶老参加了"缔造完美教室"叙事研讨会，肯定新教育"表达了一种理想的教育追求"。前几天我对陶老说，到2020年，新教育20周年的时候，再邀请他参加我们的会议，再对新教育做一个新的预言，他开心地笑了。

陶老为什么对新教育如此乐观，如此信任？因为他看到新教育找到了一条理论联系实际的道路。

包括美国在内的全世界各个国家，都有一个让人苦恼的教育现象，那就是理论与实际脱节。大学教授、教育研究者不接地气，不愿意走进火热的教育生活，不了解一线教师的所思、所想、所言、所行；一线老师不愿意阅读高深的理论著作，不愿意反思自己的教育实践。

但是，新教育实验从第一天开始就坚定地认为：理论与实际的结合，是解决教育问题的关键。研究团队扎根田野，一线老师学习理论；理论研究者与一线实践者协同探索，一起研究问题，一起研发课程，一起研制主报告，是新教育独特的风景。新教育的研究者，不是高高在上发号施令的指挥者，而是一直在校园、在教室劳作的耕耘者。而新教育的榜样教师，也不是眼睛一睁干到熄灯的忙碌者，而是善于阅读勤于思考的行动者。理论一旦武装了教师，教师就会焕发出神奇的魔力，而理论本身也就充满了生命的活力。

新教育的理论是一个开放的系统，一直处于不断的建构之中。从已经研究的成果和已经取得的成绩来看，已经验证了我们对这条道路，应该有足够的自信。

新教育的明天会如何？新教育发展到20年的时候，30年的时候，50年的时候，100年的时候，会有怎样的景观呢？我相信，只要我们坚持走理论联系实践的道路，一代人一代人不断地接力、传递，坚守、建设，传承、创新，新教育就一定在一天又一天地接近我们的理想。

第二是行动的自我创新。也就是说，我们新教育人一直愿意用行动去为自己代言。

行动哲学是新教育的标志之一。正如《反脆弱》的作者纳西姆·尼古拉斯·塔勒布曾经说过的那样："对于缺乏践行能力的人来说，无论什么道理最终都是没有用的。一切道理的价值，都需要靠自身的行动去实现。"在教育中，我们特别强调行动的力量。

从这些年新教育的发展来说，从"六大行动"丰富为"十大行动"来看，从"营造书香校园""师生共写随笔""聆听窗外声音""培养卓越口才""构建理想课堂"到"推进每月一事""缔造完美教室""家校合作共育"等，每个行动都是针对现实的教育问题设计的，都有着理论的依据，也都是经过大量实践检验被证明是卓有成效的。

以"书香校园"建设的问题而论，阅读对于一个人的精神成长，对于一个人的智力背景具有的作用，古今中外教育家论述已经非常多了。在新教育的学校，凡是坚持推进阅读的，都取得了良好的效果。去年我们在湖北随县召开了"2016 年度的新教育实验区工作会议"，我们高兴地亲眼看见：自 2011 年加入新教育，仅仅 5 年时间，随县便实现了区域教育的跨越发展，教育质量逐步在随州市崭露头角并步入前列：随州市共有 73 所初中学校，随县占 25 所，其中 23 所进入全市综合考评前 30 名，14 所进入前 20 名，7 所进入前 10 名。最近，彭静副局长告诉我：随州市新一年的中考成绩详细分析数据也出炉了，随县中考成绩各项数据再次领先全市——一是 A 类（优生）上线率高于全市 2.02 个百分点，全市第一；二是中考文化课总分优秀率和平均分，全市排名前 10 位的学校，随县均占据 8 所；排名前 20 位的学校，随县均占据 16 所；全县 23 所初中继续全部进入排名前 30 位；三是中考文化课各学科全面提升：语文平均分全市前 10 位的有 8 所，数学平均分前 10 位有 7 所，英语平均分前 10 位有 9 所，其他各学科均在 7 所以上。彭静副局长说：新教育虽然不追求分数，但优异的成绩让大家对新教育更加充满信心。

再如今年年会的主题是"家校合作共育"，新教育是较早关注家庭教育与家校合作问题的。教育从家庭开始，与孩子一起成长，是新教育实验重要的理念。今年我们还会推出《新父母读本》，从怀孕开始每年一本，一直到大学阶段，为我们的新父母学校提供基本的教材。同时，我们还将提供

"新父母学校章程"和"家校合作委员会章程"的蓝本。把家庭教育放到和阅读一样重要的地位来思考，是新教育实验的一个重要特色。现代脑科学、认知科学、心理学等学科的研究成果以及显示，这也有着非常重要的理论依据。

十几年的新教育人，用行动创造了无数教育奇迹，也将继续创造下去。

第三是文化的自我创新。也就是说，新教育人不仅是文化的传承者，更是文化的创造者。

教育是文化的选编。中国优秀的传统文化，是新教育实验的源头活水，是新教育实验取之不尽用之不竭的宝库。与此同时，一方面，厚德载物、自强不息，己所不欲、勿施于人等中国文化精神，新教育人该如何活出来？另一方面，新教育人如何更好地创造更多新的精神财富？这是我们自觉提出的要求。

党的十八大以来，习近平总书记多次强调要传承和弘扬中华优秀传统文化。今年年初，中共中央办公厅、国务院办公厅印发了《关于实施中华优秀传统文化传承发展工程的意见》，从核心思想理念、中华传统美德和中华人文精神三个方面，精准而全面地论述与界定了中华优秀传统文化的主要内容，明确提出了总体目标和各项重点任务。这是新中国成立以来，党和政府出台的第一个以传承和发展中华优秀传统文化为主题的文件，也是第一个理论与实践并重、用重大工程的方式推进的行动纲领。《意见》推进的这项中华优秀传统文化传承发展工程，是"十三五"期间一个重大的国家文化工程，也是一个重大的国家教育工程。这个工程需要我们对教育的理念、教育的内容、教育的过程、教育的方法进行新的变革，从部分工作而言，甚至是一次重建。

其实，早在实验之初，新教育实验就自觉地把弘扬中华优秀传统文化，作为我们的使命之一。早在2000年我们编写晨诵时，就特别推出了《中华经典诵读本》。在新教育实验十几年的发展中，无论是小学还是中学，无论是城市还是农村，我们所研发的无数课程，都自觉地把课程之根扎在中华优秀传统文化的沃土上。正因为这样，所以无论我们的二十四节气课程，还是"印象山水"课程，无论是"整本书共读"课程，还是"晨诵诗歌"课程，都始终自觉自发地传承中华优秀传统文化。

接下去，我们在条件成熟时，还将专门成立中华文化课程中心，努力把更多优秀的传统文化，比如传统美术、传统音乐、传统节日与礼仪等，让它们走进课程，成为教学内容，从而走进生活。并且，在研发课程时注意特色课程与普通课程兼备。也就是说，除了研发关于中华优秀传统文化的特色课程，同时要注意让优秀传统文化的光彩能在任何学科的任何课程中闪耀。后者更强调所有科任的老师对中华优秀传统文化的主动理解、掌握与传授。我们将加强面向全体教师的中华文化教育培训，全面提升师资队伍水平。

当然，我们传承优秀传统文化，不是为了自我欣赏，而是为了呈现自我，拥抱世界。接下去，我们在条件成熟时，还将推进未来学习中心的建设。我们将以培养扎根中国、面向世界、引领未来的人为使命，以培养新教师、新父母、新孩子为使命，通过新教育的不断自我探索，从而不断向前方，向远方，一直努力。

教育是百年大计。对待如何以教育将文化选编，我们不仅要有匹夫有责的文化自觉，更要有舍我其谁的教育担当。希望我们新教育的努力，成为"为中国教育探路"的一道风景。

今天，我们在北川召开"2017年全国新教育实验区工作会议"，共同见证新教育对于羌民族教育发展所带来的变化，感受新北川、新生命、新教育的温度。

今天，我们在北川总结了新教育人的道路自我创新、行动自我创新、文化自我创新。我们要特别向从废墟上进行这三大创新的北川新教育人致敬，向北川县人民政府和县教育行政部门致敬！我们有理由相信，北川新教育的明天会更加美好，新教育的种子一定会在羌乡大地上结出更新更美的果实。

亲爱的新教育同仁，我们新教育人有着改编诗歌、编织生命的传统。今天，我从《新教育晨诵》中，选了金子美铃的一首诗《这条路》。从2000年开始，我们陆陆续续走上了同一条不断进取、不断创新的"新教育之路"。我们已经在路上，我们的目标是远方。我改写一下这首诗，与新教育的同仁共勉：

这条路的尽头，
会有幸福完整的教育生活吧？
倦怠的老师们啊，
我们去走这条路吧。

这条路的尽头，

会有自由自在的美丽家园吧？

苦恼的父母和孩子们啊，

我们去走这条路吧。

这条路的尽头，

会有伟大复兴的中国梦想吧？

亲爱的新教育同仁啊，

我们去走这条路吧。

这条路的尽头，

一定会有梦想中好的教育吧。

大伙儿一块去吧，

我们去走这条路吧。

推广阅读的尖兵[*]

阅读研究是永无止境的探索，阅读推广是漫无边际的传播。我一直很喜欢《朗读手册》一书中的一句话："阅读是消灭无知、贫穷和绝望的终极武器，我们要在它们消灭我们之前歼灭它们。"我想，阅读更是让我们智慧、富足、幸福的精神之翼，我们将不断自我超越，永远朝向理想的高空飞翔。

亲爱的新阅读义工朋友们：

节日好！

时间过得真快，一转眼间，新阅读读书会已经成立5年了。在这个特殊的日子里，因为我在外地，不能亲自参与大家的5周年庆祝活动。但是，我要特别送上真诚的祝福：祝读书会5周年生日快乐！祝义工朋友们的人生完整而幸福！

---

[*] 2017年4月29日，在新阅读读书会成立5周年活动上致辞。

5 年时光，新阅读读书会已经走了长长的路，留下了深深的脚印。据统计，读书会已经发展到今天的 10 大类、18 个超级 QQ 群、两个微信群，汇聚了 3 万多位群友，举办了 1200 多场专业阅读讲座，开展了近百场培训活动。

这些年以来，我本人参加过很多阅读读书会的活动，为群友们做过两次讲座，亲身感受到群友们的热情，感受到读书会的强大吸引力。我想，新阅读读书会已经是一支阅读推广的网络尖兵连，走在网络推广的前线，为无数喜爱阅读的人们解疑答惑，为无数好书和读者之间架起桥梁。而这一切成绩，都属于你们，属于你们这些无私的义工们！

在今天这个特殊的日子里，除了感谢大家，我还想特别提出几点期待。

新阅读读书会，是新阅读研究所的一部分。我特别期待大家，能够更加密切地参与新阅读研究所的其他工作，能够把阅读推广和研究所的最新研究成果结合起来。比如我们新阅读研究所研制推出的面向幼儿、中小学生、教师、父母等的基础阅读书目，我们应该广泛传播，教会更多人更好地阅读，让书目产生更好的效果。

新阅读研究所和新父母研究所一样，是新教育的重要机构。我一直在各种场合强调：阅读和父母，是教育的两大支柱，因此新教育特别成立这两个研究所。在网络阅读推广工作上，我特别期待新阅读研究所的读书会能够和新父母研究所的"萤火虫"分站融合，期待你们能够强强联手，整合资源，通力合作，在新的 5 年，能够发展壮大，取得更多、更好的成绩。

无论是新阅读读书会、"萤火虫"分站，无论是新阅读研究所还是新父母研究所，你们都是"新教育共同体"的一部分。最近，《人民教育》杂志刚刚以"新教育阅读"为主题，编发了一组文章，全面介绍十几年来新教育在阅读研究、阅读推广上的成果。最近，《中国教育报》评选的"2016 年度推动读书十大人物"中，新教育有 3 位老师获得"十大人物"称号，两位老师获得提名奖——新阅读研究所的杨子湘老师也获此殊荣。我们可以自豪地说，在阅读研究和推广之路上，新教育一直走在同道者的前列。这一次新阅读读书会刚刚进行改组，如今你们的领头人李西西老师，不仅是一位出色而低调的儿童文学作家、电影课项目负责人、编剧，不仅是一位善良真诚的阅读推广人；早从 2004 年开始就坚持为山区儿童赠书——他有一个更真实、更重要的身份，其实就和我一样，是一位酷爱阅读的读者。

接下去，我特别期待你们能够在西西的带领下取得更大的进步。所以，我特别期待你们大家能够通过阅读，更深入地了解新教育阅读，了解新教育，不断学习、不断进步，从而在各个层面继续提高，继续成长！

最后，我要把前些天给《人民教育》撰写新教育阅读总结时写过的一段话送给大家——阅读研究是永无止境的探索，阅读推广是漫无边际的传播。新教育实验17年如一日地推动阅读，至今仍在路上。我一直很喜欢《朗读手册》一书中的一句话："阅读是消灭无知、贫穷和绝望的终极武器，我们要在它们消灭我们之前歼灭它们。"我想，阅读更是让我们智慧、富足、幸福的精神之翼，我们将不断自我超越，永远朝向理想的高空飞翔。

亲爱的义工朋友们，让我们一起努力！

借网络之力登教育之山[*]

互联网是一种方兴未艾的事物。它所产生的汇聚之力、感召之力、奋进之力，是前所未有的。借助于互联网而存在的师范学院，正是借网络之力登教育之山的跋涉。

亲爱的各位网师学员和老师：

大家晚上好！

非常高兴，2017年新教育实验网络师范学院的开学典礼再一次召开。虽然今天有事，无法上网，但还是想借助文字再一次与大家交流。好在这个学期我还有四次机会，与报了"新教育通识"一课的学员见面，通过网络再与大家见面。

从2009年9月开学以来，网师已经走过了整整8年的历程。这些年来，网师培养了一批非常优秀的学员，很多学员已经成为新教育实验的骨干力量，很多学员已经成为网师的老师。在刚刚过去的一年，网师荣获了教育

---

[*] 2017年9月8日，在新网师2017—2018学年开学典礼上的致辞。

部在线教育研究中心举办的"在线教育奖励基金（全通教育）2017年度优秀项目奖"。

非常感谢学员们。在这样一个功利化、世俗化的时代，仍然有你们这样一群孜孜不倦地学习、探索教育问题的教师，让人欣慰。你们是中国教育的脊梁和希望。

非常感谢历年来为网师付出辛勤劳动的讲师们，各个部门负责人、各位课程组长等，感谢童喜喜常务副院长、先后担任教务长的蓝玫、李秀云等组织管理团队成员，近年来为网师付出的卓有成效的努力。大家基本上都是义工，能够把其他人用于学习、娱乐的时间，投入这样一桩美好的事业之中，难能可贵。今天，网师的课程逐步丰富，管理在走向规范，人员在不断增加，新网师微信公众号成为了大家学习交流的乐园。

也非常感谢李镇西博士，在我担任8年新教育实验网络师范学院院长之后，能够勇挑重担，成为新一任院长。铁打的网师，流水的师生。长江后浪推前浪，相信在镇西院长的领导下，新一届网络师范学院能够发扬优良传统，创新网络教学，利用新的新教育App平台，凝聚更多的一线新教育教师，培养更多的新教育骨干教师，为新教育事业的发展做出新的、更大的贡献！

互联网是一种方兴未艾的事物。它所产生的汇聚之力，感召之力，奋进之力，是前所未有的。借助于互联网而存在的师范学院，正是借网络之力登教育之山的跋涉。相信我们在新教育实验网络师范学院的这番相聚，能够汇聚智慧，交流心得，在学习与耕耘中创造未来！

让我们一起努力！

栖霞教育的生命底色*

陶行知的"生活教育"与新教育实验，是理论共通、实践共生、发展互需的教育。行知思想是栖霞教育的"根"和"魂"，是栖霞教育的生命底

---

* 2017年7月13日，在"新教育实验第十七届研讨会"上的讲话。

色。栖霞加盟新教育实验，是以今天的行动延续昨天的探索，以共同的追求创造明天的未来，注定是一次行与知都让人喝彩的相遇。

尊敬的晓进主席、道凯厅长，尊敬的栖霞区各位领导，亲爱的新教育同仁：

大家上午好！

非常高兴与大家在"博爱之都"南京相遇。浩浩扬子江，巍巍中山陵，静谧玄武湖……得天独厚的地域文化与山水气场，涵养出栖霞教育的唯美与灵秀。2013 年 7 月，栖霞加盟新教育实验，四年来获得蓬勃发展。

我对栖霞有着特殊的感情，对栖霞新教育有着特别的期待。因为，1927 年，陶行知先生在栖霞晓庄创办了第一所学校——晓庄学校，努力实践他的"生活教育"理论。栖霞是行知教育思想的发源地。同时，陶行知先生的生活教育理论与实践，也是新教育实验的重要思想源泉。新教育是发源于欧洲、后来又影响到美国的进步主义教育运动，当年陶行知先生深受影响，曾经把他发起的"生活教育"运动也命名为新教育。1919 年 7 月 22 日，他在浙江第一师范学校发表了著名的讲演，题目就叫《新教育》。他还亲自担任了《新教育》杂志的主编，是中国新教育运动的重要领导人。所以，新教育实验在一定程度上，是延续了陶行知先生等倡导的新教育运动，我从内心深处也把陶行知先生视为自己的精神导师。

有外国评论家认为，陶行知和毛泽东是中国现代史上最有影响力的两位教育家。今天，在栖霞，在这方陶行知先生提出"生活教育"的沃土上，召开"第十七届新教育年会"，既是对过去一年研究探索的总结，也是新教育实验以十七年行动向行知先生致敬。

陶行知的"生活教育"与新教育实验，是理论共通、实践共生、发展互需的教育。行知思想是栖霞教育的"根"和"魂"，是栖霞教育的生命底色。栖霞加盟新教育实验，是以今天的行动延续天的探索，以共同的追求创造明天的未来，注定是一次行与知都让人喝彩的相遇。

四年来，栖霞新教育实验在区委区政府的领导支持下，在教育局徐观林局长、吴兴副局长的有效推进下，在教育局基教科、教师发展中心、教育科研处的具体操作协调下，点面结合，全面开展。区教育局定期开展行知论坛，区域师资通识培训，新教育成果展示会，每月一事推进会，新教育家校共育项目调研会等，组织教师深度参与"新教育实验区工作会议""国际高峰论坛""新教育年会"、海门开放周等活动。各种学习、培训中，我常常看见吴兴局长和栖霞新教育人，认真参会、虚心学习的身影。

四年来，栖霞新教育实验坚持"以特色求发展、以特色创名校"的内涵发展之路，通过"一校一品，一生一长"特色学校创建活动与"三特"评比活动，以及"内培、外引、借智"策略，整体优化区域师资队伍建设，中小学教学质量全面提升，学生核心素养显著提高。在教育大区向教育强区的奋力前行中，栖霞新教育人跨出了至关重要的一大步。毕业于栖霞中学的龚翔宇、张常宁，在里约奥运会上以优异的表现诠释着中国女排的精神，相信在栖霞新教育人的不懈努力下，这种"无私奉献、团结协作、艰苦创业、自强不息"的精神将会绵延不绝，有着更为丰硕的创造。

四年来，栖霞新教育实验创造性地开展实验区工作，组建起"跨地域教育联盟"。因为栖霞教育局大力引进优质教育资源，四年前与新教育优秀实验区之一的海门新教育实验区共建"海门—栖霞"教育发展联盟，从此接受海门新教育的直接指导与参与，在燕子矶中学创办"海门实验班"，在尧化和栖霞街道合作创办栖霞区（海门）实验初级中学。海门教育局局长、同时兼任新教育理事会理事长的许新海博士和他的团队，无数次来到栖霞面授机宜、传经送宝，从海门调任栖霞的吴兴副局长等一批海门新教育人，更是直接参与着栖霞新教育的推进工作。这一"跨地域教育联盟"的成功组建，不仅为栖霞自身发展赢得了更多资源的支持，也为新教育实验区的发展探索出新的成功路径。在优秀新教育实验区中，在新教育实验组建的诸多专业机构中，还有着更多类似的丰厚资源，有待于我们敏锐地发现，创造性地运用，从而把新教育实验推向新的高度。

今年年会的主题是"家校合作共育"。这是一个非常重要的教育问题，也是一个非常关键的社会问题，更是中国教育弯道超车的一个必须抓住的良机。2015年春节团拜会上，我聆听了习近平总书记关于注重家庭、家教与家风建设的重要讲话，当时就非常振奋，感觉到新教育人再次把准了社会的脉搏和教育的痛点。2016年12月12日，习近平总书记在接见全国文明家庭代表时，再次重申家庭和家庭教育的重要性，指出："家庭是社会的细胞。家庭和睦则社会安定，家庭幸福则社会祥和，家庭文明则社会文明。我们要认识到，千家万户都好，国家才能好，民族才能好。"所以，我们今年的年会主题有着非常重要的意义。

去年7月，栖霞从诸城接过了承办今年年会的会旗。一年来，他们动员各方力量，汇聚各方智慧，做了大量实实在在的工作。通过多次专家咨询研讨，学校探索实践，凝练了具有栖霞特色的"家校合作共育"行动理念：知己知彼、亦师亦友、家校互动。在"家校合作共育"的行动上，百花齐放：建立新父母学校、成立家委会、成立新父母志愿者联盟、构筑新父母课堂、"建设数码社区"、开展亲子阅读、"聆听窗外声音"等，在"家校合作共育"的广度和深度上，不断创新突破。"新教育萤火虫"栖霞预备站也已正式成立，成为"家校合作共育"的又一支生力军。这次年会，我们将会亲眼目睹栖霞新教育人辛勤耕耘的成果，见证栖霞新教育的精彩。

最后，再次感谢朱晓进副主席和葛道凯厅长在百忙之中莅临会议指导，感谢栖霞区委区政府对新教育实验的鼎力支持，感谢栖霞新教育人为本次年会所做的努力和付出，感谢全国新教育同仁对新教育的执着和坚守！

预祝本次"新教育年会"取得圆满成功！

相信、坚持与创造[*]

新教育在一个区域发展推动得如何，主要衡量几个要素：教师的认同度、参与度和热情，师生的快乐幸福指数，家庭卷入的程度和学校的"书香校园"建设达到怎样的水平。

尊敬的陈堂清市长、吴昊局长，各位新教育同仁：

大家上午好！很高兴能在新沂与大家相聚一堂。感谢陈堂清市长、吴昊局长能在百忙之中来参加这个开放活动，也非常欢迎来自全国各地的其他省市的新教育同仁和老朋友。

新沂拥有古老的花厅文化，有秀美的一山一湖一古镇，这是我第三次来这里。第一次来新沂就是为新教育而来的，那是在 2005 年 5 月 28 日。当时去了阿湖小学，那里有一个有梦想的校长和一群激情澎湃的年轻人，

---

* 2017 年 11 月 11 日，在"新教育实验新沂开放活动"上的讲话。

在办学条件非常困难的情况下做起了新教育。他们在"教育在线"网站上建帖、发帖，讲述自己学校的故事，很是活跃。我来到阿湖小学，见到了这一群年轻人，见到了乡村的孩子们，看到了一种鲜活的生命样态。

第二次来新沂，还是为新教育而来的。那是 2015 年 7 月 19 日，当时教育局和教师进修学校的领导，邀请我来做一个新教育的通识培训。虽然新沂当时还没有成为新教育实验区，但我能够感受到这是一片肥沃的土地，从教育局的王学伦局长到一些学校的一线老师的身上，我看到了新教育人的气质。当时我就想，新沂应该与新教育有缘，因为大家都是"新"字开头的一家人。

这是我第三次来新沂，同样是为新教育而来。从日常的接触、了解，到现场的参观、访问，我非常高兴地看到：新沂的新教育做得风生水起，大有后来居上的态势。

三次来新沂，三次不同的心情，看到的也是三种不同的样态。新沂三年来，坚持融合推进、特色发展的道路推进新教育，以新教育的"十大行动"作为抓手，推进"五个三"工程建设，努力打造有温度、有灵魂、有激情的教育。他们抓好顶层设计，激发组织活力，言说卓越典型，传递榜样力量，家庭、学校、社会，三位一体全面推进，在推进的广度和深度上不断创新突破。在"营造书香校园""构筑理想课堂"和"家校合作共育"等方面，取得了不俗的成绩。王学伦局长说：新教育改变了新沂教育的样态，为新沂教育增添了源头活水，造就了一批卓越校长和榜样教师。

我们不敢贪天功为己有。我认为：新沂新教育的快速发展，得益于各级党委政府的高度重视，得益于新沂教育局的行政推动，得益于新教育专家的引领和指导，当然也在一定程度上得益于新教育的文化、课程的魅力。

现在，我们欣喜地看到：新沂教师成长的脚步也越来越快，师生正在"过一种幸福完整的教育生活"。13 年前我们播下的那些种子，阿湖小学的那一帮年轻人，有好几个已经成长为校长，成长为新沂教育发展的中坚力量。

国华同志到任徐州市委书记以后，提出"教育学南通、水平双提升"。新沂对接学习海门，以新教育作为具体的平台，推动教育的发展，取得了不俗的成绩。吴昊局长对于落实徐州市委、市政府"教育学南通"的决定，积极献计献策，身体力行。昨天来新沂的路上，和学伦局长聊了许多教育的话题。他很兴奋地说：新沂的高山书记、陈堂清市长十分重视教育，对教育的投入不断加大，发展教育，造福一方百姓。学伦局长本身，就是一个很有教育情怀、很有激情的教育人。为了这次开放周活动，十一国庆长假期间买不到票，他开车去北京，往返跑了20多个小时，跟我商量办好活动。然后，他们动员各方力量，汇聚各方智慧，做了大量实实在在的工作。

我相信有这样一帮领导和教师，新沂的新教育一定会日益蓬勃发展的。这次开放活动，我们将会目睹新沂新教育人辛勤耕耘的成果，见证新沂新教育的精彩。

新教育在一个区域发展推动得如何，主要衡量几个要素：教师的认同度、参与度和热情，师生的快乐幸福指数，家庭卷入的程度和学校的"书香校园"建设达到怎样的水平。本来新沂想让我做一个专题讲座，我说讲座就请新海理事长来做了。他既是新教育的总统筹，也是海门教育局的一把手局长，对新教育区域发展有丰富的经验和深刻的体会。

最后，再次感谢吴昊局长在百忙之中莅临会议指导，感谢新沂市委市政府对新教育实验的鼎力支持，感谢新沂新教育人为本次活动所做的努力和付出，感谢全国新教育同仁对新教育的执着和坚守！

预祝本次开放活动取得圆满成功！

推动科学教育行动的品质提升*

新教育是中国当代的"新"教育，是服务于、贡献于中华民族伟大复兴历史使命的新教育。顺应时代发展趋势，回应民族复兴期盼，是我们新教育人的必然选择。

尊敬的都有为院士、郭毅浩局长、郭晓敏市长，尊敬的艾森克拉夫特先生、马修斯先生、巴克斯先生，亲爱的新教育同仁：

大家上午好！

很高兴再次来到海门，能在海门与大家相聚，我已经数不清来海门多

---

* 2017年11月18日，"新教育国际高峰论坛"上的讲话。

少次了。记得第一次来到海门，还是在 2003 年 4 月，我应邀来海门作新教育实验报告。从此，新教育的思想开始在海门大地传播。

2005 年 9 月，海门整体加入新教育实验。12 年来，海门新教育蓬勃发展，影响越来越大。如今，海门已是全国新教育实验的重镇和探索先行区。尤其是从 2011 年下半年始，每年海门都围绕"新教育年会"主题先行探索，都会在年会前举行开放周和年会主题的研讨会作为预热。海门新教育人为全国新教育做出了卓越贡献，也促进了海门教育整体品质的加速提升。

海门又是全国新教育实验的培训基地。海门新教育在全国真正产生影响，是从 2009 年"新教育海门年会"开始的。海门年会是海门新教育在全国"新教育共同体"第一次华丽亮相，给全国新教育人留下了许多的触动、感动，甚至震动。从此，全国各实验区校纷纷组织校长、教师走进海门，探寻海门教育发展的密码。

2013 年初，海门市"新教育培训中心"应运而生。迄今为止，已接待全国各地 200 多批次、7 万多人次的新教育人前来考察培训，成为名副其实的全国新教育实验培训基地。一直以来，我对新海局长及他所率领的团队，对海门新教育人深怀感佩！对海门市委、市政府领导给予新教育的关心和支持深表感谢！

今天，海门新教育人又一次为全国新教育实验担当了重任。海门在 9 月份临时接下了承办本次国际论坛的任务。仅仅不到两个月，经过紧张而有序的筹备，本次论坛终于如期举行，我感到十分高兴。

"新教育国际高峰论坛"是新教育与国际教育对话的重要平台。本次论坛，我们邀请到了美国的艾森克拉夫特、严文蕃，澳大利亚的马修斯，新西兰的巴克斯，台湾地区的施惠，大陆的王渝生、郝京华、刘华杰、陈耀等科学教育领域的知名专家。在此，向各位专家表示感谢！

这次论坛及"2018 年新教育年会"以"科学教育"为主题，是我们精心的选择。党的十九大，开启了全面建设社会主义现代化强国的新征程。中华民族伟大复兴对国民科学素养的要求和对拔尖创新人才的呼唤，使得科教兴国、人才强国已经成为我们的基本国策，科学教育正在成为我们的国家战略。新教育是中国当代的"新"教育，是服务于、贡献于中华民族伟大复兴历史使命的新教育。顺应时代发展趋势，回应民族复兴期盼，是我们新教育人的必然选择。我们希望通过本次论坛交流总结这些年来新教育的探索，并汲取国内外同仁的研究成果，推动科学教育行动的品质提升，为提高中小学生科学素养，培养拔尖创新人才做出贡献。

最后，感谢各位远道而来的新教育同仁和嘉宾朋友。我相信，本次论坛将是海门和全国新教育事业发展的又一个新起点。让我们一起在这里积聚新的能量，开始新的出发，去寻找新教育的诗和远方……

谢谢大家！

为中国教育探路[*]

因为实验区和我们是相互选择的，我们是通过"谈恋爱"然后再"结婚"——我们结了婚当然还可以"离婚"嘛，但是我们希望的是一个美好的"婚姻生活"，然后"子孙满堂"，有非常丰富的收获，大家都共同成长，这才是我们所期待的一个景象。

各位领导，各位同仁：

大家好！

首先我非常感谢如东县委县政府、如东教育局和如东的新教育人，给我们这次会议做出的精心准备。其实，今年的"新教育实验区工作会议"本来是安排在另外一个地方的，因为种种原因临时决定放在如东。在不到两个月的时间内，李建国局长和他的团队给我们呈现了一个如此精彩的现场、如此精心的安排和周到的服务，是非常不简单的。我提议，让我们用掌声感谢李建国局长和如东的新教育人，同时感谢这次来参加实验区的各位教育局的领导和校长以及有关的老师。

我今天早上统计了一下，这一次来参加会议的一把手局长4位、副局长22位，提交会议材料的有52位，出席会议的实验区有70个。凡是来的，都是好同志——没来的我批评他也听不见，但是我们还是要批评。我跟新海也讲了，我们要制定制度：如果连续两年不来"新教育实验区工作会议"

---

* 2018年4月15日，在"2018年新教育实验区工作会议"上的讲话。

的，就应该自动退出。关于要不要开"实验区工作会议"，我们理事长会议反复讨论：有几位同志觉得，我们"新教育会议"是不是太多了？是不是把"实验区工作会议"砍掉？是我把它留下来了，因为我觉得它太重要了。为什么？因为实验区是我们推进新教育最重要的一个渠道，这是一个投入最少、成效最快的推进方式。作为一个民间教育机构，我们没有那么多钱，没有那么多人，只能一对一、点对点地去进行服务。所以，我们利用实验区的这个抓手去推进，我觉得是最有效的。因为实验区和我们是相互选择的，我们是通过"谈恋爱"然后再"结婚"——我们结了婚当然还可以"离婚"嘛，但是我们希望的是一个美好的"婚姻生活"，然后"子孙满堂"，然后有非常丰富的收获，大家都共同成长，这才是我们所期待的一个景象。

但是我没想到，100 个县级的教育局我们只来了 20 多位副局长，提交材料的不到 50%，只有 52 个实验区——凡是不交材料的、催不来的试验区，是不是也可以考虑就不要参加了？我们不在乎多一个少一个，因为他都不感兴趣了，你强迫也没什么意思，在一起也不会幸福。没来参加的实验区还有 40 多个，要提醒一下他们，把原因搞清楚：为什么没来？是不是要给我们说说理由！因为大家是一个共同体，我们的责任是什么？你的责任是什么？大家说清楚。

所以我希望我们的办公室，接下来这些事情在后续还要推动。否则有些实验区（校）今年不来了，明年也不来了，还在我们的名单上——看起来我们很繁荣、很庞大，其实我们不需要那样，实实在在的最好。我曾经讲过：哪怕就是一个实验区，我们也要和它一起做到底；哪怕就是一所学校，我们也要和它做到底。我们要做就做真正的新教育，要做就做出真正有影响力的新教育，我们说"坚持才有奇迹"。请大家相信我们——可以说，我们是中国最负责任的一支教育团队，我们这些人都是把整个生命、整个心血奉献给这个实验；我们想的就是能够为大家多做一点，为大家多奉献一点，我们总觉得做得还不够。昨天晚上的理事会，我也批评了很多人、批评了很多事。他们说：朱老师，大家已经很不容易了——你想想你也没钱给大家，也没什么官给大家，没什么待遇给大家，大家这么卖命已经很不容易了。这些话，乍听上去非常有道理。但是，既然我们做这件事情，我就是想要做到最好，要做到最棒。

昨天理事会结束以后，我和严文蕃教授谈到了十二点多钟。他说，在全世界的教育改革和实验中，最敬佩的就是我们新教育实验。他说：你们这么系统、这么扎实，对自己的成长有如此的渴望，不断地去推进，每年攻克一个"山头"，攻克一个教育里面的难点和高点，不容易。他看到，相较世界上大部分的教育改革和实验，新教育实验坚持时间还不是最长的，因为国外有很多的实验持续几十年的也有，但新教育的规模恐怕是全世界最大的。所以，为什么要将我们的家底搞清楚？比如说我们很多实验区是整体参加的，一开始只有一二十所学校参加，但是后来不断发展扩大的情况我们就不清楚了。我们还是应该动态地去把握它，及时了解我们学校数量和品质的现状。所以，我还是希望我们新教育App应该为每一所学校设有窗口。怎么建？你们去商量。那样我们就很清楚了——你不报我们自己也能统计，大数据自己会生成的。

不好意思，我本来是想感谢实验区的同志们这些年的努力，却说了那么多批评的话。真诚地感谢大家，来的人都是好同志。

当然，更要感谢的是我们这个时代。现在我们进入了一个新时代，新时代为整个教育发展提供了很多契机、机遇、平台。总书记已经明确分析了我们这个时代面临的最主要的矛盾，作为一个负责任的大国，怎么样能够真正为世界的教育去奉献？中国制造等领域在创造世界经验的同时，我们的教育也应该能够创造一点世界的经验。新教育绝对不仅仅是想通过一个实验去证明自己的理论，去发现一些成果，那早已不是我们的梦想。最初我们的梦想就是想改变——我们觉得批评、抱怨都没有意义，唯一切实可行的就是行动、就是建设。我们是中国教育的建设者，我们同时也是中国教育发展的探路者。

去年我出版了一本《新教育实验》，副标题就是"为中国教育探路"。其实，在为中国教育探路的同时，未尝不是在为世界教育探路。中国教育面临的问题，也是世界教育面临的问题。我曾经说过：全世界没有一个国家的人对自己的教育是满意的。甚至包括芬兰这样一个全世界幸福指数最高的国家，也有很多人对自己的教育不满。

教育的很多难题，都是世界性的难题。比如说教师的积极性到底怎么去激发？如何来唤醒？怎样才能让教师真正地热爱教育？怎样才能让教师真正地能够享受教育的过程？严文蕃告诉我：这些问题你们是全世界解决得最好的，无论是你们的理论还是实践探索，在美国很难看见；你们这些老师在讲述自己的故事，非常不容易。昨天的张小琴，你说她比雷夫差多少？差不了多少。这些故事怎么把它讲出来？怎么把它记录下来？怎么让它真正成为我们中国的教育财富？成为世界的教育财富？都有很大的空间，这些都是时代赋予我们的。

总书记分析了人民群众对于美好生活的向往，和自身发展的不均衡、不充分之间的矛盾，就是我们当下社会的主要矛盾。我把它具体放在教育上，其实就是我们教育发展的不均衡，我们教育发展的不充分，这些恰恰给我们新教育提供了一个机遇和平台。因为我们新教育的理论和实际探索，恰恰一定程度上可以为创造美好的生活做出我们的奉献。我们不是在创造吗？我们创造了那么多美好的课程——我们新教育的晨诵，从幼儿园一直到高中，每学期一本，装帧是精彩的、内容是精彩的，可以说是前所未有的。但是，我们看到很多新教育的学校还在用其他版本，或者还在用自己编的版本——自己编的版本不是不可以，但是质量其实还有很大的提升空间。

接下来，我想讲三个问题，不一定详细展开了。

第一个问题是：为什么要区域推进新教育实验？其实，我前面很多铺垫把这个问题已经说了，新教育实验有助于解决新时代教育发展的主要矛盾。为什么？因为它有助于解决发展不均衡和发展不充分的问题。新教育实验包括我们的基金会，对农村、边远地区申请实验区是优先考虑、优先支持的，对它们的教育培训、图书馆建设都是我们优先支持的。更重要的是，作为一个区域的教育行政部门，参加实验以后，新教育的这些资源可以很快地去共享。过去很多地方都是用很大的精力集中去做几个"样板校"，做几个能够对外展示的学校。而我们新教育的希望，是能够惠及每一个学校。所以，实验区参加进来以后，一开始难免要组织一些基础比较好的学校来领头，因为相对来说他们的师资资源比较好，让他们作为一个排头兵做项目的探索是很好的，也有很多地区是这么做的。比如说，请这个学校重点做"晨诵"，那个学校重点做"完美教室"，这个学校重点做科学教育——一所学校先探索一两个方面，而且尽快地把他们的探索经验共享。刚刚浙江东阳介绍的，通过联盟学校实行资源共享的做法就很好。所以，我们要尽快地做到把区域内最薄弱的学校带动起来，尤其是最好的学校要帮助那些最薄弱的学校，把新教育的资源、经验尽快地分享给他们。从我们的经验来看，越是基础薄弱的地区，新教育的效果越是好，见效非常快。昨天上午我们讲到的睢县，睢县这次来了县长、一把手局长，还来了副局长，他们对新教育的感情是不一样的，因为它的确是解决整个区域的教育发展的大问题。

第二个问题是新教育实验有助于应对未来教育变革的挑战。我们专门申请了一个国家项目，就是对于未来教育的探索。最近也刚刚完成了对于未来教育思考的一本书《未来学校》，有 12 万字。这是我这两年来，花很大心思去思考和写作的研究成果。为什么我把其他的很多研究停下来，做未来教育的思考和研究？因为我们已经处在一个教育变革的前沿。去年，我在《人民教育》上写了一篇文章，说"我们已经站在一个结构性变革的门槛上"。这个趋势看不清楚的话，你不知道教育在往何方去——可能你做了很多改革，今天刚刚改完明天马上又得改。所以，方向比努力更重要。比如说教师，未来的教师会怎么样？我提出了一个"能者为师的时代"：也就是说，作为一个教育行政部门在考虑教师资源的时候，可以超越现在的编制的思考。我跟教育部部长当面建议，要超越编制去想编制，很多地方编制已经满了，你没办法去突破了，但是通过同工同酬可以解决。更重要的是，很多社会培训的机构完全可以通过政府购买公共服务资源的方式，让他们参与学校教育。让每一个学校去拥有一位艺术大师是不可能的，但是让艺术大师为学校服务是可能的。

其实，在未来一定是最好的教师才有资格成为教师，是一个"能者为师的时代"。未来的学校是学习中心，一所学校要想真正地有影响力，就必须成为某一个领域的优秀的课程资源中心，否则学生为什么要到你这里来？让一个学生在教室里面从早到晚听课，是很残酷的事情。未来的教室不是这样的，未来的教室可能就是像 STEAM 课程这样，以探究式的学习为主体，学科高度综合化，以合作式的学习去进行。世界上著名的教育机构 WISE 做过调查，问世界上那些最优秀的教育家：未来学生学习的内容，到底国家提供多少？结论是 20% 不到。也就是说，未来社会对于基本教育的要求可能不像现在那么高、那么多。而应该让每个人去建构自己的知识结构，让每个人成为最好的自己。

所以，未来的教育会发生我们难以想象的变化。有人说，朱老师你讲得太超前了。我说：十年以前我问你不到商店也能买到东西，可能吗？现在可能了。五年以前我问你不到银行去能取到钱，可能吗？现在也可能了。若干年以后我问你不到学校上课也能获取知识、接受教育，可能吗？真的可能，至少没有必要整天在学校上课，我可以根据自身需要进行学习。那么多的资源网络上全有了，你不要以为一定要大学生才能通过网络来学习，我的小孙子四岁半就可以通过网络学习了——他拿着一部手机，用讯飞语音系统查询什么是宇宙飞船、什么是地下管道，他自己认识很多字了，基本上都能够看懂。你想，一个四岁半的孩子已经在探索学习了，那未来我们的孩子怎么样学习呢？这些问题我们要看清楚。我曾经跟新海讲：我的梦想是新教育的未来要有若干个学习中心，分散在不同的区域和领域。其实这样的大学已经有了，如美国的密涅瓦大学，这是一个新型的大学，第一年的学习已经不教学科知识了，因为知识你到处都可以学，在网上也可以查得到，何必再系统地给你讲一门学科呢？他教你方法论：实验的方法、数理的方法、逻辑的方法……你掌握这些方法论，就可以自己去探索，然后后面三年，每半年到一个城市去进行学习。这样一来，学习的时间、地点、空间都会发生很大的变化，这些可能连我们的教育行政部门都没有在思考，但是新教育人在思考。我们知道：想得越远，步子就会走得越踏实。所以，跟着我们走，你会迎接未来。

第三个问题是新教育有助于汇集各方面的力量，办人民满意的教育。我们注意到，凡是深度参加新教育实验的，凡是跟着我们多年从来不离不弃的这些实验区，他们的满意度是最高的。像山东日照，教育就是群众投票最满意的单位之一，因为教育带来的变化老百姓感受到了。为什么？新教育的确是改变了当地的教育生态。昨天我去了6所学校，虽然是走马观花，但还是发现那些深度参与的父母亲都对教育很满意。所以，新教育通过各种资源、通过各种方法，能够让社会对教育的满意度更高。教育局局长不就是担心满意度嘛，你认真做了，一定会有成效。你如果不思变革，还是传统的那种关注考试、分数的思维——你盯住那个东西，你就走不出教育的怪圈。你只有看到新教育的天空，你的教育才会有阳光。

所以，我觉得新教育至少可以去帮助实验区推进区域新教育。小的好处我不多说了，前面主要说的是三大好处。

如何有效地推进新教育实验区教育工作？

第一当然是领导重视，我就不多说了。一个领导说，朱老师我很忙，没有时间做新教育。我一直说，重要的事情一定是有时间的——你说你忙，我不忙吗？但是我觉得很重要的事情，就要坚持去做。今天早上我还读了一会儿书，发了好几条微博，写了很多东西。因为读书写作，是我认为重要的事情。昨天晚上我见李庆明博士和严文蕃教授，都是开完理事会之后安排时间见的，为什么？这是重要的事情，重要的事情你一定会给时间。那些搓麻将的人，通宵达旦也不觉得累。所以，你一定要把新教育当回事——你不当回事，永远能找出理由不来开会。当然，我不是要求一把手局长每次都来，像南战军局长派副局长来；孙健通专门给我发个短信，表示对不能够来很抱歉、很愧疚，他也是派了副局长来的。领导重视，当然不是简单地看你来或者不来，但是我希望明年的"实验区工作会议"看到更多的一把手局长以及更多的副局长来参加会议。我一直说，走近才会尊敬。你看到的和你听到的感受会大不一样，来参加会议，与大家交流分享，我觉得这个时间是值得的。

第二是重点突破。新教育的项目越来越多，希望每个实验区还是能够抓住重点。在新教育的"十大行动"里面，我们可以抓住一些提纲挈领、纲举目张的项目深度参与，把它做深做实就非常好。

第三是主动创造。教育提供的这些东西，不是一成不变的。新教育的基本的话语体系、基本的逻辑，包括我们的 logo 还是需要基本统一。但是，你在做实验的时候应该允许结合自己的传统优势进行创新。比如，刚刚东阳介绍的"十大行动"，他们改一改也未尝不可，把课程和课堂合起来加一个"每日一练"当然可以。但是，这些东西你要去想怎样才能与新教育融合？我们说，新教育不是在你原有的基础上去加很多东西，一定要融合——不融合其实是没法做的，可能就会沦为形式主义。

第四是榜样引领。其实，每个实验区都应该能够发现一些像张老师、高山这样的榜样。我跟陈东强院长讲，我说你给我十个新教育的榜样教师，给我十个新教育的榜样学校，给我十个新教育的模范实验区，其标准是要真正经得起看、经得起问、经得起时间的考验。我希望我们的实验区、实验学校和我们的榜样教师，都要在这个方向去进行努力，并注重积累——积累是很重要的，只有积累深厚，你才能更好地去发展，资料的积累、资源的积累都需要注重。

最后，我们新教育实验也会更好地为实验区提供服务。第一我们会提供更丰富的课程资源，比如说"晨诵"，我们能不能做一个"新教育诗会"？"新教育诗会"就可以作为一个推广的方式，全国各个实验区可以晨诵的素材为源泉。我们可以每年搞一次"新教育诗会"，这可以发展为一个大型的盛典。我们的"生命教育课程"如何完善？教育是为生命而存在的，生命的长度、宽度、高度究竟怎么去拓宽？在教学过程中，安全与健康、养成与交往、价值与信仰到底适不适合我们的教学实践？它和我们现在的教学内容之间的融合度、交叉度，难点在哪里？怎么去改进？不是简单地把教材编出来就完了，这个教材要不断地去完善，资源要不断地丰富。科学教育、艺术教育也是这样。我们对家庭教育研究院也提出要求，因为前两年他们主要的精力是在成立机构、研发教材，接下来我说要跟新教育学校深度融合。所以，接下来我也希望他们做联盟校。家校合作到底做什么？新父母学校怎么建？用什么教材？怎么上课？家委会怎么建？父母亲资源怎么使用？这些都应该具有可以操作的行动手册。

刚才新海讲了，我们所有的东西都要从教材、教师手册做起，都要把它做深。包括新教育"理想课堂"，我们提了那么多年，但是在学校里面没有看到许多好的探索。昨天我们看到的景安学校，一个乡村学校，能够在南通市教学成绩拿第一名，为什么？校长跟我说，他们就是用的"理想课堂"理论：六个维度，三重境界。我说，我看不见你用的这个东西，你一定还有这个东西以外的东西，你怎么融合？怎么总结？怎么凝练？怎么变成课堂操作的模式？前些年我们比较注重理论的建构，今后我们要进一步地沉下去，操作手册要一本一本地出来。我们会不断完善、不断丰富，给大家提供支持。

第二就是提供更专业的技术支持。

第三就是提供更多样化的交流平台。现在我们的四大会议、四大媒体都已经建构得比较好。其实还有一个很重要的会，就是我们每年9月28日的"领读者大会"，这个我也特别提醒一下大家。我们两个会议的时间是相对固定的：一个是"新教育年会"，7月份的第二个星期六、星期天；另一个就是9月28日孔子诞辰日的"领读者大会"。去年我们办"领读者大会"的时候，担心没人来，其实发现新教育以外的人来的都比我们自己人还多。我想我们这样的会，还是优先为新教育提供服务、提供支持，希望大家能够深度参与。

总而言之，我一直说：我们的梦想很大，愿景很灿烂，但是总感觉到心有余而力不足，总感觉我们做得太少。所以，希望实验区给我们更大的支持。我经常开玩笑说，你多用我们一套教材，我们可能就多了几块钱能够支持研发；这样大家汇集众人的力量，就可以请更多的专家沉下心来提供更好的产品、更好的课程资源。

让我们一起努力为中国教育更美好的明天去奋斗，谢谢大家！

谱写新时代新教育的新篇章*

衡量一个新教育实验区是否做得卓有成效，关键是看新教育是否成为区域教育不可分割的血肉部分，是否真正扎根在教师的心中，是否真正物化在教育生活中、落实在课程中、体现在行动中。武侯区给了我们一个惊喜，给了新教育一份骄傲的答卷。

亲爱的新教育同仁们：

大家好。

一年一度的"新教育大会"，今天在美丽的"天府之国"成都武侯区召开了。这是新教育的一个重要庆典，也是新教育的一次成果检阅，更是新教育行动研究的一次新的总结。

昨天镇西电话告诉我，这几天成都暴雨，担心影响会议的正常举行。我说：没有关系，明天的成都一定雨过天晴，阳光灿烂。果然，今天雨已经停了。武侯区用它最美丽的景色，迎接来自全国各地的新教育人。

我已经记不清是第几次来到武侯区了。从李镇西跟我读博士起，我就与成都、与武侯区结下了不解之缘。

记得 2004 年，中央电视台"西部频道"曾经邀请我和镇西做过一次节目，讲述新教育的故事。当时我就对镇西说：你名字叫李镇西，就应该为新教育在西部的发展做出更大的贡献，成为新教育的"镇西将军"。

几年以后，镇西来到了武侯区，当上了武侯实验学校的校长。他在自己的学校里建了三个园子：一个叫苏园，一个叫陶园，一个叫新园。苏园和陶园，是为了纪念伟大的人民教育家苏霍姆林斯基和陶行知先生，他们是李镇西崇敬的教育家；新园，则是李镇西心中的一个承诺——做一个永远的新教育人。

6 年前的 2012 年 7 月，在山东淄博临淄区举行的"新教育实验第十二

---

* 2018 年 7 月 14 日，在"新教育实验第十八届研讨会"上的讲话。

届年会"上，镇西给我立了一个军令状。他说："朱老师，我回去以后，一定把武侯区的新教育实验推动起来。你再给我几年时间，到武侯区来检阅一下我们的'新教育军团'。"

2013 年，以"阅读的力量"为主题的"新教育国际高峰论坛"在武侯区召开。我知道，镇西是为了借论坛之力，来推进新教育实验在武侯的发展。那一次，我就发现镇西的确在努力，武侯新教育已经做得有声有色。

当然，仅仅靠镇西一个人的努力是不够的。镇西多次对我说，武侯区的教育环境特别好。据我所知，多年来全国各地高薪聘请镇西去做校长的学校有很多，但他一直不愿离开武侯区。他对我说："我这个人有个性，性格不好，但武侯区的领导对我很宽容，几届局长都非常支持我！我估计全国其他地方找不到这么宽松的环境，我干吗要离开武侯区呢？"他还对我说，十多年来，武侯区教育局先后经历了四任局长，但无论是雷福民局长还是张天劲局长，无论是潘虹女士还是陈兵局长，他们一以贯之地践行新教育，真的是"一张蓝图绘到底"。是雷福民先生安排镇西做校长，在武侯区播下了第一颗"新教育种子"；是张天劲局长鼓励新教育实验学校渐渐由星星之火走向燎原之势，并提出了成立"武侯实验区"的设想；是潘虹局长为武侯新教育的发展提供了更多的平台，不但正式成立了实验区，而且建立了"武侯区新教育实验推进办公室"；是陈兵局长让新教育的"武侯经验"走出成都，走出四川——"武侯新教育讲师团"的公益宣讲，将新教育的影响推向全国。特别要指出的是，陈兵局长从办公室主任到副局长，在政府其他部门工作几年后回到武侯区做教育局局长，十多年来，他一直情系新教育：2009 年主持成立"武侯区新教育联盟学校"，2013 年组织以"阅读的力量"为主题的"新教育国际高峰论坛"，今天又承办"全国新教育年会"……局长一直参与并见证了新教育实验在武侯区发展的全过程。可以说，武侯区新教育之所以能够有今天的成果和影响，和武侯区教育局历届领导薪火相传的新教育接力是分不开的。我提议，我们用掌声向武侯区教育局表示诚挚的敬意！

2016 年，以"师韵武侯——教师成长与新教育实验"为主题的"新教育开放周"在武侯区举行。那次会议上，一批新教育一线教师的故事，让我和许多与会者振奋不已。我曾经说过：衡量一个新教育实验区是否做得卓有成效，关键是看新教育是否成为区域教育不可分割的血肉部分，是否真正扎根在教师的心中，是否真正物化在教育生活中、落实在课程中、体现在行动中。武侯区给了我们一个惊喜，给了新教育一份骄傲的答卷。

新教育也给了武侯区一个惊喜，一个满意的回馈。2006 年，武侯区正式成为新教育实验区，经过 10 余年的努力，武侯区的教育现代化发展水平总达成度、教育国际化发展水平均位列全市第一（而且名次逐年提升，最早是第二、三名，后来是和其他区并列第一，去年是一枝独秀名列第一）；公共服务满意度达 89%，在成都五个城区排名第一；教育教学质量也逐年提升，一大批教师脱颖而出，在全国崭露头角。

新教育在武侯区也在发展壮大着：从最初的 9 所新教育实验学校，到如今的 46 所学校的携手同行；从最初的十余人参与，到如今 174 位优秀实验教师，1000 余名新教育人的汇聚绽放——如小溪汇聚成江海，新教育人一路追梦前行，为武侯教育注入了新的活力，成为日益推动武侯教育蒸蒸日上、高速发展的重要力量，成为武侯教育生态中的重要一环，也成为武侯教育一张闪亮的名片。

这几年，随着新教育实验在武侯区的纵深推进，产生了许多积极的影响。在区内，榜样教师与普通教师之间积极帮扶结对，交流实践经验，形成"学习共同体"，促进师徒间共同进步；另外，通过"专业阅读 + 专业写作 + 专业交往"的成长路径改变了教师的行走方式，也改变了学校的发展模式，更多的学校积极主动地加入新教育实验，目前实验学校已达 60%。玉林小学的李承军老师说，新教育让她"找到了魂"——她全身心都投入进去了，走心的教育让她和学生的心灵找到了栖息地。武侯实验小学的付华校长，总结了三点做新教育的理由：新教育是她向往的理想教育，新教育人是她希望做的人，新教育有太多成长的机会。

一石激起千层浪，武侯区新教育实验的影响力还辐射到成都周边地区。武侯区新教育建设办公室成立了由榜样教师和优秀校长组成的新教育宣讲团，先后在广元、武胜、眉山等地进行现身说法；他们的学识、视野和情怀，他们富有激情震撼人心的教育叙事，赢得了教师们热烈反响和深刻共鸣，直接带动了周边众多学校和区县整体加盟新教育实验。如今，广元的旺苍县已经成立了实验区，他们迫切地希望以新教育实验为抓手，促进当地教育的积极发展。

在此，我提议：我们以热烈的掌声向武侯新教育人致敬！向长期以来关心、支持、帮助武侯新教育发展的四川省、成都市、武侯区各级领导，表示崇高的敬意和感谢!

这次年会的主题是"科学教育","科学教育"对于个人成长、社会发展和国家强盛、人类和平具有不可替代的价值。总书记在前不久举行的两院院士会议上指出:实现建成社会主义现代化强国的伟大目标,实现中华民族伟大复兴的中国梦,我们必须具有强大的科技实力和创新能力。科学技术从来没有像今天这样深刻影响着国家前途命运,从来没有像今天这样深刻影响着人民生活福祉。总书记对"科学教育"也提出了明确要求,他指出:"当科学家是无数中国孩子的梦想,我们要让科技工作成为富有吸引力的工作、成为孩子们尊崇向往的职业,给孩子们的梦想插上科技的翅膀,让未来祖国的科技天地群英荟萃,让未来科学的浩瀚星空群星闪耀!"

"科学教育"是新教育实验的重要领域,也是新教育实验课程体系的重要内容。新教育所提倡的"科学教育",是一种以"大科学概念"为基础,以项目学习为方式的"科学教育"。一直以来,新教育都非常重视科学方面的探索,从阅读书目研制中对科学图书的特别重视,到"卓越课程"中对科学精神的培养,做了许多工作。近年来,围绕今年的年会主题,我们更是在"科学教育"方面进行了比较深入的探索:我们专门成立了以郝京华教授为所长和王伟群教授为执行副所长的新科学教育研究所,提出了"做中学,读中悟,写中思"的"科学教育"操作方式;由严文蕃教授领衔与远播教育合作研制了 STEAM 课程等,并且指导武侯、海门、辽宁等实验区进行了"科学教育"的初步探索,取得了初步成效。如武侯区桐梓林小学成为四川省青少年科技教育示范校,棕北小学构建了"六大创客课程体系";"未来学校"案例入选教育部《中小学信息化应用典型案例汇编》;科华中路小学以"互联网+"为平台,提升"智慧课堂"品质;玉林小学以"电子书包"为特色,被中央电教馆选为"教育大数据分析研究"实验学校……这一天半的时间,还有更多的学校和老师以科学为主题展示他们在"科学教育"上的探索,探讨"科学教育"的课程、教材、教法。

武侯区有着悠久的历史和深厚的文化底蕴,也是中国第一个"城乡教育一体化实验区"。我们期待武侯区的新教育人不忘"过一种幸福完整的教育生活"的初心,在美丽的武侯区继续书写更多动人的教育故事,创造更多精彩的教育奇迹。

由于接待条件所限,今天到会的只有 1500 人左右,但你们是代表着全国 12 个地级市实验区、140 个县级实验区、4148 所实验学校、440 多万师生来参加会议的。我们也希望大家能够在这里吸收新的思想，寻找新的榜样，补充新的能量，酝酿新的计划，在新的时代谱写新教育的新篇章！

在网师修炼专业发展[*]

教师的专业性一点也不亚于医生，教师职业的复杂性甚至远远高于医生。现在人工智能在医学诊断和手术上的准确率、成功率已经可以与医生媲美，但是在教育上，尤其是在人的道德教育与人格教育方面，人工智能仍然束手无策。如果我们不加强教师职业的专业建设，没有教师专业特别的知识体系与能力结构，教师要真正受人尊敬和佩服，是不可能的。

亲爱的各位网师学员和老师：

大家晚上好！

首先，祝贺 2018 年新教育实验网络师范学院开学典礼隆重举行！

非常不巧的是，今天晚上因为要在人民大会堂参加国庆招待会，无法通过网络与大家一起参加开学典礼，只能与去年的网师开学典礼一样，再次借助文字与大家交流。

我是网师第一届的院长。从 2009 年 9 月开学以来，网师已经走过了整整九年的历程。这些年来，我亲眼见证了网师的成长与发展，目睹了兢兢业业的教师和勤勤恳恳的学员教学相长的场景，也作为网师的教师直接与许多学员交流分享。我非常高兴地看到，我们的网师培养了一批非常优秀的学员，很多学员已经成为新教育实验的骨干力量，其中一些已经成为网师的老师。现在网师的执行院长郝晓东老师，就是从网师的一名普通学员成长为网师的老师的。

在去年网师开学典礼上，我曾经说过：在这样一个功利化、世俗化的时

---

[*] 2018 年 9 月 28 日，在新网师 2018—2019 学年开学典礼上的致辞。

代，我们的网师学员仍然能够孜孜不倦地学习，认认真真地思考和探索教育问题，的确让人欣慰。

在今天的网师开学典礼上，我则特别想说一下专业精神的问题。

前不久，在中国医学人文大会的"书香医院论坛"上，中国工程院院士、中华消化学会主任委员，第四军医大学原校长樊代明教授做了一个非常有意思的讲演。他在讲演中介绍说，他已经出版了 90 多本著作，大部分是个人专著，在国际上发表论文 700 余篇，为医学同仁的 157 本著作写过序言。他特别重视阅读、写作和讲演，主张医生应该通过阅读吸收正能量，通过写作储存正能量，通过演讲释放和传播正能量。其实，他是通过自己的现身说法，讲医生专业发展的路径。

医生要通过阅读、写作和讲演，来修炼自己的专业发展，教师何尝不是如此呢？新教育实验的教师成长的"三专"理论，就是主张：通过专业阅读，站在大师的肩膀上前行；通过专业写作，站在自己的肩膀上攀升；通过专业交往，站在团队的肩膀上飞翔。

我们之所以强调"专业"，其实也是与教师的职业特点有关。有人说，教师与医生，一个是医治灵魂，一个是医治身体。其实这个表述是不够准确的。现代医学已经从过去的生物医学模型转变为社会—心理—生物模型，由此可以看出：身心是密切相关的，灵魂与身体是不可分隔的。但是，无论是学习的历程还是公众的视角，教师的专业性远远不如医生。一个没有学过医学的人，是不可能也不敢随便拿着手术刀为别人做手术的。但是，一个没有接受过教师教育的人，却可能出现在我们的教室里在讲台上高谈阔论。

其实，教师的专业性一点也不亚于医生，教师职业的复杂性甚至远远高于医生。现在人工智能在医学诊断和手术上的准确率、成功率已经可以与医生媲美，但是在教育上，尤其是在人的道德教育与人格教育方面，人工智能仍然束手无策。如果我们不加强教师职业的专业建设，没有教师专业特别的知识体系与能力结构，教师要真正受人尊敬和佩服，是不可能的。

也正是由于这个原因，我特别希望网师能够在专业性上下功夫，为网师学员的专业发展提供服务和支持。无论是教师的遴选、课程的设置还是教学的管理，都要围绕专业性展开。我也希望网师学员，能够认认真真地按照新教育的教师成长理论的"三专"要求去修炼自己。

我相信，在李镇西院长、郝晓东执行院长和其他副院长、教务长、教师、课程组长和全体学员的共同努力下，我们的"新教育网络师范学院"一定能够更上层楼，在网师学员中一定能够成长出一批新教育的榜样教师！

呼唤人文教育的回归[*]

人文教育，其实就是两个最根本的特征：人与文，即关心人，关心人性的涵养、人的理性的培育与人的价值的追求；关心文，关心文化的传承与文明的发展。关心人，就是要真正地做到新教育提出的"为了一切的人，为了人的一切"，真正做到全民、全人教育，也就是"对一切人做好教育的一切"，就是要尊重人，善待生命；关心文，就是要珍惜我们的文化传统，把人类文明、人类的优秀文化传给我们的孩子。

尊敬的省关工委刘群英主任、郑朝南局长，同安区人大毛立臻主任、区委曾东生副书记、政府曾繁振副区长，尊敬的严介和董事长、严文蕃先生等各位专家，亲爱的新教育同仁：

大家上午好！

今天，我们在美丽的厦门召开"2018 年新教育国际高峰论坛"，此次国际高峰论坛，将就"人文教育"的命题进行深度探寻和对话，来自世界各地的专家学者将和我们分享他们的研究和思考。从 2012 年开始，我们每年举行一次新教育的"国际论坛"。我们深知，在教育国际化的背景下，中国新教育走向世界、认识世界教育的趋势，参与国际教育发展的进程，这是新教育自身发展的需要，也是新教育人的担当。

我们把会议的地点选择在厦门，选择在厦门同安区，这是因为厦门刚刚举办完金砖会议，厦门城市的国际化定位与高峰论坛的国际化性质相符，也是因为同安区是厦门、金门文化的发源地，历史底蕴厚重，贴合本届大

---

[*] 2018 年 11 月 17 日，在"2018 年新教育国际高峰论坛"开幕式致辞。

会的"人文教育"主题，更是因为同安与新教育的不解之缘。

2002 年起，同安区这座深具文化历史底蕴的千年古城，就有了新教育的萌芽，有了一批活跃在"教育在线"的资深网友，子恒、虫子林加进等。从那时开始，我就与同安区的一群新教育人有了亲密的接触。记得 2004 年年底的一个夜晚，我在厦门的一个酒店，与子恒、洪延平等一群同安区的新教育人见面交流，夜深了仍然难舍难分。

2010 年，同安开始有了第一所新教育实验学校——梧侣学校，子恒担任了这所学校的校长。他告诉我，这是同安区第一粒"新教育的种子"，一定会生根、开花、结果。果然，前些年我到了他的学校，看到了校园上空高高飘扬的新教育旗帜，看到了校园里浓浓的书香，心中充满了感动。

接着，同安区又有了滨城小学、第二实小、五显中心等一批新教育实验学校。2014 年，新教育义工、作家童喜喜不仅带着她的团队，将新教育"萤火虫"厦门分站在同安区扎根，还将"新孩子"乡村阅读公益行等一系列公益活动，都陆续送进了厦门同安。随着"萤火虫"分站成为全国品牌分站，新教育开始在同安区从学校走向社区，走向大众。

应该说，同安区虽然属于国际化都市厦门，但办会条件确实还无法和许多大城市相媲美。但同安区的教育，却有着独特的人文内涵。这里既有全国领先的教育大数据平台应用，也一直秉承"晨诵、午读、暮省"的脉脉书香；这里有滨海的现代化学校，也有山区的小而美的校园；这里有大型丰富的人文教育活动，更多的是小巧精致、广泛持续的"活动即教育"探索。他们通过数十年的"可爱生肖"活动，让孩子在房前屋后，一碑一石中品尝到历史的芳香；他们通过让城市与农村孩子比挑土的"趣味运动会"，让条件差异大的孩子们，拥有一样的自信和收获。相信与会代表们能够感受到这里浓郁的人文氛围，和同安新教育人的理想主义情怀。

这次论坛的主题是"人文教育"。是我们继去年的"科学教育"主题之后，新教育对未来课程的新的探索，更是我们对这个时代的新的思考。

在刚刚过去的 20 世纪，科学探索一日千里，日新月异，带给人们无尽的新奇与便利，也带来无穷的苦恼与叹息。人们遗憾地发现，随着科学技术的发展，人类的生活不断得到改善，但是人们的幸福并没有随之水涨船高，反而出现了各种迷失。最为极端的是两次世界大战，以无穷的痛苦彰显出地球这个家园的凋敝。

在这样的困惑中，人们再一次回望来路，重新探寻，这才发现在我们乘着科学的翅膀急匆匆赶路的时候，似乎丢掉了我们的灵魂。

如何以人文之火，重新让我们的精神家园温暖？如何以人文和科学结合，重新让我们坍塌一角的家园变得完整？如何通过人文的重建，让我们在科学创造的物质财富之中，感受到精神的富足？这是新世纪以来世界各国共同关注的问题。呼唤人文教育的回归，已经成为时代的最强音。

2016年，教育部印发《中国学生发展核心素养》中，提出人文底蕴、科学精神、学会学习、健康生活、责任担当、实践创新六大素养，并将其作为我国新一轮课程改革的重要依据。六大素养中，文化基础方面的素养是人文底蕴和科学精神——这是"人文教育"第一次作为学生发展目标正式发布出来。该报告对人文素养的界定是："学生在学习、理解、运用人文领域知识和技能等方面，所形成的基本能力、情感态度和价值取向。具体包括人文积淀、人文情怀和审美情趣等基本要点。"

"人文教育"，其实有两个最根本的特征：人与文，即关心人，关心人性的涵养、人的理性的培育与人的价值的追求；关心文，关心文化的传承与文明的发展。关心人，就是要真正做到新教育提出的"为了一切的人，为了人的一切"，真正做到全民全人教育，也就是"对一切人做好教育的一切"，就是要尊重人，善待生命；关心文，就是要珍惜我们的文化传统，把人类文明、人类的优秀文化传给我们的孩子。对于这样的问题思考，是我们每一个教育者都有的责任。

感谢会议的承办方福建省关工委、省国资教育公司，协办方同安区教育局、同安一中为筹备此次大会所做的努力。感谢我的老朋友福建省关工委主任、原福建省人大主任刘群英专门从福州赶来参加开幕式，感谢福州新教育实验区负责人郑素金女士为新教育事业在福建的发展和本次会议付出的辛勤劳动，感谢同安区委、区人大、区政府、区教育局的大力支持，从今年7月曾繁振副区长亲自参加我们的"新教育年会"领了任务，短短4个月不到的时间，不仅会议的准备有条不紊、精彩纷呈，而且通过会议极大地推动了新教育实验在同安区的扎根与发展。最后，感谢专程来为与会代表做学术讲演的国内外专家，大家一定会不虚此行，收获满满！

我们相信，"2018年新教育国际高峰论坛"，是新教育与世界教育的高端碰撞，也必是一次人文教育的精神盛宴。

预祝会议圆满成功！

相信新的力量*

新教育人说，成绩只是额外的奖赏。这种奖赏，正是来自心灵的震撼。我相信，一位好局长就是一片好区域，一位好校长就是一所好学校，一位好老师就是一间好教室。

各位同仁：

大家好！

相信是一种力量。我们一百多个实验区，从全国各地来到这里，就是因为相信。

我们相信的这个"新的力量"，是"新沂"的新，是"创新"的新，是新教育的新。

今年是新教育的第 19 年——在当初新教育实验萌芽的时候，没有人会想到这粒种子会长成今天的样子。

是因为一位又一位局长、校长、老师的相信，才有了新教育的成长。

今天的新教育同仁是幸福的。你们可以看见活生生的现实，也得相信这种"新的力量"。这种来自教育一线比如新沂的力量，这种不断创新的智慧力量，这就是新教育的力量。

新沂的新教育有着自己的特点。同时，每一个成功的新教育实验区，都有着类似的特点。

比如新沂，它的特点有如下四条：

一是一把手局长，满怀激情推动新教育。这么多年的新教育推动中，人们充分体会到"行动就有收获"的真理。

二是当地团队，全力以赴落实新教育。人们常说，一个人走得更快，一群人走得更远。

三是各层级行动者，从高度认同到幸福实践。最让我欣慰的，是新沂

---

* 2019 年 4 月 20 日，在江苏新沂"新教育实验区工作会议"上的讲话。

新教育同仁的行动。

四是区域教育生态的显著改变。新教育是一种大教育，从"十大行动"中的"营造数码社区""聆听窗外声音""家校合作共育"，就可以看出新教育人对教育生态的全面影响。

这也造成了极为显著的改变。新沂"萤火虫"分站，就是典型的案例。

所以，我还想说：这个"新的力量"，也就是"心灵的力量"，是"心动的力量"。

一个人，一颗心，正是这颗心，产生了无穷的力量。

我还记得随县的新教育故事：随县的教育质量逐步在随州市崭露头角并步入前列，全市共有73所初中学校，随县占25所，其中23所进入全市综合考评前30位，7所进入前10位，14所进入前20位。

谁敢相信，在一个县城里，会发生这样的教育奇迹呢？

今天我们在这里，也要说新沂的成绩：连续三年，新沂在徐州市中高考第一。

新教育人说，成绩只是额外的奖赏。这种奖赏，正是来自心灵的震撼。

我相信，一位好局长成就一片好区域，一位好校长造就一所好学校，一位好老师经营一间好教室。

在新沂，作为一把手局长的王学伦，对教育痴情，对新教育用心。新沂教育局分管新教育的徐洪局长、"新教育办公室"主任朱慕勇，都有着描绘蓝图的激情，也有实践蓝图的行动。

当一位新教育的追随者，有理想，有激情，有学习，有思路，有办法；当一位新教育的领路人，开明、务实、善于做事、善于创造条件，让该做事的人乐做事，能做事的人做大事，想做事的人做成事，就必然迎来心花怒放的时刻。

这一切，都没人强迫。这一切，都来自每个人的内心。

我们常常会发现一个有趣的现象：新教育研究的问题，常常比国家推出的相关教育行政政策，早走一步半步。

我们且不说在阅读推广上，新教育实验一直以来的呼吁。我还记得，当初新教育提出"营造书香校园"时，"书香校园"四个字还是一个不常见的词汇。但是，经过这么多年新教育同仁与有志者的共同努力，"书香校园"已经成为大家熟悉并感到亲切的词语。

我们还可以举其他例子：比如2015年，我们推出了"新艺术课程"的研究，进行了全方位探索；就在这几年，国家出台了相关的大量规章制度，推动艺术教育的深入开展。

我们也可以发现，新教育实验的"十大行动"与"五大课程"的基础体系，都与教育部的工作部署高度一致。无论是《国家教育发展规划纲要》，还是教育部每个"五年规划"，或者教育部的年度部署，细心的朋友们都会发现，新教育实验在诸多方面，可以说是都早走了一步、先走了一步、多走了一步。

所以，新教育实验作为一个民间教育公益组织，与国家教育体制暨教育行政政策之间，有着本质上的相同。因此，新教育实验才被人称为素质教育的一面旗帜。

理清这一思路，对实验区有效推进区域新教育实验有很大益处。

新教育的愿景使命，和共产党的初心宗旨是高度一致的。"过一种幸福完整的教育生活"，成为中国素质教育的一面旗帜，与为人民谋幸福，为国家谋复兴不谋而合。

新教育实验的核心理念，和国家的教育政策、发展规划高度一致。国家的教育方针是："坚持教育为社会主义现代化建设服务、为人民服务，把立德树人作为教育的根本任务，全面实施素质教育，培养德智体美全面发展的社会主义建设者和接班人，努力办好人民满意的教育。"新教育的核心理念是：让师生与人类伟大的精神对话，无限相信每个师生的生命潜力，教给孩子一生有用的东西，行动就有收获，坚持才有奇迹……这二者之间，是何等的形神俱似。

新教育实验的总体切入点和每年的研究重点，都是教育现实的迫切需要，教育发展的必由之路，人民满意的教育的关键所在。新教育实验对自身的定义为：新教育实验是一个以教师专业发展为起点，以"营造书香校园、师生共写随笔、聆听窗外声音、培养卓越口才、构筑理想课堂、建设数码社区、推进每月一事、缔造完美教室、研发卓越课程、家校合作共育""十大行动"为途径，以帮助"新教育共同体"成员"过一种幸福完整的教育生活"为目的的教育实验。我们不仅是这样定义的，我们更是这么一点一滴、一步一步落实的。

现在我们讲立德树人。为什么要立德树人？立怎样的德？树怎样的人？也就是为谁培养人？培养什么样的人？怎样培养人？在《新教育》一书中我们讲，新教育的彼岸是什么模样？彼岸是一群又一群长大的孩子，从他们身上能清晰地看到：政治是有理想的，财富是有汗水的，科学是有人性的，享乐是有道德的。

新教育实验在第九届研讨会（河北省石家庄市桥西区年会）上的主报告《文化，为校园立魂》，在第十一届研讨会（内蒙古鄂尔多斯市东胜区年会）上的主报告《以人弘道，活出中国文化的根本精神》，以及历届新教育年度报告中，对这个问题已经有了明确的答案。

所以，我们讲新教育实验，为中国教育探路，不是空穴来风、自我标榜，我们是一直走在立德树人的路上，一直在用行动，回答立德树人这个根本问题，并且也找到了大家高度认同的富有成效的路径。

回顾总结新教育实验一路走来的心路历程，反思新教育实验区发展的经验教训，我认为必须处理好以下几方面的关系。

一是处理好内容与形式的关系。

任何事物都是内容和形式的统一体，内容决定形式，形式依赖于内容，教育工作也是如此。多年来教育改革大张旗鼓，花样繁多，声势不小。反思众多教育改革，往往重形式轻内容，教育改革的形式主义做法严重，如不下决心纠正，必将危害深远。

新教育一直旗帜鲜明地反对形式主义。对此，我们新教育团队核心成员，都先后有过不止一次的论述强调：新教育，不是叠床架屋的事情，更不是增加教师负担的改革，一定是融合在具体的教育教学工作之中的，一定是帮助教师寻找职业的幸福感的。

二是处理好全面与重点的关系。

也就是实验区要处理好"十大行动""五大课程"整体推进，与选择重点实施突破的关系。不谋全局者，不足以谋一域。没有重点，就没有策略。要做到心中有全局，手中有重点。条条大路通罗马，专注一点，做到极致，一切都在其中。

三是处理好传播与深耕的关系。

新教育人一直都善于埋头默默做事。但是，我们也不能忘记，正确传播本身就会产生积极的教育影响。

与此同时，我们一直坚决反对那种蜻蜓点水似的实验者。我们希望新教育同仁就像农夫一样，沉默却专注地从事好手里的教育工作。

四是处理好底线与榜样的关系。

"底线＋榜样"是新教育的管理铁律。"底线＋榜样"是一个不可拆分的联合体，彼此依存，相互促进。

如果没有底线，没有最基本的要求，就没有基本的环境与氛围，也很难产生真正的榜样。即使出现了个别榜样，也会感到孤掌难鸣、孤立无援，甚至是墙里开花墙外香，不利于榜样自身的成长与发展。同样，如果没有榜样，只抓底线，有可能导致新教育实验失去方向，难以持久，甚至堕入形式主义。

五是处理好理论与实践的关系。

也就是要处理好"做"与"研究"的关系。没有理论的实践是盲目的，缺乏实践的理论是灰色的。新教育主张，在行动中研究，在研究中行动。一般说来，理论来源于实践，又指导实践，这是一条真理。如果缺少了科学理论指导，那将是十分危险的。缺少了理论就是缺少了灵魂。更重要的是，把科学理论运用到指导实践，作为工作的指南。新教育的理论在新教育的年度报告中，开展新教育实验，要深度学习新教育年度主报告。开展新教育实验，既要知其然，也要知其所以然。开展新教育实验，既要学习新教育通识，更要学习做好新教育课程。开展新教育实验，既要深度学习新教育的研究成果，借鉴优秀新教育实验区的先进经验，更要勇于探索，善于创新。

一个篱笆三个桩，一个好汉三个帮。再好的蓝图，不落实总是空的。但是在新沂，我们见证了四年诞生的奇迹。我相信，我们还将见证更多辉煌！

榜样的意义在于超越[*]

新教育从本质上，就是有着鲜明人文精神的教育探索。从启动之初，就十分重视人文教育，我们举起了"重塑中国教育的人文精神"的旗帜，所提出的"五大理念"，都蕴含着强烈的人文色彩。"过一种幸福完整的教育生活"，是为了什么？就是让每个人成为最好的自己。姜堰新教育人，无论是一个人，还是一个团队，都在追寻新教育的旅途中，正在成为最好的自己。

尊敬的建国主席、靖宇厅长，晓生老师、夏娟主任，亲爱的新教育同仁：

大家上午好！

一年一度的"新教育研讨会"今天在三水汇集的姜堰举行，这是新教育的一次成果检阅，更是新教育行动研究的一次新的总结。从《我的教育理想》一书在姜堰全域推广阅读以来，我便与这座美丽的苏中水城结下了不解之缘。

曾经，姜堰是全国新教育实验区的榜样。

2003 年 9 月，姜堰成为全国第一个区域整体加入新教育的实验区，启动了以区域的整体方式推动新教育实验的探索。2004 年 5 月，这项探索得到新教育总课题组的确认。得益于行政的强力支持和骨干教师的强劲支撑，姜堰的新教育人掀起了一场行动风暴。还记得"教育在线"最红火的时候，也是姜堰新教育人精神最亢奋的时候：近千名教师注册登录，在超越时空的分享碰撞中，不断地刷新着大家对新教育的热情。直到现在，回忆那份热情，依旧让我感动。

2005 年，"建设数码社区"现场会也是在姜堰举行，一所农村学校——里华中心小学——在当时的条件下，在信息技术与学科的整合上做出了深入探索。

---

* 2019 年 7 月 13 日，在"第十九届新教育实验研讨会"开幕式上的致辞。

如今，姜堰仍然是全国新教育实验区的榜样。

十一年后的 2016 年，当我再次踏上姜堰这片沃土，看见了姜堰新教育的全新模样。

比如，姜堰创造性地落实新教育"十大行动"，实施"一书一世界、一人一博客、一周一行走、一班一风景、一课一风格、一人一平板、一人一课表、一月一主题、一生一舞台、一家一宇宙"的"十个一"行动。

比如，姜堰于 2017 年 9 月成立新父母学校，发动全区老师父母为其众筹，不到三天筹款 6 万多元。短短两年后的今天，姜堰新父母学校已有 200 多位义工，11 个服务点，28 类课程。父母从最初被迫听课到如今抢着听课，每次课程上线不到 10 分钟就全部被抢光。

我们都知道，江苏是教育大省。但是，即便在高手如林的江苏，姜堰教育仍然创造了不少奇迹。无论是全面推进国家课程校本化实践，还是实施课堂革命，开展"智慧课堂""学习共同体"研究，改变教师专业行走方式，创新绿色评价制度改革，"大阅读""小足球""微创新"等各种探索……我们似乎隔不了多久，就能够听到姜堰的好消息。教育，已经成为了姜堰的金字招牌之一。

和其他所有优秀的新教育实验区一样，我不敢说，这些成绩完全归功于新教育实验。但是，我们可以毫无愧色地说，在姜堰教育的发展中，新教育实验无论是十五年前的理念召唤，还是紧随其后的行动引领，还是近些年来的课程深化，新教育实验对姜堰教育的发展，有着持续而积极的影响。

和我赞美所有优秀新教育实验区一样，姜堰新教育实验区的一切成绩，归根结底，都因为人。十五年的发展，有太多姜堰新教育人值得被书写在新教育的历史上。在这里，我只说一个人和一个团队。

这一个人，是姜堰新教育第一人——我的老同学李宜华老师。当年，是他把新教育引进姜堰，十几年中，他以各种不同的方式，持续地耕耘。

这一个团队，自然就是如今姜堰新教育的领军人——单平宏局长、林忠玲副局长为首的姜堰新教育团队。姜堰新教育有着如今的成绩，完全来自他们的真抓实干。

我们必须牢记这样的人，因为是新教育人创造了这一切。我们必须再一次强调人的重要性，是因为我们今年的年会主题是"新人文教育"。所以，当我们欢聚姜堰，视姜堰为榜样时，最重要的是铭记一点：榜样的意义，在于超越。

姜堰是不断超越自己，才能从 2003 年走到了今天。今天，我们学习姜堰，目标也是超越自我而成就自我。南橘北枳，是教育特别鲜明的特点。每个地区的具体情况不同，很可能在推进中需要的方式方法也大不相同。

新教育从本质上，就是有着鲜明人文精神的教育探索。从启动之初，就十分重视人文教育，我们举起了"重塑中国教育的人文精神"的旗帜，所提出的"五大理念"，都蕴含着强烈的人文色彩。"过一种幸福完整的教育生活"，是为了什么？就是让每个人成为最好的自己。姜堰新教育人，无论是一个人，还是一个团队，都在追寻新教育的旅途中，正在成为最好的自己。

近年来，我们新教育核心团队研发了晨诵课程、儿童阶梯阅读课程、听读绘说课程、整本书共读课程、百幅名画赏析课程、百首名曲赏析课程、生命叙事剧课程、儿童电影课课程等，为"新人文教育"的落实提供了良好载体。这一次，大家从姜堰实验区实验小学城南校区"手指的阅读"、励才实验学校的"生态课程"、姜堰中学的"生命课堂"和新父母学校等实践中，也可以了解到"新人文教育"的鲜活风貌。

我期待，我也相信，来自全国各地的朋友，新教育同仁与教育界的同道，都能从这一次相聚中，得到启迪，获得力量，成为更好的自己、最好的自己。

我也相信，经过这一次年会的总结与提炼，姜堰新教育实验区，将会成长得更好，走得更快，走得更远。

最后，我提议，让我们用最热烈的掌声，感谢东道主姜堰新教育人的辛勤劳作，感谢各位领导和同道一直以来对新教育的关注与支持，感谢全国各地所有新教育人的一线耕耘，让我们为了自己的明天，为了祖国的明天，喝彩！加油！

谢谢大家！

在小小的教室演绎大大的梦想*

　　一个教室可以很小，也可以很大。有的人把这个教室做得小到只剩下分数，有的人可以把这个教室做得大到可以装下整个世界，这就是靠我们的老师对教室的理解，这就是靠我们的老师对孩子的热爱。

尊敬的尚勋武主席、张晓东厅长、吕林邦市长、南战军局长，亲爱的各位新教育同仁：

　　大家上午好！

　　昨天我坐飞机从北京赶到兰州，正好带了一本书《小飞蛾漫游记》。每天早晨我要在微博上、头条上推荐一本儿童读物，所以一般在我的包里都会带上一本儿童书。第二天出现在我的微博和头条的，往往就是我第一天读的书。

　　所以，今天早晨你们去看我的微博写的就是这本书。这本书是我非常好的一个朋友梁晓声先生写的书，他的知青文学非常有影响，包括最近他获得了茅盾文学奖，他的《人世间》三大本的著作知名度非常高。这本书是他第一次写儿童文学，他跟我说，永新你帮我看看写得怎么样？所以我最近这几天，一直在看他的几本儿童文学，我觉得非常有意思。这本书恰恰跟我到兰州有关，为什么？因为这本书讲的是一个关于蒲公英的种子的故事：在北方的小山坡上的一颗蒲公英种子，它的梦想是飞翔。但是我们知道，在北方的山坡上，种子要想飞起来是不容易的，因为每年的秋季雨很大，很多种子都被打落回原地，只能就地生根开花。但是，种子的梦想是飞翔，所以这个小小的飞蛾就是想飞到远方，正好它拥有了这样一个机会飞翔，从北方要想飞到它梦想的地方，要想飞到它妈妈南方的故乡，这是一个非常漫长的旅程，很困难！幸好在飞翔的过程中它遇到了一群大雁，它幸运地降落到了大雁的身上，跟着大雁到了南方；到了南方以后，它又幸

---

　　* 2019年9月22日，在"新教育兰州开放周"上的讲话。

运地遇到了一头老水牛、一只蜻蜓等，最后它在南方生根开花。

我想，新教育不就是一粒种子吗？很多新教育人都很熟悉我写的那首诗《我是一粒种子》。我们知道种子是需要土地的，种子如果没有土地，它是没办法生根、发芽、开花、结果的；而种子在传播的过程中，尤其是像蒲公英这样的种子，是需要各种各样的条件，如风、大雁等。

我昨天就在想，谁是接引我们新教育到兰州的这个大雁呢？他应该就是南战军局长。昨天他跟我讲，他第一次听我的报告是 2008 年，此后就对新教育充满了向往。2016 年 11 月 19 日，第六届基础教育论坛在苏州举行，南局长带了一群人到苏州，我在这个论坛上做了一个题为《习惯是核心素养养成的最重要的行动路径》的报告，明确提出新教育的"每月一事"是核心素养最好的落地的路径。在报告中，我介绍了新教育"每月一事"的理论与实践，讲完以后南局长就来找我，他说：我们兰州要做新教育，我们已经追了新教育很多年了。回到了兰州，他就开始启动。这一年的 12 月 28 日，陈东强院长正式代表研究院跟兰州签约，自此兰州成为我们新教育实验区。

三年来，我们看到兰州虽然是新教育的一个新兵，但是它走得很坚实，走得很努力，走得很用心，发展的势头非常好。从最初的 22 所学校、两个县级实验区，发展到兰州全区域 500 多所学校加盟——我们新教育一共就有 5216 所学校，兰州就占了十分之一，所有的教师和学生都投入新教育的探索之中，涌现出一批非常优秀的教师、非常优秀的学校。所以我想，其实新教育在传播的过程中，就是靠很多像南战军局长这样的大雁，他们把"新教育种子"带到了远方，新教育才能从东部的一个城市遍布全国的所有省份。

所以，我非常感谢以南战军局长为代表的一群大雁。新教育是需要这样的大雁的，新教育的种子要想飞到更远的地方，就需要更多的这样的大雁。这是我想表达的一个意思。

第二个意思，今天会议的主题是"缔造完美教室"。"缔造完美教室"是新教育"十大行动"的一个非常重要的行动，我们不能说"十大行动"哪个最重要，但是毫无疑问，在操作的过程中，"缔造完美教室"是一个非常好的抓手。从最初的本意来说，"缔造完美教室"是想对传统的班主任工作做一个新的诠释和改造，但是在实施的过程中它已经成为综合了"十大行动"来推进的一个非常好的抓手。新教育提出的"呵护每个生命，擦亮每个日子"，在教室里每天早晨用晨诵开始新的一天，新教育所有的行动包括校本课程的研发在教室里可以落地，所以"缔造完美教室"是推进新教育一个很好、很重要的抓手。我也曾经讲过，教室是一根扁担，它一头挑的是课程，一头挑的是生命，在教室里每个孩子的生命能不能张扬起来，个性能不能成长起来，智慧能不能发展起来，都和这个教室有很大的关系。

一个教室可以很小，也可以很大。有的人把这个教室做得小到只剩下分数，有的人可以把这个教室做得大到可以装下整个世界，这就是靠我们的老师对教室的理解，这就是靠我们的老师对孩子的热爱。所以我觉得"缔造完美教室"作为新教育"十大行动"非常有特色的行动、非常有诗意的行动、非常有空间的一个行动，它值得我们不断地去探索、不断地去追寻。

明年是新教育实验的 20 年，这 20 年一路走来，新教育涌现出了很多"完美教室"，每一年我们都在表彰"完美教室"的教学实践。昨天我跟志文和东强在商量，我说明年新教育 20 年，我们要拿出一批新教育的"完美教室"出来作为样本，把这批教室的故事呈现出来，把我们优秀的榜样教师展示出来，让大家看到中国最优秀的教师群体怎么样在教室里经营着，怎么样在教室里成长着，怎么样在教室这样一个小小的舞台上演绎出他们人生大大的梦想。

的确，这是一个值得我们关注的领域，我们也特别期待在明年一批优秀的"完美教室"能够闪亮登场，能够讲述他们的故事，能够引领和鼓舞更多的"完美教室"诞生。期待这一次的研讨会和我们兰州的"新教育开放周"取得圆满的成功，谢谢大家！

十年网师不寻常[*]

十年来，网师的老师、学员换了一茬又一茬，但网师的精神一直没有变，网师的气质没有变，网师的情怀没有变。一批又一批的网师学员在这

---

[*] 2019 年 9 月 29 日，在庆祝新网师成立十周年暨 2019—2020 学年开学典礼上的致辞。

里学习进修，在这里读书写作业，在这里汲取养料，在这里拔节成长。许多老师因此成为教学能手，成为优秀教师，还有一些成为网师的老师。

亲爱的新教育实验网络师范学院的学员们：

大家好！

今天是新网师的开学典礼，也是新网师十周年的庆典。在此，谨向所有为网师的发展做出重要贡献的朋友们，向历届的网师老师和学员们表示衷心的感谢和崇高的敬意！

十年来，网师的老师、学员换了一茬又一茬，但网师的精神一直没有变，网师的气质没有变，网师的情怀没有变。一批又一批的网师学员在这里学习进修，在这里读书写作业，在这里汲取养料，在这里拔节成长。许多老师因此成为教学能手，成为优秀教师，还有一些成为网师的老师。

最近《中国教师报》专门报道了新网师的故事，对我们的工作给予极高的评价。一个没有花费国家一分钱，没有收学员一分钱的师范学院，十年间培养了近万名有理想、有情怀的各个学科的教师，实属不易，堪称奇迹。我读过许多网师学员的年度叙事，无论是郭明晓老师还是郝晓东老师，他们都是在网师成长起来，成为有影响的名师，又回馈网师影响更多人成长的典型。

新网师成功演绎了新教育教师成长的传奇，把职业认同与专业发展有机结合起来。网师学员的学习精神与生活方式，已经成为许多老师的榜样，成为年轻教师成长的标杆。

十年，在一个教师的职业生涯中是一个不短的周期。期待新网师的下一个十年更精彩，为新教育培养更多的优秀人才，让更多的老师书写自己的生命传奇。

新时代呼唤新德育[*]

　　新教育的彼岸应该是一群又一群长大的孩子，在他们身上我们可以清晰地看到，政治是有理想的，财富是有汗水的，科学是有人性的，享乐是有道德的。新教育人更是立下愿景和使命，让师生"过一种幸福完整的教育生活"，为中国教育探路，成为素质教育的一面旗帜。为此，我们愿意年复一年、日复一日地用行动去实践、去探索、去追寻。

尊敬的张震宇主席、陈淑欣市长，各位专家朋友、新教育同仁：

　　大家上午好！

　　非常高兴，"2019 新教育国际高峰论坛"能在美丽的洛阳举行。洛阳素有"千年帝都、牡丹花城"的美誉，举世闻名的龙门石窟，誉满天下的洛阳牡丹，五千年的悠久历史，孕育了源远流长的河洛文化，也造就了白居易、刘禹锡、李贺、程颐、程颢等许多名人大家。可谓中原腹地，底蕴深厚，人杰地灵。著名的程门立雪的故事，就发生在这里。我早期曾经撰写过研究二程思想的文章，在《心理学报》和《中州学刊》等发表过相关的研究成果。

　　"2019 新教育国际高峰论坛"主题是"新时代、新德育"。此时恰逢中共中央、国务院刚刚印发了《新时代公民道德建设实施纲要》，并发出通知，要求各地区各部门结合实际认真贯彻落实。大家都知道，党的十八大以来，以习近平同志为核心的党中央高度重视公民道德建设，立根塑魂、正本清源，做出一系列重要部署，推动思想道德建设取得显著成效。中国特色社会主义和中国梦深入人心，践行社会主义核心价值观、传承中华优秀传统文化的自觉性不断提升，人民思想觉悟、道德水准、文明素养不断提高，道德领域呈现积极的健康向上的良好态势。关注"新时代、新德育"，有着积极的现实意义和长远的历史意义。

---

[*]　2019 年 11 月 9 日，在"新教育国际高峰论坛"上的讲话。

"新德育"，既是新教育研究院五年研究规划的既定课题，也是"新教育卓越课程"建设的题中之义。我们一直认为，课程的丰富决定着生命的丰富，课程的卓越决定着生命的卓越。我们对新教育的"卓越课程"体系做了这样的设计：它以生命课程为基础，以德育课程（善）、艺术课程（美）、智识课程（真）作为主干，以"特色课程"（个性）作为必要补充。生命课程、德育课程、艺术课程和智识课程，基本上涵盖了新教育"过一种幸福完整的教育生活"和"成为一个幸福完整的自由人"的主要范围。近五年来，"新教育"围绕既定规划，先后分别对"新艺术教育""新生命教育""新科学教育""新人文教育"进行了专题研究，今年是五年规划中最后一个专题研究，我们以"新时代、新德育"为主题，融公民道德教育为一体，将做出新教育人的初步探索。

什么是"新德育"？为什么要有"新德育"？"新德育"和公民教育、道德教育、立德树人是一个怎样的关系？"新德育"究竟如何做？我明天的报告中，会和大家分享新教育人的理论探索和创新实践。我曾经说过：新教育的彼岸应该是一群又一群长大的孩子，在他们身上我们可以清晰地看到，政治是有理想的，财富是有汗水的，科学是有人性的，享乐是有道德的。新教育人更是立下愿景和使命，让师生"过一种幸福完整的教育生活"，为中国教育探路，成为素质教育的一面旗帜。为此，我们愿意年复一年、日复一日地用行动去实践、去探索、去追寻。

"2019新教育国际高峰论坛"之所以选择在洛阳举办，是经过新教育理事会反复斟酌确定的。新教育每年有四个大的聚会，中小型研讨会接连不断。每年希望承办会议的地方很多，大会的承办地选择都是采取申请承办与考察定办的方式来确定。选在洛阳举办今年的国际论坛，主要出于三个理由：

一是陈市长和洛阳市教育人的热情、用心和支持。近年来，特别是陈市长结缘新教育以来，洛阳的新教育实验开展得如火如荼，风生水起，佳话不断。洛阳市从2018年开始，把新教育实验作为全市发展素质教育的有效抓手，积极探索新教育实验的洛阳模式。一年的时间，洛阳到海门学习考察的人数达到2000多人次，很多县区都是局长亲自带队。昨天陈市长告诉我，最多的一个教育局去了海门6次。全市每月开展一次"新教育叙事"，以交流促使实验深入开展。每次陈淑欣市长都是尽可能争取参加，而且全程参与，坚持到最后。昨天我问她参加了多少次，她说实在太多了，没有精确统计。陈市长还经常到各个县区去调研新教育实验的开展情况，这着实让我非常感动。有一批这样的市长、局长、校长真正行动起来、坚持下去，何愁教育不发展。有这样一批市长、局长、校长、老师在行动，新教育的支持义不容辞，责无旁贷。

二是因为洛阳有一批真心追梦新教育的先行者。虽然洛阳有学校在2005年左右就接触新教育实验，但是真正全面推进新教育是近年来的事情。我多次到过洛宁县和高新区，看到新教育实验给学校、教师、学生带来的变化，感到由衷的高兴。在这里，我还特别要感谢伊川县教育局原副局长、现任伊川中学校长焦红立同志，是他最早结缘新教育、情系新教育，在伊川开展新教育；感谢洛阳高新区孙健通局长及其团队，孙健通局长一心一意做教育，他身上充沛着全心全意谋发展的教育真情，高新区教育团队更是咬定青山不放松，齐心协力求实效，真心、真诚、不懈地做新教育；感谢洛宁县段笑波副局长不忘初心，勇于担当，持之以恒地在洛宁推动新教育，践行新教育。正是这样一批新教育的先行者，对新教育的强烈认同、倾情投入和成长收获，让我和无数新教育人特别感动。

三是源于对洛阳新教育人的希望和期待。去年6月2日，我应洛阳市政府和教育局的邀请，到洛阳给全市主管教育的副县长、教育局局长、校长做了新教育专题讲座，陈市长和洛阳教育人对新教育的热情让我感动不已。今年2月份，陈市长和洛阳高新区的孙健通局长到北京找我，又一次和我深入交流了她对新教育的感悟，表示要在洛阳全面推行新教育实验，再次表达了希望今年的"新教育国际高峰论坛"由洛阳市承办。我们大家一致觉得，今年"新教育国际高峰论坛"在洛阳举办，既是对洛阳新教育实践的一种肯定，也是对洛阳新教育实验成效的一次检阅，更是对洛阳新教育人深入推进、持续发展的更大的期待。

古往今来，不同文化之间的对话、交流、碰撞和融合，一直是世界文明进步的推动力量。教育作为一种文化的选编，更是需要汲取碰撞而出的智慧火花。近年来，新教育的国际交流日益频繁，已经有25种语言翻译我们新教育的著作。前不久，"一丹奖"的创立者陈一丹先生告诉我，在全部由国际顶尖教育专家组成的"一丹奖评审团队"评选出来的今年的前10名中，新教育实验是第一次也是唯一一次进入"发展奖"前5名的团队。他感谢新教育为中国人争得了荣誉。

这次论坛，我们还特别邀请到了来自国内外的许多卓有建树的专家学者，和我们一起探讨分享他们的研究和思考。他们有些是我们新教育人的老朋友，有些是新朋友，对他们百忙之中的到来，我们表示由衷的感谢，也非常期待各位专家学者的研究成果和一线教师现实探索的相互碰撞，能够激发出更多的思考，给与会者更多的收获启迪。

每次举行新教育会议，我都十分感动于新教育同仁参与的热情！大家近则百里，远则千里，甚至几千里，从五湖四海，不辞辛劳地赶来。没有行政的命令，没有外在的要求，只缘于心中的一份坚定的信念、一份追求的理想，我们走到了一起，静静地聆听，用心地观摩，深入地思考，热烈地研讨。正是由于大家的参与，新教育走过了19年历程，走到了今天；在未来的日子里，新教育由衷期待着大家的更多参与、关心和支持。

谢谢大家！

种子的力量*

实验学校是基于实验区和教师中间的一个关键的桥梁。学校做起来了，教师必然会成长起来，必然会带动整个教师队伍的发展。学校做好了，对实验区的发展会有很大的推动作用。

各位同仁：

大家好！

"新教育种子计划"，是我特别看重的一个项目。大家都知道，在2010年，新教育发展最关键的时候，我们开始启动了"种子计划"。后来，我的一个好朋友徐锋先生还专门拿出100万，支持我们整个"种子计划"的活动。"种子计划"之所以重要，是因为在新教育发展过程中，总是需要一些最重要的骨干，最重要的基地，最重要的学校代表、教师代表能够起一个引领的作用，带头的作用，推广的作用。

新教育一个很大的特点，就在于它是民间的一个教育变革。尽管它和

行政有很多联系，有 160 多个教育局跟我们合作，但是并没有行政的力量直接驱动。我们对学校、对一线的老师，也没有直接管理的力量。这就更需要一批怀有理想、怀有激情、怀有对新教育深刻理解和深厚的感情的人，来推进我们的新教育。

其实，新教育仅仅靠行政的力量是走不远的。我们有一些新教育实验区、实验学校，因为换了局长、校长，新教育就停滞了。后任的局长、校长，对前任局长、校长做的事情一概不做——不管好还是不好，不管对还是错，"新官不理旧账"这种情况在中国许多行政部门都有。

所以，我在苏州发起新教育实验伊始，就没有用行政的力量。本来我是分管教育的副市长，完全可以要求教育局局长，所有的学校都必须做，但我没有这么做。

为什么没这么做？因为我知道，我总有一天不当市长。我用市长的力量越是强化的东西，我走了以后可能越是翻牌翻得快，打脸打得响。所以，我坚持不用行政力量发号施令，我到苏州各个学校都很少讲新教育。因为我知道，如果没有对新教育的认同和理解，对新教育没有感情，你即使今天做了，明天我走了你也会丢掉的。这一点我是很清晰的。

但是，如果有"种子教师"就不一样。比如说顾舟群老师，她就是我们新教育的种子，是我在苏州的时候播的一个种子。尽管她可能做得并不是最好的，也不是影响最大的，但是，至少在她的教室里，是坚守着做的，是不断延续下去的。所以我觉得新教育深耕的价值，必须寄希望于"种子教师"。

当然，光有"种子教师"是不够的，更应该有"种子学校"，甚至于未来还有"种子实验区"。种子教师、学校、区域，应该是一个相辅相成的关系。根基在"种子教师"——没有"种子教师"，就没有"种子学校"，也不会有"种子实验区"。

我们现在用很大的精力来做"种子学校"，因为教师毕竟是个体的，学校就是一个群体。"种子学校"的价值跟"种子教师"的价值是一个相辅相成的关系，是不可替代的关系。我们"新教育种子学校"项目组的同仁，大部分都是新教育的老校长。像奚亚英校长已经跟着我 20 年了，最近获得了《中国教育报》"全国推动读书十大人物"荣誉称号。她有很多荣誉，她不管到哪里，即便退休了，做民办学校还在做新教育。一个校长会带动一个学校的力量，校长毕竟是一个学校总体发展的总设计师。

所以，虽然"种子教师"非常关键，但仅仅通过教师还不够，新教育想要呈现整个教育生态，学校是很重要的。新教育在全国有 5200 多所实验学校，但是真正让我们能够拿出来说的新教育示范校、新教育样板校，我们新教育做得响当当，什么项目、什么课程都全面实施的学校为数不多。

喜喜老师做"新教育种子学校"，我很赞赏也很支持。我觉得这是我们应该重点推进的，是一个非常重要的领域。我一直期待，至少在中国主要的省、市、自治区，都应该有一所拿得出手的"新教育种子学校"或者说"新教育种子示范校"。在这个学校里，每天把"晨诵、午读、暮省"的生活方式，新教育的"十大行动"、新教育的主要课程，全部实实在在地在实施、在探索。这所学校要能全面反映新教育的理念、行动以及课程主张，在建设完善的过程中一步步往前推进，坚持追寻理想。

喜喜老师最近写的"新孩子"系列童书，其实就是把我们各个学校发生的那些最精彩的故事、那些最优秀的案例集中起来了，是一个理想中的"新教育示范学校"的影子。所以我给她写了个评论，我认为她这套教材，应该是中国真正意义上的儿童教育小说。

什么叫儿童教育小说？现在也有打着这一旗号的一些儿童文学，其实并不是真正意义上的儿童教育小说。

儿童教育小说有几个基本特征：第一，传播正确的教育理念。我们很多儿童文学图书，传播的教育理念本身就有问题；第二，它要有比较成型的、有体系的、大家可以复制的、可以推广的一些好的教育方法。通过教育小说，大家看了以后知道怎么做，父母知道怎么做，老师知道怎么做，学校知道怎么做。所以我也很期待喜喜即将完成的这套书，是一个未来的"种子学校""示范学校"的样本，它就是我们理想中的模样。当然，不是用说教的方式，而是用形象的方式来表达这样一个新教育理念。

实验学校是基于实验区和教师中间的一个关键的桥梁。学校做起来了，教师必然会成长起来，必然会带动整个教师队伍的发展。学校做好了，对实验区的发展会有很大的推动作用。

我们"种子学校"项目组的程怀泉老师，退休前就是一位校长，就是安康的"第一粒种子"。

我到他所在的学校去时，他们还不是新教育实验学校，但是他的学校里有晨诵，校园里有醒目的一行字："过一种幸福完整的教育生活。"当时虽说还不是新教育实验学校，却比我们很多实验学校做得还要好。在他的影响下，安康整个汉滨区参加新教育实验。他退居二线后，又在高新区做新教育实验，现在整个高新区已经全面启动。一个好的校长，他的带动力远远超过一个教师。接下来新教育可能会有很多新的、合作办学的机会。退休了的一些优秀校长，还可以到我们新的学校延续他们的教育生命。

现在我们"种子学校"的面还不够广，参与的学校还不够多，另外整个的指导力量也还不足。我期待我们群策群力，让"种子学校"项目有更好的发展。

我同时想说的是，我们现在的新教育实验学校，跟我理想中的未来的学校之间怎样去进一步打通的问题。牟校长让我签名的《未来学校》是被《中国教育报》评选为今年"年度十佳"的著作。这本书六月份出版，半年时间已经加印五次，香港也出版了繁体字版，世界上最大的出版公司麦格劳－希尔教育集团已经引进了英文版的版权。有专家认为，这本书中关于未来学校的理念，不仅在中国，就是放在世界范围也是最先进的，对未来学校的构架和理念一点也不落后；它的系统性和完整性，超出了许多国外关于未来学校的著作。

在做新教育的过程中，我经常想：我到底把大家带到哪里去？这是我给自己打的一个很大的问号。不能说每天都在问，但是的确经常在问自己。毕竟 5000 多所学校，那么多老师和学生在跟着你走，那你把大家带向何方？我一直在想：如果我不进步，学校就不会进步；如果我没有理想，学校就不会有理想；如果我不能够看得更远，学校就不会走得更远。所以我的确很用心地在思考这件事。

我们现在这样的学校，是不是就是一个理想的状态？我们是不是简单地将课程修修补补，形式稍微做一些变化，加一些好的课程，就是我们理想的学校？20 年前写《我的教育理想》的时候，那个时候理想学校的模样，基本上没有突破现有学校机构的模样，是基于现有学校的现状提的一个理想。但是，20 年后的今天，互联网的发展，人工智能的发展，大数据的发展，区块链的发展，以及整个社会发生的变化，是我 20 年前根本想不到的。

20 年前，谁会想到买东西可以不到商店去啊？科幻小说也很难想象，但现在做到了。整个世界发生这么大的变化，我就在想，教育能不变吗？

教育必须得变，教育如果不变的话，你怎么去跟上这个时代的发展？

我们传统的学校是怎么产生的？是适应大工业生产的需要产生的，一个社会的知识相对封闭、相对集中在少数人手里，就必须把整个教育资源集中到一个称之为"学校"的地方。工业化时代需要大量的掌握知识的人才，学校是最好的传授知识的地方。但现在不一样，现在是个知识泛在化的时代。什么叫"知识泛在化"？就是到处都有知识。你在这儿打开手机就有知识，你在家里打开电视同样有知识……未来互联网时代，甚至于可以不需要这些移动终端。你到哪里，都可以得到你所需要的东西。

学生为什么要到学校来？到学校来的理由是什么？这就给我们提出了很大的挑战。台湾地区前几年就通过了一个关于在家学习的教育有关规定。美国更不用说了，现在每年有 200 万到 300 万之间的人，不到学校去学习了。

我前两年到美国斯坦福大学去，那里面就有一个斯坦福网络高中，这个高中是没有校园的，学生每周两天在网络上学习，其他的 5 天自己安排。而且这个高中很牛啊，学生都要经过严格挑选，因为他只有 600 个名额，是全斯坦福地区最牛的高中之一。

未来的学生，不一定每天按部就班到学校来，所以我们每个校长就要考虑一下：我这个学校，在未来，它靠什么立足？它怎样才能够吸引我们未来的孩子到我们学校来？所以我提出了学习中心的概念。所谓学习中心，就是你要做到独一无二不可替代，就是让孩子必须得来。那么你有什么理由让他必须得来？所以我经常讲我们学校要成为汇聚美好事物的中心，让学生在这里能够幸福，让学生在这里能够和最好的自己相遇，能够发现自我，成就自我。但现在看来这还不够。要做到这个也不容易，因为一个学校的力量要做到让所有的学生都能够喜欢，让所有的学生都能够找到自己，其实并不容易。

所以我提出，每一个学校要尽可能有不可替代性，要尽可能在一个领域做深、做精，就是我过去一直讲的特色学校。过去讲的特色仅仅是特色，就是说我这个学校有自己鲜明的特色，比如说我们的奚亚英校长的学校，它的艺术特别强，那是它的特色，想学艺术的人优先到我们这里来。

其实，一个学校只要在某一个领域真正有很强的竞争力，它一定会有不可替代性。所有的商品，所有的需求，有不可替代性、唯一性，它就永远不会被打败。就像过去生产西装都是统一标型的，是统一牌子的，它最多分大号、中号、小号，未来市场不是这样。未来的市场是 only one，它完全是根据你的身材定制的，像我们现在把西装穿到身上，或者领子不合适，或者袖子不合适，或者腰不合适，肯定总有一个地方是你不合适的，要找到完全合适的西装是很难的。

学校未来也是这样，就是你一定得找到适合孩子的最好的学校。我们新教育种子学校在发展的过程中，要利用整个新教育资源，帮助他们一起去打造一所有特色的学校。

我甚至想，我们有没有可能率先在我们种子学校里面，来实施未来学习中心的理想？怎么做呢？

比如说，寒暑假，尤其是暑假两个月的时间，我们有没有可能在种子学校内部进行课程资源共享？比如宜宾的孩子到厦门去两个星期，除了看厦门的景点，更重要的是了解海洋文化——因为宜宾属于内陆地区，孩子们到那儿去学习两个星期甚至一个月的海洋文化课程，那就会非常精彩。反过来，福建厦门的学生想了解中国的酒文化，就到四川宜宾去，五粮液在那儿。孩子们要想了解恐龙文化，到山东诸城去；要想了解中原文化，到河南洛阳去……其实这也是我们乡土教育一个非常重要的组成部分。我们把这个课程做好了、做到极致了，它同时就可以开放成一个社会的资源。作为未来的学习中心，它应该是这样的一种格局，我们慢慢地往那个方向去寻找。

再就是我们对学生的要求，是不是可以让他们更自由一些？我们是不是允许我们的学生在校内自学？就是说他可以不到教室上学，他可以申请去图书馆、实验室。学校图书馆可以开放，甚至于为学生定制需要的实验室。现在夏青峰校长在北京中学已经这样做了：北京中学有一个小学部，学生可以跟学校申请不上课，在图书馆里学他自己需要的东西。当然，"不上课"不是说不管学生。不上课的学生往往是优秀的学生，他们的自学能力很强，课堂里讲的他都懂了；教师一般会做一个事先的测试，不上课的前提是，得先看看基本部分学生是不是掌握了，至少要达到 60% 以上的程度基本能过关了。不用 100% 都懂，因为还可以继续学嘛！其实是做得到的。

另外，我们是不是有可能做一些项目式学习，允许学生来选择？我们新教育的科学课程非常理想，我建议大家跟我们的新科学研究所郝京华所长加强合作和联系。他们现在研发的 6 门工程类 STEAM 课程项目做得非常棒。郝京华老师告诉我：不仅在中国，放在全世界看，这也是最高水平的课程。它是在引进国外的指定课程的基础上，重新设计的 6 个领域，他把每个工程领域选择一个方面，这样就可以举一反三，有着严格的逻辑关系。把这些课程率先引到我们的种子学校去，我们新教育自身的一些好课程要推广。

我们虽然处在当下，但是我们眼里一定要有未来，一定要把未来的事情尽可能地多想。你想得越清晰，你的行动就越显效果。所以我建议《未来学校》这本书，你们还是要好好地琢磨。这不是一个简单的畅想，其实是一张蓝图。这个蓝图靠我一人没法把它变成现实，要靠大家。如果在我们学校率先一点一点做了，看看哪些是可行的，在我们学校里就可以先做起来，那么也许我们就是中国未来学校的一个典范。

对新教育种子学校来说，课程的深耕，是两条线的深耕。一条线就是现在新教育已有的这些课程、已有的"十大行动"。怎么去深耕？

很坦率地说，就是我们这"十大行动"，有一些在我们的新教育实验学校都还没有做起来——或者说即使做了，也做的是皮毛，没有真正课程化，没有真正做深、做实。我想找一个"十大行动"全面实施的学校，还真不好找。我可以找到晨诵做得很好的，可以找到"书香校园"做得很好的，可以找到写作做得很好的，但是我很难找到"十大行动"都做得很好的学校。这不怪你们，这是我们新教育研究院深度开发得不够，没有形成一个比较好的操作手册。尽管 10 年前我就开始启动新教育的操作手册，现在陆陆续续也出版了一些，但是这些操作手册培训推广力度还不够。

另外的原因在于，我们自身深耕得也不够。比如说"理想课堂"，我们的理念是很清晰的，但是怎么去变成一个有效的课堂教学模式？是否能够像杜郎口、洋思一样，有一个切实可行的操作指南，让大家知道根据清晰明确的、可操作的步骤往前推进？这个可能做得还不够。我们在日照也开了"理想课堂研讨会"，我也提出了"理想课堂"的六个维度、三重境界，但是具体怎么去做呢？怎么复习呢？怎么开启呢？怎么评价呢？这些东西我们还是做得不够。样板性的学校也不多。

我想，接下来是不是有可能在我们"种子学校"里面也适当做些分工，有些学校就重点把一个行动做成一个样板，操作性很强，甚至形成我们自己的操作手册。尽管新教育出版了操作手册，可能这个操作手册的可操作性本身还不强，我们还可以在其基础上再完善，形成我们种子学校的操作手册。大家拿到这个东西，就可以到其他学校去推广。如果有十所学校，一个学校做好一个大行动就很了不起，我觉得这对新教育本身也是一个很大的贡献。

我们的"新艺术教育""新生命教育"之类，这些明显具有新教育品牌和内涵的课程和项目，把它做深、做透、做实。今年新教育在人民大会堂领到了国家级的"教学成果一等奖"。我还有一个期待：下一届"国家教学成果奖"，我希望我们"种子学校"能够积极申报。从不同的学校层面申报，申报其中的一个行动或者是一个课程，然后你把它做深、做透而且有效果，这个我觉得完全可以申报。所以我很期待，第三届我们新教育的教学成果能够更多地获奖。

总而言之，对我们新教育的"种子计划项目"，我这么多年来一直在推动，一直在期待。我很高兴，你们现在真正行动起来了。因为你们的这个微信工作群我是天天看啊，尽管没有说话，但是我一直在关注着大家。可能各个阶段还不是很平衡，各个项目也不是很平衡，但是应该说动起来了。这样一个构架，我觉得也非常好。

从新教育来说、从我来说，我们的一个使命就是给大家做好服务，给大家提供帮助，给大家提供最好的资源。就像"蒲公英童书馆"创办人颜小鹏女士给大家送的福利：她为"新教育种子计划项目"捐赠了一万多本最好的图画书。我相信，众人拾柴火焰高，每个人心为火种，我们自己能够温暖自己，也能够温暖这个世界。

期待新教育的种子，能够用温暖的力量去创造更美好的明天。

最好的未来在当下*

这次疫情是"危"也是"机"，它对我们更好地思考未来教育的形态，对我们更好地思考未来如何通过大数据、互联网、人工智能来进行教育的变革，如何把学校和社会，把网络学习、家居学习、学校学习、社区学习连成一线，变成一体，都提出了很多新的挑战。

---

* 2020 年 3 月 1 日，"首届未来学校云论坛"致辞。

各位校长、各位老师：

大家好！

首先，热烈祝贺我们"首届未来学校云论坛"正式开张。我们知道，未来学校是一个非常重要的命题，这一次的疫情应该说为我们关注未来学校、关注未来的学习中心，关注未来的教育方式，提供了一个非常好的契机。有人说这是一场规模最大的教育实验，也有人说这是对未来学校的一次新的呼唤；还有人说这一次把"未来学习中心"的概念进一步拉到了现场，更有甚者，说朱老师未来学校的理想就可以实现。

我觉得无论从什么角度去理解，这次疫情是"危"也是"机"，它对我们更好地思考未来教育的形态，对我们更好地思考未来如何通过大数据、互联网、人工智能来进行教育的变革，如何把学校和社会，把网络学习、家居学习、学校学习、社区学习连成一线，变成一体，我觉得这都提出了很多新的挑战，所以我们这次云论坛对这些问题进行深入的探讨、思考和研究，我觉得是非常重要的。

更重要的是，我们这次论坛会推出首批"领创学校"——总有人需要吃螃蟹，总有人需要先下水，总有人需要进行新的、领先的教育变革。所以，对于这些"领创学校"，我们特别期待大家能把这次疫情之下被迫进行的变革，变成我们主动思考和探索的变革。我们如何通过网络帮助大家更好地成长？比如说我们这次的"云伴读"，让教师们、校长们在短短的半个多月的时间，系统地读了三十七本书。昨天我见到了浙江一名 特级教师，从头到尾听下来，他觉得收获非常之大——这就是教师培训的最好的方式。

比如说我们为孩子们开了"生命教育课程"，像这些课程平时在我们的学校中都很难有它的地位，但是我们可以按照我们对于未来学生的期待，按照我们对于未来教育的构想，来重新设置我们的课程体系，来重新研究我们的教育方式。所以，我们特别期待未来学校的"领创学校"，能够率先在自己学校里进行一些新的变革。也许学生可以更灵活地学习，也许能够允许学生更个性化的学习，也许学生能进行一些定制化的学习，这样通过大家的探索，我们就可能真正地去把握未来。

未来已来，其实最好的未来就在我们当下，就在我们的手里，就在我们的创造之中。祝这一次我们的"未来学校云论坛"取得圆满成功，谢谢大家。

自我赋能，自信自强[*]

　　希望大家自我赋能，不断激活生命，做一个自信、自强，不断挑战自我的教师；希望大家踏踏实实读书、思考、写作，做一个勤于学习，不断充实自我的教师；希望大家深刻理解时代，做一个关注人类命运、具有社会责任感的教师。

各位新网师学员，亲爱的新教育同仁：

　　大家好！

　　今晚，大家聚在一起参加新网师一年一度的开学典礼，这是网师的盛大庆典，也是一个神圣的开启学习的仪式。

　　首先，祝贺新网师 2020 年开学典礼隆重举行！热烈欢迎 640 名新学员加入新网师。

　　据了解，新学员中，既有在宁夏大学读研究生的倪萍等在校大学生、研究生，也有在忻州师范学院任教的蔚然等大学教师；既有云南教育报刊社的徐永寿等教育媒体人，也有北大培文佛山实验学校的樊瑞等校长；既有新入职的成都市蚕丛路小学张璐等"后浪"，也有即将退休的重庆城口县李文茂等"前浪"。这与我提出的未来学习中心混龄学习的构想非常吻合。

　　新网师有许多佳话：王辉霞老师和段奥斐是母女俩，马增信和马增科是亲兄弟，重庆城口县教委腾远贵主任，山东庆云县教育局马青林副局长等一批教育行政官员也在此"潜水学习"。在这里，不论是一线教师，还是校长、局长，没有职务区分、没有职级差别，只有共同的身份——新教育人。新网师学员都有共同的尺码——真正热爱教育，热爱学习，热爱生命。我曾经说过：在这样一个功利化、世俗化的时代，我们的网师学员仍然能够孜孜不倦地学习，认认真真地思考和探索教育问题，的确让人欣慰。

　　近年来，新网师在变化中坚守，在传承中创新，呈现出生机勃勃、蓬

---

　　* 2020 年 9 月 28 日，在新网师 2020—2021 学年开学典礼上的致辞。

勃发展的活力和良好的发展态势。学员数量逐年增加，课程品质逐年提高，活动项目精彩迭出。除了长年开设 20 余门精品课程，还开启了附属学校项目，组建了新网师专家团队，策划了线下高级研修班和寒暑期深度共读，推出了"榜样教师进网师"讲座，优化了微信公众号，创立了"今日头条"、《新网师周报》等宣传平台，还与四川省旺苍县、陕西省宁强县等新教育实验区签约开展新教育培训，形成了以新网师为中心的"学习共同体"。在此，我向为新网师默默无闻辛勤付出的全体讲师和义工，表示真诚的感谢！

新网师是新教育实验的重要组成机构，在传播新教育理念、践行新教育行动、培育新教育人才、汇聚新教育教师等方面发挥了重要作用。

新网师成立 11 年来，充分发挥网络在线及时性、便捷性、交互性的优势，坚持"专家引领与自我学习相结合，理论研究与实践行动相贯通，专业阅读与专业写作相促进，个体探究与合作学习相交融"的教育模式，为国家免费培训了近万名中小学一线教师，为中国教师的继续教育乃至师范教育探索出一条新路，为中国教师的自我研修和成长创造出一种新模式，被《中国教师报》誉为"教师成长的新教育范式"。经过新网师的淬炼和岁月的洗礼，郭明晓、蓝玫、孙静、刘广文等快速成长为高度专业化的教师甚至教坛名家；今天，又有王辉霞、方娇艳、周娟、殷德静、王小龙等一批教师崭露头角。

却顾所来径，苍苍横翠微。回想 18 年前的 2002 年 6 月 18 日，由新教育研究院李镇西院长和我等共同创办的中国第一家公益性民间教育网站——"教育在线"正式开通，从此，新教育实验有了梦幻般的网络世界，有了魂牵梦绕的精神家园。李镇西院长、郭良锁教务长都曾经是网站的版主，"教育在线"云集了国内一线教师和教坛新锐，大家在此点击注册、发帖讨论、相互争鸣。2008 年，以"教育在线"为基础，成立了"海拔五千——新教育教师读书会"，专门聚焦教师专业发展。2009 年，在"海拔五千"读书会基础上，正式成立新教育实验网络师范学院，从此走上了正规化、课程化、专业化的道路。

回溯历史是为了不忘初心，铭记新教育使命；回溯历史是为了继往开来，在新时代找到历史方位。

新教育实验已经走过 20 年历程，下个月将在江苏盐城大丰区举行"全国新教育实验第二十届研讨会"。新教育实验从 20 年前武进湖塘桥中心小学一所学校开始的萌动，到昆山玉峰实验学校第一所实验学校正式挂牌，到五湖四海数千所学校扬帆起航，再到 2018 年荣获国家级教学成果奖一等奖，筚路蓝缕，勇往直前，成果丰硕。可以说，新教育实验为中国教育掀起一股新浪潮，开辟一条新路径。新网师等新教育机构发挥各自职能，参与、见证、助推了新教育实验波澜壮阔的发展历程。

亲爱的学员，当今世界正处在百年未遇的大发展、大变革、大调整的大变局之中，当今教育也处在一个大变革的前夜。我在《未来学校》一书中描绘了教育变革的大趋势。我相信，我们这一代人，将注定成为这一变革的见证者、参与者、创造者。

在今天这样一个特别的日子，我提三点希望与各位学员共勉：一是希望大家自我赋能，不断激活生命，做一个自信、自强，不断挑战自我的教师；二是希望大家踏踏实实读书、思考、写作，做一个勤于学习、不断充实自我的教师；三是希望大家深刻理解时代，做一个关注人类命运、具有社会责任感的教师。

让我们一起努力！

祝福各位身体健康，学业有成！

向着新教育明亮那方奋力前行*

新教育不仅是一种思想的共鸣，更是无数科学的探索。新教育的舞台，属于一线教师中的创造者，一线管理中的耕耘者，一线研究中的探索者。新教育的成功，正在于它造就了成千上万的"明星师生"。让更多人看见这些新教育明星的光芒，才是最好的感召和吸引，本身就是最好的新教育。

尊敬的晓进主席、顾月华厅长，亲爱的新教育的同仁们、老师们：

大家上午好！

---

* 2020 年 10 月 24 日，在"全国新教育实验第二十届研讨会"上的讲话。

金秋十月，丹桂飘香。今天，"全国新教育实验第二十届研讨会"，在享有"麋鹿故乡、湿地之都"世界美誉的美丽盐城市大丰区召开了。此时此刻，站在新教育实验 20 年这个特殊的历史发展节点，站在大丰这块生我养我的故乡热土，面对家乡的各级领导和父老乡亲，面对应邀来自全国各地的新教育贵客嘉宾，面对因为疫情不能线下聚会，而在"云中相逢"的新教育同仁们，作为新教育的发起人，我心中充满喜悦之情，满怀感恩之心，可以说感慨万千。

特别的年份地点，特别的嘉宾朋友，特别的年会主题，特别的缘分聚会，必将在新教育发展历程中留下浓墨重彩的一页，也必将成为大丰人书写新教育华章的重要一页。为此，我首先代表新教育研究院，向我家乡的父老乡亲，向各级领导、各位嘉宾，向各位新教育同仁，向长期以来一直默默关心支持新教育事业发展的各位老友新朋，表示热烈的欢迎，由衷的感谢，真诚的敬意！

大丰是我的家乡，是我生命的原点，我的生命来自这片土地的哺育。年会是新教育年度研究成果的发布会，是区域新教育发展的展示会，也是新教育人每年最隆重的大庆典、嘉年华。以自己的专业回报家乡，是一个学者的本能；用新教育的成果奉献故土，是我长期以来最强烈的心愿。十几年前，也就是在新教育实验启动不久，我们就在南阳镇的中小学进行了培训。去年新教育荣获教育部国家级教学成果一等奖之后，在大家讨论年会的举办地之时，我情不自禁地建议新教育能够在大丰举办一届年会，之后又如履薄冰地公开真诚致信年会组委会、与年会筹备组诚恳座谈，希望通过举办一届扎扎实实而非轰轰烈烈、科学务实而非个人崇拜、节俭朴素而非华丽铺张、激荡思想而非罗列拼凑的年会，为家乡、为新教育注入新的智慧、新的力量。

得益于家乡各级领导和父老乡亲的热情响应，特别是薛盛堂书记、李宝生区长的大力支持，得益于大丰教育同仁多年来的勤奋耕耘、自强不息，特别是王国平局长、高智华副局长等大丰教育团队、校长、老师们的不懈努力、奋力拼搏，大丰区的新教育实验可以说日新月异，常有感动予我，许多工作可圈可点、许多老师令人敬佩。

在区域推进新教育实验上，他们建立了"行政推动、活动促动、榜样带动、区域联动"的工作机制；在新教育文化建设、课程研发、教师成长、德育创新等方面不断深耕细作，推陈出新；地域文化课程、农耕体验活动、空中德育课堂、行知互动剧场等许多德育创新实践项目，深受师生家长欢迎，并产生了广泛的社会影响；尤其是一批像陈慧君、杨燕青、童爱国、"五朵金花"等新教育榜样教师、智慧校长、示范学校脱颖而出，"过一种幸福完整的教育生活"，正成为越来越多大丰教育人的日常生态和生命追求。

伴随着我国改革开放的历史进程，伴随着"新教育共同体"的初心、使命和行动坚守，新教育从 20 年前的一个教育梦想，一路怀揣理想，满怀激情，励精图治，筚路蓝缕地一路走来。20 年来，新教育由一个人的念想、一个课题组的行动、一个团队的奋斗，到今天成为了中国教育改革开放的一个民间样本、基础教育一道素质教育的亮丽风景，一面飘扬在祖国大江南北的教育旗帜，期间的欣慰收获、艰辛挫折、得失成败，我们一直在行动中反思，在反思中前行。

当新教育的规模与日俱增，在全国已拥有 160 多个实验区、5200 多所学校、600 多万师生，取得了显著成绩，提升了区域教育品质的时候；当新教育在国内外已备受认可，越来越多的人希望一起携手筑梦，期待通过新教育，真正过上"一种幸福完整的教育生活"的时候；当新教育面临越来越多的挑战，需要我们去克服、去战胜的时候；我越是强烈地希望新教育能够走得更好更远，能够惠及更多的师生、学校、家庭，能够让更多的人，因为新教育而收获人生的幸福完整。

教育是一株植物，是在时光中孕育而生。新教育更是对教育的创新，需要更细致地关注生命本身。新教育从不属于我朱永新，它属于千千万万新教育的行动者。我们努力践行新教育也不是为了我朱永新，而是为了给努力的老师、学生、父母们创造幸福。新教育不仅是一种思想的共鸣，更是无数科学的探索。新教育的舞台，属于一线教师中的创造者，一线管理中的耕耘者，一线研究中的探索者。新教育的成功，正在于它造就了成千上万的明星师生。让更多人看见这些"新教育明星"的光芒，才是最好的感召和吸引他们参与其中——这本身就是最好的新教育。

大丰，作为我一生的骄傲，无论我走到哪里，我都会深深地眷恋这块生我养我的家园。新教育，作为我毕生选择的教育理想，无论何时何地，我都会一如既往地用生命去践行它、创造它。"新教育 20 年年会"，是大丰和新教育岁月长河中的节点和庆典，更是大丰和新教育人重新出发的集结号和冲锋号。我们汇聚在这个特殊节点，我们在这里回首和展望，播种与收获，感恩与祝福。我们有理由相信：大丰今天新教育的模样，不仅会成为今天人们心中的佳话，更会激励鼓舞大丰人创造更加美好的明天。我们有理由相信，新教育会随着新教育人一次又一次的探索与厘清，目标会更加明确，思路会更加清晰，信心会更加坚定，行动会更加有力，未来会更加美好！

新教育实验的梦想，是希望成就每一个生命，成全每一个家庭——正因初心使命，我们因缘相聚；新教育实验的梦想，是希望发展每一所学校，成就每一个区域，正因任重道远，我们结伴前行！

二十年砥砺奋进，二十年春华秋实。让我们一起重整行囊再出发，向着新教育明亮那方奋力前行，迎接新时代更加美好的未来，拥抱更加明媚、更加璀璨、更加幸福完整的"新教育春天"！

第四辑

写出每一个生命的华章

让每一个生命都有尊严*

> 生命最终是否幸福完整，是由生命的三重属性共同决定的：自然生命之长，强调延续生命存在的时间；社会生命之宽，重在丰富当下的生命体验；精神生命之高，则追求历久弥新的品质。每一个生命都是奇迹般的存在。

爱心与教育研究会的老师们：

大家好！

首先祝贺"爱心与教育研究会第九届年会"的举行！

非常感谢李镇西和詹大年老师对我的邀请。因为公务繁忙，实在无法前往参会，在此我向"爱研会"所有的老师们表示真诚的问候，祝贺詹大年校长荣任爱心与教育研究会会长。

以李镇西的著作《爱心与教育》命名的爱心与教育研究会，从爱出发，向爱前行，成立9年以来，汇聚了一大批"与镇西同行，自己培养自己"的好老师。作为新教育的一支队伍，每一个老师在自己的岗位上践行新教育，得到了成长。据我所知，詹大年校长创立的昆明丑小鸭中学，专门招收初中阶段的"问题孩子"，10年来已经帮助2000多个问题孩子回归到了正常的生命状态。面对任何一个"问题孩子"，丑小鸭中学做的第一步就是"保护生命"，"让每一个生命都有尊严"。"爱心与教育研究会第九届年会"把这所学校作为研究对象，我觉得特别有意义。

我一直认为，生命最终是否幸福完整，是由生命的三重属性共同决定的：自然生命之长，强调延续生命存在的时间；社会生命之宽，重在丰富当下的生命体验；精神生命之高，则追求历久弥新的品质。每一个生命都是奇迹般的存在。新教育提出的"新生命教育"的意义，就在于把生命作为教育的原点，主张通过教育，让每一个生命积极拓展自身的长宽高，也让人

---

* 2021年1月8日，在"爱心与教育研究会第九届年会"上的讲话。

类不断地走向崇高。正是在这一点上，作为新教育实验学校的丑小鸭中学，将"新生命教育"与一个个具体问题学生的生命成长相联系，取得了丰硕成果，也赢得了社会各界的信任和好评。我期待爱心与教育研究会在詹大年校长的带领下，扎扎实实地在新教育实验的路上走得更稳更远，实现我们共同的梦想——"过一种幸福完整的教育生活"。

最后，祝本届年会取得圆满成功！谢谢大家！

阅读是整个教育的基石[*]

"营造书香校园"，一直是我们新教育最重要、最基础、最关键的一个行动。新教育其他的行动、其他的课程，少做一点问题也许不大，但只要把阅读的事情做扎实了，就很值得了，就很了不起了，就能够很好地推进教育的发展。

各位新教育的同仁：

大家好！

首先，热烈祝贺以"营造书香校园"为主题的"新教育海门开放周"正式举办。由于公务的冲突，我不能够前来参加会议，非常遗憾。以往每年这个时候的"开放周"，我都要争取前来参加，来聆听我们一线老师的声音，和大家一起研讨"营造书香校园"，以及每年我们"新教育年会"的主题。

大家知道，新教育已经走过了 20 年。这 20 年来，"营造书香校园"一直是我们新教育最重要、最基础、最关键的一个行动。我和很多新教育的老师、校长们都讲过：新教育其他的行动、其他的课程，少做一点问题也许不大。只要把阅读的事情做扎实了，就很值得了，就很了不起了，就能够很好地推进教育的发展。

的确，阅读是整个教育的基石，整个教育的关键。而"营造书香校园"

---

*　2021 年 4 月 21 日，在"海门开放周"上的讲话。

如何推动？在理论和实践上，20 年来新教育已经做了大量卓有成效的工作。很多学校、很多老师、很多孩子，乃至于很多地区的教育都发生了深刻的变化。这一次的会议，我们期待大家能够系统地梳理、总结新教育实验走过的历程，总结新教育实验在"营造书香校园"方面的好的做法。同时，也希望大家能够系统深入地研究"新教育阅读"的理论体系。我们期待发现更多的新教育的阅读故事、阅读典型、阅读经验，我们也期待通过这次会议，能够把新教育的阅读理论进一步系统化。所以，对于这一次的会议我们寄予很大的希望。我们也期待海门能够提供一个非常好的平台，让全国的读书的种子，以及优秀的读书的经验能够在这里分享，能够在这里交流，能够在这里得到系统的提升与升华。

总而言之，我觉得这一次的"开放周"是一次非常重要的以阅读为主题的活动。希望大家能够聚精会神地聆听，也希望大家能够充分地交流分享，把我们新教育的阅读理论，从读什么到怎么读，从课堂的整本书共读，"晨诵、午读、暮省"，到家庭的"亲子共读书香家庭"，乃至于到"书香社会"的建设，我们期待都能够有一个比较成体系的研究。

祝愿这次会议大家能够有所收获，谢谢大家！

见证和感受阅读的力量[*]

要在全社会大力营造"爱读书、读好书、善读书"的良好氛围，引导人民群众提升阅读兴趣，养成阅读习惯，提高阅读能力，不断增强思想道德素质和科学文化素质，为实现两个一百年奋斗目标和中华民族伟大复兴的中国梦，提供强大的精神动力和智力支持。

各位专家朋友，新教育的同仁们：

大家上午好！

今天是 4 月 23 日"世界读书日"，非常高兴能够在这样的日子参加"阅

---

* 2021 年 4 月 23 日，在成都武侯区"阅读的力量——武侯教育系统全员阅读推进会"上的讲话。

读的力量——武侯教育系统全员阅读推进会"。武侯区拥有得天独厚的文化资源，先贤的智慧文明传承千年，滋养着武侯人，形成了重视阅读、热爱阅读的精神风貌。

2013 年"新教育国际高峰论坛"在武侯区召开，主题就是"阅读的力量"。今年是 2021 年，武侯区再次以"阅读的力量"为主题。我想这不仅仅是对过去的回应，更是对新时代教育高质量发展的路径探索和提高全民素养民族精神的一种行动选择。

我了解到，武侯区正在建设全国智慧教育示范区。新冠疫情之后，教育信息化加速推进，在这样的时代背景下，武侯区的教育人以"阅读的力量"为导向，整合智慧教育资源，推进区域的教育高质量发展。我认为这样的教育战略既是对教育原点的回归，更是前瞻性的思考，所以武侯区教育的未来是值得期待的。

说到阅读的力量，英国学者富里迪的新作就叫《阅读的力量》，从苏格拉底讲到维特，这是西方阅读文化领域里程碑的巨著。书中一个重要的观点，就是认为阅读的价值不仅仅在于文本的解读和信息的获取，而在于它是一种获取真理和意义的活动。

大家都知道，国家非常重视全民阅读。两会上，我已经连续 19 年提出建立"国家阅读节"的倡议。我一直认为：举办全民阅读活动有助于在全社会大力营造"爱读书、读好书、善读书"的良好氛围，引导人民群众提升阅读兴趣、养成阅读习惯、提高阅读能力，不断增强思想道德素质和科学文化素质——强化阅读就是增强精神的力量和智慧的力量，就是在为实现两个一百年奋斗目标和中华民族伟大复兴的中国梦，提供强大的精神动力和智力支持。

因此武侯区以"世界读书日"为契机，以"全员阅读推进会"为平台，回顾武侯区的阅读积淀、分享武侯区的阅读做法、发布武侯区的阅读方略、举办各校的阅读活动，这样的举措有着非常积极的意义和价值。武侯区的教育事业，有着这样一批重视阅读的领导、校长、教师，我相信通过阅读，教师、学生、父母一定能够获得精神的成长，学校和区域的教育品质一定能够得到提升，而武侯区的文化传承也一定会绵延不息，惠及后人。

最后，我想表达的是：希望我们在不久的将来能够再次来到武侯区，一起见证和感受"阅读的力量"，谢谢大家！

相信新教育，践行新教育*

尊敬的周书记、王主席、李市长、石局长，各位领导、各位校长，各位老师：

大家上午好！

今天我非常激动、感动，也非常高兴，因为徐州作为一个地级市，成为全国第 13 个地级市新教育实验区。全国目前总共应该已经有 166 个实验区，徐州的加入，我觉得有不同寻常的意义。第一，徐州是一个人口大市，也是一个中心城市；第二，徐州的教育基础在江苏并不是走在最前面。所以，它的加盟对提升区域教育品质，将会有非常重要的意义。

徐州加盟新教育实验区，高开高走，有三个很重要的特点：

第一，领导高度重视。周铁根书记参加我们的启动大会，刚刚做了一个非常重要的讲话。他对教育的理解我也是很感动，他说：教育是社会文明的标志，教育是社会进步和发展的基石，教育是一代又一代人的责任。他给我们介绍说，这几年是徐州历史上教育投入最大的几年；书记与局长认为"教育就是花钱的"，我们在座的很多市委书记、县委书记、区委书记在教育上就不能吝啬，不能小气是吧？教育就是一代又一代人的责任，所以我觉得他对此的理解是很到位的。而且周书记也告诉我，他已经开了三个座谈会：校长座谈会，教育局局长座谈会，分管领导座谈会。以此全面了解徐州教育发展情况和存在的问题，提出了很多非常好的设想。今天政协王安顺主席、李燕副市长、各个区县的一把手都来了，我觉得领导层如此高度重视，这在我们过去实验区中还不多见——一般来说都是分管领导参加，但是我们徐州都是一把手亲自出席。我觉得在中国有些"老大难"的问题，老大一抓就不难，是吧？一把手重视的事情就好办。所以我才说，这是一个"高开高走"的新教育实验区。

第二，我觉得从抓新教育的队伍来看，非常有热情。石局长抓教育，

---

* 2021 年 5 月 10 日，在徐州市"新教育实验启动仪式"上的讲话。

虽然时间不长，但是到北京专门来找过我，也经常跟我交流；我能感受到她身上的一种教育的热情、激情和想做事的那种冲动。在中国做教育，仅仅有智慧还是不够的，激情很重要。就像我们新教育的教师一样，仅仅会教学是不够的，更要有对新教育理念的认同，对教育的梦想，如此才能享受教育带来的快乐。我觉得作为教育主管的一把手，她对教育还是非常有激情的。同时我们把王学伦同志又调到教育局来，专门抓这项工作——我觉得这项工作有了合适的人，人对了事情就对了。新沂市的新教育事业，我们是看着它成长起来的。刚刚参加新教育的时候，新沂市的教育在徐州是垫底的；几年的时间，就变成徐州的"第一方阵"，甚至于可以说是第一名，这是一个活生生的事实。刚刚许新海讲了海门的故事，其实在周围有很多这样的故事。我觉得徐州有比较好的实验的基础，包括新沂市在内我们还有好几个实验区，像最早的贾汪区还有铜山区。徐州学校的基础非常好，队伍也非常精干。其实在新教育早期，徐州的一些村小——我记得新沂市有个阿湖小学，我当时都去过。这所村小的环境很难以想象，只有一排破房子。虽然那时候还上不了网，但是有几个老师，他们那种对教育的梦想和追寻让我非常感动。有这么一批人，我相信这所学校一定能够做好。

第三，就是措施也非常扎实。我刚刚详细地看了《徐州市新教育实施方案》，又听了石局长的介绍，觉得措施还是比较到位的。徐州新教育制定的五年目标，我相信是一定能够实现的，徐州也一定能够成为中国教育非常重要的新的生长点，也完全可能成为中国教育的一颗新星。

周书记讲，徐州不仅在经济上要成为中心城市，在教育上、文化上、社会事业上也应该有中心城市的气质，我相信这一点是能够做到的。教育是百年之计，我觉得把教育事业做好了，科技、文化和其他事业都会有非常好的工作基础。

此外，我想提两点。第一，还是要相信新教育。我一直认为做什么事情，首先就是要有信仰、信念、信任。你信它，才能用心努力去做；你不信它，没有用，做了也不会坚持。徐州有几个区，有时候领导一换、校长一换，新教育就没人做了。为什么？因为它没有真正地扎根下来，没有真正地成为一个信仰。

新教育为什么值得信任？我想说，第一，新教育的理念是先进的，甚至是全世界最先进的。为什么这么说？今年4月份，APEC（亚太经合组织）出台一份有关未来教育构想的文件，香港大学副校长、世界著名教育家陈建明先生就跟我说："永新，这个文件没有超出你前年出的《未来学校》这本书的构想。"他说文件中所有的举措、所有的蓝图，没有超出新教育对未来教育的判断。

新教育所提倡的"过一种幸福完整的教育生活"，这是我们最核心的理念。我们要求将其写在学校最醒目的位置，这不是形式主义，而是要提醒我们所有做教育的人，要知道教育到底是做什么的。教育的目的，首先是为人的幸福做准备。人来到这个世界上，最重要的目标不是考一个好大学，不是找个好工作、有个好的收入、有个高的地位，其实最重要的是幸福。幸福比成功更重要，成人比成才更重要。知识性教育一个很重要的理念，你应该让孩子享受学习过程。你要让孩子能够热爱他的校园生活，你要让教师能够享受跟孩子一起成长的快乐，你要让父母不要焦虑。所以把幸福这样一个理念，这样一个价值反复地告诉人们，这是很重要的。

现在全社会对教育那么大的焦虑、那么大的内卷化，一个很重要的原因其实在于，没有了解教育到底应该做什么。教育是为人的幸福一生奠基的。

很多人跟我说：朱老师，你讲"幸福"我们也知道，但是孩子如果考不到好分数怎么能幸福？他们找不到好工作，怎么能够幸福？我反过来问他：孩子有好分数就会幸福吗？有好工作就会幸福吗？你是亿万富翁就会幸福吗？你当了最高领导人，你可能幸福吗？其实是不一定的。当然，我们也不是不要分数，不是不要成绩。刚才新海也介绍了，新教育不追求分数，但是我们不害怕考试。因为有好的理念，有好的方法，分数是副产品，好的工作是副产品。一个人能够不断产生的向上的力量，才是幸福。为什么要幸福？我们让人能够产生不断成长的、向上的力量，即使今天考不上好大学，他明天可以到好大学去做老师。开个玩笑，我就是典型：我是江苏师范学院毕业的，是个一般的大学，跟宋农村是同班同学；但是，我现在到清华、北大做个教授还是绰绰有余的，对不对？没关系，因为我在成长。前两天有一个记者采访我，他文章里的最后一句话说：想不到一个60多岁的人还在成长。我相信，我即使到80岁还会成长，为什么？因为这种成长的力量、成长的习惯，已经成为我的生活方式。我们要让孩子能够有这样的一种福利，帮助他知道人生是一个不断成长的过程，不要太在乎某个阶段。身心放松了去应考，他会考得更好。所以我觉得不用担心，新教育把握了教育最基本的一些规律。规律性的东西在于我们的"十大行动"，比如说养成良好的阅读、写作习惯，习惯对人的影响是非常之大的，我经常说自己这一生得益于我有一个很重要的习惯——早起的习惯，这是小时候父亲帮我养成的。他是个小学老师，每天早晨 5∶00 把我床上拎起来。我基本上每天早上 5∶00 左右开始读书、写作，这个习惯对我而言，是一生最大的财富。更不要说新教育有 12 个好习惯，如果你真正把这 12 个好习惯都给了孩子，他人生还害怕什么呢？他的人生还能不成长吗？所以关键是我们要"信任生长"。什么叫"完整"？帮助每个孩子成为更好的自己，统统都不是用一个标准、一个模式、一张试卷去评价所有的。你用这样的眼光去看孩子，每个孩子都是英雄，每个孩子都是天使。你如果用分数标准去看，这一个最厉害的，其他人都是第二名、第三名，都不如他。其实这个孩子在这个方面厉害，别人在其他方面厉害。要让每个孩子的信心都点燃，让他对自己充满信心，他就会不断去努力，他就会不断去寻找自我，去发现什么是最好的自己，每个人都可以做到自己这个领域的第一。新教育的目的，就是帮助每个孩子在教育的过程中不断去发现自我；学校要成为汇聚美好事物的中心，孩子们在其中才能不断发现去寻找的事物——这样一种理念放在全世界都是最先进的。

关于新教育对未来教育的研究，我在前年写了一本《未来学校》，去年写了一本《走向学习中心》。其实这都是对于未来整个教育变革非常深入的研究。我觉得新教育一个很重要的使命，就是我们要看得比现在更远，才能带着我们新教育学校往前走；而且，我觉得新教育实验它是一个开放的系统，它与中国所有的教育改革和实验不一样的地方，在于不是给你一个现成的东西、封闭的东西照着去做，而是鼓励你按照我们的构想、理想、框架，在这个基础上面去创造、去丰富。新教育这几年不断地在成长——新教育本身也要成长，所以有好的课程、好的理论不断丰富进来。我们自己在不断地修正，不断地成长，我觉得这样就可以保证新教育一直处在中国教育的潮头，一直引领中国教育的探索和方向。所以，我们给新教育的定位，就是"为中国教育探路"。

我曾经写过一本书《新教育实验：为中国教育探路》，这一探索的过程，并非盲目地尝试——教育是不能够看错，是不能够试错的。但是，小规模的探索在我们项目中或学校当中是可以进行的。一直以来，新教育在非常稳步地向前推动。为什么新教育的成绩如此之好？很重要的理由之一，就是新教育和应试教育是不矛盾的——我们不是尖锐地批评应试教育，而自己培养的学生考试成绩一塌糊涂。

假如那样，就不会有人来参加。我们从一所学校发展到5000多所学校，都是自发地加盟新教育。没有加盟、没有挂牌子，但是在按照新教育的理念和课程做的学校有更多。我到陕西安康一所学校，一进大门就看到"过一种幸福完整的教育生活"的标语。我问校长：你们还不是"新教育学校"？他说：我们可能条件不够，也不敢申请。我去听他们的课程，"晨诵、午读"全是新教育的课程。这个学校参加以后，很快成为我们的榜样学校，因为他早就按照新教育的一套东西在做了。新教育为什么有如此持久的生命力？就是在于，凡是用心按照这套方法去做的学校都会受益。5年前，厦门同安区一所打工子弟学校参加我们新教育实验；去年同安区统测，没想到这个学校排名第一，把很多老牌学校比下去了。区委书记、区长很惊讶：怎么这么一个打工子弟学校，这么几年时间就变成第一名了？而且，第三名也是前年参加新教育实验的另外一所新学校。所以区委、区政府研究决定，交给新教育研究院托管一个学校，给我们托管费用。湖北随县，一个全城农村县，从2011年参加新教育实验，2016年随州市统考，小学、初中前10名里面随县拿了7个，2017年拿了8个，2018年也拿了六七个，非常稳定，它们23所初中全部进入全市的前27名。好的教育方式之下，学生的成绩自然而然就会提升，不要刻意拼刷题、拼练习，成绩照样可以搞上去。因为在新教育实验学校，从一年级开始——甚至于从幼儿园开始，每天早晨一首诗歌晨诵，每天读书，不断积累、不断成长，自然而然到了那个时候就水到渠成了。

而突击训练这种简单练习的东西，不仅不一定能取得好成绩，更要命的是它还会使学生丧失对学习的兴趣：它逼着学生刷题，在完全没有兴趣的状态下学习，绝大多数学生学不好。所以我觉得，新教育实验的成效，它的开放性以及理念的先进性，是值得信赖的。

第二，要认真地去践行。仅仅靠理论的认同是不够的，当然理念的认同是前提。那么新教育该怎样去做？一个区域内如果单纯依靠行政的力量去推广，我很担心：表面上看书记、各级一把手这么重视，但是很容易变成形式主义，反而效果不好。还是要大家真正地去学习，好好地去读几本新教育的书，深刻地去理解它的理念是什么，它的奥妙和精髓在哪里，从心理上去认同它，这是最重要的。否则，等到书记提拔了、高升了、调走了，就不做了是吗？今天教育局局长要求你做，明天换了个局长你还做吗？今天校长要你做，明天换个校长你还做吗？我们虽然有5600所左右的学校，160多个实验区，其中也有不少学校和实验区换了领导就不好好做了——包括徐州在内也有，是吧？我觉得最关键的就是扎扎实实地去做，不是为领导做，而是为我们自己去做。教师也是如此，特别是要让教师知道新教育是为教师的成长做准备，为教师的幸福做准备。很多做新教育的老师一开始是抵触的，觉得本来我们都蛮舒服的，新教育一来让我读书、让我写作、每天写教育日志。本来我们蛮舒服的，可以不读书的。

做一个平凡而不平庸的人*

新网师之所以能形成专业、纯粹的组织，有开放、自由、充满活力的氛围和状态，能持续输出高品质的课程，吸引汇聚越来越多的教师，是与大家的辛勤劳动与卓有成效的努力密不可分的。赠人玫瑰，手有余香。点燃别人，照亮自己，多年新教育的经验告诉我，义工往往是成长最快的一群人。

亲爱的新网师学员和老师们：

大家晚上好！

很高兴又一次与大家在开学典礼这个特殊的日子相会。首先，祝贺2021年新网师开学典礼隆重举行！同时向今年入学的2258名学员表示热烈的欢迎！

其次，非常感谢各位讲师、课程组长、管理团队的成员等众多默默无闻的义工。我曾说，新网师的义工"能够把其他人用于学习、娱乐的时间，投到这样一桩美好的事业之中，难能可贵"。新网师之所以能形成专业、纯粹的组织，有开放、自由、充满活力的氛围和状态，能持续输出高品质的课程，吸引汇聚越来越多的教师，是与大家的辛勤劳动与卓有成效的努力密不可分的。赠人玫瑰，手有余香。点燃别人，照亮自己，其实多年新教

---

* 2021年9月28日，在新网师2021—2022学年开学典礼上的致辞。

育的经验告诉我，义工往往是成长最快的一群人。

就在这个月的 17 日，我和郝晓东老师到江西师范大学调研新教育卓越教师实验班，得知班上 20 多名同学已经加入新网师。同学们谈到加入新网师的新鲜感受与体会，让我感受到当代大学生的朝气、活力和求知若渴的精神，让我非常高兴，对教育的未来更充满了期待，对新网师的发展也充满了希望。

参加新网师的学员，除了在校师范生，大多是中小学的一线老师、校长。十年前我就说："我非常敬重各位网师学员，因为你们是中国最纯粹、最敬业的学生，你们不是为了一纸文凭，也不是为了职称晋升，而是为了心中的梦想，从而在繁重的工作负担和家庭重任中，挤出时间参加网师学习。"我一直说，重要的事情总有时间做。在新网师学习，与常规培训中简单地听听讲座不同，也不只是习得一招半式的方法和技巧，而是以新教育"三专"理论为指引，特别注重专业阅读、专业写作和专业交往，特别强调职业认同、自主学习，注重啃读哲学、心理学、教育学等经典著作。所以，"你们也是中国最坚韧、最努力的教师"。

今天，我想与大家分享一个观点：做一个平凡但不平庸的人。

什么是平凡？平凡是一种生活体验；什么是平庸？平庸是一种生命品质。

前几天我曾在"今日头条"分享了我的一位好朋友侯小强对"平凡"和"平庸"的理解，他说："几乎所有人都是平凡人，哪怕是大人物，一样有小人物的悲欢离合，至暗时刻。只有那些真正走出时间的少数几个人，才可以用圣人、伟人来形容。但绝大多数平凡的人确实选择了平庸的生活。所谓平庸，就是那些过早放弃了可能性，放弃了独立思考，始终在乌合之众的大合唱中不遗余力的那种人。"

如何才能让生命长久保持可能性，如何才能善于独立思考？

一是要持久学习。就像新网师院长李镇西老师说的："不停地阅读，不停地写作，不停地思考。"孟子说："虽有天下易生之物也，一日曝之，十日寒之，未有能生者也。"明代学者胡居仁也写了一个自勉联："苟有恒，何必三更起五更眠；最无益，莫过一日曝十日寒。"在新网师也需要长期沉潜，一门课程接一门课程不间断地学，才能真正学有所成，如果三天打鱼两天晒网，一曝十寒，浅尝辄止，就很难有大的收获。

二是要多做有挑战性的工作。"纸上得来终觉浅，绝知此事要躬行"，做事既是学习的目的，也是学习的手段。日常工作中，要勇于挑战一些有难度的任务。工作缺乏挑战性，缺乏创造性，只是每日机械重复，是许多人停止学习而日渐平庸的重要原因。遭遇，往往就是一种挑战。

今天，我们的教育正处于深刻变革和调整中，时代为每名教师提供了成长自我的学习平台和实现自我的广阔舞台。新教育已经发展了 21 年，在理论体系和实践经验方面积累了大量富有成效的成果。期待各位学员在新网师这个"学习共同体"中，扎实学习新教育理论，勇于践行新教育观念，做一个真正的新教育人，做一个平凡但不平庸的人，在为实现高质量教育而努力的过程中书写自己的生命传奇。

我曾做过新网师首任院长，从它诞生那天起，我就一直关注新网师的发展，也关注学员的成长。今后，我会一如既往地关注、支持你们。我也是一名新网师的讲师和义工，我将努力挤出时间，为大家讲几次课，努力参与学习，与大家一起成长。

再次祝愿开学典礼圆满成功，祝愿大家学有所获，不断成长。

谢谢大家！

让我们用阅读擦亮群星[*]

曾经有人告诉我，新教育是与最美的自己相遇，是人生中最好的修行。我想，或许正因为如此，短短的五年，新教育在兰州生根、发芽、开花、结果，呈现出了前所未有的喜人局面。世界是用行动改变的，时光从不辜负任何真诚的努力。

尊敬的王海燕厅长、杨德智副市长，尊敬的南战军局长和各位嘉宾，各位亲爱的新教育同仁、老师：

大家上午好！

春种秋收，春华秋实。

---

* 2021 年 10 月 23 日，在"新教育实验第二十一届研讨会"上的致辞。

在这个收获的季节，全国乃至全世界人民刚刚把目光聚焦到甘肃，仰望着浩瀚的星空。在万众瞩目中，神舟十三号载人飞船从甘肃酒泉卫星发射中心起飞，成功开启了中华民族腾飞的新征程。

在这个美丽的季节，全国新教育人的目光也聚焦到甘肃，我们的心都汇聚在金城兰州，共襄一年一度的新教育年度盛会，共同关注"书香校园"建设，关注我们如何通过阅读"立德树人"，如何推动教育公平和社会公平，如何落实"双减"目标，如何搭建一架"阅读的天梯"，让我们登上精神的星空。

本次年会，出于防控疫情的需要，我们延期到十月，改为在线上召开。在此，我代表新教育全体同仁，并以我个人的名义，向各位领导长期以来对新教育实验的关心与支持，表示衷心的感谢！向为本次盛会顺利举办做出大量工作、付出巨大努力的兰州实验区，表示诚挚的敬意！向已经购买了机票、车票，但未能到现场参会的新教育同仁表示由衷的歉意，对于大家的理解和配合表示衷心的感谢！

今年年会的主题是"营造书香校园"。"营造书香校园"是"新教育十大行动"之首，也是新教育最为基础、最为关键、最为重要、最有特色的行动。我一直强调，如果真正把"书香校园"建设好了，学校也就有底气、有品质了。我也一直认为，阅读的高度决定精神的高度，一个区域的阅读水平，反映着一个区域的品味追求。阅读推广是提升教育质量，推动社会公平最有效、最直接、最便捷、最经济的路径。明天，我会以《阅读搭建精神的天梯》为主题做一个演讲。希望通过这次年会，我们进一步形成共识：改变，从阅读开始！

兰州，这座镶嵌在丝绸古道上的明珠重镇，我对它是深有感情的。这不仅仅源于我与南站军局长等许多良师益友的相遇相知，也不仅仅是2019年，兰州全国新教育"缔造完美教室"开放活动的成功举办；最为重要的是，2016年新教育与兰州牵手，在这里我们遇到了一群对新教育充满信任与热爱、对新教育充满激情与智慧，真正用心做新教育的老师、校长和局长。

曾经有人告诉我，新教育是"与最美的自己相遇"，是人生中最好的修行。我想，或许正因为如此，短短的五年，新教育在兰州生根、发芽、开花、结果，呈现出了前所未有的喜人局面。世界是用行动改变的，时光从不辜负任何真诚的努力。最有说服力的，是我从媒体资料中看到的下面这一组数据，它凝聚着兰州新教育近年来的成就与荣光：

在兰州，新教育与兰州教育深度融合，渗透到育人、教学、课程、评价和治理等各环节和全过程，实验范围全面覆盖全市所有义务教育学校，实验学校达 649 所，2.3 万名教师参与新教育实验，50 万名学生在新教育实验中幸福成长。

在兰州，新教育专项课题立项达 300 余项，结题 114 项，150 多所中小学参与研究。在"我的教育故事"征集活动中，收到优秀作品 3000 余篇。

在兰州，目前已建成 101 所文化建设示范校和 193 所文化建设达标校，建成"书香校园"200 余所，"书香班级"和"书香家庭"上千个。

在兰州，先后有 79 人获得"新教育实验全国先进个人"，有 60 所学校荣获"新教育全国先进校"，有多人、多校在新教育的各级各类评比比赛中，先后分别获得"新教育 2020 年 20 人特别奖""新教育全国示范学校奖""全国十佳完美教室""智慧校长""榜样教师""卓越课程""生命教育叙事"等奖项。

这一组组数据、一项项成果，既记录着兰州教育的发展与美好，更饱含着兰州新教育人的情怀与智慧，昭示着兰州教育的明天和未来。

6 年前，我与南战军局长在苏州的一次会议上相遇。那次会议上，我做了关于叶圣陶先生的新教育思想与新教育每月一事的演讲。会议结束以后，南局长马上找到我，表示兰州会整体加盟新教育实验，以自己的方式全力推进新教育在西部地区的落地生根。6 年来，他用这些实实在在的数据，实现了自己的承诺。

新教育人有一句大家耳熟能详的话：行动就有收获，坚持才有奇迹。是的，兰州新教育之所以呈现如此喜人局面，是因为有甘肃省教育厅、兰州市委、市政府的大力支持，它源于兰州市教育局以南战军局长为首的领导班子对新教育的坚定与笃行，更离不开常年累月奋战在教育一线的老师们的行动与坚守。

20 年来，新教育就是这样，靠着一个又一个的老师、校长、局长，在田野里耕耘，在行走中传播，像滚雪球一样发展起来。

我相信，在各级政府和领导的支持下，在兰州这片教育沃土田野里，随着勤劳智慧的兰州教育人日复一日的焕然一新，一定会谱写出一曲曲践行新教育的华美篇章，时光会给兰州教育带来更多的惊喜，岁月会给兰州教育人带来更多的美好，更多的庆典。

我也相信，兰州通过新教育的践行，以及这一次年会的总结与提炼，一定会凸显兰州教育特色，提升兰州教育品质，优化兰州教育生态。兰州新教育实验区，今后会成长得更好，走得更快、更远。

我更相信，来自全国各地的朋友，新教育同仁与教育界的同道，都能从这一次相聚、对话、交流中，得到启迪，获得力量，成为更好的自己。

最后，我提议，让我们再次用最热烈的掌声，感谢东道主兰州新教育人的辛勤劳作，感谢各位领导和同道对新教育一直以来的关注与支持，感谢全国各地所有新教育人的一线耕耘！

就在甘肃兰州，让我们在这里仰望星空！

就从今天开始，让我们用阅读擦亮群星！

谢谢大家！

新教育助力区域教育高质量发展*

让师生"过一种幸福完整的教育生活"，努力成为中国素质教育的一面旗帜，一直是新教育实验的愿景和使命。"双减"改革，既是新教育实验正确选择的有力证明，更是新时代新教育实验发展的难得机遇。只要我们主动融入，致力教师专业成长，持续深耕"十大行动"，必然会在这场基础教育改革行动中贡献新教育的智慧和力量。

各位新教育同仁：

大家下午好！

半天的"新教育实验区工作会议"很快就要结束了。由于新冠疫情的影响，今年的"实验区工作会议"和年会一样，全部改为线上会议。虽然没有办法观摩新教育学校的实验现场，没有办法进行面对面的直接交流，但不妨碍我们进行充分的分享和深入的交流。同时，相信有更多的新教育同仁、更多的新教育朋友，因为网络的便利，了解会议的情况，分享实验

---

* 2021 年 12 月 7 日，在"2021 年新教育实验区工作会议"上的讲话。

区工作的经验和专家的观点。

像以往每次"新教育实验区工作会议"一样，在会议结束前，大家总希望我就新教育实验的发展说几句。下面，我借这个机会说三句话，谈三点意见。

第一句话：很高兴、很欣慰地看到和听到了，一个个新教育实验区的蓬勃发展和喜人成绩。特别感谢大家对新教育的信任和实践，区域新教育发展大有作为，相信大家在未来会创造更多的美好！

今天会议上，江苏徐州、海门，四川金堂、旺苍，江西定南，山东莒南，陕西宁强，山西临猗，重庆城口等实验区做了很好的交流。海门、金堂与新教育携手十多年来，自始至今，坚持不懈，深耕区域新教育的成功实践；定南、宁强、临猗、城口、莒南、旺苍加入新教育时间都不长，却都做得有板有眼、风生水起，各有特点，成效显著，令新教育同仁刮目相看；还有徐州大市，今年全域加入新教育实验，大力度、高起点、整体推进、重点突破，开展得有声有色。大家都以鲜活、生动、感人的实践创造，书写着对中国教育的家国情怀，对家乡热土的真情挚爱，也证明着新教育实验理论与成果的价值和意义。作为新教育实验的发起人，我由衷地为大家点赞、祝福！

我知道，由于会议时间等各种原因，还有很多非常优秀的实验区，没能在会上发言、交流。但大家为区域新教育做的努力、贡献、创造，不仅写在家乡的大地田野上，也珍藏在我们每个人的心里，希望研究院今后为大家创造更多的展示与交流机会。

新海理事长代表新教育理事会、新教育研究院对新教育实验这两年的发展作了全面的回顾，对今年实验区发展的工作作了部署。我完全同意他的讲话和安排，希望讲话的精神在各个实验区能及时贯彻落实。叶水涛会长的报告，内涵丰富，见解深刻。叶会长是新教育的老朋友，是多年来一直关心、支持新教育实验发展的知名教育专家。感谢他的报告，希望各实验区能组织更多的校长、老师们学习、领会他的报告，分享他的思想。

新教育实验区是新教育实验推广和发展的最重要的力量。从2004年，江苏省泰州市姜堰区、河北省石家庄市桥西区、山西省运城市绛县成为新教育实验最早的实验区伊始，我们就开始了区域推进的探索。新教育走过21年，到今年10月"新教育年会"，全国已共有13个大市级实验区、176

个县级实验区、8326 所实验学校、836 万多名师生参与新教育，新教育实验已经成为全国乃至全世界规模最大的教育实验之一。

推进区域教育高质量发展，既是一个重要的时代课题，也是一个值得研究的重大命题。新教育实验，以区域整体推进教育的均衡、公平、高质量发展，为中国区域教育改革与发展探路，是一件有着非常现实和深远意义的事情。

新教育实验推进区域教育改革发展，有一个明显的特点，就是民间公益教育智慧与政府体制力量的叠加融合。新教育实验在全国是民间的教育改革探索，但在实验区内则完全成为行政推动的教育改革行动。实践已经证明，并将继续证明，两股力量的结合，两个优势的结合，在新教育实验区内，自上而下的政府、教育行政管理部门的行政推动力量，和自下而上的老师们、校长们自主自发的参与热情相结合，必将成为区域教育改革发展的活水源头。我们有理由相信，新教育实验的未来，明天一定会更美好！

第二句话：坚定信念，全面贯彻党和国家的教育方针政策，让新教育实验成为"双减"落地的引擎，以新教育实验为抓手，有效促进区域教育的均衡、公平、高质量发展。

区域教育现代化，是国家教育现代化的基础。区域教育担负着人才培养的基础性任务，是一个地区经济实力的重要支撑。在深化新时代区域教育改革过程中，如何推进地方教育制度创新，因地制宜解决区域教育的实际问题，激发区域教育的生机与活力，探索区域教育发展新格局，真正推动区域教育高质量发展，是每一个区域教育管理者都面临的迫切问题。

这次我们把"实验区工作会议"的主题确定为"助力'双减'落地，促进教育均衡"，就是因为今年以来，"双减"已经成为中国基础教育改革发展的"一号工程"，其目的就是全面贯彻立德树人、五育并举、全面发展的教育方针，交流"双减"的好方法，分享"幸福完整"教育的好经验，探索实现区域教育均衡、公平、高质量发展的有效途径。

大家知道，党的十九大以来，党中央、国务院和中办、国办密集出台了一系列事关中国教育改革发展的重要文件，既有宏观层面的顶层制度设计，又有微观层面操作性强的行动指南，数量之多，涉及范围之广，史无前列。这充分说明，以习近平同志为核心的党中央对教育的高度重视。

特别是今年 5 月，中办、国办出台了《关于进一步减轻义务教育阶段学生作业负担和校外培训负担的意见》后，社会反响强烈。大家普遍认为，这是党中央站在实现中华民族伟大复兴的战略高度，对全面贯彻党的教育方针，落实立德树人根本任务，促进学生全面发展和健康成长做出的重要决策部署，是中央高层对全民"教育焦虑症"开出的一剂良药。

"双减"看似教育改革的小切口，但会撬动基础教育的大变革。"双减"的有效落地，能够促进基础教育凝聚科学育人新共识，重塑教育公益新格局，构建教育公平新体系，优化教育发展新生态，形成教育治理的新模式。我们由衷地相信和期待，随着"双减"改革的推进，多年来困扰基础教育的应试教育顽症会得到缓解甚至根治，中国教育会迎来素质教育的春天。

我们希望新教育各实验区直面"双减"改革的大背景，充分认识新教育实验与"双减"的关系，新教育实验对素质教育的价值，扎扎实实推进新教育实验，使之成为助力"双减"落地、促进区域教育均衡发展和生态优化的强大引擎。

让师生"过一种幸福完整的教育生活"，努力成为中国素质教育的一面旗帜，一直是新教育实验的愿景和使命。"双减"改革，既是新教育实验正确选择的有力证明，更是新时代新教育实验发展的难得机遇。只要我们主动融入，致力教师专业成长，持续深耕"十大行动"，必然会在这场基础教育改革行动中贡献新教育的智慧和力量。

要看到新教育与"双减"改革价值追求上的一致性。我认为，在价值追求上，新教育与"双减"改革具有高度的一致性，都指向于"过一种幸福完整的教育生活"。从新教育实验的研究成果和取得的成绩来看，已经比较充分地验证了新教育实验探索路径的正确性，我们应该有足够的自信。

一直以来，新教育实验就把"幸福完整"写在了自己的旗帜上，以帮助师生"过一种幸福完整的教育生活"作为自己的核心理念。因为我们认识到，教育不仅应该面向未来，同时更应该面对当下，教育生活本身就应该是幸福的。作业过多、培训过滥、焦虑过度，让童年失去了应有的色彩，失去了追求理想的激情和冲动，失去了尝试成功的勇气和感恩的情怀。在这样的教育生态下，孩子和老师没有幸福和快乐可言。因此，新教育主张学校要成为汇聚伟大事物的地方，成为美好事物的中心，让学生在这里遇见美好、发现美好、成为美好，享受童年应有的幸福。

从本质上说，"双减"新政的指归，与新教育实验"过一种幸福完整的教育生活"的价值追求高度吻合、不谋而合。我们推进新教育实验，和"双减"一样，都是在务实地贯彻党的教育方针，落实立德树人的根本要求，让童年应有的幸福表情回到孩子们的脸上。

如果仔细研究，可以发现：新教育实验的"十大行动"与"五大课程"的基础体系，都与教育部的工作部署高度一致。无论是《国家教育发展规划纲要》，还是教育部每个五年规划，或者教育部的年度部署，细心的朋友们都会发现，新教育实验诸多方面，可以说是都早走了一步，先走了一步，多走了一步。这种前瞻性的眼光和探索，给我们带来了足够的信心。

要找准新教育助力"双减"提质的切入口。无庸置疑，"双减"是一项利国利民的重大政策安排，对整个教育生态和学习格局将产生持续的、深刻的变化。但是如果"双减"落地，仅仅停留在一减了之层面，不及时跟进配套的提质措施，就无法达成优化教育生态的目的。

"双减"新政实施几个月来，家庭、学校、社会褒贬不一，各地实施的水平参差不齐。前几天有网友留言说："'双减'在我们县城就是'双加'，学生、教师负担都增加了。以前学生课后有时间玩儿，现在全被老师托管了。教师也很难，延时下班。真是希望凡事不要一刀切。"这位网友的留言，暴露了一些地方"双减"落地后的真实状况：学生变得更忙、教师感到疲惫、家长觉得更累。

我认为，做"减法"是必要的，关键要看减什么。我觉得"双减"落地的同时，还要减少把学生关在教室里刷题的时间，减少繁难的教育内容，减少各类干扰教育教学的检查，减少各类无效的会议。减法不做好，生态难优化。

其实新教育从它诞生的那天起，就把"为中国教育探路"作为自己的使命，并以"十大行动"为抓手，帮助各实验区（校）走上了"轻负担、高质量"的教育发展之路。像河北石家庄、甘肃兰州、湖北随县、江苏新沂、安徽霍邱等和今天交流的实验区，都因为真心实意推进新教育，不仅改变了区域教育生态，而且实现了教育质量的快速、持续攀升。他们用铁的事实证明：新教育不追求分数，但从来不惧怕考试。新教育不仅是落实"双减"的有效途径，更是遵循教育规律，办好人民满意的教育，优化区域教育生态的最佳选择。

可以这样说，新教育对提高基础教育质量的所有要素，都进行过超前、深入、系统的思考和探索，形成了鲜活的实践样本。如："研发卓越课程"行动，可以解决课后延时服务、课程单一、吸引力不强的问题；"构筑理想课堂"行动，可以解决课堂效率不高、作业过多过滥的问题；"师生共写随笔"行动，可以解决教师专业成长乏力、职业倦怠的问题；"家校合作共育"行动，可以解决家庭过度焦虑、家校教育彼此错位的问题；"营造书香校园""缔造完美教室""聆听窗外声音"等行动，则可以解决实施延时服务遇到的问题，学生实际在校时间加长后，容易产生审美疲劳等问题。我也可以自豪地说，新教育实验已经充当了"双减"改革的探路先锋。

令人十分欣慰的是，这次实验区的交流发言中，大家一致认为，因为牵手了新教育实验，"双减"已经早走了一步；借力新教育实验这个强大的引擎，还将多走一步，再走一步。希望各新教育实验区，坚定信念，立足本土实际，以推进"十大行动"为抓手，创造性地实践、丰富新教育内涵，赋能"双减"提质增效，继续创造区域教育均衡、公平、高质量的新成绩，谱写"过一种幸福完整的教育生活"的新篇章。

第三句话：进一步把握发展趋势，充分认识新教育实验的本质和内涵，在整体推进中，注意突出重点，共同推动新教育实验为区域教育发展做出更大的贡献，为我们党的第二个百年奋斗目标贡献更大的力量。

作为一项民间教育改革运动，新教育有着自身的追求和行动、思考和积淀，有着自身的发展逻辑和生长点。新教育历经21年而不衰，且愈加显出活力，足见新教育实验是符合教育变革趋势的产物。今后，乃至以后若干年，区域推进新教育实验，需要特别关注以下几个问题。

一是要特别关注新教育教师的专业成长。教师成长，是新教育实验的逻辑起点，也是区域教育高质量发展的关键。新教育实验的教师成长模式，即"一体两翼、职业认同、三专之路"，比传统的强制模式更加柔软、人性化，比纯学术的理论模式更加亲切、通俗化，比现在的各种培训模式更系统、专业化，也得到了众多一线教师的认可。但是，如何才能调动教师自我成长的主动性积极性？如何及时防止教师的职业倦怠？如何大面积地提高教师教育与培训的效率？还有许多问题需要深入研究。在未来几年内，一要进一步把新教育的"生命叙事理论"和"三专"理论体系化、操作化，在更大的范围内有效地复制和推广；二要选择与一所到两所师范大学合作，重新构建教师教育课程体系；三要遴选一批乡村学校，通过乡村教师与城市新教育实验学校的教师结对，帮助乡村教师成长、助力乡村教育发展；四是完善新教育网络教师学习中心，通过线上线下结合的方式，遴选优秀的种子教师，帮助教师制定生涯发展规划，指导教师在职研修。

二是要特别关注新教育的"卓越课程"探索。课程，永远是教育理论研究与实践探索的关键议题，也是新教育实验重点研究的方向。我经常说，新教育要成为百年老店，要在区域教育中扎根开花，课程建设是根本。2013 年，"新教育实验第十三届研讨会"在浙江萧山举行。在这次会议上，新教育提出了课程体系框架，即"新生命教育"（基础课程）、"新智识教育课程"（真）、"新德育课程"（善）、"新艺术教育课程"（美）和"个性化课程"组成的课程体系。围绕"过一种幸福完整的教育生活"这一核心理念，构建"新教育课程体系"，大幅度压缩和整合现在的学校课程体系，把更多的时间和空间留给学生，是减负提质的根本途径，是新教育课程研究的未来方向。

如何才能卓有成效地帮助"新教育共同体"成员"过一种幸福完整的教育生活"？如何实现理想的课程体系与现有的课程结构有效衔接？如何把劳动技术教育等内容与已有课程有机融合？如何发展中国特色的项目学习课程？为解决这些问题，就需要各实验区、实验学校，需要新生命教育研究所、新人文教育研究所、新科学教育研究所、新公民教育研究所、新艺术教育研究院和新教育 K12"卓越课程"研究院等各个研究机构，在未来若干年将继续对以大生命、大人文、大科学、大德育、大艺术为特色的新教育课程构架，进一步从课程理念、课程标准、课程纲要到教材建设等方面，全面、深入地研究，抓紧研发相应的课程，完善新教育课程标准，开发相关的教材等。

三是要特别重视新教育在区域综合改革、改变区域教育生态上的创造性实践。区域教育综合改革是我国改革开放的产物，作为新时代推进教育改革的一项重要战略举措，发挥着积极探索区域模式教育创新的新路、为全国进一步深化教育改革提供借鉴、放大教育改革促进区域发展的效应、为全面深化改革提供来自教育系统的经验等独特作用。新教育实验为中国教育探路，做中国素质教育的一面旗帜，始终与国家教育政策同频共振。新教育实验的未来发展，必须关注国家教育政策的走向，服务于中国教育的发展大局。

李克强总理在今年人代会讲话中强调："在教育公平上迈出更大步伐，

更好地解决进城务工人员子女就学问题，高校招生继续加大对中西部和农村地区倾斜力度，努力让广大学生健康快乐成长，让每个孩子都有人生出彩的机会。"新中国成立以来，改革开放以来，促进教育公平是一直国家教育政策的重要主题之一。

新教育要继续加强贫困地区、边远地区的实验区建设，发挥新教育在推进教育公平方面的作用。现有的新教育实验学校，62% 在农村或者边远地区。21 年来，新教育实验在改变农村学校的教育生态，提升农村学校的办学品质方面做了大量工作，为推进教育公平做出了一定的贡献。但是，限于资金、人力、物力等多方面因素的制约，仍然还有很大的空间。从区域分布的情况来看，新教育实验虽然覆盖了全国所有省份，但大部分农村学校，还是集中在江苏、浙江、山东、河南等东中部地区，西藏、新疆、宁夏、云南、海南等边远地区和少数民族地区的学校还比较少。未来的新教育实验资源配置方面，无论是实验区和实验学校的建立、种子教师的遴选，还是"完美教室"和"新教育童书馆"的资助等方面，要更多关注上述边远地区和少数民族地区，更多关注弱势人群。

四是要特别关注"双减"背景下，新教育的核心理念"十大行动""五大课程"的区域性、校本化落地实践创新。各实验区、实验学校一方面要继续大力推进学校文化建设、教师"三专"发展、"构筑理想课堂"、"研发卓越课程"、"缔造完美教室"、"家校合作共育"等行动，促进学校文化品质、学校管理质效、教师队伍水平、课堂教学质量、学生成长生态的提升和改善，努力真正实现轻负担、高质量，五育并举，全面发展；一方面要通过新教育的课程、新教育的阅读行动，丰富每天课后延时服务的内容，丰富学生节假日的生活，让不同的学生都能在延时服务的时间段和节假日，找到最适合自己的学习方式、学习项目，更好地成长，"让每个孩子都有人生出彩的机会"。

五是要特别关注未来教育的变革。人类的教育正处在一个大变革的前夜，这是摆在我们面前越来越清晰的事实。新世纪以来，尤其是最近几年，世界的剧变是史无前例的。全球疫情的新发展，世界格局的新变化，脑科学研究的新进展，元宇宙的新诞生，互联网、大数据、人工智能技术的新发展，对于教育的挑战与变革，无疑将会产生我们难以想象的影响。

风靡世界的教育纪录片《为孩子重塑教育》的制片人泰德·丁特史密斯，在《未来的学校》一书中指出："传统学校挣扎于两类大环境背景之中，一类是拘泥于过去不肯自拔的传统教育体系，另一类是正在不断塑造未来走向的创新世界。"随着新教育实验的深入，我们越来越清晰地看到：在现有的教育体制和教育结构下，学校的变革寸步难行。于是，从2014年开始，我深入研究了未来学校与未来教育模式，并且于2019年和2020年先后出版了《未来学校：重新定义教育》和《走向学习中心：未来学校构想》等著作，提出了"学习中心"的构架。

在未来的几年中，新教育将继续研究未来学校的转型，开展未来学习中心试点。2020年突如其来的疫情虽然是一个灾难，但同时也提供了一个未来教育的试验场，"新教育未来学习中心"正式上线。新教育未来学习中心首期培训——新教育"云伴读"，近百位教育名家、名师全面支持，公益提供了涵盖学校管理、教师素养、互联网教育、教育经典解读、哲学、文学、学习力等门类的课程、讲座100场次，其中面向校长、教师47场次，面向中小学生53场次，线上参与超过50万人次。2020年以来，新教育未来学习中心共建立了100多个云教室，吸引了数以百万计人次的校长、教师参训，实现了大规模、高效能的教师、学生及父母培训模式创新。这可能就是未来学校、未来课程和未来课堂的模样。

各位新教育同仁，2021年底，我们相聚云端，共同谋划新教育实验区工作的新发展，共同描绘新教育实验未来的美好愿景，建立起更坚定的信念，激发起更强大的动力！让我们一起努力，共煮新教育实验这一锅鲜美的"石头汤"，为中国教育的美好明天贡献自己的光和热！

写出每一个生命的华章*

通过写作，我们希望老师、学生及其父母能够更深刻地记录自己的思考，反思每一天的工作、学习和生活；更深入地进行心灵交流，不断相互编织、彼此滋养，真正成为学习的共同体、成长的共同体、生命的共同体，让我们每一个人成为一个会思考的人，勤表达的人，善沟通的人，一个幸

---

* 2021年12月25日，在"2021年新教育国际高峰论坛暨第五届长三角（苏州湾）教育对话"的致辞。

福的人、一个更好的自己。

尊敬的顾月华厅长，各位亲爱的新教育同仁，各位专家、各位朋友：

大家上午好！

因为疫情影响，今年我们已经在线上举行"新教育年会""实验区工作会议"，都取得了成功。今天，我们再一次相聚云端，举办"2021新教育国际高峰论坛暨第五届长三角（苏州湾）教育对话"。

本次国际论坛由苏州市新教育研究院、苏州市吴江区人民政府主办，吴江区教育局承办，吴江实验小学教育集团协办。如果没有疫情，我们会在吴江会聚，现场观摩吴江新教育人的教育探索，实地考察作为早期新教育重镇的吴江教育改革与发展新成果。在吴江区人民政府、吴江区教育局的领导之下，吴江区实验小学教育集团的师生已经为论坛的举办做了大量的准备工作，提供了许多实质性的支持。在此，对吴江区人民政府、吴江区教育局、吴江实验小学教育集团、吴江新教育实验学校的领导和师生表示诚挚的谢意！

本次国际论坛的主题是"新教育写作"。

今年11月，联合国教科文组织发布了《共同重新构想我们的未来：一种新的教育社会契约》报告，追问："当我们展望2050年，我们应该继续做什么？我们应该抛弃什么？我们需要创新什么？"新教育人应对这3个追问保持高度的敏感。借用这3个问题，我们可以回答：我们应该继续推进写作，我们应该抛弃对写作的懈怠，我们需要创新写作教育、教学的新方法。

新教育实验从诞生之日开始就特别重视写作。我们推出的"新教育十大行动"，20多年来，一直以"营造书香校园"为首，这是从阅读的角度，强调输入的方法；以"师生共写随笔"紧随其后，这是从写作的角度，强调输出的智慧。

通过写作，我们希望老师、学生及其父母能够更深刻地记录自己的思考，反思每一天的工作、学习和生活；更深入地进行心灵交流，不断相互编织、彼此滋养，真正成为学习的共同体、成长的共同体、生命的共同体，让我们每一个人成为一个会思考的人，勤表达的人，善沟通的人，一个幸福的人、一个更好的自己。

我还记得，在2002年6月，新教育实验建立了自己的网络平台——"教育在线"网站。网站一开通即成为师生发布随笔、交流思想的重要平台，因而被誉为"中国教师的精神家园"。

就在那一年的 6 月 22 日，我在"教育在线"发布了《"朱永新成功保险公司"开业启事》并提出：教师每天写千字文一篇，10 年后，如果不成功，可以持 3650 篇千字文来向我索赔。转眼 20 年过去了，不仅从来没有人找我索赔，反而我听到成百上千的老师直接给我留言，汇报自己的好消息：他们因为长期坚持专业写作，全都取得了成功。

我们甚至可以说，正是因为倡导写作，新教育鼓舞了无数同行者，汇聚了无数同路人。

我们在"十大行动"中强调写作，开展"师生共写随笔"的行动，推动心灵之间的沟通交流。

我们在教师成长中强调写作，号召老师们"专业写作——站在自己的肩膀上攀升"，书写教师的生命传奇。

我们在新教育儿童生活方式中强调写作，"晨诵、午读、暮省"中的"暮省"，其核心正是写作，鼓励孩子们每天晚上以写作"三省吾身"。

我们在新科学教育中强调写作，提出以"做中学、读中悟、写中思"作为实施路径。

我们在"新人文教育"中当然也在强调写作，指出"写作是新人文教育第三大重要方法"。

我们在低幼学龄段的孩子中同样强调写作，推出了"新教育听读绘说"项目，也就是原来的"读写绘"项目，研究以绘画和口述为特点的 5—8 岁儿童的输出。

我们还用"以说为写"的新探索强调写作，推出的"新教育童喜喜说写课程"，通过以说为写的科学训练，实现"听说读写"的系统性迅速提升，以增效减负。

我们希望人人能够写作。所以，我们推崇"生命叙事"，希望每个人能够书写自己的生命华章。

我们郑重研究写作，从 2002 年 3 月，我们申报全国教育科学规划"十五"课题时，为写作成立项目研究组。到 2019 年元旦，苏州大学新教育研究院成立了新教育写作研究中心，继续深化新教育写作研究，一直在前行。

尽管一路走来的脚印，已经踩出了道路，但我们深知，面对不确定的教育未来，如果我们只是满足于过去，那么，过去的认知和能力，就会成为我们的天花板。

开窗放入大江来。今天我们重新探讨"新教育写作"这个话题，是置身于信息时代的澎湃大潮之中。国际化的宏大背景之下，我们希望借鉴世界各国在写作方面成熟的经验、做法，重新发现写作的价值，迭代写作教学的思维，创造新教育写作的新范式。

本次国际论坛，我们很荣幸地邀请到了新教育的老朋友，来自美国马萨诸塞大学波士顿分校的严文蕃教授和来自英国剑桥大学的艾伦·麦克法兰院士，还有一群新教育的新朋友：美国知名作家、出版商、马萨诸塞大学波士顿分校学术顾问贾森·索萨，美国蒂莫西·拉文博士，英国知名诗人、创意写作教师彼得·休斯，英国知名儿童教育专家，资深小学教师凯瑟琳娜·特纳等知名学者、教授，以及我的老朋友、著名作家、江苏省作家协会名誉主席范小青，著名作家和文学评论家、苏州大学文学院教授王尧，著名教育家、国家教育督学成尚荣先生，著名小学数学特级教师华应龙等国内有影响的专家、学者，包括这次会议的东道主、新教育写作研究中心负责人张菊荣校长和管建刚老师，他们将站在中外教育的不同角度，为我们打开瞭望教育写作的新视窗。

我相信，他们的精彩分享，一定会成为新教育写作研究与行动上的启明星，更加清晰地指引方向。在此，向各位专家表示衷心的感谢！

本次国际论坛，在吴江召开有着特别的意义。2002 年的"教育在线"网站上，曾经活跃着一大批吴江的新教育写作者，有初出茅庐的年轻人，也有即将退休的老教师。20 年过去了，当年的"新教育种子"已经开花结果。因为新教育写作的润泽，包括管建刚在内的许多年轻人，已经成长为颇有成就的优秀教师。我们有理由相信，吴江将成为新教育写作的一个重镇，新教育写作也会助力吴江教育高质量发展。

为中国素质教育探路，是新教育的使命。作为探路者，21 年来，我们始终以敏锐的触角，对话世界，连接未来。各位嘉宾朋友、各位新教育同仁，2021 年的身影即将远去，新的一年即将开启。再一次感谢大家的智慧，为新教育人的行动注入新的力量！

借此机会，我衷心祝愿大家身体健康、工作顺利、阖家幸福！预祝本次国际论坛圆满成功！

谢谢！

以新教育助力金堂教育高质量发展*

　　双减工作的基本出发点就是要坚持生命至上，健康第一，就是要回到教育的常识上来，就是要遵循人的发展和教育本身的客观规律。新教育实验以"过一种幸福完整的教育生活"为核心理念，追求的也是遵循人的发展规律和教育本身的客观规律，做全国素质教育的探路者。新教育实验和双减工作的价值追求，是完全一致的。

各位金堂的新教育同仁，各位朋友：

　　大家下午好！

　　首先，热烈祝贺我们金堂今天隆重举行的"新教育实验区建设十年学术大会"胜利召开！与金堂结缘，是2011年去金堂考察汶川大地震灾后学校重建的工作，之后金堂就整体参加了新教育实验。一转眼已经过去十年了，我们全国的经济社会发生了很大的变化，金堂教育也发生了巨大而深刻的变化。今天，金堂底气十足地举行纪念加入新教育十年的学术大会，我认为这是金堂教育的一件大事情，也是我们全国新教育实验一件可喜可贺的大事情。因为疫情的原因，我不能来到金堂躬逢其盛，但是我想我一定要把我的祝福带给大家，把我们新教育同仁的祝福带给大家，带给今天参会的所有的朋友们。

　　在我的印象中，十多年来，我差不多每一年都会接到金堂的一些新教育情况的介绍，也经常看到金堂新教育人活跃在我们全国的各种新教育的会议上。在历届的新教育舞台上，都能看到金堂新教育的优秀代表。我们金堂还在2015年承办了新教育实验的第十五届研讨会，会议办得热烈而成功。

　　在2020年大丰举行的"新教育年会"上，金堂的同志又一次向我当面汇报了金堂教育取得的巨大变化。我非常高兴，因为新教育助力金堂教育

---

　　* 2022年1月5日，在"金堂新教育实验区建设十年学术大会"上的讲话。

的高质量发展，做出了独特的贡献。前不久，我也在新教育实验工作会议上听到了我们金堂县教育局党委书记、局长刘伟同志一个非常好的专题交流分享。这说明十年以来，金堂教育人始终坚持如一地相信新教育，坚守新教育，践行新教育，创造新教育。

在以习近平同志为核心的党中央坚强领导下，最近半年以来，全国上下都在大力地推进"双减"工作。"双减"工作的基本出发点就是要坚持生命至上，健康第一，就是要回到教育的常识上来，就是要遵循人的发展和教育本身的客观规律。新教育实验以"过一种幸福完整的教育生活"为核心理念，追求的也是遵循人的发展规律和教育本身的客观规律，做全国素质教育的探路者。我们可以理直气壮地说，新教育实验和"双减"工作的价值追求是完全一致的。

金堂新教育人坚持深耕新教育的"十大行动"，坚定聚焦"新生命教育"，推进新教育实验，说明我们金堂的教育人对新教育实验有着比较深刻的理解，有着坚定的信念，有着能够不断地创新教育工作的勇气和能力。"双减"工作的全面推进，也为我们推进新教育实验再出发创造了新的机遇和新的空间。我们让师生在学校教育这样一个主阵地，怎么样活得更精彩？成长得更精彩？我觉得新教育实验过去有很多很好的办法，将来我们还会形成更多更好的办法，提供更多更好的课程。

因此，在金堂加入新教育实验十年之际，谨此感谢金堂教育人为新教育实验付出的努力和智慧，也祝贺你们已经取得了累累成果和优秀业绩；更加期待你们能够继续坚守在新教育实验这块沃土上，继续深耕"十大行动"，坚持做好榜样言说，坚持依靠"新教育实验"服务"双减"落地，办好老百姓家门口的好学校，助力区域的教育公平、优质、均衡发展，促进教育高质量发展。

最后，再次祝愿"金堂新教育实验区建设十年学术大会"和学校开放活动取得圆满成功。

也祝大家新年吉祥，万事如意，谢谢大家！

真实美好的旺苍新教育*

　　阅读是与伟大的心灵对话，写作是与自己的灵魂交谈。写作是真正思考的开始，是终身学习和创造发现的有效方式；写作让人类留下代代相传的故事，成为超越肉身存在的永恒者；让个体激活自觉的主体意识，书写出生生不息的生命传奇。

尊敬的袁敏部长、文辉书记、廷全书记、杜非县长，尊敬的各位嘉宾、各位现场和线上参会的亲爱的新教育同仁：

　　大家上午好！

　　本来我是第一次来旺苍，但感觉好像来过多次，因为旺苍对我来说不但亲切而且熟悉。这个美好的错觉是怎么产生的呢？我想了想，是李镇西给我造成的。近年来，他经常给我提起旺苍的新教育，他每来一次旺苍后，都会开心地把他的见闻感受告诉我。新教育研究院的同仁们，也多次给我讲述旺苍新教育人的精彩故事。这些故事，在我心中留下了美好深刻的印象。

　　今天，在全党开启第二个百年奋斗新征程，全国新冠疫情防控取得明显成效。大家以实际行动迎接党的二十大召开的日子里，2022年新教育实验研讨会在这个著名的"红军之城"召开。来到这方亲切而熟悉新教育的热土，感到格外高兴。在此，请允许我代表新教育全体同仁，并以我个人的名义，向各位领导长期以来对新教育实验的关心与支持表示衷心的感谢！对各位特邀嘉宾和专家、老师的到来，表示热烈的欢迎！向为本次盛会顺利举办做出大量工作、付出很大努力的旺苍新教育同仁，表示诚挚的敬意！

　　昨天下午，我走访了六所学校，看到了旺苍一个个美丽的校园，一个个朝气蓬勃的教师，一个个眼睛明亮的孩子。我看到越来越多的一线教师、

---

　　* 2022年7月9日，在第二十二届新教育实验研讨会上的致辞。

学生乃至父母们，正在通过新教育，走在了"过一种幸福完整的教育生活"的路上。昨天晚上，我又翻阅了大会的所有材料，认真阅读了旺苍新教育同仁的每一个报告、故事讲述。所见所闻，旺苍新教育远比李镇西告诉我的更具体可感，甚至触手可及。

这些鲜活的故事打动了我，让我深切感受到，短短几年，旺苍县的新教育实验呈现出以下几个特别感人也特别有说服力的特点：

旺苍的新教育实验是"真的教育"。这里所谓的"真"，就是真实、真诚。旺苍教育人没有把新教育仅仅当作写在墙上的标语，或挂在嘴上的口号，也没当成供人参观的点缀，而是将新教育的理念和"十大行动"变成了改变师生的实践。旺苍许多一线校长和老师，已经没有把新教育当作是领导的要求，而是视为自身成长的需要，所以自觉去做。这就是"真教育"。

旺苍的新教育实验是"实的教育"。这里所谓的"实"，就是"实在"。旺苍教育人将新教育的理念落实到了学校、班级、课程和课堂。据我所知，旺苍建立六大片区联盟，成立 16 个校际联盟；而每个片区联盟，又分别有一个新教育重点主题。又比如，旺苍教育人深耕课堂改革责任田，从新教育六大维度对课堂进行改革和优化，这些做法都让新教育实验落到了实处。

旺苍新教育实验是"美的教育"。这里所谓的"美"，就是校园的文化之美和师生的精神之美。旺苍本来就是一个山清水秀的地方，而旺苍的新教育实验为各学校以及师生增添了美的风貌。从昨天我走访的几所学校来看，自然环境与红军文化、茶乡文化和谐地融入"新教育文化"，校园特别美。从我接触的为数不多的老师和孩子来看，他们都有一种源于新教育的精气神，一种积极向上的阳光之美。

旺苍的新教育实验是"好的教育"。这里所谓的"好"，就是旺苍新教育成效好。这成效既体现于许多学校品质得以提升，许多教师获得了实实在在的专业成长，许多孩子享受了优质教育，也体现于人们比较看重的教育质量。新教育从不把高考、中考当作自己的主要目标，但我们从来都自信地认为，新教育实验不追求分数，但是不惧怕考试。只要认真做新教育，教育质量必然令人满意。果然，在广元市 2020—2021 学年度基础教育质量考核中，旺苍县教育局获县区一等奖第一名，连续三年蝉联广元市基础教育质量考核一等奖。旺苍中学获省级示范高中一等奖第一名，东城中学获市级示范高中一等奖第一名。说实话,我真的很感动:一个革命老区,在践行新教育实验仅有的四年时间,能取得如此骄人的成绩,造就了一个鲜活的县域"新教育样板",可敬可佩。旺苍新教育人以富有说服力的教育成果,为"新教育是提升教育质量的好的教育"这个论点提供了"旺苍论据"。

"真""实""美""好",就是我对旺苍新教育实验的初步印象,也是我们理事会的同仁一致同意今年年会在旺苍召开的重要原因。

我们今年的"新教育年会"主题,再次聚焦"新教育十大行动"之一"师生共写随笔"。我们将梳理总结新教育实验 20 多年推动师生、父母写作的历程和经验,深入探讨"新教育写作"的理论与实践,以期深度推进新教育事业的发展。我们始终认为,阅读是与伟大的心灵对话,写作是与自己的灵魂交谈。写作是真正思考的开始,是终身学习和创造发现的有效方式;写作让人类留下代代相传的故事,成为超越肉身存在的永恒者,让个体激活自觉的主体意识,书写出生生不息的生命传奇。"新教育写作",必将推动新教育人"过一种幸福完整的教育生活"的愿景变成现实。我们期待着旺苍及全国的新教育人,在本次年会上展示这方面的精彩内容。

我相信,此次"新教育年会"将是旺苍教育历史上精彩纷呈的一页,旺苍教育人必将继续缔造自己的教育传奇,提升旺苍教育品质,实现旺苍教育腾飞。此次"新教育年会"也将是新教育历史上浓墨重彩的一笔,成为新教育人探路征途的又一个里程碑,成为新教育向着"树德立人,五育并举"继续奋进的新起点。

亲爱的各位新教育同仁,以前我想起广元,我会想到 2008 年汶川大地震后,我参与民进中央等集资 420 万元援助广元师范艺术楼重建工程的经历,想到 2018 年 4 月在广元参加"推动实施乡村振兴战略"的重点考察调研;而现在,我想起广元,自然还会想起旺苍的新教育,想起点燃旺苍"新教育之火"的向荣贵先生,想起接过"新教育大旗"继续深耕的殷才昌局长,想起 417 位"种子教师"的榜样引领,想起 400 间"完美教室"的生命拔节,想起 16 个教育联盟的抱团前行,想起旺苍每一位践行新教育理念的老师和沐浴新教育阳光的孩子……我将永远关注这片美丽而充满活力的热土。

祝福旺苍,祝福新教育!

谢谢!

写作创造美好生活 *

　　新教育写作它不单纯是一种写作的方式，而是指向以写作为载体的生活方式、成长形态和创造方法。它努力地传承，写出了优秀文化传统，同时积极地回应写作变革的时代召唤和国际走向。

新网师的各位老师，各位朋友：

　　大家晚上好！

　　今天是一个非常特别的日子，是孔子的诞辰纪念日。在这样一个特殊的日子里，我们再一次迎来了新网师一年一度的开学典礼。首先，热烈欢迎今年新加入的 2758 名学员，祝愿大家在新网师这个"专业学习共同体"中学有所获，学有所成。同时诚挚地感谢长期默默无闻，为新教育和新网师付出汗水和智慧的各位讲师和义工。今年参加的学员中，有不少来自江西省定南县、山东省临沂县、甘肃省建宁县等新教育实验区。希望大家在新网师能够扎扎实实、持之以恒地学习，借助"学习共同体"的力量，深入地理解、把握新教育实验的理论与实践，将教育局与学校的要求化为自觉的需求，在提高教育教学质量的同时，与学生"过一种幸福完整的教育生活"。借助今天开学典礼的这个机会，我想再次和大家强调一下专业写作的重要性。特别希望老师们真正地重视写作，开始写作，认真写作，持续写作。

　　写作是什么呢？写作其实是人类用语言文字符号，以记述的方式反映事物，表达思想感情，传递知识信息，实现交流沟通的创造性的脑力劳动过程。写作能够丰厚文化底蕴，扩大知识广度，提升表达能力，提高思维品质，增进教育智慧，涵养教育情怀。从某种程度而言，优秀的教师其实是"写出来的"。教师专业写作，它能够促进专业阅读和专业交往，提高反思的质量，促进教育教学水平的提升。"专业写作"是新教育提出的"三专"

---

　　*　2022 年 9 月 28 日，在新网师 2022—2023 学年开学典礼上的致辞。

理论的重要组成部分。相比专业阅读和专业交往，老师们感到最难的往往就是"专业写作"。受写作的兴趣、写作的能力，以及工作任务、客观环境、家庭事务等内外多重因素的影响，不想写、不会写、难以坚持写，在中小学教师中仍然比较普遍。缺乏写作，也是不少教师虽然工作多年，但是专业能力似乎总是在同一个水平重复而不能根本性突破的主要原因之一。这就是我通常所说的，拿着一张"教育的旧船票"，每天重复"昨天的故事"。除非写作已经成为一种自然而然的习惯，除非我们已经是名副其实的作者，否则还是有必要再次重申重新认识写作的价值。

大家都知道，早在 20 年前，我在"教育在线"网站就曾经发起过"朱永新成功保险公司"，倡导激励一线老师们写起来，坚持写。影响带动了管建刚等一大批优秀教师的写作热情。在专业写作方面，我们的主任李镇西先生就是大家学习的最好榜样。他几十年如一日，笔耕不辍，真正做到了著作等身。我自己也是专业写作的受益者，许多老师都知道我每天早上 5：00 起床，开始阅读写作。寒来暑往，几十年从未间断，受益匪浅。

新网师在促进教师专业写作方面，做了大量扎实的工作和富有成效的尝试。比如说开设的教师写作课程，提倡批注、打卡，要求书写作业、评选年度的生命叙事、倡导网络写作等。今年入选的朱娟老师，从 8 月 20 日开始，29 天时间围绕阅读的书籍和教育教学实践，坚持打卡 28 天，总数达到了 44594 个字。像王小龙、王辉霞、周娟、智静、李末、刘翰等老师和校长坚持网络写作，每天在微信朋友圈中用文字记录所思所感。不少教师过去写一篇文章都发愁，现在都能够在各种报刊频频发表文章。马增信、方娇艳、陈翠清、李莉、王荣平等老师，在新网师撰写的作业和"生命叙事"，都被《中国教育报》等报刊录用发表。新网师老师撰写的"生命叙事"已受到出版社的关注，准备每年结集出版。可以说，许多教师在新网师被激发了写作兴趣，养成了写作习惯，提高了写作能力，可喜可贺。郝晓东院长也是一个非常典型的代表。随着社会对教师素质的要求进一步提高，写作的重要性也越来越受到重视。联合国教科文组织最新的报告《一起重新构想我们的未来：为教育打造新的社会契约》一书中也强调：书写作为人类知识的一种记述，使文字记录能够传播，促进我们积累和整理人类不同文化群体的经验，这个知识可以被传承给子孙后代。

今年我在四川旺苍的"新教育年会"上，以"写作创造美好生活"为题，全面阐述了"新教育写作"的理论与实践。那么什么是"新教育写作"

呢？它不单纯是一种写作的方式，而是指向以写作为载体的生活方式、成长形态和创造方法。它努力地传承，写出了优秀文化传统，同时积极地回应写作变革的时代召唤和国际走向。立足本土教育实践和自我发展的探索，以"过一种幸福完整的教育生活"为新教育核心主张和核心价值，以学生、教师、父母为三大主体，构建起我们新教育的"写作共同体"；用语言文字和其他朴素的媒介，记录精彩人生，讲述生命故事，抒发美好感情，编织生活梦想，播撒文明种子，促进"新教育共同体"所有的个体和群体的交流分享，彼此认知，和谐共生，借此探索一条推进全民写作乃至于人类文明进步的有效路径。

写作的本质是什么呢？罗卫东先生曾经说过，写作是生活，是工作，是学习和思维的工具，承担生命塑造和书面交流训练的双重功能。作文不仅仅是作文，更重要的是学习、工作、生活需要的书面表达和交流。在此，我提倡老师们把写作作为一种生活方式、工作方式和学习方式。

把写作作为一种生活方式。比如说我们可以写旅行日志，把生命中美妙难忘的时光用文字凝固下来；写孩子成长日志，记录孩子生命搏击成长的点点滴滴，是送给孩子们最好的礼物；还可以将内心刹那间的这种触动以诗歌、散文的形式记录下来。记录时光，自我对话，陶冶情操。

将写作作为一种工作方式。写课堂实录，能够促进我们对教育观念和行为进行反思；写教育日志，为教育研究建立真实的素材；和学生一起共写随笔，可以搭建一些师生交流的心灵通道；给家长父母写信，既有利于给他们普及正确的教育理念，也能够增强他们对教师的信任感。

把写作作为一种学习方式。每天晚上，可以把当天记录的所见所闻所思所行记录下来；听完一次讲座，及时把主要内容和心得体会写下来；读一本书，也可以随时在书上勾画，批注；做完一项工作就可以及时总结复盘，把成功的经验和自己的教训总结出来。

亲爱的老师们，新网师的学员朋友们，我曾经说过，一个人的精神发育史就是他的阅读史。关于写作，其实也是如此：对于一名教师而言，他的写作史在某种意义上就是他的教育史。

行动就有收获，坚持创造奇迹。希望大家能够动起笔来，用写作创造美好的教育生活，书写自己的教育人生的传奇。也希望大家在新网师能够认真学习，学有所成。最后，祝愿今晚的开学典礼圆满成功。

谢谢大家！

学习贯彻二十大精神，推进深耕新教育行动[*]

新教育，是一个时代性、地域性的表述。我们所推动的新教育，是"21世纪初叶中国的新教育"。新教育实验的根基在中国，我们必须坚持扎根中国大地开展。

各位新教育同仁：

大家好！

今年的新教育实验工作会议，是在举国上下贯彻学习党的二十大会议精神的关键时刻举行的。

本次会议的主题是"学习贯彻二十大精神，推进深耕新教育行动"。二十大报告对教育问题进行了丰富、全面、深刻的阐述，有许多创新理论与观点。我们要对这些阐述和观点，有精准的理解和深度的把握，并切实贯彻到新教育实验工作中去。借此机会，我讲两个方面的内容：

第一个方面是深刻学习领会二十大精神，坚定深耕新教育实验的信心和决心。

二十大是在全党全国各族人民迈上全面建设社会主义现代化国家新征程、向第二个百年奋斗目标进军的关键时刻召开的一次十分重要的大会。我有幸应邀作为嘉宾参加了大会的开幕式和闭幕式，亲耳聆听了习近平总书记代表中央委员会所作的工作报告。报告站在民族复兴和百年变局的制高点，科学谋划未来五年乃至更长时期党和国家事业发展的目标任务和大政方针，提出一系列新思路、新战略、新举措，是指导我们全面建设社会主义现代化国家、全面推进中华民族伟大复兴的纲领性文献。

二十大报告明确提出，教育、科技、人才是全面建设社会主义现代化国家的基础性、战略性支撑。科技是第一生产力，人才是第一资源，创新是第一动力。教育是国之大计、党之大计。要坚持教育优先发展，

---

* 2022 年 11 月 26 日，在"新教育实验工作会议"上的讲话。

加快建设教育强国，坚持为党育人、为国育才，全面提高人才自主培养质量，着力造就拔尖创新人才，聚天下英才而用之，明确指出了教育在社会主义现代化强国建设和中华民族伟大复兴征程中的重要使命。新教育实验作为当代中国一个影响广泛的教育改革行动，在建设教育强国、实现中华民族伟大复兴征程中，是完全能够有所作为的。我们有这样一种信心和决心。

二十大报告重申了全面贯彻党的教育方针，强调要落实立德树人根本任务，培养德智体美劳全面发展的社会主义建设者和接班人。十年来，劳动教育第一次被写进党代会的报告。这启示我们，在"卓越课程""每月一事""完美教室""家校共育""新德育""新人文教育""新科学教育"等新教育行动中，要把劳动教育作为重要的内容之一。

二十大报告对于坚持以人民为中心发展教育，办好人民满意的教育进行了详细的论述，其中有许多创新的提法。

报告提出加快建设高质量教育体系，发展素质教育，促进教育公平。在十九大提出的"公平而有质量的教育"的基础上，进一步突出了"高质量教育体系"的目标。这意味着，今天所追求的教育公平，在于从学前教育到终身教育，让每一个个体都有机会享有优质教育资源，都有得到发展的机会，都能成为有用之才。报告对发展不同阶段不同类型的教育，提出了各自的重点内容。如义务教育的重点是推进优质、均衡发展和城乡一体化，优化区域教育资源的配置。在推进义务教育优质、均衡发展和城乡一体化进程中，在深层次、高水平上，促进教育公平上，新教育实验已经发挥了积极的作用。刚才，新海的工作报告中，就讲到湖北随县、山西绛县、安徽霍邱、新疆奎屯、甘肃庆阳等许多新教育实验区的成功，实践证明新教育实验是促进乡村教育振兴，推动中西部教育发展，推动义务教育优质、均衡发展的有效路径之一。

报告对于民办教育发展问题有新的表述，与十九大提出的"支持和规范社会力量兴办教育"相比，二十大报告强调了"引导规范民办教育发展"。民办教育，是我国社会主义教育事业的组成部分。新教育实验学校中有少量也是民办教育学校，要依法规范办学，积极作为，办出活力。

报告提出要推进教育数字化，建设全民终身学习的学习型社会、学习型大国。把教育数字化建设与学习型社会建设联系起来，意味着国家将进一步发展面向全社会的教育智慧平台。其中"学习型大国"的提法，也是第一次明确提出。这将对"建设数码社区"行动，对建设新教育未来学习中心带来助力。

报告继续关注教师队伍建设，强调要加强师德师风建设，培养高素质教师队伍，弘扬尊师重教社会风尚，再次体现了党中央对于教师队伍建设的关注和重视。新教育实验以教师成长为起点，新教育"职业认同＋三专发展"的教师成长范式，帮助许许多多教师实现了生命的成长。

报告对于发挥学校家庭社会教育合力作用提出了明确要求，提出要"健全学校家庭社会育人机制"。新教育实验要继续深入探索"家校合作共育"行动，拓展新路径，创造新经验。新家庭教育研究团队要主动作为，深化研究，多出成绩。

报告对深化教育领域综合改革提出了明确要求。除了谈到加强教材建设与管理和健全学校、家庭、社会育人机制，重点谈到了完善学校管理和教育评价体系的问题。这方面，新教育研究中心的学校管理研究与新评价与考试研究两个团队，都要有新思考、新探索、新行动。理论研究的成果，要到广大实验区域、学校的实践中去检验、丰富和发展。

报告在"广泛践行社会主义核心价值观"部分，明确提出推动理想、信念教育常态化、制度化，推进大中小学思想政治教育一体化建设，着力培养担当民族复兴大任的时代新人。这对加强思想政治教育的顶层设计，贯通不同教育阶段的思想政治教育内容与方法，也提出了新的课题。报告在"提高全社会文明程度"部分，提出要加强和改进未成年人思想道德建设，推动明大德、守公德、严私德教育，提高人民道德水准和文明素养。2020年，新教育实验曾经以"新时代、新德育"为主题举办年度研讨会，但"新时代、新德育"是一个常话常新的主题，各实验区域、学校要根据少年儿童思想道德发展面临的新情况、新困惑，不断创新思路、优化策略，新教育研究中心、新德育研究团队要关切一线需求，深化德育研究。

报告在"提高全社会文明程度"部分，还提出要加强国家科普能力建设，深化全民阅读活动，完善志愿服务制度和工作体系等。报告在阐释"中国式现代化"时，指出："中国式现代化是物质文明和精神文明相协调的现代化。物质富足、精神富有是社会主义现代化的根本要求。物质贫困不是社会主义，精神贫乏也不是社会主义。""中国式现代化的本质要求是：坚持中国共产党领导，坚持中国特色社会主义，实现高质量发展，发展全过程人民民主，丰富人民精神世界，实现全体人民共同富裕，促进人与自然和谐共生，推动构建人类命运共同体，创造人类文明新形态。"人的生命存在，有自然生命、社会生命和精神生命三种形态。在当下中国的许多地区，物质富足的时代已经到来，物质幸福的时代即将结束，精神富有必将成为人的生活幸福的主要依托。阅读是人类精神生活的一种重要方式，是丰富人的精神世界的一条重要路径。继续大力推进"营造书香校园"行动，让阅读成为师生、父母的生活方式，新教育实验要有更多的新作为。

我讲的第二个方面是坚持以二十大精神为引领，推动新教育实验行稳致远。

二十大报告关于教育的论述，与新教育实验的理念、行动密切相关，必将成为我们推进新教育实验最强有力的引领。我们也应在深入学习贯彻二十大精神，深耕新教育实验，在行动中找到我们在这个伟大时代的新方位、新价值。

因为新冠疫情还在绵延不绝，今年的新教育实验工作会议仍然采取线上方式进行。虽然近三年来疫情在各地时有发生，此起彼伏，给新教育实验的各种活动和区域之间的交流、考察带来诸多不便，但各新教育实验区、实验校能够主动创新工作方式，化解疫情带来的不利影响，让新教育事业保持了良好的发展态势。

刚才，新海在工作报告中说道：近一年来，新教育实验新增了5个整体参与的区域和8所非实验区域的实验学校。截至目前，共有181个县级区域、8539所学校、840多万名师生参与新教育实验。最近，我又获得了2022年"一丹教育发展奖"。新教育实验的发展，是新教育实验区域、学校的领导、校长、老师们共同努力的结果。对大家的付出和贡献，我由衷地表示感谢！

刚才，七个县区的领导做了区域推进新教育实验的经验交流，他们是180多个新教育实验区的代表。这七个县区的新教育实验都卓有成效，又各具特色。

徐州铜山区的新教育实验，整体谋划、系统推进，着力营造氛围、推动项目、培养种子教师，呈现出勃勃生机。

安康市汉滨区依靠行政推动，在榜样培塑、项目深耕上持续发力，让新教育实验成为安康市教育发展的一道亮丽风景。

贵州镇远县以教师成长为起点，聚焦"书香校园""理想课堂""家校共育"项目，让千年古镇镇远的教育事业星光闪耀。

成都武侯区不断创新区域新教育实验推进机制，呈现了新教育实验梯级队伍建设、展示竞赛活动的新样态。

河北大名县加强顶层设计，优化运作模式，推动了县级新父母学校的建设，打造了家校共育、协同育人的新平台。

扬州邗江区以新教育实验和新家庭教育实验为抓手，创新驱动，深耕融合，全力构筑家庭、学校、社会协同育人"环岛"生态圈，走出了一条依靠家校社共育构筑教育美好生态的"邗江路径"。

湖南芷江侗族自治县虽然加盟新教育时间才一年多，高站位布局、高起点谋划、高标准推动，实现了新教育实验和区域教育的高质量发展。

这七个县区的典型经验启示我们：坚持从区域教育发展实际出发，因地制宜推动新教育实验行动落地深耕，新教育实验就一定能够成为区域教育高质量发展的强大引擎。希望其他实验区域能借鉴他们的做法和经验，积极探索，共同促进新教育事业的繁荣。

每年的"新教育实验工作会议"，既是新教育实验区工作经验交流的平台，也是新教育实验持续发展再谋划的契机。借这个机会，我对深耕新教育实验讲五点意见：

一是坚持实验根基本土化，凸显新教育实验"最中国"的情怀。

实验根基本土化，讲的是新教育实验的立足点、出发点问题。新教育，是一个时代性、地域性的表述，我们所推动的新教育是"21世纪初叶中国的新教育"。新教育实验的根基在中国，我们必须坚持扎根中国大地开展。

1. 要基于民族传统，传承优秀文化。我国有5000多年的文明史，孕育了学无止境、有教无类、因材施教等深厚的教育思想。新中国成立以来，尤其是党的十八大以来，我们在几十年的时间里，就从一个文盲占国民总数80%的教育弱国，发展成为教育总体水平达到世界中上收入国家水平的教育大国。这是任何一个国家都没有过的速度。中华民族优秀的教育思想和教育实践，是新教育实验发展的重要思想财富，我们要认真地学习，深入地研究，积极地传承、丰富和发展。

2. 要直面中国国情，回应时代需要。党的二十大发出了"以中国式现代化全面推进中华民族伟大复兴"的号召。中国式现代化，是人口规模巨大的现代化。根据教育部发布的《2021年全国教育事业发展统计公报》，全国共有各级各类学校52.93万所，各级各类学历教育在校生2.91亿人，专任教师 1844.37 万人。中国教育体量为世界之最，面对如此庞大而复杂的教育体系，从国情出发想问题、做决策、办事情就显得特别重要。新教育实验的发展也必须直面中国国情，谋划推进的路径和措施。

其实，教育的很多难题都是世界性的难题，比如教育的公平问题、均衡问题。解决好了中国的问题，也就是解决了世界性的问题。目前，在教育领域，我国社会的主要矛盾表现为：人民日益增长的对优质教育的需要，与教育发展不平衡不充分之间的矛盾。这是问题，也是机会。当下中国教育发展的不平衡、不充分，也为新教育实验提供了有所作为的契机和空间。20 多年来，新教育实验一直十分关注中西部地区，关注乡村学校，以理念引领、师资培训、项目扶持等多种形式，带动了中西部地区的、农村的实验区域、学校的发展，帮助这些区域改变了教育生态，提高了教育品质。今后，我们将以一丹奖所设立的"新教师"专项基金，实施"新教育明师项目""乡村振兴重点帮扶县教师素养整体提升项目"，遴选农村的县区、校长、教师，予以实实在在的扶持，为促进我们国家乡村教育的振兴和东中西部教育的均衡发展做出更多的贡献。

3. 要坚持新教育特色，打造"新教育学派"。普遍性寓于特殊性之中：最新教育的，就是"最中国"的；"最中国"的，就是"最世界"的。20 多年前，新教育实验为化解当时中国面临的应试教育困境，顺应素质教育的需要而发起。新教育的"营造书香校园""师生共写随笔""聆听窗外声音""培养卓越口才""构筑理想课堂""推进每月一事""缔造完美教室""家校合作共育"等项目，都是针对现实的教育问题设计的具体行动。解决了中国教育的问题，就能为解决世界性的教育问题提供借鉴和启迪。

新教育实验有什么特色？从新教育概念的维度理解有三点：以教师成长为起点，以"营造书香校园""师生共写随笔"等"十大行动"为途径，以帮助"新教育共同体"成员"过一种幸福完整的教育生活"为目的。以一丹奖设立"新教师"专项基金，设置"未来教师班项目""新教育明师项目""发展中国家教师培训项目""乡村振兴重点帮扶县教师素养整体提升项目"和"新教育网络教师学习中心项目"予以支持，正是基于把教师成长作为新教育实验起点。"行动性"，是新教育实验最主要的特征。新教育实验的行动项目，除了"营造书香校园""师生共写随笔""聆听窗外声音""培养卓越口才""构筑理想课堂""建设数码社区""推进每月一事""缔造完美教室""研发卓越课程""家校合作共育"这"十大行动"，还有"教师专业发展""学校文化建设""传统文化传承""新生命教育""新艺术教育""新科学教育""新人文教育""新德育"等项目。这些项目，每一个都可以作为新教育实验的路径和抓手。"过一种幸福完整的教育生活"，是新教育实验的核心价值。新教育实验的所有项目和课程，都是为了实现这一价值。

从新教育精神特性的维度，解析新教育实验的特点，2007 年 11 月，江苏省教育学会新教育研究专业委员会在海门成立。成立仪式上，我做了《新教育精神》的主题演讲，提出了新教育的"四大精神"，即理想主义、田野意识、合作精神和公益情怀。这"四大精神"可以看作是新教育精神层面的四大特色，要继续传承和弘扬，久久为功，才能真正把新教育实验打造成为中国素质教育的一面旗帜，孕育出扎根本土的新教育学派。

二是坚持行动方式常态化，凸显新教育实验"最落地"的品质。

行动方式常态化，讲的是新教育实验的运行状态。对于新教育实验来说，轰轰烈烈地组织一个活动非常容易，热热闹闹地做一年半载也非难事；难就难在把新教育的理念融入日常的教育生活，持之以恒地做十年、二十年，乃至三十、五十年，甚至更长时间，这就需要坚守日常、常态化运作。

1. 要加强新教育理念传播

只有坚信，才会坚持。只有对新教育坚信不疑，才在行动中坚定不移地推行新教育，才会把新教育的理念融入日常的教育生活，才会把做新教育化为新教育实验学校校长、教师们的自觉行为。当新教育理念日渐成为更多新教育人的信念甚至信仰时，新教育已经不再需要任何的坚持，不再需要任何意志上的努力，而成了新教育人生命存在和发展的一种内在需要——新教育的行动，"晨诵、午读、暮省""共读、共写、共生活"等行动，才能真正成为师生的生活方式。因此，要继续加强新教育理念的传播。要拓展思维、创新载体，借助行政的和民间的、组织的和个体的、现场的和媒体的等不同形式和媒介，广泛宣传、推广新教育理念。要继续创造和搭建更多平台，言说榜样，呈现榜样，以榜样教师的"生命叙事"，感动、影响更多的人，使新教育理念能真正入耳入心，见诸行动。

2. 要加快新教育课程研发

课程在教育生活中处于基础和核心地位，课程的样态决定着教育生活的样态。"让师生过一种幸福完整的教育生活"，必须依靠课程的支撑。2013 年萧山年会上，我们架构了新教育的"卓越课程"体系。这个课程体系以"生命课程"为基础，以"公民课程"（善）、"艺术课程"（美）、"智

识课程"（真）作为主干，并以"特色课程"（个性）作为必要补充。最近
几年，我们在"新生命课程"、晨诵课程等研发上取得了比较显著的成果，
今后要继续努力，使这个框架性的体系全面转化为具有丰富的实质性内容
的课程，使新教育理念能够课程化，并通过课程的实施，使新教育实验项
目生活化，融入师生每日每时的教育生活。

3. 要坚持新教育项目融合

新教育提出"十大行动"，是由于这些行动是中国教育现实中相对缺少
的东西，"十大行动"的推进，对于改造教育生活、改造教育生态很迫切、
很重要。"十大行动"简而言之，可以用听、说、读、写、网络、课堂、习
惯、教室、课程、家校合作来阐述，实际上反映了新教育对当下基础教育
的发展特别关注的十个方面。这"十大行动"，在内涵上并没有统一的分类
标准，在外延上彼此之间也存在着交叉、相容的关系。因此，要融合推进
新教育行动，要适当地做减法，不能一味地做加法。如果新教育实验总是
做加法，增加了师生的负担，累了教师、苦了学生，就会使人厌倦，就会
失去生命力。目前在各实验区域、学校广泛推进的"新教育1+N项目"深
耕行动，就体现了融合的思路。以"营造书香校园""缔造完美教室""研
发卓越课程"等项目中的一个作为最基本、最主要的抓手，融合推进其他
项目，达到既突出重点，又兼顾全面的整体效果。

三是坚持成果形式物态化，凸显新教育实验"最实用"的特质。

新教育实验有"五大使命"：改变教师的行走方式、改变学生的生存
状态、改变学校的发展模式、改变教育的科研范式、改变区域的教育生
态——这是在实践层面的表述。作为一项教育科研，学术是新教育实验立
身之本。新教育实验是一项草根性、实践性很强的教育改革，多年来，新
教育田野研究蓬蓬勃勃，硕果累累，但是理论研究始终偏弱。新教育的学
术建设及其成果积淀，是今后相当长一段时间内，新教育人的重要任务和
光荣使命。

所谓成果形式物态化，指学术成果要有看得见、摸得着的物化成果呈
现。这体现为两种方式：

1. 出文章

新教育实验是一种行动研究，具有很强的情境性，从中获得的认知有
相当一部分是只可意会而不能言传的隐性知识。在这种情况下，写作发挥
了将隐性知识显性化的重要作用。写文章就是要将从实验过程中获得的对

师生成长、学校发展、教育进步的规律性认识以文字的形式显性化，以利于公开发表，分享交流，并获得公众批评的滋养，促进学术繁荣。

新教育"职业认同＋三专发展"的教师成长范式中，特别强调专业写作。专业写作，是站在自己的肩膀上攀升。新教育实验的校长、教师写作的意识并不弱，写的文章也不少，但并不是每篇文章都能称为新教育实验的成果。我每年也会看许多新教育校长、教师的文章，感到存在一些问题。

一是原生态叙述多，理论提炼少。新教育人经常撰写"生命叙事"。新教育认为，"生命叙事"是指生命个体运用自己独特的叙事方式，书写自己在教育生活中的生命在场、自我成长、意义呈现，并对其进行耙梳观照和省察言说的过程。叙事不仅仅是讲故事，而是要寻找故事背后的意义，要对故事进行耙梳观照、意义呈现。不少校长教师的叙述只停留在讲故事的层面，满足于就事论事式的言说，不能深入一层，用教育教学的原理进行分析，更不善于再深入一层，从哲学的层面来阐释。台湾学者詹栋梁提出，教师研究有三个视角：第一是前科学的视角，这时的实践和研究主要是一种经验层面；第二是教学科学的视角，指能够用教育理论解释自己的教育实践，能够用教育实践丰富教育理论，甚至还能进行整体的系统的研究；第三是超科学的视角，即在某种意义上超越了通常的教育科学理论，能够在教育范围之外，从哲学层面，从文化体系的另一个角度审视教育理论和实践。不少校长、教师的叙事，是从前科学的视角呈现的，这显然是不够的。

二是行动叙事多，理论研究少。这不是一线校长、教师的问题，而是新教育实验的问题。一线校长、教师是实践工作者，进行的是行动研究，他们所擅长的是叙事。但新教育实验机构的专业人员，各实验区域教科研部门的工作人员，他们比较擅长理论思维。新教育实验在理论层面的深入研究，要充分发挥这些理论研究工作者的作用，引导、激励他们在新教育理论建设上多做贡献。新教育实验走过 20 年，在整体的学术版图描画、推进模式构建，在"书香校园""完美教室""卓越课程""理想课堂"等各个领域，都需要更加深入的理论探索。希望"新教育共同体"的理论工作者主动作为，潜心研究，多出成果。

三是原地转圈，徘徊不前。有一部分新教育的校长、教师，坚持专业写作已有时日，累月经年，却不见长进。有的人写了一段时间，取得了一定成效，但再提高却遇到了瓶颈，写来写去，写作的水平好像一直在同一层次上转圈圈。这就是教育心理学所指的"高原现象"。

写作上处于原地转圈、徘徊不前状态的新教育人，并非少数的几个人。新教育已经走过20多年历程，有的人现在写的文章，写的"新教育叙事"，与三五年前甚至10年前的文章比，好像没有什么长进，讲来讲去就是这些故事，就是这几句话。这是要引起重视的。其实，写文章是语言问题，更是见识问题、格局问题、境界问题。语言，说的是文章呈现的形式；见识、格局、境界，说的是文章的内容和内容所蕴含的思想。写文章要追求形式和内容的完美统一，做到文质兼美。这是需要学习和修炼的。

2. 出产品

前一段时间，我曾经专门到北京的一家学前教育机构"红黄蓝"看了一下，它在幼儿教育方面做了大量卓有成效的工作，它还研发了大量的教材，做了很多非常有意义的家庭教育探索；它做了一个家庭教育的App，上线不久已经有30万人参与了；它还做了社会实践活动，非常有特色。这启迪我们要大力推动新教育项目的产品化，以利于复制、借鉴、应用、推广。

新教育20多年来出版了许多实验著作，"晨诵系列课程"、"新生命教育系列课程"、新教育实验系列操作手册、《中国人阅读书目中国幼儿（小学生、初中生、高中生）基础阅读书目·导赏手册》、《这样爱你刚刚好，我的N岁孩子》等，这些都是新教育实验成果的产品化。目前我们正在研发的还有小学、初中系列化的《新教育卓越口才操作指导手册》、《新教育整本书助学手册》、《新教育好玩儿数学助学手册》、未来科学教育教材等。今后，新教育实验要出更多更优质的课程产品。

四是坚持推广路径多样化，凸显新教育实验"最包容"的精神。

20多年历程，新教育实验在探索中前行，能够发展到现在的规模，产生国际影响力，依托了多样化的推广路径。

1. 以课题研究推进深耕行动。2003年12月，《新教育理论的实践及推广研究》课题成为全国教育科学"十五"规划重点课题。2008年12月，《新教育实验与素质教育行动策略的研究》课题被列为全国教育科学"十一五"规划重点课题。"十五""十一五"期间，新教育实验主要通过吸纳实验区、学校、教师参与相关课题研究，推动新教育实验发展。今后，新教育实验要继续积极申报国家级课题，各实验区域、学校也应努力申报县、市、省、国家各级课题，以课题引领实验的高品质发展。

2. 以区域联动推进深耕行动。实验区域是新教育实验推进的主体力量。新教育实验在全国而言，是民间的，主要依靠共同的理想、价值观和兴趣而凝聚；但新教育实验在某些区域内，却大都是官方的，主要依靠行政的力量推动。行政力量的介入，加快了新教育实验的发展。刚才，新海的工作报告中就区域推进的机制建设，提出了很好的建议和要求。各实验区域要切实通过强化核心团队建设、完善实验工作制度、丰富发展研讨平台、培育实验榜样典型等措施，不断创新区域推进机制，促进区域新教育实验的发展，促进区域教育生态的转变、教育质量的提升。苏州市新教育研究院也要在新教育实验区的培育、维护、指导、建设上多下功夫。

这里值得强调的是，全国还有400多所非新教育实验区的实验学校，它们虽然约只占5%，但同样是新教育的重要力量。由于它们处于非新教育实验区，能够加入、坚持新教育实验，都是出于对新教育的高度认同，这些学校的新教育实验大都比较活跃，富有特色。许多实验区域的加盟往往是由于区域内有学校率先加盟，让区域内的教育行政领导、教育科研人员和其他学校看到了新教育给一所学校带来的改变。苏州市新教育研究院要给予这些学校更多的关心和扶持。

3. 以机构协同推进深耕行动。新教育实验的机构主要包括苏州市新教育研究院、江苏昌明新教育基金会、中国陶行知研究会新教育分会、江苏省教育学会新教育研究专业委员会和苏州大学新教育研究院，苏州市新教育研究院有办公室、研究中心、发展中心、培训中心（南通市海门区新教育培训中心），以及新阅读研究、新生命教育研究、新科学教育研究、新艺术教育研究、新德育研究、新家庭教育研究（北京东城"国本家庭教育研究中心"）、新职业教育研究、新评价与考试研究、学校管理研究等项目研究团队。这些机构和团队要各司其职，共同推动新教育实验的发展。

4. 以会议交流推进深耕行动。20多年来，新教育实验一直借助重大会议营造声势，统一思想，交流经验，壮大规模，滚动发展。新教育会议包括工作会议与研讨会——今天我们举行的就是"2022新教育实验工作会议"。研讨会包括"新教育年度研讨会""国际高峰论坛""中美论坛""领读者大会""智慧校长论坛"及区域性的"新教育开放周"等。这些会议在不同领域、不同范围内，推动着新教育实验的发展。今后要继续强化各类会议的组织化程度，提高办会品质。

5. 以项目牵引推进深耕行动。"营造书香校园""师生共写随笔"等十几个项目，都是新教育实验的具体抓手。新教育实验是一个整体性的教育改革，这些项目涉及学校生活的方方面面；每一个教师、每一所学校都能根据自己的实际，找到实验的切入口，开始新教育实验的探索。每一个项目都可以，也都应该持续地往深里做。"新教育1+N项目"深耕行动，要坚持不懈，深入推进。

五是坚持发展趋向国际化，凸显新教育实验"最前瞻"的眼界。

2014年4月，新教育实验入围"世界教育创新峰会2014年WISE教育项目奖"15强。今年9月29日，全球最大教育奖项"一丹奖"揭晓2022年得奖者，我获得了"2022年一丹教育发展奖"。这两个奖，充分反映了新教育实验的国际影响力在不断增强。

习总书记在党的二十大报告中强调，推动构建人类命运共同体，积极参与全球治理体系改革和建设，"我们要拓展世界眼光，深刻洞察人类发展进步潮流，积极回应各国人民普遍关切，为解决人类面临的共同问题做出贡献，以海纳百川的宽阔胸襟借鉴吸收人类一切优秀文明成果，推动建设更加美好的世界"。前瞻新教育实验的未来发展，走向国际，参与全球教育发展，是一种趋势，更是我们新教育人的担当。

1. 建立国际化的思维

人只有在异质的文化中，才能找到自己，"近亲繁殖"是没有持续发展的生命力的。一个人，一个组织，一个学术的流派，都只有不断地受到异质文化的冲击，才能活力永存。新教育的再发展，要放大格局，拓展思路，不能囿于自身的圈子言说新教育，也不能局限于国内观察新教育，而要在当今世界政治、经济、文化、教育发展演变的大背景下，考量新教育的时代价值和发展定位。

人类的教育正处在一个大变革的前夜。最近几年，全球疫情的新发展、世界格局的新变化、元宇宙的新诞生、脑科学的新进展等诸多因素，给全世界教育发展带来了诸多新挑战和新课题。适应工业化的传统学校，需要让位于以学习者为中心的未来学校；以知识为本位的传统教学，需要让位于以全人类为目标的个性化学习；以教室、教材、教师为中心的教学模式，需要让位于基于新的互联网、人工智能、元宇宙等技术的全时空学习。中国教育及新教育实验在这个大变革的时代，如何自我超越、不断提升，需要我们以更加开放、更加多元的心态和更加智慧、更加卓越的方法去构架和探索。

2. 集聚国际化的人才

人才是第一资源。有非常之人，然后成非常之事；有非常之事，然后建非常之功。新教育实验要成为中国素质教育的一面旗帜，成为植根于本土的新教育学派，基础之基础是人，是担当这一份历史责任的人才。在新教育未来的征途上，要以更深邃的战略眼光，布局新教育的人才资源。要整体规划新教育实验的人才库建设，用好现有人才，稳住关键人才，吸引高端人才，储备未来人才。在新教育实验国际化进程中，吸纳、培养、集聚国际化的人才显得尤为重要。

国际化人才是指具有国际化意识和胸怀，以及国际一流的知识结构，视野和能力达到国际化水准，在全球化竞争中善于把握机遇和争取主动的高层次人才。集聚国际化人才，要坚持吸纳和培养并重，专职和兼职两可。所谓"吸纳"，是从海归群体中，在高等院校中，在高端研究机构中，聘请国际化人才担任新教育实验的学术顾问或项目负责人。延请国际化人才服务新教育实验，可以兼职，条件许可的专职更好。所谓"培养"，是从"新教育共同体"中挑选合适的人，参与拓展国际视野、提升学识能力的培训考察活动。

3. 创新国际化的措施

"新教育国际高峰论坛""中美论坛"是新教育与国际教育对话的重要平台。从 2011 年"第一届新教育国际高峰论坛"，每年一届（除 2020 年因疫情停办外），到 2021 年，新教育已经举行了十届"国际高峰论坛"。"中美论坛"于每年年会的前一年举行，从 2015 年始举办了 5 届，2020 年后因疫情停办。今后，要继续依托这两个平台，推动新教育与国际教育的交流。

与联合国教科文组织的教师教育中心合作，以"一丹奖"所设立的"新教师"专项基金，实施"发展中国家教师培训项目"，是新教育的一次积极的承担域外教师培训的探索。这项培训中的线下培训放在中国，部分培训将放在新教育实验区校，这是新教育实验向域外传播的新路径，参训教师将成为新教育的种子，成为相关国家新教育实验的播种者。

今后，我们的研究视角，要着力关注国际教育发展前沿探索的实践样态和理论成果，加强与国际教育日常的交流和合作、对接和互动。既要关注欧美国家的教育改革，又要关注亚非拉国家的教育发展动态，广泛学习、借鉴国际教育发展的经验和成果，推动新教育实验走向更高的境界。

党的二十大吹响了全面建设社会主义现代化强国的号角，人民群众对优质教育的需求、对美好生活的向往更为迫切。让我们一起顺应时代的发展，回应人民的期待，积极投身到教育改革发展的实践中去，不断推动新教育实验迈上新的台阶，为建设社会主义教育强国、推进中国式现代化事业做出新的贡献。

参考文献

［1］常丽华.24 节气诵读古诗词［M］.北京:文化艺术出版社,2011.

［2］常丽华.教室,在书信中飞翔:常丽华 & 小蚂蚁班:中澳两地书［M］.北京:教育科学出版社,2012.

［3］陈连林,杜涛.书写教师的生命传奇:新教育实验年鉴（2009—2010）［M］.北京:文化艺术出版社,2011.

［4］陈连林,杜涛.文化,为学校立魂:新教育实验年鉴（2010—2011）［M］.北京:文化艺术出版社,2012.

［5］储昌楼,刘恩樵.新希望工程:新教育实验年鉴（2002—2005）［M］.天津:天津教育出版社,2009.

［6］丁林兴.读书论:"营造书香校园"的理论与实践研究［M］.苏州:苏州大学出版社,2011.

［7］干国祥.理想课堂的三重境界:干国祥的教研教改［M］.桂林:漓江出版社,2022.

［8］顾舟群.改变,从习惯开始（致一二年级学生家长的每周一信）［M］.北京:教育科学出版社,2012.

［9］刘恩樵,储昌楼.过一种幸福完整的教育生活:新教育实验年鉴（2005—2006）［M］.天津:天津教育出版社,2009.

［10］刘恩樵,刘祥.教师的第九个小时［M］.上海:华东师范大学出版社,2008.

［11］刘祥,刘恩樵.与优秀教师同行［M］.上海:华东师范大学出版社,2008.

［12］卢志文.今天我们怎样做教育:卢志文杏坛絮语［M］.北京:文化艺术出版社,2011.

［13］马玲.孩子的早期阅读课:新教育实验儿童课程"读写绘"项目用书［M］.桂林:漓江出版社,2014.

［14］祁团,丁莉莉.学校管理的艺术［M］.上海:华东师范大学出版社,2008.

［15］屈红霞,毛春铧.可以这样做班主任［M］.上海:华东师范大学出版社,2008.

［16］魏智渊.教师阅读地图:新教育实验教师专业阅读项目用书［M］.北京:文化艺术出版社,2011.

［17］许新海,吴勇,钱珏.知识、生活与生命共鸣:新教育实验年鉴（2008—2009）［M］.北京:文化艺术出版社,2011.

［18］许新海.教育生活的救赎［M］.太原:山西教育出版社,2010.

［19］许新海.做新教育的行者［M］.福州:福建教育出版社,2010.

［20］许新海.一生有用的十二个好习惯——新教育实验"每月一事"项目用书［M］.天津:天津教育出版社,2009.

［21］张菊荣,焦晓俊.发生在教育在线的故事［M］.福州:福建教育出版社,2005.

［22］章敬平.新希望工程:媒体眼中的新教育实验［M］.福州:福建教育出版社,2005.

［23］朱寅年.共读共写共同生活:新教育实验年鉴 2007—2008［M］.北京:文化艺术出版社,2010.

［24］朱永新,吴国平.一次梦想的远征:"灵山—新教育"贵州支教（2006—2007）［M］.成都:天地出版社,2007.

［25］朱永新.我的阅读观［M］.桂林:漓江出版社,2022.

［26］朱永新.写在新教育边上［M］.北京:中国人民大学出版社,2012.

［27］朱永新.新教育对话录［M］.北京:中国人民大学出版社,2012.

［28］朱永新.中国新教育［M］.北京:中国人民大学出版社,2012.

［29］朱永新.走在新教育路上［M］.北京:中国人民大学出版社,2012.

［30］朱永新.朱永新教育演讲录:创新教育才能创造未来［M］.北京:人民教育出版社,2018.

［31］朱永新.朱永新与新教育实验［M］.北京:北京师范大学出版社,2021.

主题索引

后 记

这些年来，我先后出版过四本以"讲演录"命名的教育著作。

2008年，华东师范大学出版社正式出版了我的第一本讲演录《过一种幸福完整的教育生活：朱永新教育讲演录》。2011年，山西教育出版社出版了第二本讲演录《教育的使命：朱永新教育讲演录》。2012年，中国人民大学出版社出版了我的第三本讲演录《新教育讲演录》。2018年，人民教育出版社出版了我的第四本讲演录《朱永新教育演讲录：创新教育才能创造未来》。

记得在第一本讲演录的序言中，我以《用心说话》为题撰写了序言。我在序言中写道：

说起来大家可能不相信，我本来也是一个不会说话的人，更谈不上讲演了。小学的时候，我甚至有很长一段时间"结巴"，不愿意讲话，经常是一个人沉浸在书本之中。到了中学，情况有所好转，但也只是与好朋友交流交流。所以，读大学之前，我好像连小组长也没有干过。

进大学以后，读到一本传记，其中讲到这个传主如何把石子含在嘴里训练口才的故事，对我的震动很大。我开始意识到表达与沟通能力的意义，于是经常主动地讲话发言，甚至愿意"承包"别人不太愿意做的事情，代表小组交流讨论的结果。尽管有时候也出洋相、闹笑话，但是我行我素，依然如故。慢慢地，我发现自己会说了，自信了。

我个人的这段经历，成为后来新教育实验的六大行动之一——"培养卓越口才"产生的重要背景。我一直认为，人的表达与沟通能力是非常重要的，也是一个人一生最需要的东西之一。无论从事什么职业，善于表达和沟通的人，总会有更多的机会。教师，是以"舌耕为业"的，自然应该有语言表达的能力；领导，是以鼓动激励为重要工作内容的，自然应该是演讲的高手；企业家，要营销自己的产品，自然应该"巧舌如簧"；演员，要感动观众，不仅讲话要抑扬顿挫，甚至要调动肢体语言。就是我们每一个普通的人，在日常生活中，这种表达与沟通的能力也是不能或缺的。人与人的矛盾，90%是由于沟通不畅造成的误会。

在新教育的实践中，我们逐渐认识到，口才训练、沟通技巧固然重要，但如果没有思想的力量，再好的口才也是不能够感动人的。所以，我们在新教育实验中提出，"要想说得精彩，必须思考得精彩"。讲演的最高境界，已经不是语言，不是激情，而是思想。阅读是思想之母。所以，新教育实验强调阅读，主张"营造书香校园"，认为"一个人的精神发育史就是他的阅读史"，在学校里开展了"晨诵、午读、暮省"的新教育儿童生活方式，进行了"毛虫与蝴蝶"的儿童阶梯阅读。

当然，在日常生活中，"说"的前提是"听"。说话的艺术，在很大程度上取决于听话的艺术。善于聆听的人，才能够激发起对方表达与沟通的兴趣，才能够深入了解对方的思想与意图，也才能够真正地说到位，说清楚、说流畅。所以，我一直主张语文教学还应该教会学生聆听。如学会在别人讲话的时候眼睛看着对方，学会用心理解对方讲话的要点与目的，学会用肢体语言积极地反馈和肯定等。其实，聆听本身也是对人的尊重。

践行新教育实验六年来，我还深深地懂得，讲演的效果不仅取决于思想的深刻，也取决于行动的力量。六年前，我决定将新教育实验懵懵懂懂的思想变成行动时，我怎么也没有想到，它会变成燎原星火，凝聚了一群教育理想主义者，感染并影响了百万师生。尽管新教育实验还存在诸多亟待完善的细节，距离我们的教育理想还很遥远，但我们毕竟上路了。行走的日子里，我们开始将"只要行动，就有收获"，幻化成我们的哲学。收录于本书的部分讲演，与其说是讲出来的，不如说是做出来的。

行动中的我，在知天命之年，开始懂得讲演的最高境界，不是用"嘴"说话，而是用"心"说话。写作这篇序文的时候，我们新教育实验团队的骨干成员，正在汶川大地震后的八一帐篷小学，用新教育实验倡导的心灵的教育、爱的教育、生命的教育，抚慰劫后余生的学童们那满目疮痍的心灵。

我们的团队赶赴灾区后，很快就与北川教师进修学校的校长徐正富走到了一起。讲到自己眼睁睁地看着学生向自己求救并死在自己面前，而自己却无能为力，一向乐观健谈的徐正富，一次次流出揪心的泪水。他们说，北川几所学校损失惨重，而北川很多很多的教师仍然坚守岗位呵护学生，即使他们中的许多人也丧失了亲人。记者来采访，上级部门要写事迹材料，没有人愿意写，因为整个教师群体都是好样的。

听到这些，我再一次明白，在洁净的心灵面前，语言是黯淡的。讲演者需要训练的是技巧，是思想，是行动。然而声音大未必诚实，离开了爱人、爱世界的心灵，即使最高技巧的演讲，也会蜕变成缺乏人性的煽动。

汶川大地震前一周，北川县教育局局长尚勇带着包括徐正富在内的 21 位校长，去了我们在翔宇教育集团的实验基地，观摩了我们的"新教育小学"，并且决定在北川这个民族自治县全面推行新教育实验。他们原定是 5 月 12 日在我们"新教育小学"的开放周来的，但是由于一些原因，他们提前一周来了。没有想到，就是在 12 日这一天，壮志未酬的尚局长永远离开了我们。徐正富说，大地震过后，尚勇局长的妻子一个灾民区一个灾民区地寻找自己其实已经遇难的丈夫。

所以，我愿意把这本小书，献给在大地震中遇难的尚勇，献给那些为了学生而失去自己、忘记自我的教师们，献给那些再也不能感受儿童节的学生们。

愿逝者安息。愿生者坚强。

这篇序言，写于 2008 年 6 月 1 日，汶川大地震后不到 20 天。我把那本小书献给了那些在大地震中，为了学生而失去生命、忘记自我的教师们，献给那些再也不能感受儿童节的学生们；同时，也献给准备在北川推进新教育实验而壮志未酬的尚勇局长的在天之灵。那本小书的微薄稿酬，也捐赠给北川的教育重建。

三年之后，我的第二本教育讲演录《教育的使命：朱永新教育讲演录》由山西教育出版社出版，我在序言中仍然写下了我对于北川那片土地的牵挂：

回想那段往事，仍然热泪盈眶。是的，我想对北川的朋友们说，对北川的新教育人说：无论我们身在何方，我们的心是如此深刻地系在一起——我们的心是如此深刻地相通着，这不只是因为我们共同的肤色、我们共同的语言、我们共同的祖国，还因为我们有了共同的骄傲和灾难，以及我们作为幸存者，为逝者作证的共同命运。

去年（2010 年）5 月，新教育研究中心的老师们告诉我，北川大地已经恢复了安详与静谧，田野上的庄稼平坦整齐。但是我们都知道，那道深深的裂痕，毕竟已经发生过；那些美好的事物，已经留存在我们的心中。

我们同样不会忘记，地震之后一年中的无数个日日夜夜，幸运与感恩，失落与惆怅，希望与奋发，悲伤与落寞，勇敢与坚强。

这平坦的田野可以为灾区人民作证，这整齐的房屋可以为中国同胞作证，我们脸上的坚毅和勇敢可以为生命作证。是的，我们是这一切的见证，我们是灾难的见证人，更是重建的见证人和参与者，我们还是一切美好的保存者。因为通过我们，那些美好的事物——悠悠的羌笛、美丽的城市和山寨、优美的舞蹈和动人的传奇，都不会从这个世界上消失。相反，经历了这样的灾难，它们会更美丽，更坚强，更有生命力。

相传北川是大禹的故乡。大禹，是中华民族抵抗自然灾难的最伟大的象征。北川人民、北川师生这一年来的努力，是延续着大禹精神的。作为一个"民进人"，一个新教育人，我非常幸运也能够参与这继承传统的重建工程中。

两年多来，北川新教育人在徐正富校长的主持下，坚持在伤痛和困难中，把美好的诗歌、美好的故事，把绘本和童话，带给经历过灾难的孩子们，坚持"晨诵、午读、暮省"，以及发自生命的书写与涂画，这种教育的责任感，感动着广大的非灾区的新教育人。

两年多来，干国祥、马玲等新教育志愿者，数次深入灾区的孩子中，亲自带班、上课，和老师们亲密接触，共同生活，把新教育理念传播到最需要它的地方。这种朴素、宁静的行为，持久地感动着我，也激励着广大的老师们。

两年多来，"教育在线"的网友，我所遇到的许多同胞，包括港澳台和海外的同胞，都不曾忘记这一场我们共同的灾难和我们共同的职责。

我知道，重建家园是一个漫长而艰辛的工程，这两年只是走出了卓有成效的第一步，前面还有更多的困难需要我们克服，还有更多的美好需要我们守护，还有更多的蓝图需要我们描绘。我们要珍惜自己这幸存下来的生命，因为这身体里和精神里，有着中华民族、北川羌寨尚未完成的梦。

两年多以前，新教育人曾经对不幸的逝者承诺：我们将让你们曾经美丽的家园，重新拥有蓝天、白云、清澈的河流和郁郁葱葱的树木；我们将让曾经飘荡的歌声，依然在你们的亲人中间，依然在你们的村寨与城市上空回荡；我们将让你们的孩子，你们的绵绵不息的后人，依然在这片古老的大地上，生生不息，歌唱不息……

两年多之后，看到正在重建的新北川，看到从废墟上重新站起来的北川人，看到以徐正富校长为代表的北川新教育人——我们终于可以坚定地相信，这片古老的大地上，一定会飘荡着永恒的歌声，一定会涌起永恒的希望。

我再次把这本小书，献给了北川那片经受过苦难与坚强、大悲与大爱的土地。每一次整理演讲集，我都会情不自禁地想起北川的新教育人，想起壮志未酬身先死的尚勇局长。后来的两本演讲录，虽然重点和内容各有不同，但是都与这两本有关。

摆在大家面前的这本演讲录，虽然是以中国人民大学出版社的《新教育讲演录》为基础重新选编的。但是，内容和重点更是有所不同。

首先，这是一本纯粹的新教育演讲录，以前出版的《新教育讲演录》虽然冠名"新教育"，但是也收录了一些其他的教育演讲。我关于新教育之外的演讲，已经收录到商务印书馆的另一本书《教育的使命：朱永新教育讲演录》之中。

其次，这一次尽可能把我在各种新教育会议与活动上的讲演"一网打尽"，搜集了我在"新教育年会"、"实验区工作会议"、"新教育元旦论坛"、"新教育国际高峰论坛"、新网师、"新教育萤火虫"、"新教育种子计划"等会议与活动上的讲话，不少讲话是第一次发表。尤其是2003年，在昆山举行的"首届新教育研讨会"的演讲手稿，是我在昆山一醉大酒店现场手写的，本来以为早已经散失，但是前不久在一堆文件中发现了原稿。

再次，这次把"新教育年会"的主报告单独在商务印书馆出版，集为《享受教育生活：新教育年度主报告》和《为生命奠基：新教育课程论》。

最后，为了方便读者查询和阅读，这次还新增加了不少参考文献与主题索引。

这本演讲录按照时间顺序排列，在一定意义上讲，这本书也是一部新教育的"史书"。在演讲中，许多内容与观点在不同的时间有不同的表述，大家可以非常清晰地看出新教育理念与行动的发展脉络。

本书一再提及"幸福"，一方面是为了弘扬新教育的核心理念——"过一种幸福完整的教育生活"；另一方面也是为了向老师和父母传递一个重要的教育理念：幸福比成功更重要。教育应该成为帮助人幸福的活动，而不能够成为扼杀幸福的工具。只有懂得人的最高目标是幸福，教育要把幸福的方法与路径教给学生，我们的教育才会走向正确的路线。

感谢吴法源先生，他是一位有眼光的出版家。他的敏锐、他的坚持，他头脑中一个个神秘的选题，他对于作者的尊重与理解，让许多朋友感动。这也是我愿意把第一本演讲录交给他的原因。

感谢新教育研究院的陈东强、杜涛先生，感谢儿童文学作家童喜喜和我的学生苏州工业园区焦晓骏先生等，他们在忙碌的工作和学校生活中，抽出时间帮助我收集了一部分散落在各个地方的演讲稿，还校正了一些文字。

感谢我的听众朋友，没有他们的参与，就不会有这本讲演录的问世，因为演讲永远是讲者与听众的互动。

感谢华东师范大学出版社、山西教育出版社、中国人民大学出版社和人民教育出版社多年的关注与厚爱，以及对于出版我的演讲录的大力支持。感谢漓江出版社文龙玉老师和编辑团队卓有成效的工作。

特别感谢新教育研究院的同仁们，他们的激情、思想和智慧，不仅是新教育事业发展的主要源泉，也是这本小书的许多思想、观点和材料的重要源泉。

新教育，是正在发生的故事。所以，这本书也只是反映了新教育的一段旅程。故事还在继续书写，征途仍在脚下延伸，我关于新教育的思考，也会继续下去。这些演讲稿，这些以文字凝固的声音，是新教育的一路言说，更是新教育的声声召唤。真诚地希望您能够从这本书的读者，成为新教育的参与者，成为我们的同行者。

期待我们能够并肩前行，让教育因我们而变，因我们而新。

2023 年 2 月 28 日

"朱永新教育作品"后记

10年前，我的"朱永新教育作品"16卷由中国人民大学出版社出版。

不久，这套文集就被麦格劳－希尔教育出版集团引进英文版版权，陆续出版发行。迄今为止，我的著作已经被翻译为28种语言，在不同国家有87种文本。

在版权到期之后，多家出版社希望重新出版这套文集。最后，漓江出版社的诚意感动了我。

长期以来，漓江出版社的文龙玉老师一直关注和支持新教育事业，《新教育实验年鉴》以及一批新教育人的作品都先后在漓江出版社出版，文老师也先后担任了我的《新教育》《教育如此美丽》《我的教育理想》《我的阅读观》《致教师》等书的责任编辑。这套文集在漓江出版社出版，也就成了顺理成章的事情。

这套"朱永新教育作品"沿用了中国人民大学出版社的文集名称和南怀瑾先生的题签。主要是想借重新出版之际，感谢南怀瑾先生对我的帮助和关心。在苏州担任副市长期间，我曾经多次去太湖大学堂与南怀瑾先生见面交流，请教教育、文化与社会问题。先生的大智慧经常让我茅塞顿开。

新的"朱永新教育作品"虽然沿用了原来的名称，但是内容还是有许多不同。原来的16卷，大部分都进行了不同程度的修订，其中一半是重新选编。全套作品按照内容分为四个系列。

一是教育理论系列，包括《滥觞与辉煌——中国古代教育思想的成就与贡献》《沟通与融合——中国近现代教育思想的起源与发展》《嬗变与建构——中国当代教育思想的传承与超越》《心灵的轨迹——中国本土心理学思想研究》《校园里的守望者——教育心理学论稿》五种。

二是新教育实验系列，包括《新教育实验——中国民间教育改革的样本》《做一个行动的理想主义者——新教育小语》《为中国而教——新教育演讲录》《为中国教育探路——新教育实验二十年》《享受教育——新教育随笔选》五种。

三是我的教育观系列，包括《我的教育理想——让生命幸福完整》《我的教师观——做学生生命的贵人》《我的学校观——走向学习中心》《我的家教观——好关系才有好教育》《我的阅读观——改变从阅读开始》《我的写作观——写作创造美好生活》六种。

四是教育观察与评论系列，包括《教育如此美丽——中国教育观察》《寻找教育的风景——外国教育观察》《成长与超越——当代中国教育评论》《春天的约会——给中国教育的建议》四种。

虽然都是现成的文字，但是整理文集却颇费时间。几年来的业余时间和节假日，大部分都用于这项工作。好在，我所在的中国民主促进会是一个以教育、文化、出版传媒为主界别的参政党，60%的会员来自教育界，无论是调查研究、参政议政，教育一直是我们的主阵地，本职工作与业余的教育研究不仅没有矛盾，反而相辅相成。

感谢漓江出版社的文龙玉老师和她的团队认真细致和卓有成效的工作。

2022 年 10 月 17 日